HISTOIRE

DE

LA TERREUR

PARIS. — IMPRIMERIE DE J. CLAYE
RUE SAINT-BENOIT, 7

HISTOIRE

DE

LA TERREUR

1792-1794

D'APRÈS DES DOCUMENTS AUTHENTIQUES

ET INÉDITS

PAR

MORTIMER-TERNAUX

TOME DEUXIÈME

PARIS

MICHEL LÉVY FRÈRES, LIBRAIRES-ÉDITEURS
RUE VIVIENNE, 2 BIS, ET BOULEVARD DES ITALIENS, 15
A LA LIBRAIRIE NOUVELLE

1862

Tous droits réservés

HISTOIRE

DE

LA TERREUR

LIVRE IV

SUSPENSION DU MAIRE DE PARIS.

I

Nous venons d'assister à l'inauguration du nouveau règne; la rue dicte ses lois à la royauté et à la représentation nationale. De l'édifice que les législateurs de 1791 croyaient avoir si habilement construit, que reste-t-il au 1ᵉʳ juillet 1792? La masse est encore debout, mais de sourds craquements révèlent les déchirements intérieurs de ses parties mal jointes; on pressent qu'elle ne tardera pas à s'effondrer sur elle-même.

Tous les principes de subordination sont anéantis, l'esprit de révolte est érigé en système. Ce ne sont plus les autorités inférieures qui reçoivent des ordres; elles en donnent. Les simples particuliers, se posant en tribuns populaires, invoquent la Constitution lorsqu'ils croient pouvoir la faire tourner au profit de leurs passions, et la foulent aux pieds dès qu'ils ont intérêt à se débarrasser de ses entraves. Le respect de la légalité, que la Constituante avait déclaré être la base fondamentale de tout état libre, est complétement étouffé sous les efforts incessants des clubs et des journaux démagogiques. La loi, dont les tables ont été placées partout pour qu'elle soit sans cesse rappelée à la mémoire du peuple, n'est plus qu'une lettre morte que chacun discute, interprète, transgresse, insulte à son gré[1].

Dans le sein de l'Assemblée, les tribunes dirigent les débats et exercent une tyrannie de moins en moins

---

[1]. Nous pourrions accumuler les faits pour prouver dans quel mépris étaient tombées la loi et les autorités par elle instituées. On trouvera à la fin de ce volume trois documents qui donnent une idée exacte de la situation des esprits dans ces temps d'anarchie. Le premier émane d'un directoire de département; la défiance contre le pouvoir exécutif s'y cache sous la forme de l'ironie. Dans le second, nous voyons la municipalité d'une ville importante (Chartres) refuser d'obéir aux autorités départementales, discuter, probablement sous l'inspiration de Brissot, de Pétion et de Sergent, tous trois originaires de cette ville, la légalité d'un acte du pouvoir exécutif. Le troisième fait connaître jusqu'à quel point de simples individus pouvaient impunément pousser l'insolence vis-à-vis des pouvoirs constitués. Il a cela de remarquable qu'il nous montre Robespierre jeune prenant à Arras, avec toute la fougue de son caractère, le rôle de tribun que son frère devait jouer d'une manière plus cauteleuse à la barre de l'Assemblée législative durant toute la période qui sépare le 10 août de la réunion de l'Assemblée conventionnelle.

contestée; elles encouragent ou invectivent les orateurs, les poursuivent jusque sur leurs bancs de leurs acclamations enthousiastes ou de leurs huées sinistres.

Si le drame immense de la révolution peut être comparé aux tragédies grecques, dont les héros s'entr'égorgent, poussés par l'irrésistible Destin, les tribunes y jouent le rôle des chœurs de Sophocle et d'Euripide; elles participent à l'action, elles mêlent leur voix à celle des acteurs principaux, elles distribuent le blâme ou l'éloge aux personnages placés sur le devant de la scène, elles accompagnent de leurs imprécations le départ des victimes, qu'attend le bourreau, ce représentant de la fatalité antique.

II

Qu'est-il besoin de raconter en détail les dernières tentatives faites par quelques hommes courageux pour arrêter dans son cours le flot révolutionnaire, de décrire une à une les scènes scandaleuses dont l'Assemblée législative était journellement le théâtre? De ces tentatives, de ces scènes, contentons-nous de mentionner celles qui eurent une influence décisive sur la marche des événements; voyons comment chaque effort des constitutionnels tourna contre eux, et comment chaque arme légale fut brisée entre leurs mains, à mesure qu'ils essayèrent de s'en servir.

Le lendemain du brusque départ du général La Fayette, le ministre de la guerre Lajard transmit à l'Assemblée une lettre du maréchal Luckner, qu'un courrier extraordinaire venait de lui apporter. Cette lettre, datée de Menin, 28 juin, contenait des protestations de dévouement absolu à la royauté constitutionnelle, et constatait un parfait accord avec un général « qui avait acquis le droit de faire entendre sa voix toutes les fois qu'il s'agissait de liberté. »

La date de la lettre de Luckner coïncidait avec celle de l'arrivée de La Fayette à Paris, mais les événements avaient marché plus vite que le courrier. On avait espéré un coup de théâtre, qui manqua totalement; la droite dut demeurer silencieuse, et la gauche put renouveler ses dénonciations contre les généraux qui colportaient parmi leurs troupes des pétitions inconstitutionnelles.

A l'appui de ces dénonciations, qui jusqu'alors étaient restées dans le vague, Gensonné dépose sur le bureau du président une lettre écrite par un officier de l'armée du Nord, dans laquelle l'ex-constituant Charles Lameth est accusé d'avoir provoqué dans sa division une adresse improbative des derniers événements. En vain Mathieu Dumas s'écrie que l'on désorganise l'armée; la dénonciation signée par Gensonné est renvoyée à la commission des Douze[1].

1. Nous avons retrouvé le texte même de la dénonciation de Gensonné; elle consiste dans un simple extrait de la lettre qu'il lut à l'Assemblée et qu'il se contenta de certifier. Cet extrait se trouve au *Moniteur* du 1er juillet, p. 759.

Nous avons également retrouvé la réponse que Charles Lameth fit à cette dénonciation aussitôt qu'elle parvint à sa connaissance; elle est aussi noble qu'explicite. Nous la donnons à la fin du volume.

Le lendemain, à l'occasion d'une protestation de citoyens d'Amiens contre le fameux arrêté du département de la Somme, Saladin demande que les deux administrateurs, qui avaient été délégués auprès du roi, soient immédiatement renvoyés à leurs fonctions par le pouvoir exécutif, et que, s'ils tardent à obéir, ils soient déclarés indignes de la confiance de la nation.

La droite combat cette proposition en récriminant contre les excès des sociétés populaires. Les corps administratifs, prétend la gauche, « ne sont pas autre chose que des clubs, lorsqu'ils s'écartent de leurs attributions et font des pétitions sur des objets qui ne les concernent pas. » Par conséquent, ajoute-t-elle, leurs séances doivent être publiques comme celles des réunions de patriotes qui viennent d'être attaquées !

« Il y a urgence de s'occuper des clubs, répond Juéry; on prépare aux Jacobins une insurrection nouvelle; seulement on y déclare qu'il ne faut plus d'insurrection partielle, mais bien une insurrection générale.— Vous calomniez les Jacobins ! s'écrie-t-on à gauche. — Que l'Assemblée s'occupe de ce qui la regarde et non des sociétés populaires, ajoute Thuriot. »

Ce jour-là et à cette heure, l'Assemblée était très-peu nombreuse; c'était un dimanche, et la séance ne devait être consacrée qu'à la réception des pétitionnaires. La gauche, espérant emporter de haute lutte une décision qui lui tient à cœur, insiste pour que le principe de la publicité des séances des corps administratifs soit immédiatement décrété.

Une question aussi grave, aussi controversable, méritait bien une discussion approfondie. Mais l'Assemblée, prise à l'improviste, décrète étourdiment que « la publi- « cité étant la sauvegarde des intérêts du peuple, les « séances des corps administratifs seront désormais pu- « bliques. » Puis, croyant se montrer impartiale, elle décrète en même temps :

1° Que le ministre de l'intérieur viendra à la barre rendre compte de ce qu'il a fait pour l'exécution de la loi qui défend aux administrations locales d'entretenir des agents auprès du Corps législatif et du roi ;

2° Qu'il rendra également compte de l'exécution de la loi du 29 septembre 1791 sur les clubs et des infractions qui ont pu y être commises par les sociétés populaires.

III

A peine l'Assemblée a-t-elle pris ces dernières décisions que paraît à la barre la députation chargée de lui présenter la pétition dite des vingt mille ; elle est conduite par Dupont (de Nemours) et Guillaume[1], les deux

---

[1]. Guillaume était avocat et avait été député du tiers état de Paris aux États généraux. Il avait écrit une lettre circulaire à tous ses anciens collègues de l'Assemblée constituante pour les engager à appuyer, dans leurs départements, le pétitionnement qu'il avait organisé à Paris. (Cette lettre se trouve au *Moniteur* du 26 juillet 1792, p. 871). Guillaume fut dénoncé par plusieurs des correspondants auxquels il s'était adressé, et notamment par Guyot de Saint-Florent, avocat à Arnay-le-Duc, qui reparut plus tard à la Convention sous le nom de Florent-Guyot, ayant ainsi retourné son nom et supprimé le *saint* pour se mettre à la mode du temps. Les documents officiels de cette

ex-constituants qui ont eu le courage d'organiser, dans Paris et les départements, un pétitionnement général destiné à rallier tous les bons citoyens sous les drapeaux de la loi.

Cette pétition fameuse contient une énumération de toutes les fautes de la municipalité parisienne et du commandant général de la garde nationale durant la journée du 20 juin ; elle se termine ainsi :

« Songez, messieurs, en combien de manières la loi et la Constitution ont été violées. Songez au spectacle que Paris, que le lieu de votre résidence et de celle du roi ont donné dans cette fatale journée aux quatre-vingt-trois départements et à l'Europe, et voyez à quoi vous

---

époque présentent une telle confusion que les tables du *Moniteur*, établies cependant avec soin, font de Guyot deux personnages distincts, l'un constituant, l'autre conventionnel, n'ayant aucun rapport entre eux ; voici la lettre que Guyot écrivit au *Moniteur*, le 25 juillet 1792 :

« Monsieur le rédacteur,

« Un certain M. Guillaume, qui n'est ni Guillaume le Conquérant, ni Guillaume, le marchand de draps de l'avocat Patelin, mais Guillaume le marchand de pétitions, m'a envoyé la sienne pour la faire souscrire par les habitants de Semur, qui sont mes concitoyens... Je ne suis plus son collègue à l'Assemblée constituante, je ne veux pas davantage être du nombre de ses correspondants, car le rôle le plus vil à mes yeux est celui d'un intrigant subalterne. »

Guillaume eut plus tard encore le courage de se présenter pour être un des défenseurs de Louis XVI devant la Convention ; il fut incarcéré pendant la Terreur ; mais, oublié dans le fond d'une prison, il survécut à la tourmente révolutionnaire. Florent-Guyot fut successivement ministre de la république auprès des Grisons et en Hollande ; sous l'empire, il fut secrétaire du conseil des prises.

obligent la qualité de représentants de la nation et le devoir de législateurs, à la fidélité desquels le dépôt de la Constitution a été confié[1]. »

Comme on savait depuis plusieurs jours dans Paris le jour et l'heure auxquels la pétition des vingt mille serait présentée, les Jacobins avaient pu préparer, pour lui servir de contre-partie et faire parvenir à la barre en même temps qu'elle, d'autres pétitions demandant le licenciement de l'état-major de la garde nationale parisienne [2].

La Fayette comptait, dans ce corps d'officiers, de nombreux amis et adhérents qui avaient soutenu de toute leur influence la propagande constitutionnelle de Guillaume et de Dupont (de Nemours). Aussi, à peine l'Assemblée a-t-elle entendu la lecture des pétitions jacobines, que Thuriot s'élance à la tribune et déclare qu'il est en mesure de dévoiler le vaste complot dont l'état-major est l'agent le plus actif.

Lacroix, Mailhe, Aréna (de la Corse) demandent que

---

[1]. Cette pétition était revêtue de signatures qui couvraient deux cent quarante-sept pages; leur nombre ne s'élevait pas à vingt mille; néanmoins la pièce resta désignée sous ce chiffre, de même que la pétition contre le camp sous Paris avait pris le nom de pétition des huit mille. Nous verrons bientôt arriver l'époque où il suffira d'avoir signé l'une de ces pièces pour être déchu de ses droits de citoyen et même pour être inscrit sur les listes de proscription. Le *Moniteur* de 1792, p. 768, le *Journal des Débats et Décrets*, p. 279, donnent des versions presque identiques de la pétition des vingt mille; nous en avons eu le texte original entre les mains.

[2]. Pétitions des sections de la Croix-Rouge, de la Fontaine de Grenelle, de Bonne-Nouvelle, des Tuileries et des Lombards. Voir le *Moniteur*, p. 770 et 774, le *Journal des Débats et des Décrets*, p. 279 et 284.

l'on décrète sans désemparer l'urgence et, après l'urgence, l'adoption du principe du licenciement. D'autres membres de la gauche proposent que la mesure soit étendue aux états-majors des grandes villes : ils étaient tous atteints du même vice originel, celui de compter dans leurs rangs un grand nombre d'officiers attachés à la Constitution. Après des débats orageux, au milieu du désordre d'une séance de nuit, l'Assemblée, épuisée de fatigue, décide, aux applaudissements des tribunes, que l'état-major de la garde nationale sera immédiatement dissous à Paris et dans toutes les villes de cinquante mille âmes et au-dessus [1].

IV

Le 2 juillet, le ministre de l'intérieur, Terrier-Monciel, se présente à l'Assemblée pour obéir au décret de la veille et rendre compte de l'exécution de la loi qui défend aux administrations départementales et municipales d'envoyer des délégués auprès du roi ou du Corps législatif.

Cette loi, dit-il, n'a jamais été appliquée; dans ce moment, Paris contient plus de trois cents délégués venus des diverses parties du royaume pendant le ministère de Roland et celui de ses prédécesseurs; du reste le directoire du département de la Somme s'étant empressé de

---

[1]. Il était minuit. Voir le *Moniteur*, p. 775, et le *Journal des Débats et Décrets*, n° 284, p. 27.

rappeler ses deux commissaires, il n'y avait plus lieu de sévir contre des administrateurs qui s'étaient si loyalement exécutés [1].

Il ne s'agit plus de cela, s'écrie Guyton-Morveau, appuyé par Lasource, Cambon, Saladin. L'arrêté inconstitutionnel a été réimprimé à l'Imprimerie royale qui est dans les attributions du ministre de l'intérieur. Cette nouvelle édition a été envoyée à profusion dans les quatre-vingt-deux départements par ordre du ministre. Le ministre est responsable de cette publication extraordinaire; c'est une excitation à la haine des départements contre Paris.

Le ministre répond qu'il croyait que, la liberté de la presse existant en France, dès qu'un arrêté départemental n'était pas annulé comme inconstitutionnel par l'autorité hiérarchiquement supérieure, tout le monde était libre de le faire réimprimer.

Peut-être Terrier-Monciel avait-il quelque peu abusé de son pouvoir ministériel et commis une imprudence par excès de zèle. On le traite comme s'il se fût rendu cou-

---

[1]. Voici le texte du second arrêté pris par le directoire du département de la Somme :

« Le directoire, instruit par ses commissaires que le calme est rétabli à Paris, que la personne du roi est en sûreté; considérant que, par son arrêté du 22, il avait spécialement chargé ses commissaires de veiller à la sûreté du roi et de l'instruire des manœuvres et des complots dont ils pourraient prendre connaissance; mais que ces commissaires, n'ayant aucun caractère public à Paris, manquent absolument des moyens nécessaires pour découvrir les factieux, arrête de les rappeler et de les charger de rendre compte du présent arrêté au ministre de l'intérieur.

LIVRE IV.

pable d'un crime de lèse-nation. L'Assemblée prend fait et cause pour ses dénonciateurs ; par un décret spécial, elle charge le président de faire subir un véritable interrogatoire à Terrier qui, sur son banc ministériel, semble placé sur la sellette. Bien plus, un membre observe qu'il est inconvenant que le *prévenu* reste assis pendant que le président lui adresse la parole au nom de la représentation nationale, et le représentant du pouvoir exécutif est obligé de se tenir debout.

« LE PRÉSIDENT. — L'Assemblée nationale, par le décret qu'elle vient de rendre, me charge de vous demander si vous savez en vertu de quel ordre une seconde édition de l'arrêté du département de la Somme a été imprimé à l'Imprimerie royale.

« LE MINISTRE DE L'INTÉRIEUR. — Comme l'on y a imprimé plusieurs arrêtés, il peut se faire que celui du département de la Somme ait été du nombre ; je ne me rappelle pas s'il a positivement été donné des ordres pour celui-là en particulier.

« MAILHE. — Puisque monsieur le ministre ne veut pas nous dire la vérité, je demande que l'Imprimeur soit mandé à la barre sur-le-champ. »

L'Assemblée décrète que le directeur de l'Imprimerie royale sera appelé, et l'interrogatoire continue.

« LE PRÉSIDENT. — Monsieur le ministre, avez-vous, *oui* ou *non*, envoyé l'arrêté dans les départements ?

« LE MINISTRE DE L'INTÉRIEUR. — Cette série de questions me paraît dirigée dans le but de me prendre par mes discours ; je demande à répondre par écrit.

« La gauche. — A l'ordre ! le ministre insulte l'Assemblée.

« La droite. — Le ministre a raison.

« Guadet. — Président, ne souffrez pas que la dignité de l'assemblée soit avilie.

« Le président. — Je demande de nouveau au ministre de l'intérieur s'il a, oui ou non, ordonné l'envoi de l'arrêté.

« Le ministre. — Monsieur, je ne puis répondre par oui ou par non sans avoir consulté ce qui s'est fait dans mes bureaux.

« Genty, *au milieu des murmures de la Montagne.* — Je demande que l'on termine cette scène indigne de l'Assemblée.

« Laporte. — Eh bien ! qu'une commission aille, séance tenante, dans les bureaux de l'intérieur.

« Guyton-Morveau. — Si le ministre continue à se taire, son silence doit être pris pour un aveu.

« Daverhoult. — Plusieurs décrets ont décidé que les ministres répondraient par écrit aux questions posées par l'Assemblée.

« *Diverses voix.* — Que le ministre monte au bureau et signe *oui* ou *non*; qu'on aille chercher un commissaire de police pour procéder à l'interrogatoire de monsieur le ministre ! »

En ce moment le tumulte est augmenté par l'entrée d'une personne étrangère qui s'approche de Terrier-Monciel et lui dit quelques mots à l'oreille.

Plusieurs membres de la gauche s'écrient : « Qu'on arrête le valet de chambre qui est venu tirer son maître d'embarras ! »

L'arrestation est immédiatement effectuée par les soins du député Calon ; mais, aux acclamations de la droite, le président ordonne la mise en liberté de l'employé ministériel. La gauche accuse le président d'avoir violé le règlement ; le président échappe à une explication en recommençant pour la troisième fois l'interrogatoire du ministre de l'intérieur.

« LE MINISTRE. — Quand j'ai demandé à l'Assemblée nationale la permission de lui répondre par écrit, mon intention n'a pas été d'éluder ni la question, ni la responsabilité, mais de lui donner une réponse claire, positive et avec connaissance de cause... Si l'Assemblée a de la méfiance, je lui demanderai de nommer des commissaires pour venir eux-mêmes dans mes bureaux ; je leur ferai voir ma correspondance, car, si j'ai donné des ordres, ils sont par écrit. Mon intention n'est point de cacher la vérité, mais de la montrer telle qu'elle est.

« ISNARD. — Tout ceci n'est qu'un subterfuge coupable... C'est trop se jouer des décrets du Corps législatif. On demande des preuves de la mauvaise foi des ministres, eh bien ! en voilà une... C'est le silence de celui-ci... On demande où sont les traîtres, eh bien ! en voilà un. » Et il désigne du geste Terrier-Monciel.

Cette sortie soulève de la part de la droite les plus vives réclamations. Le président n'y peut mettre fin qu'en rappelant Isnard à l'ordre. La gauche se venge en accablant de récriminations le président lui-même. Le ministre de l'intérieur se lève pour sortir. Des députés courent lui barrer le chemin, l'interpellant violemment sur ce qu'il n'a pas encore répondu aux questions qui lui ont été adressées. Mais le président, appuyé de la majorité de l'Assemblée, lassé d'un si long scandale, envoie un huissier pour lui ouvrir un passage[1].

V

On se rappelle que le roi avait refusé de sanctionner le décret rendu le 8 juin sur la proposition inconstitutionnelle de Servan, pour la création d'un camp sous Paris, mais qu'il avait cru devoir proposer lui-même la levée de quarante-deux nouveaux bataillons et leur réunion à Soissons.

Cependant quelques municipalités n'avaient tenu aucun

---

[1]. Nous nous sommes servi des comptes rendus du *Moniteur*, du *Journal des Débats et Décrets* et du *Logographe*. Ce dernier journal est sans contredit le plus complet sur cet épisode que la plupart de nos devanciers n'ont pas même mentionné.

Le soir même le ministre de l'intérieur écrivait au président de l'Assemblée une lettre qui termina l'incident.

« Paris, le 2 juillet 1792, l'an IV de la liberté.

« Monsieur le président,

« J'ai vérifié les faits sur lesquels j'ai été interrogé ce matin par l'Assemblée nationale, et j'ai reconnu : 1° que l'arrêté départemental de la Somme est compris parmi les pièces relatives à la journée du 20 juin dont j'ai ordonné l'impression ; 2° que je n'ai point donné l'ordre pour l'envoi de l'arrêté de la Somme aux quatre-vingt-deux départements, et qu'il n'a point été envoyé par mes bureaux.

« Je suis, avec respect, monsieur le président, votre très-humble et très-obéissant serviteur,

TERRIER, ministre de l'intérieur. »

compte du veto royal. Elles avaient levé leur contingent et paraissaient disposées à le diriger sur la capitale. Le ministre de l'intérieur crut, le 30 juin, devoir adresser aux directoires de département une circulaire pour les inviter à « enjoindre aux officiers de paix, à la gendarmerie nationale et à toute force publique, de surveiller et de dissiper au besoin tout rassemblement de gens armés marchant sans réquisition ni autorisation légale hors de leur territoire, quand même ils prendraient pour prétexte l'intention de se rendre à Paris[1]. »

Il n'était pas aisé d'attaquer la légalité de cette circulaire, car elle s'appuyait sur le droit qu'avait le roi de s'opposer à l'exécution anticipée d'un décret auquel il avait refusé sa sanction. Mais la difficulté pouvait être tournée ; on résolut de légaliser l'arrivée des fédérés à Paris, sans commettre un attentat trop direct contre les incontestables droits de la puissance exécutive.

Le 2 juillet, le rapporteur du comité de la guerre, Beaupuy, vint proposer un projet de décret en dix-sept articles, qui approuvait la formation des quarante-deux bataillons ; le rapport fait, on en demanda l'impression et l'ajournement. On s'était ainsi mis en règle avec le pouvoir royal et l'on pouvait dès lors démasquer ses batteries. Quelques minutes après, au nom de la commission extraordinaire des Douze, Lacuée[2] lit un décret qui, suivant ses propres expressions, n'avait pas besoin de dévelop-

1. Cette circulaire est citée *in extenso* dans *l'Histoire parlementaire*, t. XV, p. 250.
2. Ministre de l'administration de la guerre sous l'empire et comte de Cessac.

pement[1]. Il prescrivait les mesures à prendre par la municipalité parisienne, lors de la prochaine arrivée des gardes nationaux en marche vers la capitale.

Le décret avait été habilement rédigé; le mot *fédérés* n'y est pas prononcé; on n'y parle que « des citoyens que l'amour de la Constitution et de la liberté a déterminés à se rendre à Paris. » Ces citoyens seront utilisés, puisqu'ils se trouvent réunis, soit à accroître la réserve destinée à couvrir la capitale, soit à augmenter l'effectif de l'armée active. Ainsi, on admet le principe de la réunion, mais on feint de rentrer dans les intentions royales, en annonçant les plus minutieuses précautions pour empêcher que la présence des fédérés ne serve de prétexte à des désordres. « Lors de leur passage à Paris, les citoyens gardes nationaux devront se faire inscrire à la municipalité qui leur délivrera des billets de logement militaire, *valables jusqu'au 18 juillet*. Ceux d'entre eux qui arriveront avant la *fête* de la Fédération resteront pour y assister. Ceux qui arriveront après le 14 juillet ne pourront prolonger leur séjour *au delà* de trois jours; ils se rendront successivement à Soissons où tout devra être préparé pour les recevoir. »

Aussitôt après la lecture de ce projet dont l'Assemblée décrète l'urgence, un membre de la gauche, Mazuyer, a l'imprudence de rappeler la circulaire du ministre de l'intérieur et de demander qu'un article additionnel vienne l'abroger formellement, « afin que les gardes nationaux actuellement en marche ne soient ni inquiétés ni insultés,

---

[1]. *Logographe*, séance du 2 juillet, p. 32.

mais qu'ils reçoivent partout les honneurs qui sont dus à des amis et à des frères. »

Lacuée se hâte d'interrompre le malencontreux orateur en lui faisant observer que le moyen le plus sûr de prévenir l'effet de la lettre ministérielle est de voter purement et simplement le décret. Daverhoult réclame la parole pour le combattre[1], mais elle lui est refusée, et l'Assemblée, qui veut se débarrasser à tout prix d'une question qui, depuis un mois, l'agite et l'importune, se hâte d'adopter le décret et d'ordonner qu'il sera présenté immédiatement à la sanction royale, puis expédié par des courriers extraordinaires aux quatre-vingt-trois départements.

Sans être prophète, on aurait pu facilement prédire que les Jacobins trouveraient mille prétextes pour retenir à Paris ceux au moins des fédérés qui paraîtraient disposés à seconder leurs projets d'insurrection.

Cependant le roi sanctionna sans observation le funeste décret. Ni lui, ni ses conseillers ne virent, ne voulurent voir ce qu'était au fond cet acte législatif. N'était-il pas, en effet, la négation formelle de tout ce qui avait été dit et fait au nom du pouvoir royal depuis un mois; l'adhésion implicite aux demandes qu'était venue apporter, le 20 juin, à main armée, la populace parisienne; la consécration de l'audacieuse initiative qu'avaient prise certaines municipalités jaco-

---

1. Voir le *Logographe*, p. 34. Le *Journal des Débats et Décrets*, n° 280, p. 44, mentionne seulement l'opposition de Daverhoult. Le *Moniteur*, p. 770, se contente de donner le texte du décret.

bines en dirigeant leurs fédérés vers Paris, au mépris de toutes les prescriptions légales ?

Ce que Pétion et la municipalité avaient fait le 20 juin, le roi et l'Assemblée venaient de le refaire le 2 juillet : la légalisation des rassemblements avait rendu possible la violation du domicile royal ; la légalisation de la concentration des fédérés à Paris devait singulièrement faciliter l'invasion des Tuileries et le renversement de la royauté.

Les bataillons sont en marche, avait-on dit à l'Assemblée et au roi ; il est nécessaire de régulariser cette violation de la loi puisqu'on ne peut l'empêcher. Les deux pouvoirs cédèrent ainsi à la puissance du *fait accompli*, ce prisme magique que les habiles font miroiter aux yeux de tous ceux qu'ils veulent tromper et éblouir.

VI

Les rapports exigés à plusieurs reprises des ministres avaient été renvoyés à la commission extraordinaire des Douze. Les nombreuses pétitions, adresses, dénonciations en sens divers, qui arrivaient chaque jour de Paris et des départements, lui étaient également remises. De cette masse de documents confus, contradictoires, elle devait composer un tableau de l'état de la France. Elle fit deux parts de son travail et nomma deux rapporteurs appartenant l'un à la droite, l'autre à la gauche. En agissant de la sorte, la commission croyait-elle pouvoir renouveler en pleine révolution les luttes des rhéteurs de la place publique d'Athènes et faire plaider tranquillement, devant le peuple français, le pour et le contre dans le grand procès qui s'agitait depuis plusieurs mois?

Ce fut le 30 juin que Pastoret et Jean Debry présentèrent, au nom des Douze, le tableau général de la situation et la série des mesures à prendre en cas de danger de la patrie. Quoiqu'ils parlassent l'un et l'autre au nom de la même commission, les deux orateurs firent passer dans leurs rapports les idées et les aspirations des partis auxquels chacun d'eux appartenait.

Pastoret énumérait « les maux dont la France était accablée, les uns naturellement issus d'une grande révolution, les autres indépendants de cette révolution; ceux-ci provenant de la conduite des autorités constituées, ceux-là de la conduite des citoyens... » Glissant rapidement sur les événements de juin, pour lesquels il avait pu faire admettre quelques paroles de blâme, il annonçait qu'il serait ultérieurement proposé diverses mesures propres à remédier au déplorable état des choses. — « On comblerait les lacunes du code pénal. On réprimerait les excès des tribunes; les représentants porteraient un costume distinctif. Quant à l'armée, elle pourrait être mise plus vite en état de résister à l'ennemi, si l'Assemblée y envoyait des commissaires chargés, non de commander et de remplir des fonctions qui n'appartenaient qu'aux agents du pouvoir exécutif, mais de vérifier quel était l'état des approvisionnements, et de recueillir tous les renseignements nécessaires à la surveillance des actes administratifs et à la confection de bonnes lois militaires[1]; on examinerait encore avec soin si les généraux devaient conserver le droit de pétition.

En ce qui concernait les troubles religieux, le rapporteur promettait que très-prochainement une loi nouvelle serait préparée pour remplacer celle que le souverain refusait de sanctionner; il annonçait aussi un décret dans le but, non d'anéantir les sociétés populaires autorisées par la Constitution, mais d'empêcher qu'elles ne pussent entraver directement ou indirectement l'action des autorités constituées.

Le rapport de Pastoret était une véritable homélie qui ne concluait à rien et laissait tout dans un vague désespérant, un programme compendieusement élaboré des matières dont la commission extraordinaire et l'Assemblée, sous son inspiration, auraient successivement à s'occuper à leur loisir. Mais ce loisir, quand viendrait-il? les événements qui se pressaient laisseraient-ils aux législateurs optimistes le temps d'élucider, de débattre et de résoudre toutes les questions qui venaient d'être si complaisamment énumérées?

Quoique l'orateur eût cherché à tenir la balance égale entre tous les partis, en atténuant leurs fautes réciproques, quoiqu'il n'eût mis, dans son tableau de la situation du royaume, que des couleurs ternes et des teintes à

[1]. Telle fut l'origine des fameux représentants du peuple aux armées. Contrairement à l'opinion commune, la pensée en est due à la Législative et à un député de la droite, à Pastoret, qui certes ne se doutait pas qu'il proposait une mesure éminemment révolutionnaire, et qu'il remettait aux mains du pouvoir législatif le maniement et la direction suprême des affaires militaires.

demi effacées, la gauche voulait refuser à son rapport l'honneur très-banal de l'envoi aux quatre-vingt-trois départements. Il fallut une discussion et un vote pour l'obtenir.

VII

Bien autrement net et accentué était le rapport de Jean Debry, qui avait été chargé spécialement de poser la question capitale du moment, celle du danger de la patrie.

Le député montagnard soumit à l'Assemblée neuf articles très-positifs, très-énergiques, que nous verrons bientôt convertir en loi.

Sur la proposition de Vergniaud, la discussion sur les deux rapports fut renvoyée au 2 juillet; mais à raison de divers incidents, elle ne put être reprise que le 3.

L'Assemblée avait reçu, la veille, des dépêches officielles et des lettres privées qui lui annonçaient la retraite de l'armée du Nord. Luckner se repliait sur Lille et Valenciennes, parce que, disait-il dans son rapport, il n'avait pas trouvé en Belgique la sympathie populaire qu'on lui avait promise, et qu'il ne pouvait plus tenir devant un ennemi trop nombreux. Les nécessités de la guerre avaient obligé l'armée française, en se retirant, à incendier les faubourgs de Courtrai. On était sous le poids des émotions produites par ces fâcheuses nouvelles et par les accusations de trahison que lançaient déjà les Jacobins contre plusieurs généraux de l'armée du Nord, lorsque, la séance à peine ouverte, l'on vit Vergniaud gravir lentement les marches de la tribune.

Ah! si dans ce moment il lui avait été donné de percer les voiles qui enveloppaient un avenir, hélas! bien prochain; s'il avait pu se douter que les insurgés du 10 août et le bourreau du 21 janvier viendraient tirer les conséquences logiques des prémisses qu'il allait poser; s'il avait pu s'entendre lui-même prononcer successivement au nom des Assemblées législative et conventionnelle la déchéance, l'emprisonnement et la mort de Louis XVI! Ah! si un pouvoir magique eût tout d'un coup déroulé sous ses yeux les sanglantes catastrophes dont ses amis et lui-même étaient destinés à devenir les témoins, les acteurs et les victimes, certes il eût reculé! Mais l'homme est condamné à marcher en aveugle à travers le dédale de la vie et à ne voir le précipice creusé sous ses pieds qu'au moment même où il y tombe.

Vergniaud, dans ce discours fameux, véritable réquisitoire de la république contre la royauté, s'élève, pour l'art et le pathétique, à la hauteur des plus beaux modèles que nous ait transmis l'antiquité, il égale en éloquence les orateurs qui prononcèrent jadis les Philippiques et les Catilinaires; mais du tonnerre de sa parole il ne frappait ni un astucieux politique ni un audacieux conspirateur, il frappait un roi honnête homme, faible et indécis, qui avait horreur du sang et qui, au dernier moment, plutôt que de le répandre, se livra lui-même à ses ennemis.

Le député girondin entre rapidement en matière : Nos armées reculent éclairant leur retraite de l'incendie de Courtrai. Tout mouvement de nos troupes paraît suspendu au moment même où les Autrichiens menacent d'envahir la frontière du Nord et où les Prussiens accourent sur le Rhin. A l'intérieur, l'effervescence grandit sans cesse, précipitant la nation vers une crise terrible. « Que doit faire l'Assemblée ? Que lui commande la nécessité ? Que lui permet la Constitution ? C'est ce que se propose d'examiner le représentant du peuple, impassible devant les baïonnettes comme devant les calomnies. »

Vergniaud sort brusquement des phrases vagues ; il laisse le torrent de son éloquence bondir jusque sur le trône et submerger la royauté.

« C'est *au nom du roi* que les princes français ont tenté de soulever contre la nation toutes les cours de l'Europe, c'est pour *venger la dignité du roi* que s'est conclu le traité de Pilnitz, et formée l'alliance monstrueuse entre les cours de Vienne et de Berlin ; c'est pour *défendre le roi,* qu'on on a vu accourir en Allemagne, sous les drapeaux de la rébellion, les anciennes compagnies des gardes du corps ; c'est pour *venir au secours du roi* que les émigrés sollicitent et obtiennent de l'emploi dans les armées autrichiennes, et s'apprêtent à déchirer le sein de leur patrie ; c'est pour joindre ces preux chevaliers de *la prérogative* royale que d'autres preux, pleins d'honneur et de délicatesse, abandonnent leur poste en présence de l'ennemi, trahissent leurs serments, volent les caisses, travaillent à corrompre les soldats, et placent ainsi leur gloire dans la lâcheté, le parjure, la subornation, le vol et les assassinats ! C'est contre la nation, ou l'Assemblée nationale seule, et pour *le maintien de la splendeur du trône,* que le roi de Bohême et de Hongrie nous fait la guerre, et que le roi de Prusse marche vers nos frontières ; c'est *au nom du roi* que la liberté est attaquée, et que, si l'on parvenait à la renverser, on démembrerait bientôt l'empire pour indemniser de leurs frais les puissances coalisées.... Enfin, tous les maux qu'on s'efforce d'accumuler sur nos têtes, tous ceux que nous avons à redouter, c'est le nom seul du roi qui en est le prétexte ou la cause. »

La situation ainsi définie, Vergniaud ne procède plus par affirmations catégoriques, mais par insinuations et par hypothèses :

« Si à cent mille Autrichiens, à cent mille Prussiens, n'étaient opposés que des détachements de dix, de vingt mille hommes ; si les préparatifs nécessaires pour repousser une invasion prochaine étaient faits avec trop de lenteur ; si les précautions prises pour arrêter l'ennemi au cœur du pays n'étaient point acceptées ; si l'un des généraux commandant la défense était suspect et l'autre contraint à ne pas vaincre ; si enfin il arrivait qu'ainsi la France nageât dans le sang, que l'étranger y dominât, que la Constitution fût ébranlée, que la contre-révolution fût là et que le roi vous dît pour sa justification :

« Il est vrai que les ennemis qui déchirent la France prétendent n'agir que pour relever ma puissance qu'ils supposent anéantie, venger ma dignité qu'il supposent flétrie, me rendre mes droits royaux qu'ils supposent perdus. Mais j'ai prouvé que je n'étais pas leur complice. J'ai obéi à la Constitution qui m'ordonne, par un acte formel, de m'opposer à leurs entreprises, puisque j'ai mis mes armées en campagne ; il est vrai que ces armées sont trop faibles, mais la Constitution ne désigne pas le degré de force que je devais leur donner ; il est vrai que je les ai rassemblées trop tard, mais la Constitution ne désigne pas le temps auquel je devais les rassembler ; il est vrai que des camps de réserve auraient pu les soutenir, mais la Constitution ne m'oblige pas à former des camps de réserve ; il est vrai que lorsque les généraux s'avançaient en vainqueurs sur le territoire ennemi, je leur ai ordonné de s'arrêter, mais la Constitution ne me prescrit pas de remporter des victoires, elle me défend même les conquêtes ;... il est vrai que mes ministres ont continuellement trompé l'Assemblée nationale sur le nombre, la disposition des troupes et leurs approvisionnements,... mais la Constitution ne fait dépendre leur nomination que de ma volonté et nulle part elle n'ordonne que j'accorde ma confiance aux patriotes et que je chasse les contre-révolutionnaires ; il est vrai que l'Assemblée nationale a rendu des décrets utiles et que j'ai refusé de les sanctionner, mais j'en avais le droit ;... il est vrai enfin que le despotisme va remettre entre mes mains son sceptre de fer, que je vous en écraserai, que vous allez ramper, que je vous punirai d'avoir eu l'insolence de vouloir être libres ; mais j'ai fait tout ce que la Constitution me prescrit, il n'est émané de moi aucun acte que la Constitution condamne. Il n'est donc pas permis de douter de ma fidélité pour elle et de mon zèle pour sa défense. »

De frénétiques applaudissements interrompent l'orateur.

Reprenant aussitôt sa terrible hypothèse, il dicte la réponse que la nation serait en droit de faire, si son roi lui tenait un pareil langage :

« O roi, qui avez cru sans doute, avec le tyran Lysandre, que la vérité ne valait pas mieux que le mensonge, et qu'il fallait amuser les hommes par des serments, comme on amuse les enfants avec des osselets ; qui n'avez feint d'aimer la loi que pour conserver la puissance qui vous servirait à la braver, la Constitution que pour qu'elle ne vous précipitât pas du trône où vous aviez besoin de rester pour la détruire, la nation que pour assurer le succès de vos perfidies en lui inspirant de la confiance ; pouvez-vous nous abuser aujourd'hui par d'hypocrites protestations ?... Non, non, homme que la générosité des Français n'a pu émouvoir, homme que le seul amour du despotisme a pu rendre sensible, vous n'avez pas rempli le vœu de la Constitution ! vous n'êtes plus rien pour cette Constitution que vous avez indignement violée, pour ce peuple que vous avez si lâchement trahi. »

De formidables acclamations retentissent à plusieurs reprises et empêchent longtemps Vergniaud de reprendre la parole. L'orateur achève enfin son discours en déclarant qu'il croit encore à la réconciliation de ceux qui sont dans Rome et de ceux qui sont sur le mont Aventin ; il propose de déclarer la patrie en danger, de rendre les ministres responsables de tous les périls intérieurs et extérieurs, d'adresser au roi un message ferme, digne, énergique, sans récriminations intempestives, non un manifeste de guerre, mais un appel à l'union.

L'Assemblée entière avait été pour ainsi dire subjuguée par la toute-puissante parole du grand orateur girondin. L'impression et l'envoi de son discours aux départements sont votés sans la moindre opposition. Seulement Cambon laisse tomber une phrase qui trahit les véritables intentions de la gauche : « Je demande, dit-il, que sur l'imprimé, tout ce que M. Vergniaud a dit sous forme hypothétique soit établi d'une manière affirmative ; car nous devons la vérité au peuple et toutes les suppositions de M. Vergniaud sont des vérités. » Ainsi, l'extrême gauche accusait presque de faiblesse celui qui venait de porter un coup mortel à la royauté ; elle semblait lui reprocher de n'avoir pas proclamé l'insurrection et sonné sans le moindre retard le tocsin du 10 août.

VIII

Mathieu Dumas remplace Vergniaud à la tribune.

Pour répondre à un tel adversaire dans un pareil moment, il fallait réellement du courage, et les historiens qui nous ont précédé ne paraissent pas avoir assez fait ressortir le mérite de l'orateur constitutionnel essayant de raisonner devant une assemblée entraînée par la passion. Le discours de Dumas est sans doute beaucoup moins éloquent que celui de Vergniaud, mais il l'improvisa au milieu d'interruptions fréquentes, le poursuivit avec calme, l'acheva avec dignité.

Dumas s'attache à prouver que les ministres actuels ne peuvent être réputés responsables du mauvais résultat d'un plan militaire conçu par leurs prédécesseurs, que le veto opposé au camp des vingt mille n'a point arrêté l'augmentation régulière de l'armée ; que le refus de sanctionner la loi relative aux prêtres n'est pas la cause des troubles religieux ; que le roi s'est conduit à l'égard de l'émigration comme il le devait.

— Et le voyage de Varennes ? crie la gauche; et le veto sur le décret contre les émigrés ?

Dumas n'en persiste pas moins à déclarer que l'hypothèse de l'entente secrète du souverain constitutionnel avec les émigrés est une calomnie. Puis il aborde franchement l'éloge de La Fayette, ce héros de la liberté, qu'il n'hésite pas à comparer à Washington, « et qui, comme son frère d'armes et son modèle, est appelé peut-être à boire jusqu'à la lie le calice de l'ingratitude populaire. » Il conclut en demandant : 1° la question préalable sur la responsabilité dont Vergniaud a voulu charger les ministres ; 2° l'envoi d'un message au roi et d'une adresse aux Français.

Quand Mathieu Dumas descend de la tribune la droite applaudit. Mais la gauche fait entendre des murmures ironiques et même des éclats de rire. Les constitutionnels demandent que le discours de leur ami obtienne aussi les honneurs de l'impression. Mise aux voix, cette motion est rejetée après deux épreuves douteuses. L'Assemblée avait deux poids et deux mesures ; après avoir accordé à l'attaque la plus grande publicité, elle la refusait à la défense. Telle est souvent la justice des partis.

Le 4 juillet, Jean Debry présenta la rédaction définitive du décret annoncé par la commission extraordinaire.

L'Assemblée se réservait le droit de déclarer la patrie en danger, et cela sans avoir besoin de la sanction royale; l'acte du Corps législatif devenait exécutoire à l'instant même.

Aussitôt qu'auraient été prononcées par le président ces paroles sacramentelles : « *Citoyens, la patrie est en danger !* », les autorités constituées de toutes les parties du royaume devaient siéger en permanence, toutes les gardes nationales étaient mises en réquisition, tous les citoyens avaient à déclarer les armes et les munitions qu'ils possédaient.

Tout homme, Français ou étranger, résidant ou voyageant en France, était tenu de porter la cocarde tricolore; toute personne revêtue d'un signe de rébellion devait être poursuivie par-devant les tribunaux ordinaires, et punie de mort.

Ce décret fut immédiatement adopté, et la discussion sur les autres mesures de sûreté générale, notamment sur la responsabilité ministérielle, fut renvoyée au lendemain.

Ce jour-là Torné, évêque constitutionnel du Cher, vint exposer clairement et sans réticence les vues de la Montagne. Laissant de côté les précautions oratoires dont l'orateur girondin avait enveloppé sa pensée, il accusa ouvertement le roi d'être l'appui des prêtres séditieux et de braver les décrets du Corps législatif, sous l'égide de son veto. Les périls de la patrie étaient, selon lui, si grands et les trahisons du pouvoir exécutif si flagrantes qu'il fallait que, s'emparant de la dictature, l'Assemblée prît pour règle unique cette maxime : « *Le salut du peuple est la suprême loi.* » — « *La Constitution ou la mort,* » lui crie-t-on, de la droite. — « C'est comme si vous disiez, réplique Torné, la mort du peuple par la Constitution plutôt que de sauver le peuple par des mesures inconstitutionnelles, mais temporaires. »

La droite, à ces mots, se lève tout entière et demande que l'orateur soit rappelé à l'ordre; mais celui-ci, sans s'émouvoir, parle successivement des éphores de Sparte, des dictateurs de Rome, du protecteur d'Angleterre, et conclut à ce qu'après avoir déclaré la patrie en danger, « l'Assemblée se réserve de prendre telles autres mesures que les circonstances pourraient rendre nécessaires. »

Pastoret et Vaublanc s'élancent à la tribune et dénoncent le discours de Torné comme la preuve de la coalition entre les aristocrates de Coblentz et les factieux du dedans; Marans ajoute que depuis six semaines Torné lui a déclaré que, pour sauver le peuple, il fallait qu'on fermât le livre de la Constitution, que l'Assemblée nationale s'emparât de tous les pouvoirs et que, s'il se trouvait des récalcitrants, elle *se transportât dans le Midi,* afin de mettre la Loire entre eux et elle [1]. Cette révélation excite l'indignation générale. L'évêque du Cher veut s'expliquer, mais les interruptions l'empêchent de continuer et l'Assemblée, par un décret, lui retire la parole.

En ce moment arrive un message, dans lequel Louis XVI déclare qu'à l'approche de l'anniversaire du jour où fut contracté sur l'autel de la patrie le

---

1. Il est curieux de voir l'idée tant reprochée aux Girondins émise par Torné avant que les prétendus fédéralistes eussent pensé même à la discuter dans leurs réunions les plus intimes.

pacte d'alliance entre la royauté et la nation, il juge nécessaire de donner aux armées la garantie de la réunion des deux pouvoirs renouvelant le même vœu, celui de vivre libres ou de mourir; il annonce qu'il ira au Champ-de-Mars, au milieu des députés, recevoir le serment des Français. Le message royal est accueilli par les applaudissements de la majorité. Mais il était dit qu'aucune démarche du malheureux monarque ne pourrait trouver grâce auprès de la Montagne; elle relève avec vivacité le passage où Sa Majesté exprime le désir de *recevoir le serment des fédérés*, et déclare que cette prétention est inconstitutionnelle. Le lendemain le nouveau ministre de la justice, Dejoly, vient au nom du roi déclarer que l'on s'est mépris sur les expressions du message; que le monarque ne peut ni ne doit recevoir seul le serment des Français, mais qu'il croit pouvoir le recevoir *avec l'Assemblée*. « L'ensemble de la lettre royale, ajoute le ministre, devait suffire pour convaincre tout le monde de la sincérité des intentions du monarque [1]. »

1. La déclaration faite le 5 par Dejoly avait été autorisée par Louis XVI. Nous avons retrouvé un billet entièrement de la main de ce prince, qui constate qu'au sortir de la séance du 4 le ministre de la justice vint faire part au roi des objections soulevées par la gauche, et que le scrupuleux monarque, après y avoir réfléchi, crut devoir maintenir les termes mêmes de son message. Le billet est ainsi conçu :

« J'ai relu et examiné, monsieur, ma lettre d'hier à l'Assemblée et je ne vois pas qu'on puisse tirer de mauvaises inductions de mes paroles. Je persiste dans l'idée de croire que l'explication par une nouvelle lettre ne serait ni nécessaire ni digne; mais vous pouvez aller à l'Assemblée et donner cette explication de vive voix, s'il y a besoin.

« Louis. »

Cette déclaration devait certes contenter les plus difficiles; mais la Montagne suscite encore de nouvelles chicanes à propos de la forme. Couthon prétend que la Constitution exige que les rapports entre le Corps législatif et le roi aient lieu sans intermédiaire, et que par conséquent il n'y a qu'à passer à l'ordre du jour sur ce que vient de dire le ministre de la justice. Ce beau raisonnement est goûté par l'Assemblée, et la proposition est adoptée.

C'est ainsi que l'on répondait aux avances du roi, au moment même où il manifestait les intentions les plus conciliantes! c'est ainsi que fut également reçue la lettre par laquelle, le lendemain (6 juillet), le ministre des affaires étrangères, Chambonas, informait l'Assemblée de l'approche des troupes prussiennes! Aussitôt la lecture de cette lettre terminée, Gensonné demande « que le ministre soit mandé à la barre et que l'Assemblée passe à l'ordre du jour sur le récit de faits transmis au Corps législatif sous une forme qui n'est pas celle qu'exige le pacte fondamental. »

En vain Chambonas reconnaît-il qu'il a pu se tromper, en vain sa lettre est-elle remplacée dans les 24 heures par un message royal; l'Assemblée, sur la proposition faite par Guyton-Morveau au nom des Douze, décrète solennellement que le ministre des affaires étrangères a violé les formes constitutionnelles [1].

---

1. *Moniteur*, n° 189, p. 790.

IX

A l'approche de la lutte suprême, tous les esprits étaient remplis d'hésitations et d'angoisses. Les constitutionnels craignaient de travailler au profit des partisans de l'ancien régime. Les Girondins sentaient que l'heure de la victoire ne précéderait pour eux que de quelques minutes celle d'une lutte acharnée avec les montagnards, aujourd'hui leurs auxiliaires, demain leurs ennemis irréconciliables. Parmi ces derniers eux-mêmes, quelques-uns ne pouvaient-ils pas pressentir déjà qu'ils seraient taxés plus tard de modérantisme, accusés de ne plus se trouver « à la hauteur des principes ? »

Aussi, dans la fameuse scène à laquelle on a donné le nom de *Baiser Lamourette*, la Législative fut-elle de bonne foi en se livrant à un de ces élans généreux auxquels, pour l'honneur de l'humanité, ne peuvent résister des hommes émus par la même parole, en proie aux mêmes pressentiments, agités des mêmes craintes.

Au milieu de la séance du 7 juillet, l'ordre du jour appelait la discussion sur les mesures de sûreté générale. Tout à coup l'évêque constitutionnel de Lyon, Lamourette, demande à faire une motion d'ordre, et d'une voix tout à la fois grave et douce : « Au moment, dit-il, où l'on propose des mesures pour sauver la patrie, il importe de couper dans sa racine le germe de tous les dangers publics, la désunion des deux grands pouvoirs de l'État. On a déjà plusieurs fois parlé d'union, et l'union ne s'est pas faite; cependant il faut qu'elle s'opère, car les honnêtes gens, divisés d'opinion, s'éclairant mutuellement par une discussion franche, peuvent toujours se rencontrer et s'entendre sur le terrain de la probité, de l'honneur, de l'amour de la patrie et de la liberté. Jurons donc de n'avoir qu'un seul esprit, qu'un seul sentiment, de nous confondre en une seule et même masse d'hommes libres, également redoutables à l'esprit d'anarchie et à l'esprit féodal; le moment où l'étranger verra que nous ne voulons qu'une chose fixe et que nous la voulons tous, sera le moment où la liberté triomphera et où la France sera sauvée...»

D'immenses applaudissements retentissent.

« Je demande, dit en concluant l'orateur, que M. le président mette aux voix cette proposition simple : *Que ceux qui abjurent et exècrent la république et les deux chambres se lèvent !* »

En proie à un indicible enthousiasme, l'Assemblée entière est debout; la gauche descend vers la droite, la droite court vers la gauche : Jaucourt s'assied auprès de Merlin, Dumas auprès de Basire, Albitte auprès de Ramond; Gensonné et Calvet, Genty et Chabot, les députés les plus hostiles se serrent les mains, s'embrassent. Pastoret et Condorcet, qui le matin même avaient échangé, dans les journaux qu'ils dirigeaient, des lettres plus qu'acrimonieuses, tombent dans les bras l'un de l'autre.

« Oui, nous sommes tous frères, crient les spectateurs, nous voulons tous la même chose, la Constitution, la liberté, l'égalité. »

Brissot qui avait précédemment obtenu la parole pour s'expliquer sur les dangers de la patrie, refuse de la prendre de peur de troubler cette scène touchante. Il veut revoir son discours, « afin d'en effacer tout ce qui pourrait servir d'aliment aux passions. » On demande que le procès-verbal de la séance soit expédié aux quatre-vingt-trois départements, qu'une députation de vingt-quatre membres soit envoyée au roi pour l'avertir de ce qui vient de se passer ; que toutes les autorités constituées et les corps judiciaires soient appelés pour assister à l'union de tous les représentants de la nation.

Ces motions sont unanimement adoptées. Quelques instants après paraît le roi, accompagné de Lamourette et des députés délégués auprès de lui.

« L'acte le plus attendrissant pour moi, dit-il, est celui de la réunion de toutes les volontés pour le salut de la patrie. J'ai désiré depuis longtemps ce moment fortuné ; mon vœu est accompli. Je viens vous dire moi-même que la nation et le roi ne font qu'un. L'un et l'autre ont le même but. Leur réunion sauvera la France. La Constitution doit être le point de ralliement de tous les Français ; nous devons tous la défendre ; le roi leur en donnera toujours l'exemple. »

Le président répond :

« Sire, cet instant mémorable de la réunion de toutes les autorités constituées sera un signal d'allégresse pour tous les amis de la liberté, de terreur pour tous ses ennemis. Cette union fait la force dont la nation a besoin pour combattre les tyrans conjurés contre elle ; elle est un sûr garant de la victoire. »

L'enthousiasme est à son comble. Les cris de vive le roi se mêlent aux cris de vive la nation.

Louis XVI ajoute : « Je vous avoue, monsieur le président, qu'il me tardait bien que la députation arrivât pour courir à l'Assemblée. »

De nouvelles acclamations retentissent ; elles se prolongent jusqu'à la levée de la séance, qui a lieu aussitôt après la sortie du monarque.

X

Hélas ! elle fut de courte durée, l'illusion de ceux qui, dans ces accolades fiévreuses, dans ces étreintes enthousiastes, avaient entrevu une ère nouvelle de bonheur et de prospérité pour la France. Les partis ne voulurent pas ratifier le traité d'alliance conclu par leurs chefs. Les Jacobins surtout, dont les principaux meneurs, Danton, Robespierre, Collot d'Herbois, Billaud-Varennes, ne faisaient pas partie de la Législative, jetèrent les hauts cris contre ce qu'ils appelaient *un replâtrage, une réconciliation normande, le baiser de Judas.*

L'émotion, qui avait été immense au sein de l'Assemblée, qui s'était communiquée aux tribunes et répandue dans Paris avec une extrême rapidité, s'éteignit bientôt, comme un feu de paille, sous les quolibets et les plaisanteries des journaux de toutes les couleurs.

Mais ce qui ne contribua pas peu à rallumer les passions, ce fut — coïncidence toute fortuite, mais des plus malheureuses — l'arrivée, peu de moments après la scène provoquée par Lamourette, d'une députation municipale annonçant que le conseil général du département de Paris avait prononcé la suspension du maire Pétion et du procureur de la commune Manuel.

La députation officielle s'étant retirée, quelques municipaux restent, et Osselin, l'un d'entre eux, lit une adresse signée individuellement par les amis que le maire suspendu comptait dans le sein du conseil général. Cette adresse incriminait très-vivement la conduite du département, proclamait Pétion le sauveur de la patrie et se terminait ainsi : « Si le maire est coupable, tous les magistrats, ses auxiliaires, sont ses complices et doivent être traités comme lui. »

« Oui, répètent en chœur les pétitionnaires, nous sollicitons l'honneur de partager son sort. Jugez-le, jugez-nous ! »

Chabot s'écrie qu'un si beau trait de générosité ne doit pas être perdu pour l'histoire; il demande l'impression de la pièce que vient de lire Osselin. Lacroix renchérit sur Chabot et fait décréter que le pouvoir exécutif sera tenu de rendre compte dès le lendemain des mesures prises par lui relativement à l'arrêté du département de Paris [1].

Ainsi, par une fatalité déplorable, au moment même où tous les nuages semblaient se dissiper, apparaissait à l'horizon le point noir d'où devait partir la tempête.

---

1. *Journal des Débats et Décrets,* n° 285, p. 107. *Moniteur,* p. 794.

XI

Nous avons vu dans le livre précédent avec quelle persistance le département avait réclamé des différents fonctionnaires publics le compte rendu de ce qu'ils avaient fait avant, pendant et après l'invasion des Tuileries; comment, malgré les billets confidentiels et amicaux du procureur-général-syndic adressés à Pétion, celui-ci en était venu à une hostilité ouverte vis-à-vis de l'autorité que la Constitution avait placée immédiatement au-dessus de la sienne; enfin de quelle manière le duc de La Rochefoucauld, président du directoire, avait affronté la mauvaise humeur du trop populaire magistrat et s'était fait livrer, au nom de la loi, les rapports qu'il n'avait pu obtenir officieusement.

Pendant ce temps, les juges de paix avaient continué à recueillir les dépositions des témoins oculaires; les divers rapports et procès-verbaux des officiers municipaux avaient été successivement arrachés à la mairie; l'état-major de la garde nationale avait envoyé ce qu'il possédait de renseignements militaires. L'enquête ordonnée par le directoire du département se trouvait donc à peu près complète. Pétion avait lui-même fourni sa justification en faisant imprimer un *exposé de sa conduite*. Seul, le procureur de la commune, Manuel, persistait à ne pas répondre aux injonctions réitérées qui lui étaient faites. Pressé par Rœderer, il avait eu l'insolence d'écrire que, le 20 juin, il n'avait passé qu'une heure aux Tuileries, sa place du matin et du soir étant à la maison commune, *et qu'il serait bien fâché de perdre un temps, qui n'était pas à lui, à recueillir des faits que l'histoire seule devait juger.* « *Je jure,* disait-il en terminant, *que le maire de Paris a sauvé le peuple*[1] *!* » A peine parvint-on à le faire consentir à comparaître devant les commissaires départementaux. De ses explications il résulta que ni le 18, ni le 20 juin, il n'avait communiqué au corps municipal l'arrêté pris le 16 par le conseil général; que, connaissant l'arrêté du département, il n'en avait point requis l'exécution; bien plus, qu'il avait approuvé l'arrêté contraire de la municipalité, et enfin que, loin de se porter vers les Tuileries au premier tumulte, comme la loi le lui ordonnait, il avait à peine passé une heure dans le jardin, se promenant sans écharpe en simple particulier.

Ayant accompli, autant qu'ils le pouvaient, la mission qui leur avait été confiée, les trois commissaires instructeurs du département, Garnier, Levieillard et Demautort, lurent, le 4 juillet, au conseil général un rapport où les événements du 20 juin et la part qu'y avaient prise les diverses autorités incriminées étaient parfaitement résumés.

Ils concluaient en demandant la suspension du maire, du procureur de la commune et des administrateurs de police, conformément à la loi du 27 mars 1791, article 9, ne réclamant contre le commandant général

---

[1]. Voir les lettres officielles imprimées dans la *Revue rétrospective,* t. I, 2ᵉ série, p. 203-204.

qu'un « simple avis d'être à l'avenir plus ponctuel à son service[1]. »

Les formes de procédure en usage dans les tribunaux avaient été appliquées aux nouveaux corps administratifs. Des commissaires spéciaux présentaient un rapport ; le procureur-général-syndic ou son substitut, en qualité de ministère public, posait des conclusions conformes ou contraires à celles des commissaires, et enfin le conseil tout entier décidait.

C'est pourquoi Demautort, Levieillard et Garnier ayant communiqué leur rapport au procureur-général-syndic, ce dernier dut, conformément à la loi, présenter ses conclusions. Rœderer était l'ami de Pétion ; son réquisitoire fut un véritable plaidoyer en faveur du maire et même du procureur de la commune qu'il était impossible de séparer de celui-ci.

Reprenant l'examen de toutes les pièces, le procureur-général-syndic commence par énumérer les faits incontestables : la formation du rassemblement, la grille des Feuillants forcée, le canon braqué sur la porte royale, cette porte ouverte par des gardes nationaux, le domicile royal envahi, les discours violents adressés au roi, le vol de plusieurs objets mobiliers. « Pour ces faits, dit-il, le soin d'en rechercher les auteurs regarde les tribunaux. » Le département n'a à s'occuper que de la conduite des officiers municipaux accusés de n'avoir pas rempli leur devoir. Or, l'arrêté irrégulier par lequel le corps municipal

---

[1]. Voir, dans la *Revue rétrospective*, t. I, 2ᵉ série, le rapport Garnier, Levieillard et Demautort.

a prétendu légaliser le rassemblement illégal n'a pas été pris par le maire seul, et ne peut dès lors lui être reproché. D'ailleurs l'Assemblée nationale elle-même n'a-t-elle pas montré qu'il était impossible de résister à l'invasion de la foule des pétitionnaires armés, puisqu'elle les a reçus dans son sein? Ayant à l'avance recommandé la surveillance la plus active au commandant général et ne pouvant lui ordonner plus, le maire et les officiers municipaux ne doivent pas être réputés responsables de l'invasion du Château. L'invasion ayant eu lieu, il ne leur était plus possible d'agir pour la repousser violemment, parce que c'eût été compromettre la vie du roi. Pétion a-t-il fait tout ce qu'il devait faire pour mettre un terme au désordre, pour « le tempérer, n'ayant pu le prévenir? » A cette question, Rœderer répond : « ... Si j'avais à juger le maire de Paris comme juré, d'après ma conviction intime, je n'hésiterais pas une seconde à l'acquitter honorablement. Je ne puis moins faire pour lui quand je n'ai qu'une voix consultative à émettre sur sa conduite[1]... »

Le 6 juillet, le conseil général du département s'assembla pour prononcer sur les rapports contradictoires de ses commissaires et du procureur-général-syndic. Il avait la conscience de l'immense responsabilité qui allait peser sur lui. Il savait avec quelle indicible impatience tous les partis attendaient son verdict. Il n'ignorait pas

---

[1]. Le *Moniteur* contient, p. 827 et 828, le rapport de Rœderer presqu'en entier. Il est encadré dans un discours de Brissot, dont nous parlerons plus loin.

que, s'il adoptait la proposition de ses trois commissaires, il allait attirer sur la tête de chacun de ses membres toutes les colères populaires[1], mais il savait aussi qu'il serait responsable de son arrêt devant l'histoire, tribunal suprême des actions et des jugements des hommes.

Ce ne fut qu'après de longs et consciencieux débats que le conseil général du département se décida à prononcer la suspension de Pétion et de Manuel. La délibération, commencée de bonne heure le 6, se prolongea jusqu'au 7 à quatre heures du matin[2].

1. Six semaines plus tard, le vénérable duc de La Rochefoucauld payait de sa vie sa courageuse résistance aux entraînements populaires ; il était égorgé, dans les bras de sa femme et de sa mère, sur la route de Rouen à Paris, par une troupe de forcenés envoyés par la commune insurrectionnelle du 10 août. Nous raconterons sa mort avec détail dans un de nos prochains volumes.

2. *Le Moniteur*, page 803, n° 193, contient le texte de cet arrêté, avec les seules signatures du président et du secrétaire ; nous avons retrouvé la minute même de ce monument de courage civil, un des plus beaux que renferme l'histoire de notre pays ; elle est signée : La Rochefoucauld, président ; Brousse, Anson, Gravier de Vergennes, Levieillard, Germain Garnier, Demeunier, Defauconpret, Dumont, Lefebvre d'Ormesson, Barré, Thouin, Andelle, Charton, Bailly, Demautort, de Jussieu, Davous, Trudon, Pinorel ; Blondel, secrétaire.

Rœderer, en qualité de procureur-général-syndic, fut chargé de notifier l'arrêté du conseil général du département au maire de Paris. Mais, suivant son habitude, il lui écrivit en même temps une lettre officielle et un billet officieux. Le billet est daté de l'heure même où le conseil général venait de rendre son verdict (quatre heures du matin) ; la missive qui accompagnait la procédure authentique est datée de sept heures après (onze heures). Voici ces deux pièces, que nous avons eu le bonheur de retrouver.

« Monsieur,

« J'ai l'honneur de vous adresser le rapport des commissaires char-

XII

Quelques heures après, le conseil général de la commune était convoqué pour entendre la lecture de l'arrêté

gés de l'examen de l'affaire du 20 juin. Ce soir, dès que le conseil aura arrêté le procès-verbal de la séance, j'aurai soin de vous l'adresser ; il renferme mes conclusions, mon opinion et les arrêtés préliminaires auxquels mes conclusions ont donné lieu.

« Le procureur-général-syndic du département de Paris,
« ROEDERER. »

Le billet porte la suscription suivante :

« *A monsieur Pétion lui-même, à la mairie.* »

Et sur le pli intérieur : « *A vous-même.* »

« Mon ami, je vous félicite ; le conseil vient de suspendre le procureur de la commune et le maire de Paris. Je ne vous voulais pas tant de bien, je vous l'avoue ; je vous embrasse. Voilà deux nuits que je passe en blanc. Le conseil se sépare, il est quatre heures du matin. Je ferai imprimer le discours très-précipité que je leur ai lu dans cette affaire, et j'ai fait retenir mes conclusions au procès-verbal. Puissé-je trouver aussi quelqu'un qui me suspende en attendant qu'on nous pende ! ROEDERER. »

L'ami, dans cette occasion, faisait oublier au magistrat la gravité de la situation ; il ne voyait dans cette suspension du maire de Paris qu'un texte de plaisanterie, qu'une occasion de triomphe pour Pétion ; il désirait partager son sort et voulait être pendu avec lui. Son dernier vœu fut bien près d'être réalisé. Moins d'un an plus tard, Rœderer était compris, le 2 juin 1793, dans la proscription de Pétion et de ses adhérents ; il était obligé de se cacher et ne dut la vie qu'au dévouement de quelques amis. Plus heureux que Pétion, il survécut à la tourmente révolutionnaire, devint comte de l'empire et se reposa sur la chaise curule du sénateur des tribulations qu'il avait essuyées comme procureur-général-syndic du département de Paris.

départemental et pour élire un maire provisoire. L'officier municipal Borie fut choisi. Ce fut lui qui, à la tête de la députation dont nous avons parlé, vint annoncer officiellement à l'Assemblée la suspension du maire et du procureur-syndic.

Pétion fit afficher le jour même dans Paris un avis ainsi conçu :

« Citoyens,

« Je suis suspendu de mes fonctions. Recevez cette dé« cision, comme je l'ai reçue moi-même, avec *calme et*
« *sang-froid*. Bientôt une autorité supérieure prononcera,
« et j'espère que l'innocence sera vengée, d'une manière
« digne d'elle, par la loi. »

D'après la Constitution, c'était au roi qu'appartenait le droit de confirmer ou d'annuler l'arrêté départemental; mais, par une singulière confusion de pouvoirs, le dernier mot en pareille matière avait été réservé à la législature, qui était ainsi appelée à se prononcer sur la décision royale. De celle-ci, Pétion s'inquiétait peu ; mais il comptait sur l'*autorité supérieure* et sur la pression que les Jacobins, ses amis, ne devaient pas manquer d'exercer en sa faveur.

Louis XVI s'adressa, lui aussi, à l'Assemblée. Quelques instants auparavant, il était venu sceller la réconciliation des partis ; il crut donner un nouveau gage de sa parfaite bonne foi en remettant aux représentants du peuple le soin de sauvegarder la dignité de la couronne. A peine de retour aux Tuileries, il écrivit au président :

« On vient de me remettre l'arrêté du département
« qui suspend provisoirement le maire et le procureur
« de la commune de Paris. Cet arrêté portant sur des
« événements qui m'intéressent personnellement, le pre-
« mier mouvement de mon cœur est de prier l'Assemblée
« nationale de statuer elle-même sur cette affaire.

« LOUIS,

« *Contre-signé :* DEJOLY. »

Mais les députés n'étaient déjà plus, le soir du 7 juillet, dans les mêmes dispositions que le matin. Les défiances, les colères, les haines avaient repris leur place habituelle dans le cœur de ceux qui les avaient abjurées quelques heures auparavant sur l'autel de la patrie. Au lieu de suivre Louis XVI dans la voie de la conciliation, l'Assemblée, adoptant la proposition de Merlin (de Thionville) et de Lasource, passa purement et simplement à l'ordre du jour sur la lettre royale. Elle ne pouvait, suivant eux, s'occuper constitutionnellement de l'arrêté départemental qu'après que le roi aurait usé de son droit de confirmation ou d'annulation.

Louis XVI se trouvait donc forcé de prononcer dans sa propre cause. S'il absolvait Pétion et Manuel, il abandonnait aux colères populaires le conseil général du département qui avait noblement rempli son devoir. S'il confirmait la suspension prononcée, il avait l'air d'exercer une vengeance personnelle et courait le risque de voir sa décision cassée par la Législative.

Les conseils les plus contradictoires furent donnés au roi et augmentèrent son indécision naturelle.

Rœderer lui écrivit, comme simple particulier, une lettre qui n'était, à proprement parler, que la répétition des conclusions qu'il avait déposées comme procureur général. Prenant pour point de départ *le baiser Lamourette,* par lequel, disait-il, « la révolution était réellement consommée, » il suppliait Louis XVI de se montrer indulgent envers ceux qui avaient pu se rendre coupables de ce qu'il appelait, dans sa naïveté, « *le dernier écart de la liberté naissante*[1]. »

La supplique de Rœderer n'obtint pas même une réponse. D'autres personnages, qui avaient le droit d'être mieux écoutés, puisqu'ils siégeaient dans les conseils du monarque, opinaient également pour la grâce, dans le double but d'attirer vers le trône les sympathies populaires et de ruiner l'influence du maire en le couvrant du ridicule qui s'attache inévitablement à l'homme politique auquel on refuse le bénéfice d'un facile martyre. Ils faisaient observer que, puisqu'il faudrait très-probablement subir, tôt ou tard, le rétablissement dans leurs fonctions de Pétion et de Manuel, il valait beaucoup mieux pour le souverain octroyer lui-même le pardon que de voir ses ennemis l'arracher à l'Assemblée nationale; que, dans l'arrêté à intervenir, il serait, du reste, facile de faire la part de chacun, de louer la conduite du département, de blâmer celle de la municipalité et de s'en remettre aux tribunaux pour la poursuite des meneurs subalternes, auxquels on devait imputer la violation matérielle du domicile royal[2].

1. *Chronique des cinquante jours,* p. 172-173.
2. Dejoly, le nouveau ministre de la justice, avait été chargé par

LIVRE IV.   47

Peut-être cet avis eût-il prévalu sans les nouvelles violences de langage et les menaces audacieuses des amis de Pétion. Le dimanche 8 juillet, ceux-ci firent affluer vers l'Assemblée la masse des pétitionnaires parisiens qu'ils avaient toujours à leur disposition.

Le corps législatif sembla d'abord vouloir respecter les formes constitutionnelles; il décréta par deux fois le renvoi pur et simple de toutes les doléances jacobines à la commission des Douze. Mais par deux fois la gauche demanda qu'on revînt sur ce vote. Suivant son habitude, l'Assemblée ne se sentit pas de force à résister plus longtemps à l'insistance de la Montagne. De guerre lasse, elle admit les pétitionnaires à la barre.

Écoutons d'abord la section des Gravilliers :

« Législateurs, une famille éplorée vous redemande un père que des magistrats, par l'abus le plus coupable de leurs devoirs, viennent d'enlever à ses fonctions. Toute la capitale est en deuil, et ce deuil sera bientôt celui de tout l'empire. Nous vous prions de nous rendre un ami, un magistrat fidèle, et de considérer que les circonstances que la malveillance a choisies pour cet acte de rigueur sont trop impérieuses pour permettre le moindre retard. »

le roi de faire le rapport de cette affaire au conseil, à la place du ministre de l'intérieur, Terrier-Monciel, qui s'était abstenu sous prétexte qu'ayant dû fournir les renseignements officiels au département il était obligé de se récuser. Dejoly avait préparé deux projets d'arrêté royal, l'un dans le sens de la clémence, l'autre dans le sens de la sévérité. Ce fut ce dernier qui prévalut; on le trouve au *Moniteur*, p. 822. Nos recherches nous ont fait retrouver le contre-projet. — Nous donnons à la fin de ce volume cette pièce intéressante à plus d'un titre.

Non moins vive était l'adresse de la section de la place Royale, lue par Tallien qui débutait dans les rôles de comparse politique, en attendant qu'il pût être compté parmi les premiers sujets de la troupe démagogique.

« Un grand attentat vient d'être commis. La ville de Paris est dans la douleur... Pétion est suspendu de ses fonctions par un directoire contre-révolutionnaire ; Pétion, notre père, notre ami, est sous le coup d'une accusation. Qu'on nous charge aussi de fers, ils nous paraîtront plus légers lorsque nous les partagerons avec Pétion. Nous venons déposer dans le sein du corps législatif l'adhésion la plus entière à la conduite tenue par le maire et le corps municipal dans les journées antérieures et postérieures au 20 juin... Nous demandons que vous jugiez quelle est l'administration coupable, ou de la municipalité qui a épargné le sang, ou du directoire qui voulait le faire verser. »

XIII

Chaque jour des pétitionnaires venaient, non-seulement au nom de Paris, mais encore, prétendaient-ils, au nom de diverses villes de province, réclamer d'un ton impérieux la réintégration immédiate « du sage Pétion et du vertueux Manuel, ces deux colonnes du patriotisme. » Presque toujours ils répétaient une leçon qu'on leur avait remise toute faite. Oubliant qu'il s'était intitulé délégué de la ville de Dijon, un d'entre eux s'écria : « Si d'ici au 14 juillet on n'a pas rendu aux vainqueurs de la Bastille leur père et leur tribun, la fête de la Liberté sera troublée : nous ignorons où s'arrêtera le désespoir des patriotes [1]. »

En vain la droite faisait-elle observer que sans cesse on présentait au nom du peuple des adresses qui n'exprimaient pas même le vœu d'une section; en vain démontrait-elle que quatre-vingt-deux départements n'avaient pas envoyé leurs députés à Paris pour que le quatre-vingt-troisième usurpât tout leur temps. On refusait la parole aux députés qui pensaient et parlaient de la sorte, et le premier venu obtenait le droit de déclamer à la barre contre toutes les autorités constituées. Sans pousser la complaisance jusqu'à donner toujours raison aux pétitionnaires, la majorité les écoutait avec patience, souvent avec faveur, leur accordait les honneurs de la séance et envoyait imperturbablement leurs élucubrations oratoires à la commission des Douze.

Une fois seulement les adversaires des Jacobins purent obtenir la faveur de faire entendre leurs justes récriminations. Une députation nombreuse, envoyée par la ville du Hâvre, présenta, le 6 juillet, une adresse qui commençait ainsi :

« Législateurs,

« Nous venons réclamer vengeance contre ceux qui, au 20 juin, ont violé l'asile du représentant de la nation et insulté sa personne sacrée et inviolable... Oui, vengeance contre l'administration faible ou coupable qui, au

---

[1]. *Journal des Débats et Décrets,* n° 289, p. 157.

lieu de faire exécuter les lois, a eu la témérité de légaliser un forfait; vengeance contre les factieux, qui, au mépris de la constitution, ont sommé, le poignard à la main!... »

— « A bas, à bas! hurlent les tribunes; c'est faux, c'est faux! — Vous avez entendu les factieux qui s'avouaient les auteurs du 20 juin, dit Daverhoult. — On écoute les Parisiens toutes les fois qu'ils se présentent, ajoute Mayerne; il faut écouter les citoyens du Hâvre...
— Ils ne sont pas du Hâvre, réplique Thuriot. Ils n'apportent sur leur adresse que des signatures mendiées. — Ce sont d'honorables négociants, répond Christinat, ceux mêmes qui ont approvisionné Paris en 1789, qui ont nourri ce même peuple des tribunes dont ils subissent les insultes aujourd'hui. »

Lasource et Lacroix dénoncent la pétition comme « tendant à faire croire que le peuple français n'est qu'un tas de brigands et qu'il est coupable d'un acte qui n'est que l'effet de l'égarement de quelques-uns. » Ils réclament le renvoi de la calomnie à la commission extraordinaire, le renvoi des calomniateurs hors du sein de l'Assemblée; mais, après deux épreuves successives, il est décrété que les pétitionnaires jouiront des honneurs de la séance; ils vont s'asseoir au banc qui leur est désigné, applaudis par la droite, hués par les tribunes et par la gauche[1].

Quelquefois la gauche, cherchant à changer le terrain

---

[1]. Cette scène est racontée par le *Journal des Débats et Décrets*, n° 284, p. 84 à 87 et par le *Logographe*, p. 232-236. Le *Moniteur* n'en dit pas un mot. Par ce seul exemple on peut juger de son impartialité et de son exactitude.

de la discussion, demandait la destitution du directoire du département, prétendant que lui seul était coupable. « Car, disait Guérin, l'un de ses orateurs les plus exagérés, si la municipalité n'a pas fait son devoir le 20 juin, c'était au département à la suppléer, et si elle l'a fait, pourquoi a-t-il plus tard suspendu arbitrairement le maire et le procureur de la commune? »

Malgré toute sa bonne volonté, l'Assemblée ne pouvait goûter un pareil raisonnement et, obligée d'attendre la décision royale sur l'affaire de Pétion, elle reprit la discussion des propositions faites par la commission extraordinaire.

Le 8, on ne s'en occupa qu'un moment, à propos des nouvelles reçues de l'Ardèche, où les royalistes avaient occupé Jalès et le château de Bannes. Lamarque réclama la déclaration immédiate de danger de la patrie, et l'Assemblée adopta en principe sa motion.

A la séance du 9, la parole fut accordée à Brissot, qui y avait renoncé le 7, afin d'atténuer, avait-il dit, ce qu'il pouvait y avoir de trop vif dans son discours. Mais les circonstances ayant changé en quarante-huit heures, le député girondin crut devoir rétablir toutes les violences de langage qu'il avait promis d'effacer au moment de la fameuse réconciliation [1].

L'homme d'État de la Gironde commence ainsi son discours :

---

[1]. La harangue ou plutôt le mémoire de Brissot, comprenant un tableau général de la situation de l'Europe depuis la révolution française, n'occupe pas moins de sept colonnes du *Moniteur*.

« La patrie n'est en danger que pour une seule cause : un homme a paralysé les forces nationales. On vous dit de craindre le roi de Prusse et celui de Hongrie. Frappez sur la cour des Tuileries, et vous les aurez atteints ! »

Après cet exorde, Brissot expose la grande conspiration intérieure et extérieure dont, suivant lui, le chef du pouvoir exécutif est le chef consentant ou forcé. C'est par la faute du pouvoir exécutif que nos armées ne sont pas assez fortes pour couvrir nos frontières ; c'est par sa faute que la coalition a pu surprendre la nation ; c'est par sa faute encore que l'agitation la plus funeste est entretenue intérieurement par les complices des émigrés, les prêtres réfractaires, et même par des corps soi-disant constitutionnels, tels que le directoire du département de la Somme et surtout le directoire du département de Paris. Celui-ci n'a-t-il pas essayé de soulever tous les départements contre la capitale, dicté la pétition des vingt mille, celle contre le camp, attaqué les sociétés populaires, soutenu La Fayette et persécuté la municipalité parisienne ?

En terminant, Brissot demande la punition de La Fayette et de ses adhérents, la responsabilité solidaire des ministres qui n'ont plus la confiance de la nation, la déclaration immédiate de la patrie en danger, et surtout la formation d'un comité secret cumulant les fonctions des comités de surveillance et de la commission extraordinaire, et chargé spécialement des mesures de sûreté générale.

C'était le comité de salut public proposé en pleine monarchie. Ce comité fut établi un an plus tard ; l'une de ses premières victimes devait être Brissot. Ainsi se retourne presque toujours contre l'inventeur même l'instrument qu'il a forgé pour frapper ses ennemis.

A peine l'orateur est-il descendu de la tribune que le ministre de la justice, qui avait été mandé à la barre, vient annoncer que le roi a sanctionné, dès le 7, la loi votée le 6 sur les formalités à remplir pour déclarer la patrie en danger. Si la décision relative à la suspension du maire se trouve retardée, c'est uniquement, ajoute-t-il, parce que toutes les pièces n'ont pas encore été envoyées par le département.

A ces mots, Dusaulx se lève et demande que le procureur-général-syndic soit mandé à la barre pour y rendre compte des retards dont il est cause. Le département est seul coupable, dit Guérin réitérant sa motion ; que le pouvoir exécutif agisse contre lui. Thuriot ajoute : « Il n'y aurait plus de vertu sur la terre, si M. Pétion n'était pas un honnête homme [1]. »

La droite éclate de rire. Mais la majorité ne s'estime pas satisfaite du double rapport ministériel, et décrète que, le lendemain à midi, le ministère reviendra faire un rapport plus complet sur la situation intérieure et extérieure.

Conformément à ce décret, les ministres paraissent tous à la séance du 10 juillet; c'est encore le ministre de la justice, le moins antipathique à l'Assemblée, qui porte la parole en leur nom.

Dans un discours très-étendu [2], Dejoly cherche à dé-

---

[1]. *Journal des Débats et Décrets,* n° 287, p. 133. *Moniteur,* p. 807.
[2]. *Moniteur,* p. 809, 810 et 811.

montrer que le fanatisme n'est point la cause principale des divisions intestines, mais qu'il faut la chercher dans l'existence de ces *sociétés d'amis de la Constitution,* qui ont étendu leurs ramifications dans toutes les communes de France, violé en plusieurs occasions le secret des lettres, mandé les magistrats à leur barre, asservi les municipalités, commis les attentats les plus manifestes contre cette même Constitution dont ils s'intitulent faussement les amis.

Le ministre termine son rapport par une déclaration que ses collègues et lui s'étaient imaginé devoir produire une impression très-vive sur l'Assemblée, et qu'au contraire elle accueillit avec la plus complète indifférence[1].

« Les ministres, dit-il, manqueraient à ce qu'ils doivent à l'Assemblée s'ils ne déclaraient que, dans un tel état de choses, ou plutôt dans ce renversement de tout ordre, il leur est impossible d'entretenir la vie et le mouvement d'un vaste corps dont tous les membres sont pa-

---

[1]. Voir la pièce annexée au rapport de Gohier sur les papiers trouvés dans l'armoire de fer et cotée DXXI. Les six ministres y déclarent à Louis XVI « qu'ils se sont résolus à donner leur démission pour démontrer à la nation que l'Assemblée nationale agit de manière à détruire toute espèce de gouvernement, et qu'il y a lieu de penser qu'une pareille détermination fera un effet très-considérable sur l'opinion publique. » Cinq de ces ministres persistèrent dans leur résolution, un seul revint sur ce qu'il avait solennellement annoncé ; ce fut justement celui-là même qui portait la parole au nom de ses collègues. Dejoly conserva les sceaux jusqu'à la chute de la monarchie et fut obligé, comme nous le verrons dans le livre VIII, de les apposer sur le décret prononçant la suspension du monarque. Certes, Louis XVI ne se doutait pas, quand il les avait remis à Dejoly, à quel usage final ils devaient servir.

ralysés ; qu'il n'est pas en leur pouvoir de défendre le royaume de l'anarchie qui, dans cet état d'impuissance de la force publique et d'avilissement des autorités constituées, menace de tout engloutir... N'ayant accepté les fonctions du ministère qu'avec le désir et l'espérance de servir la Constitution et de faire le plus grand bien possible, nous avons dû nous déterminer à les abandonner dès que l'impuissance de faire le bien nous a été démontrée. *En conséquence, nous avons tous donné notre démission ce matin* [1]. »

La démission collective des agents responsables du pouvoir exécutif aurait pu être un fait très-grave dans un autre temps. Mais, depuis le renvoi du ministère girondin, Louis XVI, soit par calcul, soit peut-être par impuissance, choisissait pour ses conseillers officiels des hommes probes et souvent courageux, mais inconnus, sans consistance et sans antécédents politiques, qui ne pouvaient avoir aucune autorité sur les représentants de la nation, aucune influence sur l'opinion publique, et que lui-même, on doit le dire, semblait ne pas prendre au sérieux [2].

Ces ministres, qui se succédaient avec une désespérante rapidité, expédiaient les affaires courantes, comparais-

---

1. *Journal des Débats et Décrets*, n° 288, p. 146. *Moniteur*, p. 811.

2. Nous avons retrouvé les lettres par lesquelles Louis XVI notifiait à l'Assemblée législative la nomination ou la retraite de ses conseillers officiels. Ces lettres sont écrites entièrement de la main du roi, sur des chiffons de papier qui certes n'ont rien d'officiel ; et d'un autre côté, elles sont contre-signées par un ministre, ce qui leur fait perdre tout caractère d'intimité.

saient devant l'Assemblée législative dès que celle-ci les appelait, faisaient les rapports les plus insignifiants dans les occasions les plus critiques, et se démettaient de leurs fonctions lorsque leur insuffisance était publiquement constatée. Ils n'étaient à vrai dire que de simples commis. Or, dans tous les temps et sous tous les régimes, que le pouvoir exécutif soit réduit à un état de radicale impuissance, ou qu'il ait au contraire annihilé toutes les forces vives de la nation et concentré entre ses mains la puissance absolue, le système des commis amène toujours le même résultat : la complète indifférence du public. Pourquoi s'inquiéterait-on de l'avénement ou de la chute de gens qui ne peuvent exercer la moindre action sur la marche réelle des affaires?

XIV

Avec ces changements continuels de noms, de personnes et de systèmes, il était impossible d'avoir un plan sagement étudié, profondément mûri, suivi avec persistance et énergie. Cependant, comment résister à la tourmente au milieu de laquelle la royauté était déjà si fortement engagée? comment, à travers tant d'écueils, atteindre un port quelconque? et même quel pouvait être le port dans lequel la royauté aurait cherché un refuge? Personne ne l'eût pu dire, et le monarque moins que tout autre. Sans boussole, sans guide, Louis XVI tantôt s'abandonnait, les yeux fermés, au flot toujours montant de la révolution, et tantôt essayait de lutter contre lui. Les mesures qu'il avait obstinément rejetées la veille, il les acceptait le lendemain, pourvu qu'elles lui fussent présentées sous une autre forme : il suivait tour à tour les directions les plus opposées, souscrivait aux solutions les plus contradictoires ; mais surtout, par ses hésitations prolongées, il empirait les situations les plus graves.

Il y avait quatre jours que l'arrêté départemental relatif à Pétion et à Manuel était officiellement connu. Le pouvoir exécutif ne l'avait encore ni maintenu ni cassé. Cependant les masses manifestaient leur enthousiasme habituel pour tout ce qui a l'apparence d'une persécution, l'Assemblée elle-même avait hâte de pouvoir se saisir constitutionnellement d'une affaire dont la fédération, qui approchait, rendait la solution plus pressante.

Le 10, le pouvoir exécutif fut, en vertu d'un décret spécial, sommé de prendre une décision. Dès le lendemain, en séance publique, on lut la lettre suivante :

« Paris, le 11 juillet 1792, an iv de la liberté.

« Monsieur le Président,

« J'ai reçu hier, à dix heures du soir, le décret de
« l'Assemblée nationale du même jour, portant que le
« pouvoir exécutif rendra compte, dans la séance de ce
« matin, de la détermination qu'il a prise ou dû prendre
« sur la suspension du maire et du procureur de la com-
« mune de Paris. J'avais reçu quelques heures plus tôt,
« avec une lettre du procureur-général-syndic, le procès-
« verbal de la séance du conseil du département du 6 de
« ce mois, ainsi que le rapport et les conclusions du pro-

« cureur général. Mon devoir me prescrivait alors de
« faire connaître l'état de l'affaire à MM. Pétion et Ma-
« nuel et de les inviter à me donner, soit par écrit, soit
« de vive voix, les éclaircissements qu'ils croiraient en-
« core utiles à leur défense. M. Pétion, en me répondant
« qu'il ne pouvait se rendre à une invitation que la mal-
« veillance ne manquerait pas d'interpréter défavorable-
« ment, ne m'a point fait parvenir de nouvelles pièces.
« M. Manuel a différé jusqu'à présent de me répondre.
« Dans cette circonstance, monsieur le Président, je me
« propose de présenter ce soir au conseil le rapport de
« cette affaire. Si cependant son importance et la multi-
« tude de pièces dont elle est chargée me forçaient de la
« remettre à demain, le roi veut bien promettre à ses
« ministres une séance extraordinaire. Je crois pouvoir
« assurer l'Assemblée nationale qu'elle sera instruite
« le jour même de la décision du conseil.

« Je suis, avec respect, monsieur le Président, etc.

« DEJOLY, ministre de la justice. »

Il est fort à croire que la lettre ministérielle avait été retenue pendant quelque temps par des amis officieux, peut-être même portée à Pétion pour qu'il y fît d'avance une réponse, car on ne s'expliquerait guère autrement par quel miracle, aussitôt après la communication du ministre de la justice, le président eût pu lire à l'Assemblée nationale le billet que voici :

« Paris, le 11 juillet 1792, an iv de la liberté.

« Monsieur le Président,

« Voici encore un nouveau délai demandé par les mi-
« nistres pour prononcer sur ma suspension. La loi ne
« fixe point de terme à la décision du roi ; mais la raison,
« la justice, l'intérêt public ne permettent pas que le
« terme soit indéfini. Déjà plusieurs décrets ont ordonné
« aux ministres de faire part de la résolution du pouvoir
« exécutif. Ces décrets sont éludés d'une manière scan-
« daleuse et sous des prétextes divers. Il est facile de
« pénétrer la cause de ces lenteurs affectées. Je ne dois
« cependant pas être perpétuellement le jouet des intri-
« gues et des passions. Il y a ici un déni de justice évi-
« dent, et quel moyen ai-je de le faire cesser ? Je ne puis
« pas me pourvoir devant les tribunaux ; je ne puis avoir
« recours qu'à vous, messieurs, et j'attends tout de votre
« justice.

« Je suis, monsieur le Président, etc.

« Le maire de Paris, PÉTION. »

La lettre de Pétion électrise la gauche, qui fait décréter que le pouvoir exécutif sera tenu de se prononcer dans les vingt-quatre heures sur le maintien ou l'annulation de l'arrêté départemental.

Dès le soir même on voit affluer à la barre le ban et l'arrière-ban des sans-culottes de Paris et des départements. Nous ne nous arrêterons pas à décrire le spectacle que présentent ces députations, composées à peu près invariablement du même personnel et venant débiter les mêmes rapsodies. Une seule mérite une mention particulière ; elle se compose de soixante ouvriers de la section des Gravilliers qui, au retour du Champ-de-Mars, où ils ont travaillé aux préparatifs de la fédération, défilent pelle sur l'épaule et hotte sur le dos.

Ils résument ainsi leurs demandes, et la naïve brutalité de leur style répond au négligé de leur tenue :

« Pétion et Manuel restaurés dans leurs fonctions ; le directoire cassé ; La Fayette mis en accusation, et, pour le peuple, les moyens de se constituer *paisiblement et légalement* en état de résistance à l'oppression. »

Presque au même instant, une députation du corps municipal vient annoncer que les juges de paix Menjaud et Fayel ont lancé contre Pétion et Manuel des mandats d'amener.

« C'est une violation de la loi, s'écrie Rouyer, un attentat à la Constitution qui a déclaré les officiers municipaux inviolables dans l'exercice de leurs fonctions. » — « Je dénonce à l'Assemblée, ajoute Masuyer, le comité des juges de paix, *ce tribunal de sang*[1] établi aux Tuileries, et qui de là décerne des mandats d'amener non pas seulement contre le maire et le procureur de la commune

---

1. Le Girondin Masuyer dénonçait le 12 juillet 1792 le *tribunal de sang* qui, disait-il, siégeait aux Tuileries, et qui était parfaitement innocent des mandats d'amener qu'on l'accusait d'avoir expédiés contre trente députés. Quel nom donnera-t-il au tribunal révolutionnaire qui enverra à l'échafaud, le 31 octobre 1793, vingt-deux de ses amis et le condamnera lui-même à mort (29 ventose, an II) sur la simple constatation de son identité. La Convention l'avait mis hors la loi pour s'être soustrait à un ordre d'arrestation lancé contre lui.

mais aussi contre des représentants du peuple. — Trente mandats d'amener sont décernés contre nous, s'écrie Cambon, je demande que l'Assemblée se déclare en permanence. » L'Assemblée, que semble gagner l'effroi calculé de la gauche, décide que la séance durera toute la nuit (il était déjà trois heures et demie du matin). Mais, quelques instants après, des citoyens du faubourg Saint-Marcel ayant rapporté qu'ils arrivaient de la mairie et qu'ils avaient trouvé Pétion paisiblement endormi, le président arrête le cours des délibérations et ajourne la séance au même jour 12 juillet, 9 heures.

XV

Dans le cours de cette séance du 12, on reçut enfin le message royal qui confirmait purement et simplement la suspension du maire et du procureur de la commune.

Presque aussitôt après le président annonce que Pétion demande à être admis à la barre. L'Assemblée ne saurait faire attendre *le roi du moment*. Il entre donc, salué par de formidables acclamations; il promène un regard satisfait autour de lui et, prenant l'attitude non d'un humble accusé mais d'un accusateur triomphant, il commence ainsi :

« Je me présente devant vous avec la sécurité que donne une conscience sans reproche; je demande une justice sévère, je la demande pour moi, je la demande pour mes persécuteurs. Je n'éprouve pas le besoin de me justifier, mais j'éprouve celui très-impérieux de venger la chose publique. »

Pétion attaque ensuite le conseil du département, « corps ambitieux et usurpateur » qui, en signant son fameux arrêté, s'est rendu coupable « d'un scandaleux libelle, plein de haine, de jalousie et d'impostures... J'ai le droit, dit-il, d'en exiger une éclatante réparation.

« Le département m'a rendu un service en me suspendant; le roi m'en rend un autre en confirmant son arrêté. Rien ne peut m'honorer plus que ce concert de volontés contre un homme de bien... Représentants d'un grand peuple, n'ayez dans cette affaire d'autre clémence que la justice. Punissez-moi, si je suis coupable ; vengez-moi, si je suis innocent. J'attends avec une respectueuse confiance le décret solennel que vous allez porter. »

De nouvelles acclamations retentissent, les émeutiers des tribunes crient à tue-tête : *Vive Pétion! vive notre ami!* Les honneurs de la séance sont naturellement accordés au maire suspendu ; l'Assemblée charge la commission des Douze de faire son rapport le lendemain et décrète qu'elle statuera ensuite sans désemparer. C'était assez clairement laisser voir en quel sens elle voulait brusquer les choses.

La séance du 13 s'ouvrit, comme d'habitude, à neuf heures ; mais le rapport ne devait être lu qu'à midi. Il fallait ne pas laisser l'attention de l'Assemblée se disperser sur d'autres objets; Brissot demande donc à lire « une pièce de la plus haute importance, un chef-d'œuvre de discussion et de méthode, le réquisitoire du procureur-général-syndic du département. » L'Assemblée le lui permet. Puis le président annonce qu'il vient de recevoir de Manuel une lettre ainsi conçue :

« Paris, le 13 juillet 1792.

« Messieurs,

« Je sors d'une fièvre brûlante; on m'apprend que le
« roi a confirmé l'arrêté diffamatoire du département; il
« faut que je sois tout à fait sans force pour ne pas vous
« aller montrer ma conscience et vous porter ma tête.

« Mais je m'engage, lorsque j'aurai recouvré un peu
« de santé, à prouver que j'ai fait, le 20 juin, mon de-
« voir, et à confondre tous mes vils et lâches ennemis,
« qui ne sont que ceux du peuple.

« Et je n'ai que la force de signer.

« MANUEL, procureur de la commune[1]. »

Le président venait d'achever la lecture de cette lettre ridiculement emphatique, dans laquelle Manuel offrait une tête qu'on ne lui demandait pas, lorsque Muraire, rapporteur de la commission des Douze, se présente à la tribune.

« Vous devez, dit-il, prononcer sur une affaire qui intéresse l'opinion publique, qui divise les esprits et qui, mettant en jeu les affections personnelles, ne tend qu'à agiter les passions. Inaccessibles à toutes impressions étrangères, impassibles au milieu de la commotion qu'é-

---

1. Le *Moniteur* donne le texte de cette lettre, p. 828. Nous avons eu l'original entre les mains et nous avons constaté que la signature est, en effet, d'une autre écriture que le corps de la lettre.

prouvent et les esprits et les sentiments, les législateurs ne voient que la loi, n'entendent que son langage. C'est ce langage que vous tiendra votre commission extraordinaire des Douze[1]. »

Le rapporteur discute un à un les reproches faits au maire et, acceptant la plupart des excuses énoncées dans l'exposé de Pétion, il conclut à la levée de sa suspension. Quant au procureur de la commune, qui ne s'est point *assez montré pour rétablir le calme,* les Douze croient devoir ajourner leur décision jusqu'à ce que Manuel ait été entendu. « Rappelez, dit Muraire en terminant, rappelez donc à ses fonctions un magistrat qui n'a point mérité d'en être suspendu, mais en même temps rappelez au peuple, à ce peuple qui vient aujourd'hui solliciter son rétablissement, que c'est lui qui l'a compromis; rappelez-lui que s'il veut être heureux et libre, que s'il veut jouir des droits que la Constitution lui a rendus, il ne doit jamais oublier le respect et l'obéissance dus à la loi, aux autorités constituées par elle et pour lui. »

Grâce à cette péroraison, Muraire est presque unanimement applaudi. Aussitôt le silence rétabli, Boulanger réclame la lecture des pièces principales de la procédure. « A quoi bon? s'écrie la gauche; elles sont connues. — Elles sont d'ailleurs illégales, ajoutent quelques membres; car les témoins n'ont point prêté serment et dès lors ne méritent aucune confiance. » L'Assemblée décrète que les pièces ne seront pas lues. « Eh bien, je propose, dit ironiquement Gorguereau, que cette disposition

---

1. Voir le rapport, p. 828 à 830 du *Moniteur.*

soit étendue à tous les tribunaux ; décrétez qu'il n'y aura plus besoin de pièces pour juger ! » L'Assemblée n'en persiste pas moins à refuser la lecture obstinément réclamée par la droite. Plusieurs membres de ce côté déclarent qu'ils ne prendront dès lors aucune part à la délibération, faute d'être suffisamment éclairés.

Delfau, cependant, parvient à s'emparer de la parole et commence une violente philippique contre Pétion. « Le maire de Paris a-t-il fait tout ce qu'il devait? Non. Jouissant d'une influence souveraine sur le peuple, connaissant les intentions du rassemblement, il devait le suivre jusqu'à l'Assemblée nationale, jusqu'au palais du roi, et, si la persuasion devenait inutile, il devait se rappeler la conduite du maire d'Étampes, la mort du vertueux Simoneau... »

A gauche éclatent des exclamations moqueuses, à droite des cris d'approbation ; au milieu du tumulte, Dumolard fait entendre cette belle parole : « Les murmures de l'anarchie honorent les mânes du vertueux magistrat. — Ne vaut-il pas mieux, reprend Delfau, mourir honoré que de vivre en lâche et sans honneur? » Le tumulte atteint les proportions d'un scandale quand Delfau rappelle le banquet qui avait réuni, la veille même du 20 juin, Pétion et trois cents de ses amis, sous les bosquets des Champs-Élysées. « C'est faux, c'est faux ! » répliquent plusieurs voix. Isnard, Bazire, Guadet, Torné, Bellegarde s'élancent au milieu de la salle, accusant l'orateur d'imposture. « Voilà les convives qui se fâchent ! » s'écriet-on à droite. Guadet explique qu'en effet, lui et trois cents députés ont célébré, dans un banquet, l'anniversaire de l'abolition de la noblesse, mais il affirme que Pétion, digne d'y être, n'y assistait point. Ses collègues confirment son affirmation. En vain Delfau prétend-il qu'il tient le fait de plusieurs autres députés ; sans cesse interrompu, sans cesse hué par les tribunes, il finit par renoncer à la parole.

Plus heureux, un autre membre de la droite, Dalmas d'Aubenas, parvient à se faire entendre. « Un grand attentat, dit-il, a été commis : la majesté de la nation a été outragée dans la personne de son chef. — Pas de chef, s'écrient plusieurs voix. — Une multitude armée, au mépris des lois, a outragé sa personne. Où étaient alors les magistrats du peuple? avaient-ils un point de ralliement? Il y avait, il est vrai, dans quelques endroits, des officiers municipaux, mais partout l'autorité municipale était absente. Le maire arrive cependant assez tôt pour être témoin des excès, et il félicite le peuple de sa fermeté. Hier encore, ce même maire n'a-t-il pas insulté à votre indignation, en disant que tout avait été respecté? Il vous parle du vœu du peuple qui l'environne; il veut sans doute parler de ceux qui, avec lui, ont violé la loi. Il vous parle du despotisme du département ; il vous parlera du despotisme de toutes les autorités, tant qu'il ne sera pas élevé à cette dictature qu'on lui destine. » La droite réclame l'impression d'un aussi courageux discours, mais la majorité, honteuse d'avance de ce qu'elle va faire, la refuse.

Daverhoult essaye de reprendre la thèse soutenue par Dalmas, mais bientôt les rires couvrent sa voix. « Puisque je dois être mis en spectacle comme un histrion, s'écrie fièrement l'orateur, je ne parlerai plus dans cette assemblée[1]. » Et il descend de la tribune. Les récriminations se croisent et s'entre-choquent. Tarbé, de la droite, demande ironiquement que l'on entende seulement les membres qui ont à parler dans le sens des spectateurs. La gauche elle-même proteste contre l'intolérance des tribunes. Carnot le jeune propose que l'on envoye à l'Abbaye, pour trois jours, le membre qui troublera la séance. Girod (de l'Ain), obtenant la parole pour une motion d'ordre, dit : « Les départements jugeront le jugement que nous allons rendre. Les Parisiens nous jugeront eux-mêmes lorsque leur moment d'ivresse sera passé. Je demande le vote par appel nominal. » Un autre membre de la droite dépose sur le bureau un projet de décret ainsi conçu :

« L'Assemblée nationale, considérant qu'il est démontré à la France entière que, si la municipalité de Paris a la volonté, elle n'a pas le pouvoir d'empêcher quelques individus des faubourgs Saint-Antoine et Saint-Marcel de se rassembler en armes toutes les fois qu'ils le voudront, décrète qu'à l'avenir elle tiendra ses séances à Rouen ou dans toute autre ville du royaume qui respectera les lois. »

La majorité rejette tous les contre-projets, tous les

---

[1]. Daverhoult, patriote hollandais réfugié en France, que le département des Ardennes avait envoyé siéger à la Législative, donna sa démission quelques jours plus tard et se rendit à l'armée où il avait le grade de colonel. Après les événements du 10 août, qu'il avait si bien pressentis, Daverhoult se donna la mort pour ne pas tomber entre les mains de ses ennemis.

amendements, refuse de procéder à l'appel nominal, et adopte, sans que la droite prenne part au vote, le décret présenté par Muraire :

« Article 1ᵉʳ. La suspension prononcée contre le
« maire de Paris par l'arrêté du département du 6 juillet,
« et confirmée par la proclamation du roi du 11 du même
« mois, est levée.

« Art. ii. L'Assemblée nationale surseoit à prononcer
« sur la suspension du procureur de la commune jusqu'à
« ce qu'il ait été entendu.

« Art. iii. Le renvoi aux tribunaux est annulé en tout
« ce qui concerne le maire et les officiers municipaux.

« Art. iv. L'Assemblée nationale décrète que le pou-
« voir exécutif fera passer dans le jour deux expéditions
« du présent décret, l'une au département, l'autre à la
« municipalité. »

Faisant une apparence de concession à la droite, l'Assemblée décrète que le ministre de la justice rendra compte, sous trois jours, des poursuites qui ont dû être faites contre les instigateurs et auteurs des événements du 20 juin.

XVI

Le lendemain 14, fut célébrée la fête de la Fédération. Pétion y parut en triomphateur, traînant, pour ainsi dire, Louis XVI derrière son char, comme autrefois César victorieux traînait les rois vaincus de la Gaule.

Mais réservons pour le livre suivant tout ce qui concerne cette solennité, la dernière où devait paraître la royauté avant d'être abattue par la hache démagogique, et achevons de suivre les dernières ramifications des événements du 20 juin.

L'arrêté de suspension existait encore provisoirement pour Manuel, et la victoire des Jacobins ne pouvait être complète que si le procureur de la commune obtenait, à son tour, gain de cause contre l'arrêté du département et la décision royale.

Le 16 juillet, Manuel se présente à la barre de l'Assemblée. Il n'a pu répondre plus tôt aux *soupçons injurieux* dont il a été l'objet : il était malade. Accumulant mensonges sur calomnies, comparaisons ampoulées sur antithèses ridicules, il s'excuse d'entretenir encore les législateurs d'une journée qui n'est, prétend-il, devenue fameuse que « parce que la cour a voulu la grossir de tous ses vices. » Il fait l'éloge de la municipalité et de ces patriotes purs qui sont venus, le 16 juin, planter une pique dans la salle de la maison commune, à côté du maire. « C'était là sa place, s'écrie-t-il ; car Minerve en a toujours une. » L'invasion du palais le touche peu ; « les palais des rois devraient être ouverts comme les églises, et si Louis XVI avait eu l'âme de Marc-Aurèle, il serait descendu dans son jardin pour y goûter un plaisir dont il n'est plus digne... »

La droite accueille par des murmures ces insolentes absurdités ; les tribunes les applaudissent à outrance.

Manuel continue : « Jamais il n'y a eu moins de voleurs aux Tuileries que ce jour-là, *les courtisans ayant pris la fuite;* le bonnet rouge a honoré la tête du roi... ce devrait être sa couronne... Tout s'est passé dans le plus grand calme, parce que le maire de Paris a exercé près du trône l'empire de la vertu. Quant à moi, traversant le jardin des Tuileries sans mon écharpe de procureur de la commune, conversant plutôt que commandant, j'ai été mieux à même d'apaiser les passions. »

Pour faire ressortir la grandeur de sa conduite, Manuel tonne contre celle du roi, contre celle de La Fayette... « Défendez-vous, lui crie la droite, mais ne calomniez pas! » Après avoir encore calomnié, Manuel s'abandonne à tout le dévergondage de son imagination hyperbolique : « Dès lors s'élève dans les lambris du Louvre, au confluent de la liste civile, un autre canal qui creuse dans les ténèbres un cachot à Pétion ; le département, en frappant la municipalité, explique comment, dans la fête de la loi, il représentait la loi sous la figure d'un crocodile[1]... Je vous redemande mon honneur, dit-il en terminant, parce que j'ai fait mon devoir ; je vous redemande ma place, parce qu'elle est hérissée d'épines et de dangers. Il ne me sera permis de me reposer que lorsque vous aurez sauvé la patrie. »

Malgré les violentes réclamations de la droite, l'Assemblée vote les honneurs de la séance au procureur de la commune et l'impression de son discours.

Cependant la commission était embarrassée pour motiver la complète absolution du magistrat dont l'inaction préméditée, le 20 juin, était une trahison manifeste de tous ses devoirs. Elle ne se pressait pas de faire son rapport. Les complices de Manuel furent obli-

1. *Logographe,* p. 214 du tome XXIV.

gés d'apporter, le 23 juillet, une nouvelle sommation dont la forme brève indiquait assez qu'il était temps d'obéir :

« Législateurs, Manuel est nécessaire à son poste. Ses concitoyens soussignés vous le redemandent avec instance. »

Le soir même, la discussion fut ouverte ; les mêmes phrases, prononcées en faveur de Pétion, furent répétées à la glorification de Manuel. En vain Delfau et Tronchon firent-ils encore entendre de courageuses paroles, il y avait d'avance parti pris de tout absoudre. La suspension du procureur de la commune fut levée comme l'avait été celle du maire, aux applaudissements des tribunes.

Louis XVI sanctionna le décret en faveur de Manuel, comme il avait déjà sanctionné le décret relatif à Pétion. Voulant laisser à l'Assemblée toute la responsabilité de cette double réintégration, il ne fit pas plus attendre sa signature au bas de l'absolution du 23 qu'il ne l'avait fait pour celle du 13.

Mais l'esprit de parti était si violemment excité, que personne ne tint compte au roi de son abnégation. Elle passa complétement inaperçue.

En revanche, la réinstallation des deux magistrats s'effectua avec le plus grand éclat. Le 14 juillet, Pétion avait été l'objet d'une véritable ovation au Champ de Mars. Le 25, dans une séance solennelle du conseil général de la commune, Manuel inaugura sa rentrée par le discours suivant :

« Messieurs,

« Je reprends ma place, parce que je n'ai point mérité de la perdre. Le département et le roi ont pu me suspendre, mais j'étais plus fort qu'eux, j'avais pour moi ma bonne conscience et le suffrage, on ne dit plus *des honnêtes gens*, mais des hommes de bien. La commune n'a point à applaudir au retour de ses magistrats, c'est une justice qu'on leur a rendue; ils n'auraient point voulu de grâce. Comme eux, l'Assemblée nationale a fait son devoir. Mon honorable exil m'a procuré un plaisir que je sentirai toute ma vie. J'ai reçu du peuple de ces marques d'estime et d'attachement que les déserteurs de la commune ne recevront jamais à la cour des rois qui n'ont encore que de l'argent à donner. Je n'avais pas besoin de cet encouragement pour le servir, c'est par principe comme par sentiment que j'ai toujours défendu ses droits, et avec mon caractère on ne change jamais. Mon ambition est et sera toujours la même : mériter l'estime des bons citoyens et la haine des méchants[1]. »

Le 13 juillet, on se le rappelle, l'Assemblée nationale,

---

[1]. Moins d'un an après, Manuel, en butte aux menaces les plus violentes des tribunes de la Convention, donnait sa démission de représentant le 19 janvier 1793 et se retirait à Montargis, sa ville natale. Il faillit y être écharpé par la populace. Arraché tout sanglant des mains des assassins, il fut conduit prisonnier à Orléans, de là traduit au tribunal révolutionnaire de Paris et condamné à mort le 27 brumaire an II (17 novembre 1793).

Telles furent les marques d'estime et d'attachement que lui donna en 1793 ce peuple qui l'applaudissait avec frénésie en juillet 1792 !

en amnistiant le maire de Paris, avait décrété que le ministre de la justice rendrait compte, sous trois jours, des poursuites qui avaient dû être faites contre les instigateurs et auteurs du 20 juin.

A la date fixée, quoiqu'il n'eût pas encore reçu la notification officielle du décret, Dejoly était en mesure d'obéir. Le juge de paix de la section des Tuileries avait rédigé un rapport général de ce qu'il avait fait et se proposait de faire. Le ministre l'envoya au président, mais l'Assemblée fit à peine attention à cette communication [1]. Elle était dans ce moment tout occupée des accusations que la gauche ne cessait de renouveler contre le Directoire du département qui avait osé porter la main sur l'arche sainte du moment : la municipalité parisienne. Rien, en effet, n'était plus logique que de demander la suppression de ce corps; ne venait-il pas d'être frappé d'impuissance?

Certaines sections, où les idées ultra-révolutionnaires régnaient presque sans conteste, exercèrent leur pression ordinaire afin que l'Assemblée tirât les conséquences rationnelles de l'acquittement de Pétion. « Pourquoi, s'écriaient à la séance du 19 juillet les délégués de la section des Lombards, le décret qui nous a rendu le vertueux, l'incorruptible Pétion, n'a-t-il pas prononcé l'arrêt de mort du département contre-révolutionnaire? Pourquoi n'examine-t-on pas la conduite

---

[1]. Nous donnons à la fin de ce volume les lettres du ministre de la justice et le rapport du juge de paix, Menjaud, que nous avons eu le bonheur de retrouver.

criminelle des juges de paix qui décernent aux Tuileries des mandats d'amener qui sont de véritables lettres de cachet ? »

Les membres du Directoire du département de Paris ne voulurent pas que leur personnalité fût plus longtemps discutée à l'Assemblée. Huit sur neuf, le vénérable duc de La Rochefoucauld en tête, donnèrent leur démission.

En se retirant, les membres du Directoire cédèrent à une susceptibilité bien naturelle ; cependant, à notre sens, ils eurent tort. Légalement, ils ne pouvaient être destitués que pour prévarication grave ; l'Assemblée elle-même aurait eu la pudeur de reculer devant une pareille décision, car elle n'osa pas, le 8 août, comme nous le verrons, mettre La Fayette en accusation. Au milieu des crises révolutionnaires, un fonctionnaire public est comme une sentinelle, il ne doit jamais abandonner volontairement un poste auquel il a été appelé par la confiance de ses concitoyens. Il ne faut pas que les partis puissent croire qu'en abreuvant leurs adversaires de dégoûts, d'ennuis et d'outrages, ils pourront venir à bout de leur courage et de leur résolution.

LIVRE V

LES FÉDÉRÉS.

I

Aux approches du 14 juillet, les fédérés commencèrent à affluer dans Paris. Dès leur arrivée ils étaient entourés par les meneurs des faubourgs, conduits dans la salle Saint-Honoré, harangués par les jacobins les plus fameux ; comment n'auraient-ils pas été enivrés de leur importance ?

Robespierre composa en leur honneur, de son style le plus emphatique, une espèce de dithyrambe qui commençait ainsi :

« Salut aux défenseurs de la liberté, salut aux généreux Marseillais qui ont donné le signal de la sainte fédération qui les réunit ! Salut aux Français des quatre-vingt-trois départements, dignes émules de leur courage et de leur civisme ! Salut à la patrie puissante, invincible, qui rassemble autour d'elle l'élite de ses innombrables enfants armés pour sa défense ! Que nos maisons soient ouvertes à nos frères comme nos cœurs ; volons dans leurs bras, et que les douces étreintes d'une sainte amitié annoncent aux tyrans que nous ne souffrirons pas d'autres chaînes.

« Généreux citoyens,... vous n'êtes point venus pour donner un vain spectacle à la capitale et à la France... Votre mission est de sauver la patrie... Ne sortez point de cette enceinte sans avoir décidé dans vos cœurs le salut de la France et de l'espèce humaine. Citoyens, la patrie est en danger! la patrie est trahie! Oh! combattez pour la liberté du monde! Les destinées de la génération présente et future sont entre vos mains; voilà la mesure de notre sagesse et de votre courage[1]. »

En même temps qu'elle expédiait son terrible contingent, la municipalité de Marseille avait envoyé à l'Assemblée une adresse qui était le véritable programme de la journée du 10 août. « L'hérédité de la royauté, y lisait-on, consacrée en faveur d'une race parjure, est un privilége subversif de la liberté. La nation, qui s'est affranchie de tous les autres, ne peut plus le subir. L'inviolabilité du roi, qui a fui lâchement, qui ne cesse, au moyen de la liste civile, d'alimenter une source intarissable de trahisons et d'abus, et qui, par le *veto* suspensif, élève la volonté d'un seul au-dessus de la volonté de tous, est une absurdité contraire à la raison et à l'intérêt national. Que le pouvoir exécutif soit nommé et destitué par le peuple, comme les autres fonctionnaires! »

Quand cette adresse fut lue à l'Assemblée, Martin (de Marseille), celui que Mirabeau avait surnommé le Juste, homme honorable entre tous, et qui avait longtemps joui

---

[1]. *Défenseur de la constitution*, n° IX.

dans sa ville natale de la plus éclatante popularité, fit entendre cette noble protestation : « Cette adresse audacieusement criminelle suffirait pour déshonorer à jamais la commune de Marseille. Je dois à l'Assemblée, je me dois à moi-même et à mes commettants, de déclarer qu'elle est l'œuvre de quelques factieux qui se sont emparés des places, et non des Marseillais, qui sont de bons citoyens... Vous devez à Marseille, qui gémit sous l'empire de ces factieux, de manifester hautement votre improbation... Je demande que les signataires soient sévèrement punis. » Plusieurs membres de la droite réclamaient un décret d'accusation contre les auteurs d'un pareil appel à la révolte ; mais, sur la demande de Lacroix et de Cambon, qui n'osèrent pas cependant justifier les doctrines énoncées, l'Assemblée se contenta de renvoyer cette adresse à sa commission extraordinaire, en lui ordonnant de lui rendre compte, dès le lendemain, du résultat de ses délibérations.

Le lendemain était le 13 juillet ; la commission des douze était tout occupée à faire son rapport sur la réinstallation de Pétion.

La fête de la Fédération vint, le 14, faire une nouvelle diversion, et l'on ne reparla plus de l'audacieux écrit dont le bataillon marseillais devait, un mois après, donner une nouvelle édition autrement significative.

Cette deuxième fédération [1] fut aussi morne que la première avait été brillante ; l'une avait été toute

---

[1]. Il n'y eut pas de fête de la Fédération en 1791 à cause du voyage de Varennes qui venait d'avoir lieu.

rayonnante de joie et d'espérance, l'autre fut pleine d'angoisses et de troubles. En 1790, les cœurs couraient au-devant des cœurs; les partis, à peine dessinés, oubliaient leurs dissentiments dans un embrassement fraternel. En 1792 les illusions étaient anéanties, les cœurs s'étaient ulcérés, les âmes débordaient d'amertume et de colère. Le baiser Lamourette, encore chaud sur les joues de ceux qui se l'étaient donné, était, depuis qu'on l'avait appelé le baiser de Judas, renié par ceux mêmes qui s'étaient abandonnés le plus facilement à cette démonstration sentimentale.

Les cérémonies officielles se ressemblent toutes. Les pensées secrètes des acteurs sont en contradiction flagrante avec les discours qu'ils prononcent; on prête des serments que l'on sait ne pouvoir tenir; on déclare pompeusement que l'ère des révolutions vient de se clore, au moment même où l'on s'apprête à la rouvrir; on a sur les lèvres des paroles de concorde et de réconciliation, au fond du cœur des sentiments de haine et de vengeance.

L'Assemblée avait réglé, par un décret du 12 juillet, le cérémonial qui devait être observé dans la fête du 14. Le président lut la formule du serment, chaque député répondit individuellement; puis le roi prêta celui que la constitution lui avait particulièrement imposé; enfin le serment civique fut prononcé par le commandant de la garde nationale parisienne, et tous les citoyens répétèrent en un chœur général ces mots sacramentels : *Je le jure.*

Le roi était placé à la gauche du président et sans intermédiaire. Louis XVI était triste et résigné; lorsqu'entouré des membres de l'Assemblée nationale il monta les marches de l'autel de la patrie, on crut voir, suivant la belle expression de Mme de Staël, « la victime s'offrant volontairement au sacrifice [1]. » Tous les honneurs populaires furent pour Pétion, le véritable roi du jour. On entendait hurler de tous les côtés : *Pétion ou la mort!* on voyait ces mots écrits sur toutes les bannières ; les hommes à piques, les émeutiers des faubourgs les portaient inscrits à la craie sur leurs chapeaux. A voir l'enthousiasme dont il était l'objet, Pétion put croire à l'éternité de sa popularité. Un an après, jour pour jour, il était mis hors la loi et les mêmes individus criaient : *Pétion à la mort!*

II

Les jacobins sentaient bien que La Fayette était le principal obstacle à l'accomplissement de leurs desseins. Aussi, dès le lendemain de la fête de la Fédération et de la rentrée triomphale de Manuel et de Pétion à l'Hôtel de Ville, réunirent-ils tous leurs efforts pour faire mettre le général en accusation. La commission des douze était peu favorable à cette mesure extrême. Elle ne pouvait éviter de donner son avis, mais elle résolut d'entamer une affaire aussi délicate par l'examen de la question

---

[1]. Mme de Staël était présente à cette fête. Elle a raconté ses impressions dans la troisième partie de ses *Considérations sur la Révolution française*, ch. VII. Nous y renvoyons nos lecteurs.

théorique : Y a-t-il dans la constitution un article qui interdise le droit de pétition aux généraux et aux agents supérieurs de la force publique[1]? Le rapporteur, Lemontey, répondit négativement et proposa une loi qui, statuant sur l'avenir, défendait : 1° aux généraux d'armée, aux commandants en chef de détachements, places, etc., d'adresser aux autorités constituées des pétitions dans lesquelles il serait traité d'objets étrangers à leurs fonctions militaires ou à leurs intérêts personnels; 2° aux militaires en activité de service et aux volontaires gardes nationaux, de présenter des pétitions en nom collectif.

La gauche avait paru pressée d'entendre le rapport des douze et de le discuter; mais voyant qu'il lui serait impossible de faire infliger au général La Fayette la peine de forfaiture et de destitution que le décret proposait d'appliquer aux infractions futures, elle changea tout à coup de tactique et demanda que l'on ajournât toute discussion, jusqu'à ce que la commission eût fait connaître son opinion sur les questions particulières que soulevait la démarche personnelle de La Fayette.

Mais les débats furent bientôt repris à l'occasion de l'arrivée de Luckner à Paris. Il y était depuis deux jours et un décret lui avait ordonné : 1° de rendre compte à l'Assemblée des ordres qu'il avait reçus du ministre de la guerre et de ceux qu'il avait lui-même donnés depuis le commencement de la campagne; 2° de présenter l'état de tout ce qui était nécessaire pour assurer le succès des opérations à venir.

---

1. Le rapport de Lemontey, lu le 15 juillet, est tout entier au *Moniteur*, p. 833.

Le maréchal répondit qu'il ne devait correspondre qu'avec le roi, son chef suprême, et avec le ministre chargé de transmettre les ordres royaux; que, d'ailleurs, la prudence lui commandait le secret des opérations de la campagne. Mais au lieu de conserver cette attitude aussi ferme que digne, le vieux maréchal se rendit à la commission extraordinaire; il s'y expliqua longuement en présence d'un grand nombre de députés et laissa des notes sur les forces dont il pouvait disposer. De ces notes, lues en séance publique, il résultait que Luckner n'avait que 70,000 hommes disponibles à opposer à 200,000 Autrichiens, Prussiens, Hessois, Russes, accompagnés de nombreux émigrés; que les cadres des troupes de ligne, au lieu de se remplir, se dégarnissaient tous les jours; que les bataillons de gardes nationaux n'étaient pas au complet, que la discipline était sans force, enfin qu'il était impossible de défendre les frontières avec une armée aussi inférieure en nombre à celle des envahisseurs.

La communication de ces renseignements soulève les plus vives récriminations; Cambon reproche au comité militaire et à la commission des douze d'avoir caché la vérité; Carnot accuse le maréchal d'avoir parlé, dans la commission, sur un ton beaucoup plus rassurant.

Bientôt, pour ajouter à la confusion, survient une lettre de Dumouriez. Celui-ci, à sa sortie du ministère, avait été envoyé sous Luckner à l'armée du Nord; il profitait de l'absence de son chef pour écrire directement à l'Assemblée et faire des avances très-significatives au parti extrême que, dans son instinct de l'avenir, il pressentait devoir bientôt être le seul maître de la situation.

« Comme j'ignore, écrivait Dumouriez, s'il existe un ministre de la guerre, comme de deux généraux d'armée l'un est en route pour la Moselle ou à Paris, l'autre est presque sur la même route ; comme je me trouve commandant par intérim, je crois devoir vous rendre compte, ainsi qu'au pouvoir exécutif, de la situation des choses... » Le général déclarait qu'il ne comprenait rien aux opérations qu'on lui avait laissé le soin de continuer ; que d'ailleurs il manquait d'instructions, de vivres, d'argent, etc. ; enfin il demandait ce qu'il devait faire en présence d'un ennemi beaucoup plus nombreux que son armée.

Cette lettre devient naturellement le signal d'un nouveau tumulte. Luckner est accusé de mensonge, de trahison même ; on réclame de toutes parts un rapport sur l'affaire qui domine toutes les autres, celle du général La Fayette. La droite, qui comprend parfaitement la gravité de la situation, n'est pas moins pressante que la gauche. « On ne peut pas, dit Dumolard, reculer indéfiniment, à la veille d'un combat, l'examen de la conduite d'un général. Pour vaincre, n'a-t-il pas besoin de toute la confiance de son armée ? »

Enfin, après un long échange d'interpellations, l'Assemblée décide que la discussion aura lieu le lendemain à midi et se continuera toute affaire cessante.

III

Muraire vint, le 19 juillet, lire, au nom de la commission extraordinaire, le rapport si impatiemment attendu. Ce rapport était simple et concis. La commission extraordinaire avait examiné la lettre écrite à l'Assemblée nationale par le général, le 16 juin, la pétition qu'il avait présentée lui-même, le 28, et sa nouvelle lettre du 29. Elle s'était posé deux questions : 1° Les chefs de la force armée peuvent-ils adresser des pétitions ? 2° La conduite de La Fayette est-elle coupable ou seulement répréhensible ? Sur la première, un rapport avait été fait. Relativement à la seconde, la commission reconnaissait, conformément à la Constitution et à la déclaration des droits de l'homme, qu'un citoyen, quel qu'il fût, ne pouvait être jugé et condamné qu'en vertu d'une loi antérieure au délit. Or, aucune limite n'ayant encore été fixée à l'exercice du droit de pétition, La Fayette n'avait contrevenu à aucune disposition légale. Dès lors l'Assemblée n'avait pas à incriminer la démarche du général, elle ne pouvait que discuter le projet qui lui avait été présenté quatre jours auparavant par Lemontey.

A cette conclusion, la gauche se récrie ; elle demande, malgré la décision de la veille, l'ajournement de toute discussion à trois jours, pour que l'on ait le temps de réfléchir sur le rapport de la commission. « Vous ne parliez pas de même dans l'affaire Pétion, vous avez voulu décider sans désemparer, sans entendre la lecture d'aucune pièce, » objecte-t-on à droite. « La calomnie n'est pas assez mûre, » s'écrie Calvet. La gauche, pour intimider les amis du général, demande que l'on vote sur l'ajournement par appel nominal. Les tribunes ne cessent de pousser des vociférations furibondes. Le président les rappelle continuellement à la décence, mais son autorité est méconnue, et la séance est forcément levée au milieu d'un tumulte épouvantable.

Le lendemain, les choses changent de face par suite du déplacement inattendu de la majorité dans le sein de la commission extraordinaire; un autre rapporteur, Lacuée, vient déclarer qu'un nouvel examen a fait découvrir un délit militaire dans ce qui s'est passé à l'armée du centre, et qu'en conséquence il est chargé de présenter le décret dont la teneur suit :

« L'Assemblée nationale, considérant que la loi dé« fend aux corps armés de délibérer, et que les adresses
« et pétitions qui sont venues de l'armée du centre
« prouvent évidemment que la loi a été violée, charge
« le pouvoir exécutif de lui rendre compte par écrit et
« sous huit jours des peines de discipline qui ont été
« infligées par le général à ceux qui ont violé la loi ou en
« ont souffert la violation, ou des moyens pris par le pou« voir exécutif lui-même, pour obtenir l'exécution de la
« loi et la réparation qui lui est due. »

François de Neufchâteau, croyant simplifier l'affaire, propose un ordre du jour avec rappel à la loi et semonce du président au général La Fayette, *qui se serait égaré*. Mais cette motion, fort mal accueillie de la gauche, est violemment repoussée par la droite ; elle ne veut pas d'un *pardon injurieux* pour le défenseur de l'ordre et de la Constitution.

La motion est donc écartée à l'unanimité par la question préalable, et la séance se passe tout entière à entendre les orateurs de la gauche qui traitent le général de citoyen dangereux, d'intrigant coupable, de nouveau *Monk;* ils évoquent à chaque instant les souvenirs du 17 juillet 1791, de ce jour où La Fayette, suivant eux, avait, de propos délibéré, fait égorger les patriotes au Champ de Mars.

Le lendemain, 21 juillet, Lasource rouvre la discussion par un discours longuement étudié : « Je viens briser une idole que j'ai longtemps encensée, s'écrie-t-il. Je viens vous dénoncer celui qui, « divorçant avec la liberté que jadis il avait épousée en Amérique, » a quitté son armée pour venir « attaquer la faction jacobite. » Par faction jacobite qu'entend-il ? « Serait-ce la masse imposante des amis de la liberté ? Serait-ce la majorité même du Corps législatif ? Digne émule de Bouillé, La Fayette tient le même langage que les conspirateurs d'outre-Rhin. Il a les mêmes vues, il forme les mêmes vœux que l'ennemi contre lequel, lui général, il est tenu de porter les armes : comme Léopold et Kaunitz, il veut défendre le roi contre cette prétendue faction jacobite... Il vient nous parler d'anéantir le règne des clubs, lui qui a transformé en club son armée !... Eh bien ! moi, je vous dénonce La Fayette comme employant toutes sortes de moyens pour aveugler, pour tromper, pour séduire les soldats. La Fayette a voulu faire marcher des troupes vers la capitale et engager le brave Luckner, qui a été inébranlable, à partager cet acte de scélératesse et de haute trahison. La proposition en a été faite à Luckner par M. Bureaux de Pusy. J'invoque ici le témoignage de ceux de mes collègues auxquels cet exécrable projet a été révélé en même temps qu'à moi : ce sont MM. Brissot, Guadet, Gensonné, Lamarque et Delmas ; je demande qu'on interpelle le maréchal Luckner lui-même, et s'il reste le moindre doute sur l'exécrable attentat dont j'accuse ici La Fayette, je consens à être moi-même aussi vil, aussi coupable, aussi sévèrement puni, aussi exécré que ce traître dont le nom seul me fait frémir. »

La gauche attendait le plus grand effet de cette dénonciation, mais l'Assemblée n'y prête d'abord qu'une médiocre attention ; Dumolard, quoique souvent interrompu par les rires et les murmures des tribunes, prend énergiquement la défense de La Fayette.

« Pourquoi le général ne pourrait-il pas pétitionner comme tout autre citoyen ? C'est précisément pour empêcher que son armée ne délibère, ce qui eût été illégal, qu'il est venu, en son nom propre, exprimer à Paris ce qu'elle pensait. La Fayette s'est présenté à la barre de l'Assemblée, seul et désarmé. Comment a-t-on pu le comparer à César passant le Rubicon ? Cependant la calomnie, avec art organisée, a voulu voir un crime dans cette démarche ; les perturbateurs, accusés par l'ami de la liberté constitutionnelle, ont ameuté ce qu'ils nomment le peuple. »

La gauche interrompt violemment. « Et moi aussi, je respecte, j'honore le peuple, s'écrie Dumolard. — Eh! bien, il ne vous estime pas! » lui réplique insolemment Bazire. Dumolard dédaigne de relever cette étrange interruption et reprend ainsi :

« Oui, je respecte le peuple, je vois en lui mon souverain. Mais je ne reconnais pas le peuple dans les orateurs de café et de place publique; dans les folliculaires, dont la plume ne trace que des caractères de sang et dont l'imagination ne se repaît que d'atrocités; dans ces hommes sans moyens d'existence connus, sans profession déterminée, qui sont moins une partie intégrante du corps social, qu'une lèpre honteuse qui le dévore et le consume. Voilà ceux qui mettent en mouvement et qui dirigent une multitude crédule, voilà ceux qui ont découvert l'art de justifier les crimes et de légaliser les émeutes; voilà ceux qui se trouvent réunis pour composer cette prétendue opinion publique qui condamne La Fayette[1]. »

Ici se produit un véritable soulèvement des tribunes. Le président menace de sévir contre elles.— « Ne faites pas attention, s'écrie un montagnard, c'est une femme qui pleure son fils massacré au Champ de Mars! »

Torné, le fameux évêque constitutionnel du Cher, succède à Dumolard; il dirige les plus vives attaques contre La Fayette et fait le plus pompeux éloge de la journée du 20 juin. Voici l'étrange description qu'il en donne :

[1]. *Journal des Débats et Décrets*, n° 308, p. 298.

« Un peuple nombreux s'assemble en armes pour célébrer une fête civique ; il paraît dans le sein du Corps législatif ; il y déploie toute la majesté d'un peuple libre. Après avoir offert ses hommages à ses représentants élus, il se rend tranquillement et avec la même dignité chez son représentant héréditaire. Jamais peuple n'avait montré aux yeux d'un monarque tant de force, de dignité, de modération et de respect tout ensemble pour sa personne et pour la loi. Jamais un roi ne fut plus dignement entouré ; les haillons de la vertu avaient pris la place de la dorure de tous les vices. Ce peuple ne jeta sur le luxe royal que des regards de mépris ; dans ses yeux se mariaient le reproche et l'amour, le mécontentement et la retenue ; sur ses lèvres était la vérité sans injure, et dans ses bras fut la force, la grande force sans attentat... Jamais roi n'eut une cour plus digne d'un père du peuple, et jamais lui-même n'eut une popularité plus touchante et plus calme ; s'il eut un moment de défiance, bientôt elle fit place à la sécurité et se termina par l'admiration [1]. »

Torné termine son discours en s'élevant « contre les suggestions pestiférées de la cour, les horreurs clandestines d'une procédure infernale, les machinations des Feuillants et de tous les animaux nourris à la ménagerie de la liste civile [2]. »

---

1. Voir le *Journal des Débats et Décrets*, p. 302, n° 299, et le discours que Torné fit imprimer à l'Imprimerie nationale. Ce discours n'occupe pas moins de vingt-six pages in-8°, toutes sur le même ton.

2. L'évêque constitutionnel du Cher, qui était loin, on le voit, de professer la mansuétude évangélique, semblé faire ici allusion à un

Sans daigner répondre à la harangue du prélat montagnard, les amis du général La Fayette demandent à aller aux voix. Mais la gauche veut prendre le temps de donner un corps à la dénonciation annoncée par Lasource. En effet, si cette dénonciation était admise, La Fayette ne serait plus un général coupable seulement d'une démarche imprudente, mais un conspirateur pris en flagrant délit de machination contre la sûreté de l'État, dénoncé par un frère d'armes qui n'aurait pas voulu s'associer à ses projets liberticides.

Les tribunes étaient remplies de soi-disant fédérés. Depuis le commencement de la séance l'orage grondait, mais, après le discours de Torné, il éclate. Le président

abominable pamphlet probablement dû à la plume d'un de ses amis, puisqu'il se servit en pleine Assemblée des mêmes expressions que l'ignoble folliculaire. Nous avons retrouvé deux éditions de cet écrit. Nous en citons ici tout ce qui peut en être honnêtement extrait, pour faire deviner le reste :

Description de la ménagerie royale d'animaux vivants, établie aux Tuileries, près de la terrasse nationale, avec leurs noms, qualités, couleurs et propriétés.

« Il y a quelque temps qu'il existe dans le château de Henri IV une ménagerie véritablement curieuse, tant par la rareté des animaux qui la composent que par la dépense excessive que son entretien coûte à la nation.

« Le public a examiné les bêtes féroces qui étaient dans leurs cages respectives dans le parc de Versailles. Il peut voir plus commodément, et sans se déranger beaucoup, une quantité de quadrupèdes rassemblés au Louvre. Nous allons citer les plus remarquables de ces bêtes féroces, indiquer leurs habitudes et leurs inclinations, leur manière de se nourrir et leurs propriétés. »

Suit la description du royal Veto, du royal Veto femelle, du Delphinus, de la Madame Royale, d'Élisabeth Veto, etc., etc.

est obligé de se couvrir, les perturbateurs n'en continuent pas moins leur effroyable désordre. Le président menace de faire sortir par la force les habitués des tribunes et leurs amis des départements; mais d'eux-mêmes ils se précipitent hors de la salle en vociférant. Dans l'Assemblée, l'émotion est à son comble; on s'attend à une invasion de la populace. Un grand nombre de députés s'écrient : « Nous saurons mourir à notre poste! Nous ne pouvons plus délibérer ici, la liberté des opinions est violée; il n'y a plus d'Assemblée nationale! » Mais le président, Aubert-Dubayet, apaise le tumulte en rappelant à l'ordre les membres qui viennent d'exprimer des craintes. « L'Assemblée nationale, dit-il avec calme, ne peut cesser d'exister un moment; *elle saura aller siéger partout ailleurs dans le royaume.* — Oui, s'écrie Calvet, nous saurons braver les Autrichiens et les Prussiens; allons, s'il le faut, à Maubeuge; mais nous ne pouvons rester plus longtemps dans un lieu où l'on ne respecte plus ni la loi ni ses organes[1]. »

Enfin, le président peut se découvrir; la séance se rouvre et l'on demande la clôture de la discussion.

Mais Guadet s'empare de la tribune et vient déposer sur le bureau une dénonciation en règle contre La Fayette.

« Quelques membres de l'Assemblée nationale ayant eu l'occasion de voir M. le maréchal Luckner, le 17 juillet au soir, chez M. l'évêque de Paris, et lui ayant demandé s'il était vrai qu'on lui eût proposé, de la part de M. La Fayette, de marcher sur Paris avec son armée après l'événement

---

1. *Journal des Débats et Décrets*, n° 299, p. 304 et 305.

du 20 juin, M. le maréchal Luckner a répondu en ces termes : « Je ne nie pas : c'est M. Bureaux de Puzy, celui
« qui a été, je crois, trois fois président de l'Assemblée
« nationale. Je lui ai répondu : Monsieur, je ne mènerai
« jamais l'armée que je commande que contre les ennemis
« du dehors. La Fayette est le maître de faire ce qu'il
« voudra; mais s'il marche sur Paris, moi je marcherai
« sur lui, et je le *dauberai*. M. Bureaux de Puzy me dit
« alors : « Mais la vie du roi est en danger ! » Voilà ce
« qu'il m'a dit, et ils m'ont fait d'autres propositions qui
« sont bien plus horribles. »

« Telles sont les propres expressions de M. le maréchal Luckner que nous avons entendues et que nous attestons [1]. »

Aussitôt après la lecture de cette pièce, Girardin demande que Guadet la signe sur le bureau des secrétaires ; ce que fait Guadet, et son exemple est suivi par Brissot, Gensonné, Lamarque, Lasource et Delmas.

La droite, néanmoins, insiste pour que l'on prenne immédiatement une décision sur le rapport de la commission des douze, sauf à revenir, plus tard et après information, sur le nouveau grief imputé au général ; mais la discussion est brusquement interrompue par un des officiers de garde, qui vient annoncer au président qu'une masse énorme d'individus se porte vers le château et vers l'Assemblée. On entend sonner le tocsin à Saint-Roch.

---

[1]. Copié sur l'original même, signé des six députés; les comptes rendus du *Journal des Débats et Décrets* et du *Moniteur* présentent quelques variantes.

Au moment même paraît le dieu qui apaise les tempêtes, le maire Pétion [1].

« On a craint un mouvement, dit-il ; je suis intervenu, tout est calme. Plusieurs citoyens, il est vrai, voulaient entrer au jardin des Tuileries ; je m'y suis opposé, ils ont obéi. »

Les tribunes et la gauche font une ovation à Pétion lorsque, refusant les honneurs de la séance qui lui ont été accordés par l'Assemblée, il se retire pour aller « où son devoir l'appelle. » Après son départ, la gauche demande l'ajournement de toute décision à l'égard du général La Fayette, jusqu'à ce que l'on ait pu éclaircir le fait avancé par Guadet et ses amis.

Dans toute Assemblée nombreuse et agitée, les propositions d'ajournement ont toujours une faveur assurée, parce que les gens faibles et timorés s'y rallient pour n'avoir pas besoin de prendre une décision immédiate ; ils ne prévoient pas que les choses vont bien souvent en s'aggravant, et que ce qui était difficile un jour devient impossible le lendemain.

Malgré les énergiques protestations de la droite, l'ajournement est donc accepté par la majorité.

---

[1]. Pour cette partie de la séance du 24, le compte rendu du *Journal des Débats et Décrets* est beaucoup plus détaillé que celui du *Moniteur*.

IV

L'émeute[1], qui avait été renforcée par la brusque sortie des fédérés, avait pris son origine dans les rassemblements qu'occasionnait aux abords des Tuileries la fermeture du jardin, fermeture qui avait eu lieu le lendemain du 20 juin et qui avait été maintenue depuis cette époque. Cette mesure avait été prise pour soustraire le roi et la reine aux insultes les plus grossières. Des fédérés avaient chanté à tue-tête, en voyant la reine se promener dans le jardin, des couplets tels que ceux-ci :

> Madame Veto avait promis
> De faire égorger tout Paris...

Les gardiens ayant voulu imposer silence aux chanteurs, il s'en était suivi une rixe dans laquelle une des personnes qui accompagnaient la reine avait dû, pour

---

[1]. Prudhomme, dans ses *Révolutions de Paris,* raconte ainsi les scènes tumultueuses qui se passaient au dehors pendant les débats que nous venons de retracer:

« Des hommes parcourent les rues voisines de la rue Saint-Honoré en criant : « Aux armes ! on met la main sur les députés patriotes et sur « les braves fédérés, on les égorge dans le jardin des Tuileries ; il faut « en briser les portes ! » Une vingtaine d'hommes apportent une poutre, la lancent contre la grille du Manége ; la foule envahit le jardin des Tuileries. Mais en ce moment arrive Pétion.

« Mes frères, mes amis, s'écrie-t-il, je viens vous dire de ne pas « vous laisser aller à ces *mouvements partiels* qu'on excite au milieu « de vous pour vous porter à des excès et perdre vos magistrats. »

« A la voix du populaire Pétion, le jardin des Tuileries est évacué,

éloigner les insolents, les frapper à coups de plat de sabre. Les fédérés étaient aussitôt allés à l'Assemblée nationale dénoncer cet attentat à la majesté du peuple français, et ils avaient obtenu les honneurs de la séance [1].

Fiers d'un si bel exploit, ils revinrent les jours suivants errer autour du jardin des Tuileries. La populace les y suivit, poussée par les Jacobins; ils avaient répandu le bruit que la grille était fermée parce que le château se remplissait d'armes et de conspirateurs. Après l'émeute du 24 juillet, ce même bruit fut répété avec plus d'insistance; on ajoutait, à l'adresse des députés timorés, que, maîtresse de la terrasse des Feuillants, la cour disposait des abords de l'Assemblée nationale et pouvait un jour ou l'autre faire envahir la salle de ses séances par les séides du despotisme. Fauchet, profitant de ces nouvelles rumeurs, demanda qu'il fût décrété d'urgence que l'allée des Feuillants serait désormais comprise, pour le service de la police, dans l'enceinte extérieure de l'Assemblée nationale, depuis la porte de la cour du manége jusqu'à celle de l'Orangerie. La droite voulut s'opposer à cet empiétement, obtenir au moins que le temps d'élever un mur de clôture entre la terrasse et le jardin fût laissé au

---

et, de toute cette émeute, il ne reste plus qu'une foule fort agitée, réunie autour de l'Assemblée et attendant la sortie de ses membres pour leur distribuer *avec équité* l'éloge et le blâme»; — c'est-à-dire pour les applaudir avec frénésie ou les insulter avec lâcheté. De tels désordres auraient-ils dû être tolérés un instant? Ne présageaient-ils pas assez ce qui allait suivre?

1. *Souvenirs de Mathieu Dumas,* t. II, p. 373. *Journal des Débats et Décrets,* n° 294, p. 227-228.

roi. Ces observations ne furent pas écoutées ; la majorité, qui avait peur de l'invasion des « chevaliers du poignard, » adopta avec empressement la proposition de Fauchet. Dès lors, les émeutiers furent maîtres d'un des principaux abords des Tuileries. Ils se tenaient en permanence sur la terrasse des Feuillants, insultant les promeneurs. qui avaient encore l'audace de se risquer dans le jardin, mesurant des yeux les dernières lignes de défense que la royauté pouvait encore leur opposer.

Cette victoire de Fauchet fut suivie d'un nouveau triomphe remporté par la gauche en faveur des tribunes, ses fidèles alliées. Celles-ci avaient été si tumultueuses et si insolentes le 21 juillet, que la droite crut pouvoir tenter un suprême effort pour réprimer leur tyrannie toujours croissante.

Le lendemain même de ce jour, Deusy, l'un des constitutionnels les plus considérés et les plus courageux, réclame des mesures pour réduire les spectateurs au silence. Cette proposition est naturellement accueillie par les plus violents murmures de la gauche. Torné demande le renvoi de la proposition à l'inquisition de Portugal. Choudieu déclare « qu'elle ne peut venir que de députés
« qui oublient le respect dû au peuple, leur souverain
« et leur juge... »

A ces mots éclate un tumulte effroyable que le président Aubert-Dubayet ne peut parvenir à dominer. Est-ce que vous avez peur, lui crie-t-on? « Quand vous aurez
« mon courage, vous pourrez parler ainsi, » réplique à l'interrupteur celui qui devait, un an plus tard, s'illustrer par la défense de Mayence.

La droite, craignant de succomber en insistant pour l'adoption de nouvelles mesures, demande seulement que l'on fasse imprimer et placarder de nouveau, dans les tribunes, la loi qui interdit toute marque d'improbation ou d'approbation. On lui refuse cette satisfaction presque dérisoire; l'Assemblée passe à l'ordre du jour motivé sur l'existence de la loi, et consacre ainsi la domination qui tous les jours s'appesantissait sur elle.

V

Le 22 juillet il avait été rendu, sur la proposition de Lacroix, un décret ainsi conçu :

« L'Assemblée nationale décrète : 1° que M. Bureaux de Puzy sera tenu de comparaître à sa barre, pour rendre compte, en ce qui le concerne, du fait dénoncé par M. Gensonné, relatif au projet de faire marcher les deux armées sur Paris; 2° que MM. Luckner et La Fayette donneront séparément et par écrit des explications positives sur le même fait, et que copie de la dénonciation leur sera envoyée avec le présent décret. »

Jusqu'au 28 juillet, en dépit des vives et incessantes réclamations des Jacobins et de leurs amis, on ne s'occupa point de La Fayette au sein de l'Assemblée. Enfin ce jour-là, le président reçut la lettre suivante :

« Monsieur le président,

« Je me suis rendu à Paris aussitôt que j'ai pu me conformer au décret du Corps législatif qui m'y a mandé;

j'attends qu'il lui plaise de recevoir les éclaircissements qu'il exige de moi, et, comme d'autres devoirs non moins importants me rappellent au poste que j'ai quitté, je désire vivement que l'Assemblée nationale veuille bien hâter le moment de m'entendre et me rendre la liberté de retourner à mes fonctions.

« Je suis avec respect, etc.

« *Signé* : Bureaux de Pusy, capitaine au corps du génie.

« Paris, le 29 juillet 1792, l'an iv de la liberté. »

L'ami du général La Fayette est immédiatement reçu à la barre. Après avoir produit toute la correspondance échangée depuis un mois entre Luckner et La Fayette, il exprime le regret d'être obligé de convaincre d'imposture des législateurs ; et, faisant allusion au rôle qu'il eut l'honneur de jouer à l'Assemblée constituante, il termine ainsi l'exposé de sa conduite : « Je déclare à mes accusateurs qu'ils ne parviendront pas à me faire oublier que, dans cette même enceinte, à cette même place, j'ai, le premier de tous les Français, contracté l'engagement solennel de maintenir de tout mon pouvoir la liberté de mon pays et la constitution qu'il s'est donnée. S'ils sont en état de m'enseigner bien des choses que je ne désire pas savoir, je puis du moins leur en apprendre une que sans doute ils ne connaissent pas assez : c'est le respect qu'on doit à son serment. »

De très-vifs applaudissements retentissent dans une grande partie de l'Assemblée. On demande l'impression de cette harangue si nette et si ferme. Elle est décrétée avec la condition réclamée par Bureaux de Pusy lui-même, que les secrétaires signeront et parapheront comme lui *ne varientur* les pièces de sa justification, qu'il dépose entre leurs mains. Quand il s'assied au banc des pétitionnaires admis aux honneurs de la séance, l'ami de La Fayette est salué des acclamations de la droite et des huées des tribunes. On demande le rappel à l'ordre des spectateurs. « Laissez-les, dit dédaigneusement Fressenel, leurs murmures improbateurs complètent la justification de M. Bureaux de Pusy[1]. »

Après un moment de tumulte, Lasource prend la parole, non pour discuter « la prétendue justification qui vient d'être présentée, » mais pour maintenir ce qu'il a avancé.

« Si quelque chose, ajoute Guadet, était capable de m'étonner dans la démarche de M. Bureaux de Pusy, c'est que cet ancien député n'ait pas eu le temps, pendant sa carrière politique, d'apprendre que ni les menaces ni les injures ne sont capables de détourner un véritable ami du peuple de faire son devoir ; je le remercierai au nom de l'Assemblée...

« — Non, non! crie la droite.

« — Je le remercierai au nom de l'Assemblée... »

On interrompt encore, et trois fois de suite Guadet répète la phrase aux applaudissements de la gauche et des tribunes ; mais comme les murmures redoublent, il se décide à dire :

« Je le remercie au nom de la nation... — Non, non, vous n'avez pas le droit de parler au nom de la nation.

1. *Journal des Débats et Décrets*, p. 420.

— Eh bien, dit Guadet, je le remercie au nom des amis de la liberté de ce que, moins audacieux que son général, il n'a pas cru devoir faire partager à l'Assemblée elle-même les outrages qu'il a eu l'air d'adresser seulement à une partie de ses membres... J'espère que l'Assemblée mettra quelque différence entre le témoignage de six représentants du peuple et l'un des auteurs de la *révision*. Je réclame l'impression de ma dénonciation signée de mes cinq collègues en tête de la justification de M. Bureaux de Pusy. »

La discussion ne pouvait évidemment aboutir dans le moment même; l'Assemblée se contenta de charger sa commission des douze de faire avant huit jours un rapport sur cette affaire.

Le lendemain (30 juillet), le ministre de la guerre transmit à l'Assemblée ce billet de La Fayette :

« Ai-je proposé à M. le maréchal Luckner de marcher avec nos armées sur Paris? A quoi je réponds en quatre mots fort courts : *cela n'est pas vrai.* »

« Longwy, 26 juillet 1792. »

A la séance du soir, on lut la lettre de Luckner, relative au même fait :

« Au quartier général, Longueville, près Metz, 28 juillet.

« Je sens bien vivement en ce moment combien il est affligeant pour moi de ne pas savoir parler la langue du pays où je sers, et à la liberté duquel j'ai dévoué le reste de ma vie. Cette difficulté de me faire entendre a été sans doute la cause de la différence qu'il y a entre la conversation que j'ai eue chez M. l'évêque de Paris, et celle que je trouve dans le procès-verbal de l'Assemblée nationale. Jamais proposition de marcher sur Paris ne m'a été faite..... »

Les journaux jacobins s'efforcèrent d'ôter toute importance à ces dénégations successives. Le *Patriote français* déclara que « la lettre de Luckner lui avait été imposée et qu'elle n'était évidemment pas de lui..., puisqu'*elle était écrite en français.* » D'autres relevèrent avec aigreur deux lettres écrites à Luckner, de *la propre main* du roi. Dans la première, Louis XVI remerciait le vieux maréchal des dispositions de ses troupes à son égard : « Vous m'avez, disait-il, donné trop de preuves de votre attachement à la constitution pour que vous ne désiriez pas voir *rétablir* dans le royaume l'ordre public et le règne des lois. » Dans la seconde, le monarque engageait les officiers à ne pas donner leur démission *par attachement pour lui,* et à se tenir prêts *à le seconder* dans la résolution inébranlable où il était de défendre le pays contre tous ses ennemis[1].

1. Ces deux lettres furent répandues à profusion dans l'armée. Elles étaient certifiées conformes par Alexandre Berthier, alors chef d'état-major du maréchal Luckner. Berthier devait se retrouver exactement dans le même emploi, quatre ans plus tard, auprès d'un jeune officier qui, pour le moment, promenait son oisiveté aux abords de l'Assemblée et du château, voyait défiler devant lui les promenades civiques, les émeutes et les révolutions, sans se douter que tous ces gens si agités, si acharnés les uns contre les autres, si ardents à la conquête de la liberté, travaillaient à lui préparer le trône qu'occupait alors l'héritier de soixante rois.

Quant au malheureux maréchal Luckner, auquel on faisait ainsi dire blanc et noir dans l'espace de quelques jours, il tomba bientôt dans un discrédit complet. Après le 10 août, il fut rabaissé au rôle

VI

Le 11 juillet, sur le rapport fait par Hérault-Séchelles, au nom des comités militaire et diplomatique et de la commission extraordinaire, l'Assemblée avait proclamé *la patrie en danger*. Cette déclaration était accompagnée de deux adresses : l'une à l'armée, rédigée par Vaublanc; l'autre aux Français, due à la plume de Vergniaud[1].

Les formalités de la transmission du décret au pouvoir exécutif, au directoire du département et à la municipalité ayant pris plusieurs jours, ce ne fut que le

---

subalterne de général de l'armée de réserve, puis destitué par la Convention, qui déclara dédaigneusement qu'il pouvait se retirer où il voudrait. Il fut un instant oublié, mais on se souvint de lui pour le traduire devant le tribunal révolutionnaire, et il paya de sa tête ses tergiversations, ses dires contradictoires et son mauvais français. Il avait averti La Fayette de se tenir en garde contre les Jacobins ; ce fut lui qui, après avoir choisi le rôle de la prudence, devint une des premières victimes de la tourmente révolutionnaire.

1. Ces deux adresses se trouvent dans l'*Histoire parlementaire* de Buchez et Roux, p. 359 et 360 du tome XV.

Nous ne croyons pas que l'on ait, avant nous, fait remarquer que plusieurs passages de l'adresse aux Français ont été presque textuellement reproduits dans *la Marseillaise*; Rouget de Lisle se contenta de mettre en vers ces paroles échappées à la verve brûlante de Vergniaud : « Souffrirez-vous que des hordes étrangères se répandent comme un torrent destructeur dans vos campagnes, qu'elles désolent notre patrie par l'incendie et le meurtre, qu'elles vous accablent de chaînes teintes du sang de ce que vous avez de plus cher? »

dimanche 22 et le lundi 23 que le décret fut promulgué dans Paris. Ces deux jours-là, à six heures du matin, le canon d'alarme du parc d'artillerie établi sur le Pont-Neuf annonça, par une salve de trois coups, la sinistre proclamation ; toute la journée, il ne cessa de retentir d'heure en heure. Pendant ce temps le rappel était battu dans tous les quartiers, et deux cortéges officiels parcouraient la ville.

En tête de chaque cortége marchait un détachement de cavalerie avec trompettes, tambours, corps de musique, et six pièces de canon. Puis apparaissaient à cheval douze officiers municipaux ; derrière eux était déployée une bannière tricolore, sur laquelle étaient inscrits ces mots : *Citoyens, la patrie est en danger!*

Au milieu des places, dans les carrefours, sur des amphithéâtres préparés d'avance, se dressaient des tentes ornées de banderoles tricolores et de couronnes de chêne : une planche, posée sur des caisses de tambours, était destinée à servir de bureau pour l'inscription des volontaires. En arrivant à chacun des endroits désignés, le cortége s'arrêtait, le drapeau tricolore était agité, les tambours exécutaient un roulement ; un officier municipal lisait l'acte du corps législatif. Le gros du cortége reprenait ensuite sa marche, laissant les gardes nationaux de l'arrondissement déposer leurs drapeaux sur l'amphithéâtre et former un grand cercle, au milieu duquel se rangeaient les volontaires à mesure qu'ils s'étaient fait inscrire. Durant les deux journées, les officiers municipaux suffirent à peine à recevoir les engagements.

Le dimanche et surtout le lundi soir, quand les deux cortéges, partis de la maison commune, y rentrèrent, ils étaient considérablement accrus par les enrôlés, qui, sans avoir quitté leurs habits de travail, avaient déjà le sac au dos, le fusil ou la pique sur l'épaule, et marchaient en chantant des airs patriotiques. Une foule immense les accompagnait en criant : Vive la nation ! vive la liberté ! vivent leurs défenseurs !

Saint et enivrant enthousiasme, vous auriez dû être sans mélange ! Toutes les passions, tous les délires des sectes politiques auraient dû expirer au pied de ces amphithéâtres, où l'amour de la patrie enfantait des héros. Mais l'esprit de parti ne peut s'apaiser devant les spectacles les plus sublimes. Ces sycophantes qui empruntaient le masque du patriotisme pour assouvir leurs implacables haines disaient tout haut dans les groupes :

« *Malheureux! où courez-vous ? pensez donc sous quels chefs il vous faudra marcher à l'ennemi ! Vos principaux officiers sont presque tous nobles; un La Fayette vous mènera à la boucherie. Eh ! ne voyez-vous pas comme, sous les persiennes des Tuileries, on sourit d'un rire féroce à votre empressement généreux mais aveugle* [1]. »

On cherchait ainsi à arrêter l'élan des volontaires parisiens; on s'efforçait surtout de retenir à Paris les plus exaltés des fédérés départementaux; on voulait les faire servir à la réussite des desseins que les meneurs ultra-révolutionnaires ne prenaient déjà presque plus la peine

---

[1]. Buchez et Roux, *Histoire parlementaire de la Révolution française*, t. XVI, p. 112, d'après *les Révolutions de Paris*, n° CLIX, et autres journaux populaires.

de cacher. Il suffit de parcourir le *Journal de la Société des Amis de la Constitution*, pour voir qu'au moment même où l'Assemblée nationale consacre tous ses soins à la défense nationale, les Jacobins ne parlent de nos armées que pour dénoncer la trahison des généraux et exciter les soldats contre leurs officiers. Ils s'occupent beaucoup moins des moyens de préserver les frontières de l'invasion que de renverser la royauté. Ainsi, à la séance du 15 juillet, Billaud-Varennes, qui n'était encore qu'un très-obscur avocat, s'écrie : « Le moment est décisif. Nos frères d'armes sont ici ; *s'ils partent sans que de grandes mesures aient été prises,* tous les sacrifices de la révolution ne conduiront la patrie qu'à l'esclavage. » Ainsi, peu de jours après, Robespierre déclare qu'avant de s'occuper de repousser l'ennemi extérieur, il faut punir « *le traître dont l'existence menace la tranquillité de la France.* » Quel traître? Robespierre se garde bien d'être clair ; il tient à rester dans les nuages. Mais ces nuages, voici Danton qui brutalement les déchire. « Que les fédérés, s'écrie-t-il en plein club, examinent ce qu'il y a à faire pour sauver la patrie des *trahisons du pouvoir exécutif*. Le droit de pétition n'a pas été enseveli dans le Champ de Mars, avec les cadavres de ceux qu'on y a immolés... Que les fédérés présentent donc une pétition à l'Assemblée sur *le sort du pouvoir exécutif, et ne se séparent pas avant que les traîtres n'aient été punis, ou mieux, n'aient passé à l'étranger*[1]. »

---

[1]. *Journal des Jacobins,* n° 201.

VII

Quand on écrit l'histoire de 1792, on est obligé de se servir de la même dénomination, celle de *fédérés*, pour désigner à la fois et les braves qui, par leur courage, sauvèrent la France de l'invasion étrangère, et les misérables qui empruntèrent le masque du dévouement patriotique pour se livrer impunément au meurtre et au pillage [1]. Nous n'aurons pas assez d'éloges pour les uns, pas assez de mépris pour les autres.

Chaque soir, la salle de la rue Saint-Honoré était remplie de pseudo-fédérés, qui venaient déposer sur le bureau du président les lettres de créance à eux remises par les frères et amis des sociétés affiliées, à l'instigation desquelles ils avaient pris la route de Paris. Aux applaudissements des habitués du lieu, ils se posaient en arbitres des destinées de la France, ils s'arrogeaient le droit de parler au nom de leurs départements, qui certes ne leur avaient donné aucun mandat à cet effet. Ainsi, l'on entendait (12 juillet) deux fédérés de la Charente déclarer qu'ils ne quitteraient Paris qu'après que l'As-

---

[1]. Dans la séance du club des Jacobins du 12 juillet, le journaliste Robert demanda « que le nom de *fédérés*, donné aux hommes envoyés des départements, fût remplacé par celui d'*insurgés*, le seul, dit-il, qui leur convînt. » C'était la vérité, mais toute vérité n'est pas bonne à dire ; on fit taire le malencontreux orateur et la société passa à l'ordre du jour. Voir l'*Histoire parlementaire* de Buchez et Roux, t. XVI, p. 117.

semblée nationale aurait statué sur le sort du *pouvoir exécutif;* d'autres, du Calvados, demandaient ouvertement *la destitution du roi;* un de leurs émules, de la Drôme, s'écriait (16 juillet) : « Le peuple seul peut sauver la France; mais où trouver le peuple?... dans les fédérés ! Si l'Assemblée nationale n'a pas le droit de rendre la souveraineté au peuple, *le peuple la reprendra.* » Le peuple, bien entendu, c'était lui et ses dignes acolytes.

On organisa aux jacobins un comité *central des fédérés,* qui, réuni aux principaux meneurs du club, se mit en rapport avec les comités occultes des diverses sections parisiennes. Ce comité central devint bientôt la cheville ouvrière de l'insurrection. Son premier acte fut de lancer le programme suivant, en opposition manifeste avec les décrets de l'Assemblée : « Arrivés ou en route, les fédérés ne doivent point se laisser diviser, ils doivent faire masse à Paris, et, malgré tous les ordres qui pourraient leur être donnés, refuser de se rendre au camp de Soissons. »

En s'obstinant à ne pas quitter Paris après le délai fixé par la loi, les fédérés pouvaient courir le risque de ne pas toucher les trente sols par jour qui leur avaient été alloués. On proposa, en séance publique des jacobins, de pourvoir à cette difficulté financière. Un grand nombre d'adeptes déclarèrent qu'ils étaient prêts à recevoir chez eux chacun un fédéré. Dès lors, ces individus, hébergés, fêtés, échauffés sans cesse par les libations faites en nombreuse compagnie et par les discours prononcés en leur honneur dans le club Saint-Honoré, devinrent, on le conçoit sans peine, les instruments aveugles de la formidable société.

Le 17 juillet, une députation de fédérés se présente à la barre de l'Assemblée et y lit une adresse où l'on trouve les phrases suivantes : « Représentants, on nous dit que la nation est en danger : c'est nous appeler à son secours, c'est nous dire qu'il faut qu'elle soit sauvée ; si elle ne peut l'être par ses représentants, il faut bien qu'elle le soit par elle-même...

« Pères de la patrie, nous ne voulons point porter atteinte à notre constitution, mais nous voulons qu'elle soit et qu'elle puisse être exécutée ; nous ne refusons pas d'obéir à un roi, mais nous mettons une grande différence entre un roi et une cour conspiratrice dont la constitution même, dont toutes les lois divines et humaines réclament la punition et l'expulsion. »

Après avoir employé cette précaution oratoire, les pétitionnaires dénoncent La Fayette, s'étonnent qu'il existe encore, demandent la destitution des directoires départementaux coalisés contre la liberté publique, et réclament « qu'il soit fait du pouvoir exécutif ce que le salut de l'État et de la constitution même exigent dans les cas où la nation est trahie par lui. »

Aux jacobins, les fédérés parlaient un langage à peu près semblable :

« Frères et amis, nous avons entendu les cris de la patrie en péril, et nous avons volé à son secours... C'est à Paris que nous devons vaincre ou mourir, et nous avons juré d'y rester. C'est ici notre poste ; c'est le lieu de notre triomphe ou ce sera celui de notre tombeau...

« Simples comme la nature, purs comme l'air que l'on respire dans nos campagnes, ce n'est pas sur nous que le souffle empoisonné des ambitieux portera sa contagion... Déjà des cabales se laissent deviner, qui voient le salut de l'État dans un changement de ministres... »

Le journal des jacobins ne nous a pas conservé le nom de l'auteur de ces deux pièces d'éloquence, nous serions tenté de les attribuer à Robespierre lui-même. Nous croyons le reconnaître au style filandreux et bucolique qui lui est particulier, à la tendresse toute paternelle avec laquelle il accueillit ces deux adresses dans son journal, le *Défenseur de la Constitution* (n° 10), et surtout à l'allusion insidieusement lancée dans la dernière phrase contre les Girondins. Robespierre n'occupait alors aucun emploi public. Il s'était cantonné dans le club de la rue Saint-Honoré ; là, comme le dieu caché au fond du temple, il rendait ses oracles en attendant que ses séides inaugurassent au grand jour le culte de la haine, de l'envie et de la délation, déités que l'orgueilleux tribun personnifiait en lui.

VIII

Les pseudo-fédérés se déclaraient chaque jour prêts à mourir pour la patrie, mais il restaient à Paris, couraient les tavernes et les clubs, s'amassaient aux abords de l'Assemblée et du château pour insulter la famille royale et les députés constitutionnels, faisaient des adresses pour demander la mise en accusation des généraux qui, dans ce moment même, défendaient notre territoire. Pendant ce temps, les vrais fédérés se dirigeaient de tous les points du royaume vers les armées actives ou les camps de réserve. Quelques-uns avaient été obligés de traverser la capitale, ou s'y étaient laissé conduire, quoique Paris ne fût point sur leur route la plus directe. Mais, à peine arrivés, ils avaient pu s'apercevoir des manœuvres perfides dont on cherchait à les entourer. Ils avaient apprécié les compagnons parmi lesquels ils s'étaient fourvoyés; ils s'étaient hâtés de fuir les luttes fratricides, et de quitter les clubs pour les camps[1]. Là, au moins, la conduite à tenir n'était pas douteuse; là, tous s'abandonnaient avec enthousiasme aux mêmes sentiments : la haine de l'étranger et l'amour de la patrie.

Mais ces nouvelles forces s'ignoraient elles-mêmes; il fallait les organiser, ou plutôt il fallait organiser l'armée toute entière : œuvre d'autant plus difficile que l'émigration avait presque épuisé les anciens cadres, et qu'en présence du danger de la patrie, on devait, pour ainsi dire, improviser tout un matériel, armer, équiper, instruire une masse énorme de volontaires.

La Législative ne resta pas au-dessous de sa tâche. Les historiens ont exalté l'héroïque résistance que la France opposa à l'invasion étrangère, et en ont rapporté tout l'honneur à la Convention; ils se sont mon-

---

[1]. Voir le discours prononcé à la barre de l'Assemblée par Ricard, au nom de soixante de ses camarades, pour démentir les adresses fabriquées dans le club de la rue Saint-Honoré.

trés souverainement injustes envers l'Assemblée qui décréta la réquisition de 1792. Les principaux éléments de la résistance nationale ont été préparés par la commission extraordinaire, composée, par moitié, de constitutionnels et de girondins, unanimes en tout ce qui concernait la défense du territoire. Si Vergniaud, son organe habituel, eut le malheur d'attacher son nom, comme président de la Législative et de la Convention, à des événements à jamais déplorables, ses entraînements et ses fautes seront rachetés, nous l'espérons pour sa mémoire, par son courage et par le service immense qu'il rendit à la France en la dotant d'une armée qui devait la sauver de l'invasion étrangère.

Le 24 juillet, Vergniaud présenta un décret concerté avec les généraux des armées du Rhin et du Midi, aux termes duquel les bataillons de volontaires devaient être formés par canton, et les grades, jusqu'à celui de lieutenant-colonel, donnés à l'élection. Ces jeunes gens, partant pour ainsi dire du même village, ayant pu de longue date s'apprécier les uns les autres, n'hésitèrent pas, au moment où ils allaient affronter des troupes aguerries, à mettre de côté affections, rivalités, jalousies, et à choisir, pour les conduire à la victoire ou à la mort, les plus capables et les plus énergiques d'entre eux. Si l'on parcourt la liste des officiers qui, dans chaque département, furent élus à l'heure suprême du danger de la patrie pour marcher à la tête des fédérés, on y retrouve les noms de la plupart de ces soldats illustres qui devaient ruiner la vieille tactique des généraux de Frédéric, de Marie-Thérèse et de Catherine, et remplir durant un

LIVRE V.

quart de siècle l'Europe du bruit de leurs exploits[1].

Le lendemain (25 juillet), ce fut encore sur la proposition de Vergniaud que la Législative adopta le décret

---

[1]. Nous avons constaté, au moyen des états de service des généraux de la République et de l'Empire, la position que chacun d'eux occupait, le 1er août 1792, dans les bataillons de volontaires nationaux. Nous donnons ici le résultat de nos recherches ; on y verra que la plupart de ces généraux furent élus officiers dans les bataillons formés avant la date que nous avons prise pour base de notre travail. Quelques-uns des plus illustres manquent à cette liste glorieuse, mais voici pourquoi : ou ils faisaient déjà partie de l'armée active, ou ils ne devinrent officiers qu'après la date par nous choisie. Nous n'avons pas poussé nos recherches au-delà de ceux qui obtinrent sous l'Empire le grade de généraux de division.

Belliard, capitaine au 1er bataillon de la Vendée.
Bon (mort général de division à Saint-Jean-d'Acre), commandant du 1er bataillon de la Drôme.
Bonnet, lieutenant au 1er bataillon de l'Orne.
Boudet, lieutenant au 7e bataillon de la Gironde.
Broussier, capitaine au 3e bataillon de la Meuse.
Brune, adjudant-major au 2e bataillon de Seine-et-Oise.
Chabran, commandant du 5e bataillon des Bouches-du-Rhône.
Championnet, commandant du 6e bataillon de la Drôme.
Charpentier, capitaine au 1er bataillon de l'Aisne.
Compans, capitaine au 3e bataillon de la Haute-Garonne.
Defrance, sous-lieutenant au 3e bataillon des fédérés nationaux.
Delaborde, commandant du 1er bataillon de la Côte-d'Or.
Delmas, commandant du 1er bataillon de la Corrèze.
Delort, capitaine au 3e bataillon du Gers.
Dessolle, capitaine au 1er bataillon du Gers.
Duhesme, capitaine au 1er bataillon de Saône-et-Loire.
Friant, commandant du 9e bataillon des volontaires parisiens.
Gazan, lieutenant-colonel du 2e bataillon du Var.
Gouvion Saint-Cyr, capitaine au 1er bataillon de volontaires parisiens.
Guilleminot, sous-lieutenant au 4e bataillon du Nord.

qui défendait, sous peine de mort, à tous commandants d'une place forte de se rendre avant que l'ennemi eût ouvert une brèche réellement praticable, et qui ordonnait

Harispe, capitaine commandant de la compagnie franche des Basses-Pyrénées.
Heudelet, lieutenant au 3ᵉ bataillon de la Côte-d'Or.
Jacquinot, lieutenant au 1ᵉʳ bataillon de la Meurthe.
Jourdan, commandant du 2ᵉ bataillon de la Haute-Vienne.
Lannes, sous-lieutenant au 2ᵉ bataillon du Gers.
Leclerc (plus tard beau-frère du général Bonaparte, mort à Saint-Domingue commandant en chef l'expédition), lieutenant au 2ᵉ bataillon de Seine-et-Oise.
Lecourbe, commandant du 7ᵉ bataillon du Jura.
Leval, commandant du bataillon des grenadiers parisiens.
Maison, capitaine au 9ᵉ bataillon des fédérés parisiens.
Masséna, commandant du 2ᵉ bataillon du Var.
Meunier, capitaine au 10ᵉ bataillon du Jura.
Michaud, capitaine au 2ᵉ bataillon du Doubs.
Molitor, capitaine au 4ᵉ bataillon de la Moselle.
Morand, capitaine au 7ᵉ bataillon du Doubs.
Moreaux, René (mort le 10 février 1795, général en chef de l'armée de la Moselle), commandant du 1ᵉʳ bataillon des Ardennes.
Moreau, Victor, commandant du 1ᵉʳ bataillon d'Ille-et-Vilaine.
Mortier, capitaine au 1ᵉʳ bataillon du Nord.
Mouton (plus tard comte de Lobau), lieutenant au 9ᵉ bataillon de la Meurthe.
Oudinot (plus tard duc de Reggio), deuxième lieutenant-colonel au 3ᵉ bataillon de la Meuse.
Pécheux, capitaine au 4ᵉ bataillon de l'Aisne.
Pérignon, lieutenant-colonel de la légion des Pyrénées.
Perrin, Victor (plus tard duc de Bellune), commandant du 4ᵉ bataillon des Bouches-du-Rhône.
Robin, commandant du 5ᵉ bataillon de l'Ain.
Souham, commandant du 2ᵉ bataillon de la Corrèze.
Subervie, lieutenant au 2ᵉ bataillon du Gers.
Vincent, sous-lieutenant au 1ᵉʳ bataillon des Pyrénées-Orientales.

que les habitants ou les corps administratifs des villes de guerre fussent traités comme rebelles et déclarés traîtres à la patrie, s'ils demandaient à capituler.

La Législative répondait ainsi aux craintes de la France entière au moment de la retraite de Luckner, craintes accrues par les paroles que l'on prétendait avoir été prononcées par le vieux maréchal :

« Dans l'état effroyable où se trouve l'armée, je ne puis répondre que les Autrichiens ne soient à Paris avant six semaines ! »

Les Autrichiens à Paris ! ils ne devaient y venir que vingt-deux ans plus tard, après avoir été rejetés hors de nos frontières à trois reprises différentes, écrasés en Italie et en Allemagne, obligés de subir par deux fois la honte de la prise de Vienne et de souscrire quatre ou cinq traités plus durs les uns que les autres. Ils ne devaient y venir que le jour où la France, épuisée par des revers inouïs, dus à l'ambition d'un insatiable conquérant, aurait attiré l'Europe entière sur ses campagnes veuves de leurs défenseurs. Mais qui pouvait, en juillet 1792, assurer que l'étranger serait arrêté dès ses premiers pas en Champagne, que la France, comme autrefois la Grèce, aurait ses Thermopyles ? Royalistes, montagnards et constitutionnels, tous, l'œil fixé sur les cartes de France, étudiaient, anxieux et rêveurs, les contrées où le sort du pays allait se décider. Chacun, avec des espérances, des craintes, des colères bien différentes, y suivait la marche des armées coalisées, comptait les étapes qu'elles avaient franchies, celles qu'elles avaient encore à parcourir avant d'arriver à Paris, dans cette ville que les émigrés et les princes étrangers désignaient hautement comme le but de la campagne ou plutôt de la partie de plaisir qu'ils allaient entreprendre[1].

Pendant ce temps, les journaux ultra-royalistes et les journaux ultra-révolutionnaires semblaient s'accorder pour enflammer les passions et satisfaire leurs haines particulières. Les premiers ne déguisaient pas la joie anticipée que leur causait l'annonce du retour des émigrés, précédant ou suivant les armées étrangères; ils ne tarissaient pas en plaisanteries sur ce qui se passerait à Paris lorsque les uhlans auraient restauré l'autorité royale [2]. Les seconds profitaient des troubles et de la confusion qui régnaient dans tous les esprits, pour calomnier les girondins dont la supériorité portait déjà ombrage aux véritables chefs de la démagogie. Ainsi, les amis de Robes-

---

[1]. Voir les Mémoires de Barbaroux, page 38, et ceux de madame Campan, page 228, tome II.

[2]. Notre impartialité d'historien nous oblige à mettre sous les yeux de nos lecteurs les provocations insensées des ultra-royalistes; elles peuvent expliquer, mais non justifier, bien des colères et bien des crimes.

EXTRAITS DU JOURNAL DE LA COUR ET DE LA VILLE,
connu sous le nom du *Petit Gautier*.

N° du 1er juillet : « Coblentz, 22 juin. — Le 7 du mois prochain, les gardes du corps se mettent en route... Tous les émigrés s'acheminent vers les frontières d'Alsace. Ils sont tous armés et manœuvrent à force. L'armée des émigrés, forte de 25,000 hommes, dont 10,000 de cavalerie, sera sous les ordres du duc de Brunswick, comme le reste des troupes... Nous apprenons que c'est le nommé Jougeinau, Tyrolien, qui a tué M. de Gouvion d'un coup de carabine dans la poitrine à trois cents pas. »

N° du 14 : « Les gens qui proposent d'envoyer de nouveaux batail-

pierre et de Marat faisaient courir le bruit que Vergniaud, Guadet, Condorcet, Brissot, avaient pris leurs passe-ports pour fuir de Paris et au besoin trouver un refuge en Angleterre. A cette absurde accusation, Brissot répondit avec une noble fierté : « Je méprise trop les lâches qui abandonnent leur poste dans la crise où nous sommes, pour partager leur ignominie. » Quant aux autres, la calomnie tomba d'elle-même, mais nous la verrons se reproduire et devenir contre eux un chef d'accusation devant le tribunal révolutionnaire.

IX

Ces bruits calomnieux furent-ils dus à l'attitude que

lons à la frontière ne savent pas sans doute que les Autrichiens sont décidés à traiter avec la plus grande sévérité tous les hommes qui ne sont pas enrégimentés en troupe de ligne. On a beau nous débiter de grands mots, comme *vingt millions de bras, la nation se lève tout entière,* etc., il n'en est pas moins vrai que le droit des gens et les lois de la guerre veulent que tout habitant, bourgeois ou paysan, trouvé les armes à la main, est dans le cas de voir ses possessions ravagées et incendiées... Il n'appartient qu'aux troupes de ligne de s'armer et de faire la guerre; tout peuple qui en agit autrement s'expose aux plus grands malheurs, et n'a aucunement le droit de s'en plaindre. »

N° du 22 : « Les puissances étrangères, qui vont prendre nos Suisses à leur service, comptent bien les employer contre nous et, comme ils sont tout rendus, ils ne veulent pas leur donner la peine d'aller les joindre pour les faire revenir ensuite : c'est autant de temps et de dépense d'épargnés. »

N° du 22. « Un député lisait à un de ses confrères une lettre des frontières qui commençait par ces mots : « Nos armées se replient, » un voisin l'interrompit et lui dit : « *Lisez* PLIENT, *c'est le mot.* »

prirent les principaux girondins dans la deuxième quinzaine de juillet? On ne saurait rien affirmer à cet égard.

Nous avons déjà vu le rédacteur de l'adresse des fédérés aux jacobins glisser quelques insinuations sur les calculs de ceux qui ne désiraient autre chose qu'un changement de ministère opéré au profit de leurs amis. A quelques jours de là (18 juillet), un autre jacobin reprochait publiquement, dans la salle Saint-Honoré, à Vergniaud, d'être resté silencieux lors de la discussion sur l'affaire de La Fayette et de n'être pas éloigné d'une transaction avec le roi s'il consentait à replacer au pouvoir certains ministres.

Robespierre surveillait les girondins avec cette haine jalouse qui donne souvent des intuitions extraordinaires; savait-il qu'en ce moment ils étaient engagés dans une négociation avec Louis XVI, par l'intermédiaire du peintre Boze et de Thierry, l'un des valets de chambre du roi? Boze avait pris l'initiative de ces pourparlers, se figurant, avec naïveté, pouvoir mener à bonne fin une entreprise dans laquelle de plus habiles auraient vraisemblablement échoué; car il fallait que, de part et d'autre, on mît de côté bien des préjugés, bien des ressentiments, bien des méfiances. Boze avait obtenu des trois principaux chefs girondins, Gensonné, Guadet et Vergniaud, qu'ils lui écriraient une lettre, destinée à être mise sous les yeux de Louis XVI. Dans cet écrit, les trois députés exprimaient la pensée que les dangers qui menaçaient le roi pouvaient encore être conjurés, si définitivement et franchement il séparait, par des actes significatifs, sa cause de celle de la contre-révolution;

s'il choisissait ses ministres parmi les hommes les plus prononcés en faveur du nouvel ordre de choses; s'il remettait la garde et l'éducation du jeune prince royal à un gouverneur revêtu de la confiance de la nation; si, enfin, il retirait à La Fayette le commandement de l'armée[1].

Les constitutionnels faisaient agir de leur côté auprès de Louis XVI, pour le déterminer à se jeter dans leurs bras. La Fayette offrait toujours de recevoir le roi au milieu de son armée. Il était en correspondance active avec Lally-Tollendal, revenu tout exprès d'Angleterre, et, par son intermédiaire, entretenait des relations indirectes avec MM. de Montmorin et Bertrand de Molleville, anciens ministres, et toujours confidents de Louis XVI.

A ces deux propositions, si différentes par le but, les moyens et les hommes qui les présentaient, le roi répondit d'une manière à peu près identique. Aux girondins, on fit dire d'une manière banale que le pouvoir exécutif apportait le plus grand soin au choix des mi-

---

[1]. Cette lettre, dont l'existence fut révélée par Gasparin à la séance du 5 janvier 1793, devint un des principaux chefs d'accusation produits contre les girondins, devant le *tribunal révolutionnaire*, par les Amar et les Fouquier-Tinville. M. Granier de Cassagnac *(Histoire des girondins et Massacres de septembre)*, page 417 du tome Ier, dit que les girondins, accusés par Robespierre à l'occasion de cette lettre, se sauvèrent « par de vagues et inexactes explications. » Cette assertion est des moins fondées, car il suffit de se reporter à la séance du 12 avril 1793, pour voir que la lettre des girondins fut imprimée entre le 5 janvier et le 12 avril par les soins de Gensonné, qui l'avait écrite et en avait conservé la minute. Vergniaud et Guadet n'avaient fait que la signer. Elle se trouve *in extenso* dans les pièces justificatives de l'*Histoire de la Révolution*, par M. Thiers, 2e volume, p. 370.

nistres ; qu'il s'était tenu très-scrupuleusement dans les limites de la constitution ; qu'on avait mis tout en œuvre pour empêcher la coalition des puissances, mais que la guerre étant aujourd'hui déclarée et l'ayant été par des ministres patriotes, il n'y avait plus qu'à la poursuivre. A La Fayette, par l'intermédiaire de son aide de camp La Colombe, on fit écrire : « Nous sommes bien reconnaissants envers votre général, mais ce qu'il y aurait de mieux pour nous serait d'être enfermés pendant deux mois dans une tour. » Aux intimes on disait : « M. de La Fayette sauvera peut-être le roi, mais il ne sauvera pas la royauté. »

Ainsi, entre tous les partis possibles, on choisissait aux Tuileries le pire, celui de se laisser aller aux événements. Or, presque toujours et surtout en temps de révolution, les événements tournent au profit des audacieux et contre les timides. Quoi de plus naturel? Les premiers les font naître, les seconds les subissent.

X.

A ce moment, les girondins semblaient caresser avec amour une idée, qu'ils croyaient de nature à concilier les partisans de la république et les partisans de la monarchie. C'était, après avoir fait prononcer la déchéance de Louis XVI, de donner à l'enfant royal un gouverneur qui aurait été investi d'une grande partie du pouvoir exécutif, et aurait reçu leurs inspirations; par ce moyen ils espéraient se séparer avec éclat des auxiliaires dangereux et impatients, dont ils étaient encore obligés d'accepter le concours mais dont il leur tardait d'être à jamais débarrassés. Aussi les voyons-nous jouer un triple rôle : éviter d'attaquer directement le pouvoir royal, s'efforcer de retenir les exagérés, et cependant briser tout ce qui pouvait, hommes ou choses, faire obstacle à leur rentrée au pouvoir.

Le 21 juillet, Vergniaud vient, au nom de la commission extraordinaire[1], présenter la déclaration suivante, qui est à l'instant même votée et portée au roi :

« L'Assemblée nationale, considérant que depuis long-
« temps les ministres ont déclaré qu'ils ne croyaient pas
« pouvoir servir utilement la chose publique; qu'en con-
« séquence ils ont donné leur démission;

« Considérant qu'une pareille déclaration de leur part
« a dû altérer, dans toutes les parties de l'administration,
« la confiance sans laquelle il est impossible d'assurer le
« succès de nos opérations, qu'elle peut nuire même à
« l'harmonie que l'Assemblée est jalouse de maintenir
« entre les deux pouvoirs;

« Considérant que, dans les circonstances graves où se
« trouve la nation, la mésintelligence entre les autorités
« constituées, le moindre embarras dans l'exécution des

---

1. La commission extraordinaire avait jusqu'alors été composée de douze membres. Mais, dans la deuxième quinzaine de juillet, les circonstances devenant de plus en plus graves, on sentit la nécessité d'y faire entrer les personnages les plus influents des deux parties de l'Assemblée; le nombre de ses membres fut porté à dix-huit et presque aussitôt après à vingt et un. C'est ce dernier chiffre qui servira à la désigner désormais.

« moyens de défense, les plus légères fautes ou même
« l'inaction la plus instantanée du pouvoir exécutif
« pourraient nous conduire aux revers les plus funestes ;

« Déclare au roi que le salut de la patrie commande
« impérieusement de recomposer le ministère, et que ce
« renouvellement ne peut être différé sans un accroisse-
« ment incalculable des dangers qui menacent la liberté
« et la constitution. »

Le 23, Guyton-Morveau, au nom de la même commission, fait adopter une nouvelle déclaration plus grave
encore :

« L'Assemblée nationale, considérant que le plus
« sacré de ses devoirs est de déployer tous les moyens
« que la constitution met à sa disposition, pour prévenir
« et faire promptement cesser le danger de la patrie ;

« Considérant que rien ne peut contribuer plus effi-
« cacement à remplir cet objet important, que de donner
« à la responsabilité des ministres toute la latitude que
« le salut de l'État exige dans de telles circonstances ;

« Décrète que, quand le Corps législatif a proclamé,
« dans les formes prescrites par le décret du 5 de ce
« mois, que la patrie est en danger, indépendamment
« des cas où la responsabilité peut être exercée contre
« les agents du pouvoir exécutif, tous les ministres sont
« solidairement responsables, soit des actes délibérés au
« conseil relatifs à la sûreté intérieure et extérieure de
« l'État, qui auraient occasionné le danger, soit de la
« négligence des mesures qui auraient dû y être prises
« pour le prévenir ou en arrêter les progrès ;

« Laquelle responsabilité solidaire aura lieu égale-
« ment contre tous les ministres après la proclamation
« du danger et tant qu'elle ne sera pas révoquée... »

C'était aggraver considérablement la responsabilité ministérielle, c'était suspendre l'épée de Damoclès sur la tête des agents du pouvoir exécutif. L'Assemblée décida, de son autorité privée, que cet acte, ne devant point avoir un effet immédiat, n'avait pas besoin d'être soumis à la sanction royale ; il fut néanmoins promulgué dans les formes des lois ordinaires et revêtu de l'*exequatur* du malheureux monarque, qui se laissait ainsi enlever une à une ses dernières prérogatives.

Le même jour, Lasource fait renvoyer à l'examen de la commission extraordinaire les questions suivantes :

« 1° Quels sont les maux de la patrie ?
« 2° Quelles en sont les causes ?
« 3° Les moyens employés jusqu'à présent sont-ils
« suffisants ?
« 4° Y a-t-il lieu de prendre des moyens extraordi-
« naires, et quels sont-ils ? »

Les girondins espéraient, par cette série d'actes agressifs, conserver la direction exclusive du mouvement et apaiser les soupçons de la montagne ; mais celle-ci ne se contentait pas de si peu ; chaque jour elle essayait de faire expliquer la Gironde sur ses véritables et dernières intentions.

Choudieu apporte, le 23 au soir, une pétition, suivie de dix pages de signatures ; elle est aussi brève que terrible :

« Angers, 18 juillet, l'an iv de la liberté.

« Législateurs,

« Louis XVI a trahi la nation, la loi et ses serments.
« Le peuple est souverain ; vous êtes ses représentants ;
« prononcez sa déchéance, et la France sera sauvée. »

Deux jours plus tard (25 juillet), Vergniaud est l'objet des plus vives récriminations de la part d'un autre montagnard, qui lui reproche, à raison des dernières mesures défensives qu'il fait adopter par l'Assemblée, d'avoir mis tout le royaume sous le régime militaire. « A qui ce grand pouvoir est-il confié ? s'écrie en terminant le fougueux Duhem ; au pouvoir exécutif, au premier traître du royaume! »

Vergniaud est obligé de venir justifier la commission extraordinaire et de gourmander les ardeurs trop vives de son collègue jacobin.

« Gardons-nous, dit-il, d'un trop grand excès de zèle ; nous devons entretenir le feu qui vivifie, éteindre le feu qui dévore. Ne nous laissons pas entraîner par des mouvements désordonnés, ni subjuguer par de vaines terreurs. Quant aux dangers auxquels M. Duhem vient de faire allusion, *il aurait peut-être été prudent de ne pas en autant parler.* »

Mais tant de circonspection ne peut satisfaire Chabot qui demande que l'examen de la conduite du roi soit mis à l'ordre du jour, pour le lendemain à midi, toute affaire cessante. L'ex-capucin voit que l'Assemblée ne paraît pas disposée à seconder son impatience, il cherche donc une occasion de passionner le débat et se jette dans ses divagations habituelles. Ce sera à ses amis à s'emparer de l'incident qu'il va faire naître.

« Tous les décrets de l'Assemblée, s'écrie-t-il, ne peuvent étouffer l'opinion publique. S'il est prouvé à la nation que le Corps législatif ne trouve point dans la constitution assez de pouvoir pour agir, nulle puissance ne pourra l'empêcher de se sauver elle-même. Quand bien même le pouvoir exécutif sortirait blanc comme neige de cette discussion, le peuple français aura toujours le droit incontestable de changer sa constitution... »
A ces mots la droite se soulève, demande, exige le rappel à l'ordre du député qui « viole le serment qu'il a prêté. »

Le président, Lafond-Ladebat, prononce le rappel, mais aussitôt Choudieu s'élance à la tribune, demande ou plutôt prend la parole, accuse le président d'avoir méconnu la souveraineté du peuple français, consacrée par la constitution. Se tournant vers la droite, il s'écrie : « Je prie mes adversaires de faire silence et de m'écouter ! Voici les propres termes de la constitution : « L'Assemblée constituante déclare que la nation a le « droit imprescriptible de changer sa constitution. » Je dis qu'il n'est plus de constitution, qu'il n'y a plus de principes sacrés, si vous n'arrêtez l'audace de vos présidents... Je demande donc que le président soit rappelé à l'ordre et à ce qu'il doit à la majesté de la nation. »

La gironde fait cause commune avec la montagne. Isnard insiste pour qu'un blâme solennel « vienne rassurer le peuple sur sa souveraineté. » Lacroix invite

Lafond-Ladebat à réparer lui-même sa propre faute. Mais celui-ci n'accepte pas la *générosité* de Lacroix, il fait lire la constitution par l'un des secrétaires. « Point de chancelier! justifiez-vous vous-même! » lui crie-t-on. Le président lit l'article sur la révision et déclare que, dans son opinion, en rappelant Chabot à l'ordre, il ne s'est point écarté du pacte fondamental ; mais que, comme son opinion ne peut faire loi, il va consulter l'Assemblée pour savoir si elle la partage. On lui crie à gauche de quitter le fauteuil ; Lafond-Ladebat en descend. Un des ex-présidents, Aubert-Dubayet, l'y remplace et consulte l'Assemblée. Celle-ci déclare que son président sera rappelé à l'ordre.

Ainsi se termina cette scène presque unique dans les fastes parlementaires. La majorité abaissa la dignité présidentielle devant cet ignoble et impudent personnage qu'on appelait Chabot ; la montagne reconnut une fois de plus qu'à force d'insistance, de bruit et de clameurs, elle réussirait à imposer à l'Assemblée ses volontés turbulentes.

XI

Poussés, pressés, harcelés par la montagne, les girondins sentirent qu'ils ne pouvaient pas rester longtemps encore dans l'expectative. Ils se distribuèrent les rôles : Guadet se chargea des menaces, Brissot des avances à faire au pouvoir exécutif.

Le 26, Guadet vint, au nom de la commission extraordinaire, présenter un projet d'adresse au roi. C'était une dernière et suprême sommation adressée à Louis XVI, c'était le résumé officiel de la lettre remise par l'intermédiaire de Boze.

« Sire,

« La nation française vous a confié le soin de sa
« défense, et les officiers de nos troupes ont fui chez les
« puissances étrangères. Réunis à vos parents, à vos
« courtisans, à vos gardes, ils forment une armée et
« nous ont déclaré la guerre... Le peuple français voit
« ses frontières envahies, ses campagnes menacées...
« D'un bout du royaume à l'autre, des prêtres, des
« nobles, des factieux de toute espèce troublent le repos
« des citoyens et tous s'honorent du titre de vos défen-
« seurs... Par quelle fatalité sommes-nous obligés de
« douter si ces ennemis de la France vous servent ou
« vous trahissent? »

Puis venaient des allusions très-directes au renvoi de Roland, Clavière et Servan, à la possibilité d'une réconciliation si le roi s'entourait d'un ministère vigilant et ferme. L'adresse se terminait ainsi :

« La nation seule saura sans doute défendre et con-
« server sa liberté ; mais elle vous demande, sire, *une*
« *dernière fois,* de vous unir à elle pour défendre la
« constitution et le trône. »

Brissot alla très-loin dans ses avances.

« S'il existe, dit-il, des hommes qui travaillent à établir maintenant la république sur les débris de la constitution, le glaive de la loi doit frapper sur eux comme sur les amis actifs des deux chambres et sur les contre-révolutionnaires de Coblentz... » Appuyant l'adresse présentée par Guadet, il ajouta : « Il vaut beaucoup mieux tenter cette suprême démarche, quel qu'en doive être le succès, que de discuter prématurément la déchéance... ; car il importe de suivre l'opinion de la grande masse des Français qui veulent la constitution et ont une égale horreur pour le patriotisme ardent et le modérantisme extrême ; point de succès dans la guerre entreprise, si nous ne la faisons sous les drapeaux de la constitution... Les dangers augmentent, les troupes ennemies nous menacent de près, dit-on ; soit ! ce qui est plus dangereux, selon moi, c'est que la moitié de la nation se réunisse à nos ennemis. Tel serait infailliblement notre sort, si vous prononciez ainsi la déchéance avant que toute la nation soit bien convaincue qu'elle a été encourue, avant qu'un mûr et sévère examen n'en démontre l'évidence. »

Brissot avait été fréquemment interrompu par les murmures de l'extrême gauche et des tribunes ; les épithètes de « scélérat, » de « traître à double face, » de « doublure de Barnave, » lui avaient été prodiguées ; la droite l'avait au contraire plusieurs fois soutenu de ses plus chaleureuses acclamations. Quand l'orateur descendit de la tribune, les huées des spectateurs redoublèrent, mais la très-grande majorité de l'Assemblée [1]

---

[1]. Cela est constaté par le *Journal des Débats et Décrets*, n° 303, et par le *Moniteur*, page 883. Le dernier ne donne qu'une analyse du discours et annonce qu'il le reproduira en entier dans un de ses prochains numéros ; mais les rédacteurs du *Moniteur*, toujours à l'affût de la faveur populaire, et s'apercevant du mauvais effet que la

applaudit et décréta l'impression de son discours. On jeta feu et flammes au club Saint-Honoré contre Brissot ; mais si les récriminations furent violentes, elles s'apaisèrent assez vite, parce que les diverses nuances du parti comprirent qu'au moment de l'action il fallait étouffer tous les germes de division, sauf à les faire revivre plus tard. La tolérance des jacobins fut poussée à un tel point que, Lasource s'étant permis d'attaquer les fédérés parce qu'ils restaient à Paris, Legendre ne put le faire rappeler à l'ordre ; Manuel supplia la société de ne point infliger sa censure à l'orateur girondin, en raison des services qu'il avait précédemment rendus à la chose publique[1].

XII

Du sein de l'Assemblée nationale et du club des jacobins, l'agitation descendait dans la rue. Le bruit s'était répandu dans Paris que l'on faisait aux Tuileries des dépôts d'armes. Le ministre de l'intérieur, pour dissiper les soupçons, écrivit à Pétion que le roi désirait que deux officiers municipaux vinssent sur-le-champ visiter le palais ; mais le conseil général refusa de délibérer sur cette motion et chargea le maire d'écrire au comité de la section des Tuileries qu'il eût

---

harangue de Brissot avait produit sur les Jacobins, se gardèrent bien de remplir leur promesse.

1. *Journal de la société des Amis de la Constitution*, séance du 29.

à recevoir de chacune des personnes habitant le château la déclaration des armes en leur possession[1]. Ainsi, la municipalité traitait le roi comme un simple particulier, qui devait aller à sa section remplir les formalités auxquelles était astreint tout habitant de Paris. Il est difficile de concevoir une manière plus leste et plus cavalière d'agir vis-à-vis de celui que, dans le langage constitutionnel, on appelait le représentant héréditaire de la nation.

La droite réclama à diverses reprises le rapport du décret qui avait rouvert nuit et jour au public la terrasse des Feuillants; mais l'Assemblée se contenta de charger son comité de résoudre cette question : « Le jardin des Tuileries est-il ou n'est-il pas une propriété publique? » Les meneurs n'attendirent point la réponse. Comme leur intérêt était d'empêcher tout *mouvement partiel*, ils établirent entre la terrasse et le jardin un ruban tricolore. Cette barrière qui, au dire du *Patriote français*, marquait la ligne de démarcation entre *le territoire français et le territoire autrichien*, fournit aux jacobins de nouvelles occasions d'injurier le roi. Presque chaque matin on trouvait attachées au ruban des devises menaçantes, celle-ci notamment : « La colère du peuple tient à un ruban; la couronne du roi tient à un fil. »

Cependant, les démagogues s'impatientaient des hésitations de l'Assemblée; ils craignaient surtout de voir

---

1. A l'occasion de ces dépôts d'armes que l'on prétendait exister aux Tuileries, il s'engagea, entre le ministre de l'intérieur et le maire, une correspondance fort curieuse. Elle fut imprimée à l'époque même par ordre du ministre de l'intérieur.

s'éloigner les fédérés, dont l'autorité militaire pressait le départ pour Soissons[1]. Afin d'avoir le prétexte de retenir au moins ceux qu'on voulait conserver à Paris, on imagina de leur donner, le 26 juillet, un banquet populaire sur les ruines de la Bastille. Mais était-ce simplement une fête destinée, suivant le langage du temps, à sceller la fraternité entre Paris et les départements? Non, sans doute; les meneurs jacobins et cordeliers espéraient bien que cette soirée pourrait devenir l'occasion de l'insurrection depuis longtemps projetée.

En effet, vers sept heures du soir, le cabaret du *Soleil d'or*, situé vis-à-vis de la Bastille, à l'entrée du faubourg Saint-Antoine, recevait dans une arrière-boutique les conspirateurs subalternes qui s'étaient chargés de mettre ce jour-là en mouvement les masses populaires. A l'état-major ordinaire de l'émeute, à Santerre, à Lazouski, à Fournier l'Américain, s'étaient joints Vaugeois, vicaire constitutionnel de l'évêque de Blois, le collègue et l'ami de l'ex-capucin Chabot; Westermann, alors simple greffier de Haguenau, le seul vraiment brave de toute cette troupe; le journaliste Carra, l'homme de plume et le futur annaliste de l'insurrection; le professeur Guillaume, Debessé de la Drôme, Galissot de Langres, Anthoine, ex-maire de Metz, président des jacobins, et plusieurs autres agitateurs obscurs.

Quelques-uns de ces individus faisaient partie du di-

---

1. Du 14 au 30 juillet, il partit de Paris 5,314 fédérés départementaux. Voir le rapport du ministre de la guerre lu à la séance du 30 juillet au soir. (*Journal des Débats et Décrets*, n° 308, p. 483.)

rectoire secret des fédérés, les autres n'étaient que des meneurs *consultants*. Entre eux fut discuté et dressé un premier plan d'attaque des Tuileries. L'insurrection devait se ranger autour de drapeaux rouges, dont le modèle fut apporté par Fournier. On y lisait ces mots, écrits en caractères noirs : « *Résistance à l'oppression ; loi martiale du peuple souverain contre la rébellion du pouvoir exécutif.* » Westermann se chargea d'aller à Versailles et d'en ramener la garde nationale avec ses canons. Lazouski promit que le faubourg Saint-Marceau serait prêt avant quatre heures du matin.

Cependant, on savait vaguement aux Tuileries ce qui se tramait. Le commandant général de la garde nationale, Mandat, avait convoqué six ou sept mille hommes, puis, ses moyens de défense disposés, s'était rendu à la mairie pour avoir des renseignements précis et exciter le zèle du premier magistrat de la capitale. Pétion venait d'apprendre que la garde nationale de Versailles ne marcherait pas et qu'on ne s'entendait plus au *Soleil d'or*. L'insurrection n'ayant, ce jour-là, aucune chance de réussite, le maire était disposé à remplir son devoir; il allait partir pour la Bastille, où il arriva à minuit.

Le festin civique était terminé. Tout le faubourg y avait pris part, chacun ayant apporté son souper. Les tables retirées, on dansait des farandoles civiques et on chantait des airs révolutionnaires. En parcourant les groupes qui ne paraissaient penser qu'à se réjouir, le maire rencontre quelques fédérés, avec lesquels il cause en ami; puis, après *avoir tâté l'opinion,* il harangue la foule : « On connaît le projet d'aller au château, toutes les mesures de précaution ont été prises ; donc, ne bougez pas et rentrez paisiblement chez vous [1]. »

Le conseil fut suivi, et les conspirateurs attablés dans le cabaret de la place de la Bastille se retirèrent eux-mêmes, fort à contre-cœur. Cependant, comme durant quelques minutes le tocsin avait sonné, la générale avait été battue, 400 ou 500 fédérés avaient formé un rassemblement qui s'était, il est vrai, bientôt dispersé, il fallait expliquer ces mouvements qui avaient jeté l'inquiétude dans tout Paris. Ce fut Carra, Carra lui-même, l'un des convives du *Soleil d'or*, qui se chargea de donner le change à l'opinion publique ; on lut, le lendemain, dans les *Annales patriotiques* :

« Le banquet civique s'est fait hier sur le terrain de la Bastille avec la plus parfaite tranquillité, malgré les efforts de quelques émissaires du cabinet autrichien, qui, sous l'apparence du patriotisme, cherchaient à profiter du rassemblement pour égarer l'opinion publique... Les Tuileries sont toujours barricadées ; le bruit court depuis quelques jours qu'il s'y entasse une quantité prodigieuse d'armes et de munitions, qu'on y a apporté beaucoup d'habits de gardes nationaux. » *Le Patriote français* [2], voulant faire pardonner à Brissot son récent

---

[1]. Pour l'important récit de la tentative avortée de la nuit du 26 au 27 juillet, nous avons les aveux naïfs qu'après le triomphe de l'insurrection du 10 août Pétion et Carra consignèrent, dans des écrits signés d'eux, pour revendiquer la part glorieuse qu'ils y avaient prise. (Voir un opuscule publié par Pétion sous le titre *Pièces importantes pour l'histoire* et les *Annales patriotiques* de Carra.)

[2]. Numéro du 28 juillet.

discours, fit chorus avec les *Annales*, et le *Moniteur* [1] s'accorda avec *le Patriote* pour attribuer l'émotion populaire aux bruits répandus sur les préparatifs militaires des Tuileries. « Les agitateurs, disait le *Moniteur*, ont encore une fois perdu leur temps et leur argent. » Mais les mensonges du journalisme ne suffisaient pas pour anéantir tous les soupçons, une démarche officielle était indispensable. Pétion, qui avait été initié aux projets des conspirateurs, qui avait été instruit heure par heure (il s'en vanta lui-même plus tard) de ce qui se passait au *Soleil d'or*, à Versailles, dans les faubourgs Saint-Antoine et Saint-Marceau, Pétion paya d'audace et, accompagné de son fidèle Manuel et d'une députation de la municipalité, vint lire à la barre de l'Assemblée nationale un rapport qu'il avait écrit d'avance, « pour le cas où il n'aurait pas pu être admis [2]. »

« Paris, le 27 juillet, 1792, an IV de la liberté.

« Monsieur le président,

« Je saisis mes premiers instants de liberté pour vous faire part des événements qui viennent d'avoir lieu.

« Hier, à minuit, je fus instruit d'un projet qui n'a pu être imaginé que par des ennemis de notre liberté et par des citoyens égarés. Il paraît que l'on avait conçu

1. Numéro du 28 juillet.
2. Nous publions le texte même du rapport de Pétion, que nous avons retrouvé tout entier écrit de sa main. Les versions qu'en donnent le *Moniteur* et le *Journal des Débats et Décrets* présentent quelques variantes avec le texte original.

l'idée de réunir en masse les fédérés, les faubourgs de Paris, les environs, et même la garde nationale de Versailles, de les rassembler au bruit du tambour et du tocsin, et de les porter autour de l'Assemblée nationale et du château. Que serait-il arrivé alors? C'est ce que j'ignore.

« Cette nouvelle ne me fut pas plus tôt connue, que je me rendis sur l'emplacement de la Bastille, où l'on m'avait annoncé que se faisait le rassemblement. Il était alors minuit. Je trouvai des citoyens paisibles dont les uns dansaient et les autres étaient à table. Je leur parlai, je leur dis ce que j'avais appris, je leur découvris le piége qui leur était tendu, je les engageai à se retirer tranquillement chez eux, et ils m'écoutèrent avec quelque confiance.

« De là, je fus au faubourg Saint-Marceau. J'entrai à la section, qui était rassemblée. Je fis part aux citoyens présents du motif de mes inquiétudes; on me répondit qu'on venait de recevoir un message par un particulier à cheval, qui les engageait à s'armer pour la liberté et à prendre leurs canons. Plusieurs citoyens m'assurèrent que je pouvais être tranquille, que le faubourg le serait, et qu'ils attendraient tous l'ordre des magistrats pour marcher.

« Sur les deux heures et demie, je rentrai à la mairie, assez satisfait de la disposition des esprits. A cinq heures, j'ai reçu la nouvelle que le tocsin avait sonné et que la générale avait été battue dans le faubourg Saint-Antoine; qu'il s'y formait un rassemblement considérable et que l'issue était interceptée pour tous ceux qui voulaient en sortir. Je priai l'un de MM. les administrateurs au département de police de s'y rendre à l'instant, et je l'y ai suivi de très-près. J'ai trouvé, en effet, un concours prodigieux de citoyens et les bataillons sous les armes avec leurs canons. Je me suis arrêté de distance en distance pour haranguer ces nombreux citoyens, et, ce qu'il y a de consolant pour le magistrat, c'est qu'il a vu encore, dans cette occasion, que la voix de la raison était plus puissante et plus salutaire que celle de la force. On s'est plaint de ce que la caisse avec laquelle on avait battu la générale avait été enlevée de force dans un corps de garde, et de ce qu'on avait forcé les portes d'une église pour sonner le tocsin.

« J'ai fait assembler le conseil général, et je lui ai rendu compte. Je lui ai proposé la mesure d'un avis aux citoyens; j'espère qu'une journée, dont les commencements paraissaient annoncer des orages, finira par être calme.

« J'ai, au surplus, donné des ordres à M. le commandant général pour tenir sous les armes des forces imposantes.

« Je suis avec respect, monsieur le président, etc.

« Le maire de Paris,

« Pétion. »

Lafond-Ladebat présidait. Malgré les rumeurs qui accusent Pétion d'avoir été de connivence avec les émeutiers, il est obligé de se rendre à tant d'audace, et il exprime avec bonne foi la satisfaction de l'Assemblée nationale pour la manière dont le maire de Paris a compris et rempli son devoir. Cette scène de haute comédie se termine par des applaudissements que prodiguent à l'envi la gauche et les tribunes au « vertueux magistrat. »

Dès que le silence est rétabli, Hua s'écrie que si le maire a rempli son devoir, l'Assemblée doit aussi remplir le sien ; qu'elle est tenue de rechercher les causes des troubles, d'inviter le ministre de la justice à découvrir et à faire punir les auteurs de ces complots, par lesquels le peuple « est continuellement tenu dans un état convulsif[1]. » Mais cette proposition n'a pas de suite, et la gauche parvient à diriger toute l'attention de l'Assemblée sur une adresse du conseil général, que Pétion avait lue aussitôt après son rapport. La commune réclamait :

« 1° Une loi d'urgence qui interdît à tout Français de sortir du royaume pendant la durée du danger de la patrie ;

« 2° Le séquestre des biens de ceux qui contreviendraient à cette loi ;

« 3° L'établissement d'un comité de surveillance dans le sein de la municipalité. »

De ces trois propositions, la première, convertie en motion, est adoptée sur-le-champ ; les deux autres sont renvoyées à la commission extraordinaire.

Le comité de surveillance, demandé le 27 juillet par Pétion, fut établi après le 10 août. Il inaugura son installation en remplissant les prisons de prétendus suspects et en les faisant massacrer au 2 septembre. La démago-

---

1. *Journal des Débats et Décrets*, n° 304, p. 383.

gie procède toujours de la même manière ; elle commence par le mensonge et la calomnie, elle finit par les emprisonnements et les assassinats. Ce ne sont pas toujours les mêmes hommes qui font l'une et l'autre besogne ; mais comment ceux qui ont posé les prémisses pourraient-ils repousser toute solidarité avec ceux qui ont tiré les conséquences ?

LIVRE VI

LES SECTIONS

I

Depuis quelque temps Pétion et Manuel se préoccupaient tout particulièrement de régulariser l'action jusqu'alors tumultueuse et désordonnée des sections parisiennes [1]; car régulariser cette force, c'était en décupler la puissance.

La loi interdisait aux corps constitués de faire des adresses et des pétitions collectives; mais les sections parisiennes n'étaient pas, dans le sens légal du mot, des corps constitués, puisqu'elles n'avaient pas une autorité définie et des attributions spéciales. C'est pourquoi, au grand regret des meneurs jacobins, elles n'avaient pu, au moment de la proclamation de la patrie en danger, se mettre en permanence comme tous les autres corps auxquels s'appliquait le décret du 12 juillet.

---

1. Voir dans le premier volume, p. 334, la notice concernant l'organisation de la municipalité et des sections parisiennes. Nous donnons à la fin de ce deuxième volume une autre notice qui contient des détails statistiques sur les quarante-huit sections et sur la part que chacune d'elles prit aux événements du 10 août.

Il fallait donc arriver à constituer de fait cette permanence, et cependant ne pas perdre le privilége que les sections avaient su tirer du silence de la loi : celui de faire à tous propos des adresses et des pétitions collectives.

Le 17 juillet, un arrêté municipal établit un *bureau central de correspondance entre les quarante-huit sections de Paris*. Ce bureau avait pour mission « de rendre entre les sections les communications actives et rapides; » il tenait ses séances à l'Hôtel-de-Ville et était placé sous la direction et la surveillance immédiate du procureur de la commune. Quarante-huit commissaires y devaient passer journellement pour communiquer les arrêtés pris dans chacune de leurs sections et recevoir communication des arrêtés pris dans les autres[1].

Dès le 6 juillet, la section du Marché des Innocents avait demandé que les quarante-huit sections envoyassent des délégués à l'Hôtel-de-Ville, chargés de rédiger une adresse à l'armée, où seraient exprimés tous les sentiments de fraternité qui unissaient Paris aux défenseurs de la patrie. Naturellement, un des premiers soins du nouveau bureau de correspondance fut de presser la nomination de ces commissaires. Trente-deux sections répondirent tout d'abord à l'appel de la municipalité; quelques autres se joignirent plus tard à elles. Après plusieurs séances successives, on admit le projet présenté par Collot-d'Herbois, Tallien et Xavier Audoin[2].

---

1. Voir le texte de cet arrêté et la lettre-circulaire de Manuel dans l'*Histoire parlementaire*, t. XVI, p. 254.

2. Nous avons retrouvé le procès-verbal qui fut dressé à cette occa-

L'adresse contenait une série de calomnies dirigées contre les généraux qui commandaient nos armées ; elle tendait à jeter l'esprit d'insubordination et de révolte dans les rangs des soldats. Tout cela était déplorable ; mais ce qui l'était bien plus, c'était l'innovation qui venait d'être consacrée, sans que ni la municipalité légale, ni le département, ni l'Assemblée, ni le pouvoir exécutif eussent songé à s'y opposer, eussent entrevu toutes les conséquences qu'une pareille usurpation pouvait avoir dans un temps très-rapproché.

Ainsi, un pouvoir nouveau, sans règle, sans responsabilité, sans garantie, se posait, de son autorité privée, à côté de celui que la loi avait institué pour représenter la commune. Des commissaires, dont l'élection n'était entourée d'aucune formalité, dont les pouvoirs n'étaient pas toujours inscrits sur les registres, mais souvent libellés sur un chiffon de papier en l'absence du plus grand nombre des citoyens actifs de la section, enfin dont les attributions pouvaient être aussi vagues et aussi larges que possible, se réunissaient à l'Hôtel-de-Ville, délibéraient avec toutes les formes d'une assemblée régulière (président, secrétaire et procès-verbal), prenaient des décisions et s'arrogeaient le droit de parler au nom de la population parisienne.

La commune insurrectionnelle du 10 août était toute trouvée. Les commissaires de section n'eurent plus, au

---

sion par les commissaires des sections. Nous le donnons à la fin de ce volume. Le texte complet de l'adresse à l'armée se trouve dans l'*Histoire parlementaire* de Buchez et Roux, t. XVI, p. 241.

jour choisi par les conspirateurs, qu'à venir s'emparer violemment de la salle où siégait le conseil général de la commune, et à dissoudre ce corps, qui, par un aveuglement stupide, leur avait ouvert lui-même les portes de l'Hôtel-de-Ville, les avait installés près de lui, leur avait, pour ainsi dire, reconnu le droit de parler et d'écrire en son lieu et place. Pourquoi des individus sans titre et sans mandat n'auraient-ils pas mis en action, vis-à-vis de ces municipaux si bénévoles, la fable de *la Lice et sa compagne?* Cette fable n'est-elle pas de tous les temps et de tous les régimes?

II

Grâce à l'établissement du bureau central de correspondance, le mouvement révolutionnaire se généralisa. Une motion démagogique était-elle produite dans une section, presque instantanément elle était répandue, adoptée, amplifiée dans les autres. Non-seulement les sections correspondaient entre elles, mais encore avec toutes les communes de France; elles usurpaient le pouvoir législatif, inventaient des délits, édictaient des peines.

La section des Lombards proposait l'établissement d'un camp sous Paris, faisait afficher des *avis aux Parisiens,* dans lesquels elle menaçait de la fureur du peuple quiconque tirerait sur lui en cas d'insurrection, et garantissait la sûreté personnelle, ainsi que la propriété, à ceux qui se rangeraient de son côté.

La section du Théâtre-Français décrétait, dans un acte signé Danton, Chaumette et Momoro, que la division constitutionnelle des citoyens actifs et des citoyens passifs n'était plus reconnue par elle et que « tous les Français, ayant un domicile quelconque dans sa circonscription, partageraient effectivement la portion de souveraineté appartenant à ladite section. »

Depuis que le mot *déchéance* avait été prononcé à l'Assemblée, cette question était très-violemment agitée dans la plupart des sections. La municipalité eut l'audace de la mettre à l'ordre du jour de toutes à la fois. Naturellement les jacobins la mirent également en discussion; ils prirent même les devants sur les sections, parce que, pour un objet aussi important, ils tenaient à faire prévaloir leurs idées particulières.

« La racine du mal est dans le pouvoir exécutif, s'écria Robespierre au club de la rue Saint-Honoré, mais il est aussi dans la législature. La déchéance du roi est nécessaire, mais, le fantôme appelé *roi* disparu, qui gouvernera?

« *Le pouvoir exécutif sera-t-il exercé par le Corps législatif? Je ne vois dans cette confusion de tous les pouvoirs que le plus insupportable des despotismes. Que le despotisme ait une seule tête ou qu'il en ait sept cents, c'est toujours le despotisme. Je ne connais rien d'aussi effrayant que l'idée d'un pouvoir illimité remis à une assemblée nombreuse, qui est au-dessus des lois, fût-elle une assemblée de sages.* »

Ainsi Robespierre anathématisait d'avance le règne de la Convention, le pouvoir souverain exercé par une assemblée unique. Mais pourquoi blâmait-il un régime dont il devait devenir le promoteur le plus fervent? C'est qu'alors ses rivaux siégeaient à la Législative et que, lui, il s'en était exclu, tandis que plus tard il fut l'inspirateur caché et tout-puissant du terrible comité de salut public, auquel la Convention avait remis l'exercice de ses pouvoirs souverains.

III

Laissons la pétition sur la déchéance s'élaborer dans le comité central réuni à l'Hôtel-de-Ville, laissons les sections révolutionnaires se disputer la palme de l'*énergie civique* (style du temps); assistons à l'entrée des fédérés marseillais qui, partis le 2 juillet des bords de la Méditerranée, arrivèrent à Charenton le 29 au soir.

Qu'étaient ces hommes? De valeureux jeunes gens du département des Bouches-du-Rhône et des contrées circonvoisines, qui avaient quitté le foyer domestique pour répondre à l'appel de la patrie en danger? Non, ceux-là étaient aux frontières, avec Masséna et Championnet. Ceux qui vinrent à Paris n'étaient que des bandits émérites, expédiés par les sociétés populaires du Midi[1], pour

---

[1]. Voici la description que donne de ces Marseillais un député des Bouches-du-Rhône, Blanc-Gilly, qui certes devait les connaître:

« La ville de Marseille, assise sur la Méditerranée, au voisinage de cent nations, doit être considérée, à cause de son port, comme la sentine d'une grande partie du globe, où vont se rendre toutes les impuretés du genre humain; c'est là que nous voyons constamment disposée à fermenter l'écume des crimes vomis des prisons de Gênes,

renverser la constitution et plonger la France dans l'anarchie. Nous le demandons aux écrivains les plus disposés à pallier les crimes de la démagogie, peut-on citer le nom d'un de ces hommes qui vinrent, sous le titre de Marseillais, effrayer la capitale de leur sinistre présence, faire le sac des Tuileries, jeter bas un trône de dix siècles, présider aux massacres de septembre, et disparaître ensuite en laissant après eux une ineffaçable traînée de sang? A chaque pas on retrouve, dans les fastes militaires de cette

du Piémont, de la Sicile, de toute l'Italie enfin, de l'Espagne, de l'Archipel et de la Barbarie... Toutes les fois que la garde nationale de Marseille s'est mise en marche en dehors de ses murs, la horde des brigands sans patrie n'a jamais manqué de se précipiter à la suite et de jeter la dévastation dans tous les lieux de son passage. » (*Réveil d'alarme*, par Blanc-Gilly.) Cette brochure extrêmement courageuse valut à son auteur, après le 10 août, un décret d'accusation.

Les historiens les plus favorables aux idées ultra-révolutionnaires ont eux-mêmes exprimé, sur les Marseillais, des opinions qui se rapprochent des nôtres. M. Louis Blanc (p. 464 du VIe volume) les appelle « des aventuriers intrépides. » M. Michelet les juge ainsi (p. 530 du IIIe volume) :

« Les cinq cents hommes de Marseille, qui n'étaient point du tout exclusivement Marseillais, étaient déjà, quoique jeunes, de vieux batailleurs de la guerre civile, faits au sang, très-endurcis : les uns, rudes hommes du peuple, comme sont les marins ou paysans de Provence, population âpre, sans peur ni pitié; d'autres, bien plus dangereux, des jeunes gens de plus haute classe, alors dans leur premier accès de fureur et de fanatisme, étranges créatures, troubles et orageuses dès la naissance, vouées au vertige, telles qu'on n'en voit guère de pareilles que sous ce violent climat.... Le chant, dans leurs bouches, prenait un accent très-contraire à l'inspiration primitive, accent farouche et de meurtre; ce chant généreux, héroïque, devenait un chant de colère; bientôt il allait s'associer aux hurlements de la Terreur. »

époque, d'anciens gardes françaises, d'anciens vainqueurs de la Bastille, qui plus tard se distinguèrent et parvinrent aux plus hauts grades; mais peut-on prouver qu'un seul d'entre ces Marseillais se soit distingué aux armées, y ait acquis quelque gloire, y ait péri d'un noble trépas ? Que l'on cesse donc de mêler le souvenir de ces brigands avec celui du chant sublime auquel, par une étrange aberration, on a donné leur nom, qui fut hurlé, il est vrai, dans les orgies et dans les scènes de meurtre dont ils souillèrent la capitale, mais qui a conduit et qui conduit encore nos jeunes soldats à la victoire; avec cet hymne qui doit vivre éternellement dans la mémoire de tous les Français, comme le symbole de l'amour de la patrie et non comme le signal de la guerre civile. *La Marseillaise* a été improvisée à Strasbourg par Rouget de Lisle, qui n'eut jamais rien de commun avec les Marseillais, qui, après le 10 août, refusa de reconnaître le pouvoir issu de l'insurrection, et fut poursuivi pendant toute la Terreur par les sbires du comité de salut public[1]; elle fut chantée pour la première fois dans la maison du maire Dietrich, qui fut proscrit comme ami du général

---

1. Nous avons retrouvé le mandat d'arrêt lancé contre Rouget de Lisle. Il est daté du 18 septembre 1793. « Le comité du salut public arrête que le citoyen Rougez (*sic*), surnommé de Lille, ci-devant officier du génie, retiré à Saint-Germain, sera mis sans délai en état d'arrestation, charge le ministre de la guerre de l'exécution **du présent arrêté.**

« Membres présents à la séance : Jean Bon Saint-André, Carnot, Prieur, Saint-Just, Robespierre, Hérault, Billaud-Varennes. »

La Fayette, et traîné au tribunal révolutionnaire par les ordres de Robespierre[1].

Deux jeunes Marseillais étaient depuis plusieurs mois à Paris : l'un, Rebecqui, avait été appelé à la barre de l'Assemblée pour rendre compte de sa conduite comme commissaire dans le district de Vaucluse; l'autre, Barbaroux, avait été envoyé par sa ville natale pour veiller à certains intérêts locaux[2]. Ils fréquentaient assidûment le club des Jacobins et les conciliabules secrets du petit appartement de la rue de la Harpe, où Roland était rentré après sa sortie du ministère. En correspondance régulière avec les sociétés populaires, qui avaient expédié la bande des Marseillais, et avec la bande elle-même, pendant les vingt-sept jours qu'elle avait mis à traverser la

---

[1]. Dietrich fut suspendu de ses fonctions de maire de Strasbourg, le 19 août 1792. Il disparut durant plusieurs mois et vint se constituer prisonnier, le 10 novembre. Traîné de prison en prison, pendant près d'un an, il fut traduit au tribunal révolutionnaire, le 8 nivôse an II (28 décembre 1793), et condamné à mort, sur le témoignage de Philibert Simond et d'Euloge Schneider, deux prêtres apostats, les chefs de la démagogie strasbourgeoise; ils devaient eux-mêmes ne pas tarder à suivre leur victime sur l'échafaud.

[2]. Ces deux jeunes gens devaient payer bien cher les rêves insensés dont ils se berçaient alors. Barbaroux, proscrit après le 31 mai, se réfugia à Caen, puis en Bretagne, enfin dans les environs de Bordeaux; pendant treize mois, il eut à supporter le dénûment le plus complet, les tourments de la faim, les angoisses de la proscription; il se tira un coup de pistolet sur le revers d'un fossé, se blessa seulement, fut pris par les agents de Robespierre et transporté à demi mourant à Bordeaux. Il y fut guillotiné le 7 messidor an II, moins de deux ans après le 10 août, moins de cinq semaines avant la chute de ses persécuteurs. Rebecqui, pour échapper aux sicaires du comité de salut public, se noya dans le port de Marseille, en floréal an II.

France, ils furent instruits immédiatement de son arrivée à Charenton, et se rendirent au-devant d'elle, en compagnie de Fournier l'Américain et d'un ancien procureur au Châtelet, fort mêlé depuis longtemps à toutes les menées démagogiques et qui devait bientôt acquérir une effroyable renommée sous le nom de Bourdon (de l'Oise).

Ils s'abouchèrent avec les chefs de la colonne marseillaise. On décida qu'elle entrerait le lendemain dans la capitale, que le faubourg Saint-Antoine tout entier lui ferait escorte et qu'on profiterait de l'occasion pour enlever, de gré ou de force, la déchéance ou la suspension du roi.

Tout était prêt, croyait-on. Santerre avait promis quarante mille hommes de Saint-Antoine et de Saint-Marceau; en passant sur le quai, un millier de patriotes se seraient détachés de la foule, auraient surpris l'Hôtel de Ville, y auraient installé les délégués des sections; un parc d'artillerie de la garde nationale, conduit d'avance sur leur route, serait tombé entre les mains des insurgés; quatre cents citoyens auraient retenu Pétion à la mairie, quatre cents autres auraient arrêté le Directoire du département; des hommes armés auraient occupé tous les ponts et les différents postes de la capitale. Cela fait, l'armée populaire, par trois colonnes, aurait envahi le jardin des Tuileries et la place du Carrousel; le palais n'eût pas été attaqué, mais bloqué; prenant d'un même coup de filet et le roi et l'Assemblée nationale, les chefs révolutionnaires auraient sommé celle-ci de sauver l'État en détrônant celui-là [1].

1. Le plan, écrit au crayon par Barbaroux, fut copié par Fournier l'Américain. *Mémoires de Barbaroux*, p. 48-52.

L'affaire manqua le 30, comme elle avait manqué le 26, à cause de l'absence des auxiliaires sur lesquels on comptait. Soit qu'on eût refusé de le suivre, soit que le cœur lui eût manqué, Santerre n'amena point les quarante mille hommes qu'il avait promis. Les Marseillais, au nombre de cinq cent seize, ne trouvèrent, pour les recevoir, qu'environ deux cents fédérés des départements et deux douzaines de Parisiens armés de piques et de coutelas[1]. Le long du faubourg Saint-Antoine et des boulevards ils rencontrèrent, il est vrai, une assez grande foule, mais très-pacifique. Ils y jetèrent l'épouvante en arrachant les cocardes à rubans que portaient beaucoup d'hommes et de femmes. Les démagogues prétendaient que les vrais patriotes ne devaient porter que des cocardes en laine.

Sur les ruines de la Bastille, les Marseillais furent reçus par un groupe de Jacobins que la société *mère* avait envoyés pour leur faire cortége. On proclama leur chef un Brutus et eux des Scævola, « pour avoir juré de ne pas quitter la capitale sans avoir affermi le trône de la liberté d'une manière inébranlable [2]. »

Ils allèrent ensuite à la mairie acclamer Pétion, prirent quelques instants de repos dans la caserne qui leur avait été préparée (la Nouvelle-France), et enfin se rendirent, sous la conduite de Santerre, à un banquet qui leur était offert par les Jacobins en *général* et spéciale-

---

1. *Mémoires de Barbaroux*, p. 52.
2. *Journal du club des Amis de la Constitution*, séance du 29 juillet.

ment par les gardes nationaux du faubourg Saint-Antoine.

IV

Non loin du cabaret dans lequel les Marseillais entrèrent aux Champs-Élysées vers quatre heures et demie, des grenadiers du bataillon des Filles-Saint-Thomas achevaient un repas de corps chez le traiteur Dubertier[1]. Ces grenadiers étaient particulièrement détestés des émeutiers, parce qu'ils s'étaient, en plus d'une circonstance, montrés les zélés défenseurs de l'ordre et de la Constitution. Au moment de leur sortie du restaurant, les gardes nationaux sont donc entourés par la foule qui venait d'accompagner les Marseillais et stationnait dans les environs ; on leur lance des injures, puis de la boue, puis des pierres. Voulant éviter une lutte inégale, la plupart se retirent par petits groupes ; cependant quelques-uns semblent vouloir résister à tant de violences. Aussitôt un rappel de tambour se fait entendre, les agents de provocation crient : « A nous les Marseillais ! » Ceux-ci sortent de leur cabaret par les portes, par les fenêtres et, sabre au poing, se ruent sur les grenadiers qu'ils dispersent et poursuivent dans toutes les directions. Un jeune agent de change, nommé Duhamel, essaye de se dégager en dirigeant contre les assaillants un pistolet, qui ne part pas. Cette démonstration porte à son comble la rage des Marseillais, ils se jettent sur lui ; le malheureux

---

1. *Journal des Débats et Décrets*, n° 314, p. 13.

jeune homme se précipite dans un café de la rue Saint-Florentin, mais les Marseillais y entrent aussitôt et le percent de mille coups. Des gardes nationaux sont blessés, trois très-dangereusement, douze autres assez grièvement. Quelques-uns ne doivent leur salut qu'à une circonstance fortuite : le pont tournant, qui séparait alors le jardin des Tuileries de la place Louis XV, se trouvait à leur portée, ils le franchissent, le referment derrière eux, traversent le jardin en courant et se réfugient au Château, où des secours leur sont prodigués [2].

1. Les démagogues voulurent voir dans ces diverses circonstances la preuve que la cour avait suscité l'émeute, dans le but de provoquer l'éloignement immédiat des Marseillais. Il fallait porter bien loin l'esprit de parti pour prétendre un instant que les grenadiers des Filles-Saint-Thomas avaient été apostés, à point nommé, afin d'exciter des troubles aux Champs-Élysées. Comment auraient-ils pu l'être ? on ignorait le jour de l'arrivée des Marseillais à Paris ; le repas de corps qui avait lieu chez Dubertier était, au contraire, indiqué depuis plusieurs jours ; d'ailleurs, les grenadiers des Filles-Saint-Thomas étaient tous des gens notables dans leur quartier ; quelques-uns avaient des positions considérables, aucun n'aurait accepté le métier de coupe-jarret ; les vrais, les seuls coupe-jarrets étaient certainement les Marseillais. Que venaient ils faire aux Champs-Élysées, le jour même de leur arrivée ? Ils étaient casernés à la Nouvelle-France (au haut du faubourg Poissonnière), à une lieue de là ; il y avait cent établissements beaucoup plus rapprochés qui auraient pu recevoir les convives de Santerre ; mais on voulait faire peur, on voulait avoir des prétextes de troubles, il fallait aller chercher une occasion de rixes là où on devait espérer la trouver. Pour justifier le guet-apens que l'on disait avoir été tendu aux Marseillais, on déclara le soir même, aux Jacobins, que la reine avait dit à une de ses femmes : « Ne craignez rien, votre mari n'y était pas. » Qui prouve que ce mot ait été prononcé ? Comment supposer que la reine savait par cœur la liste de ceux qui auraient été apostés ? Tout cela est simplement absurde ; le mot eût-il été prononcé,

Dans l'intérieur du Château, comme au dehors, l'alarme fut extrême. On fit mander le maire Pétion qui se rendit aux Champs-Élysées où, naturellement, il ne trouva plus personne. La générale fut battue. Réuni sur la place Favart, le bataillon des Filles-Saint-Thomas voulait se porter en masse à la caserne des Marseillais; on l'en détourna. Quelques grenadiers furent délégués auprès de l'Assemblée nationale, qui, dès l'ouverture de la séance du soir, entendit leurs justes plaintes.

« Nous nous étions réunis pour dîner ensemble, dirent-ils, nulle santé, nul mot n'avait pu donner lieu à calomnier nos intentions. Quel a donc été notre étonnement, en sortant pour revenir dans nos foyers, de nous voir assaillis par une troupe de gens égarés qui, fâchés de nous entendre répondre par les cris de Vive la nation! à ceux qu'ils nous criaient, nous ont couverts d'une grêle de pierres. Cherchant alors à nous rallier, nous avons entendu un rappel, et aussitôt nous avons été attaqués par six cents furieux qui dînaient près de nous. Ils ont fondu sur nous à coups de sabre et de pistolet; plusieurs de nos camarades en ont été victimes, ils sont morts... Ceux qui se sont sauvés ne l'ont dû qu'à leur fermeté ou en adoptant un signe de ralliement *que M. Santerre leur*

comment n'y pas voir seulement une parole, dite au hasard, dans l'intention de rassurer une malheureuse femme qui tremblait pour les jours de son mari? Ce qui écarte l'idée même d'un guet-apens, c'est que les Marseillais étaient plus de cinq cents, sans y comprendre leurs amphytrions; les convives du banquet des Filles-Saint-Thomas étaient au nombre de cent soixante-six. (Voir le *Logographe*, p. 48, XXVIᵉ volume, séance du 1ᵉʳ août.)

indiquait. Nous venons vous demander justice de ces assassins. Les gardes nationales de Paris ont bien su vous défendre jusqu'à présent, n'exigez pas de nous de voir de sang-froid, sous nos yeux, les meurtriers de nos frères [1]. »

La lecture de cette adresse fut interrompue presque à chaque phrase par des cris : *Ce n'est pas vrai!* que proféraient les tribunes au paroxysme de la fureur. Lorsque l'orateur arriva au récit de la mort du garde national Duhamel, un misérable eut l'infamie de s'écrier : « *Tant mieux* [2] ! »

L'Assemblée était profondément indignée; mais la Montagne, depuis plusieurs heures que cette scène de meurtre s'était passée, avait pris le soin de se munir de témoins en sens contraire. Elle les fait immédiatement paraître à la barre pour contre-balancer les témoignages des victimes elles-mêmes. Ils sont trois ! L'un d'eux déclare qu'étant de garde au Château « des grenadiers, barbouillés de boue exprès, sont entrés sans carte chez le roi; » que celui-ci, la reine et les dames d'honneur ont affecté de donner de grands soins aux blessés. Un

---

[1]. Nous avons retrouvé la minute même du discours qui fut prononcé au nom des grenadiers du bataillon des Filles-Saint-Thomas. Cette minute contient une phrase que les rédacteurs jugèrent probablement eux-mêmes trop vive et qu'ils effacèrent. Malgré la surcharge, nous avons pu la lire; elle était ainsi conçue :

« La garde nationale est en armes; elle ne les déposera que lorsque vous aurez délivré la capitale de cette troupe effrénée, égarée, qui menace injustement les citoyens dans leurs personnes et leurs propriétés. »

[2]. Compte rendu du *Moniteur*, p. 904.

autre raconte qu'il a menacé de sabrer un grenadier qui disait tout haut que les Marseillais étaient des brigands; qu'il l'a conduit à l'état-major, mais qu'on l'y a fait relâcher. Le troisième ajoute : « Je préviens l'Assemblée qu'on doit lui apporter un corps mort; on lui dira que c'est une victime des Marseillais, ceux qui l'apporteront veulent commencer la contre-révolution [1]. » Dans ce dernier fait, il y avait cela de vrai que Mathieu Dumas, qui avait eu deux parents blessés aux Champs-Élysées, avait proposé aux gardes nationaux des Filles-Saint-Thomas d'aller chercher le cadavre du malheureux Duhamel au café de la rue Saint-Florentin et de le porter au sein de l'Assemblée [2].

Mais avant que Dumas ait pu prendre la parole pour préparer cette scène tragique, le montagnard Gaston se présente à la tribune et raconte à sa manière les faits dont il a été témoin. Il a vu les Marseillais prendre un repas frugal; il a entendu des officiers de la garde nationale crier : « Vive le roi, vive la reine, vive La Fayette ! » On a dit qu'ils avaient aussi crié : « A bas la nation ! » il ne l'a pas entendu. Une querelle s'étant engagée entre les officiers et les Marseillais sur les cris que les uns proféraient et sur ceux que les autres voulaient leur imposer, les Marseillais ont franchi les fossés comme des lions, et ont tiré leurs sabres; « c'était un spectacle imposant; » mais lui, Gaston, il est intervenu et a empêché la mêlée de devenir sanglante. Par

---

[1]. *Logographe*, p. 428, XXVᵉ volume.
[2]. *Souvenirs de Mathieu Dumas*, t. II, p. 418-419.

malheur, vers la rue Saint-Florentin, un grenadier a de nouveau provoqué les Marseillais, qui cheminaient tranquillement formés en bataillon carré; ceux-ci n'ont pu se contenir, et « il a vu leurs sabres tomber sur lui! »

A ces mots, dont il est impossible de ne pas admirer l'euphémisme pour expliquer un meurtre abominable, une partie des tribunes applaudit; l'Assemblée se contente de passer à l'ordre du jour, sous prétexte que la justice seule est compétente pour connaître de toute cette affaire.

La nuit ne fut pas troublée, mais durant toute la journée du lendemain, on eut des craintes très-vives aux Tuileries [1]. Les meneurs, qui déjà avaient manqué leur coup deux fois, paraissaient vouloir profiter de la sur-

---

1. Voici deux billets qui prouvent les inquiétudes que l'on eut au château et à l'état-major de la garde nationale dans la journée du 31.

« Paris, le 31 juillet.

« *Au maire de Paris.*

« Le roi me charge, Monsieur, de vous inviter à vous rendre à une heure auprès de lui, pour concerter les mesures nécessaires au maintien de la tranquillité publique.

« Le ministre de l'intérieur,

« *Signé :* Champion. »

« GARDE NATIONALE PARISIENNE, ÉTAT-MAJOR GÉNÉRAL.

« *Au maire de Paris.*

« Je viens d'apprendre, Monsieur, que l'intention pour les rassemblements, s'ils ont lieu, est de faire battre la générale dans le faubourg Saint-Antoine, à quatre heures du matin. Si cela avait lieu, je pense que je dois être autorisé à la faire battre de mon côté. J'enverrai de bonne heure au faubourg pour m'en assurer; je vous de-

excitation des esprits pour brusquer l'insurrection ; on parlait de faire battre la générale ; mais, comme les précautions de l'autorité paraissaient prises et que les préparatifs insurrectionnels n'étaient pas complets, l'affaire fut encore remise.

V

Aux séances du 31 juillet et du 1ᵉʳ août, de nouvelles députations de gardes nationaux viennent se plaindre des infâmes agressions dont leurs camarades ont été victimes ; mais ces plaintes sont accueillies par les vociférations des tribunes. Une partie de l'Assemblée se lève, indignée de tant d'audace. Dumolard s'écrie : « Entendez-vous les hurlements de ces cannibales ? » — « Rappelez-leur, ajoute Leroy, que des Français ont péri hier par la main de leurs frères. »

Guadet vient, au nom de la commission extraordinaire, faire un rapport sur les pétitions contradictoires présentées pour et contre le départ des Marseillais. Il déclare qu'il serait vraiment dérisoire d'envoyer en ce moment à Soissons les fédérés de Marseille, puisque l'on apprend, par une lettre de la municipalité, que rien n'est encore prêt au camp, et que les volontaires qui s'y

---

mande votre réquisition pour ce cas-là. J'ai pris mes précautions, suivant ce que vous m'avez dit aujourd'hui, pour le Château. J'attends votre réponse par le porteur.

« Le commandant général,

« *Signé* : Mandat. »

trouvent manquent de tentes, d'armes, d'habits, de linge et de vivres.

La gauche prend texte du rapport de Guadet pour accuser le ministre d'impéritie et de trahison; la droite demande que l'on s'occupe de renvoyer de Paris le bataillon qui a signalé son arrivée par de si effroyables désordres. On décide l'envoi à Soissons de trois commissaires chargés de vérifier les faits [1], et toute la satisfaction que l'on donne aux malheureuses victimes des brutalités des Marseillais est une vaine et froide proclamation que Lacépède lit au nom de la commission extraordinaire. La représentation nationale, s'élevant contre « les agents de discorde, » y prêche l'union aux fédérés et aux gardes nationaux.

Se voyant assurés de l'impunité, les Marseillais payent d'audace et viennent eux-mêmes (séance du 2 août au soir), par un singulier renversement de tous les rôles, demander vengeance contre leurs adversaires et notifier officiellement leur arrivée à l'Assemblée.

Leur orateur commence ainsi : « Nous venons au nombre de cinq cents acquitter le serment des citoyens de Marseille de combattre pour la liberté... Le nom de Louis XVI ne nous rappelle que des idées de trahison. Hâtez-vous de prononcer une déchéance mille fois encourue. On nous dit de voler à la frontière; mais La Fayette commande encore à l'armée, et des citoyens libres sont-ils donc faits pour obéir au perfide esclave de

---

[1]. Ces commissaires étaient Gasparin, Lacombe Saint-Michel et Carnot l'aîné, tous trois appartenant à l'armée.

la Cour? La patrie trouvera parmi nous des vengeurs, La Fayette n'y trouvera pas de soldats ! »

L'orateur se plaint ensuite des soins qui ont été donnés aux adversaires des Marseillais par les familiers du Château ; il s'indigne des poursuites qui viennent d'être ordonnées par le pouvoir exécutif. « Eh bien, que cette procédure s'instruise, s'écrie-t-il, nous resterons en otage à Paris jusqu'à ce qu'elle soit terminée. Nous demandons à être appelés à garder les représentants du peuple, car nous y avons autant de droit que les grenadiers des Filles-Saint-Thomas, dont le roi vient de se faire le défenseur officieux [1]. »

La gauche applaudit, demande l'impression du discours des Marseillais et l'envoi dans les quatre-vingt-trois départements. Laporte (du Haut-Rhin) profite de cette occasion pour affirmer que c'est la liste civile qui a payé le dîner des grenadiers. En vain Girardin veut appeler la pitié de l'Assemblée sur la famille du jeune Duhamel, qui laisse deux enfants et une femme enceinte. On lui répond que Duhamel était un agent de Coblentz, qu'on a trouvé dans ses poches des correspondances compromettantes ; mais on se garde bien de les produire et, malgré l'insistance de Girardin, l'Assemblée passe à l'ordre du jour et ordonne l'impression de la pétition des Marseillais.

Cette scène tumultueuse venait de se terminer, la séance avait été levée et déjà les bancs s'étaient fort dégarnis ; il était onze heures du soir. Tout à coup se produit une autre scène, qui donne une idée de l'émotion

---

[1]. *Logographe*, p. 79, vol. XXVI.

fiévreuse qu'une multitude de bruits absurdes entretenaient dans la population parisienne.

Une foule d'hommes et de femmes envahit la barre, criant : « On empoisonne nos frères! vengeance! vengeance! » La réouverture de la séance est réclamée, mais, parmi les députés qui étaient encore présents, il n'y en avait aucun qui eût le droit légal de présider[1]. Les pétitionnaires vomissent mille injures contre les traîtres qui refusent de les entendre; la gauche elle-même, par l'organe de Lasource, est obligée de les rappeler au calme. Enfin un ex-président, Vergniaud, paraît, et les pétitionnaires peuvent dénoncer avec des frémissements, des hurlements de rage, le crime horrible commis à Soissons contre les fédérés. Leur indignation éclate par phrases entrecoupées : « On a mis du verre dans le pain des volontaires! On a voulu empoisonner nos défenseurs, nos amis, nos frères, nos pères, nos enfants. Les uns sont morts, les autres sont malades dans les hôpitaux[2]. Il n'y a que les aristocrates qui aient pu commettre un crime aussi effroyable. Qu'ils se déclarent donc, les lâches homicides, et nous les combattrons! Ah! si nous n'avions pas eu tant de patience! si, dès le commencement de la révolution, nous les avions exterminés jusqu'au dernier, la révolution serait achevée et la patrie ne serait pas en danger. Mais vous, représentants du peuple, vous en

---

[1]. Les anciens présidents étaient seuls revêtus du droit de remplacer en cas d'absence le président en exercice.

[2]. On disait que cent soixante-dix volontaires étaient morts empoisonnés, que sept cents autres étaient à l'hôpital. Voir le discours de Lasource, p. 117, *Journal des Débats et Décrets*.

qui seuls nous pouvons encore avoir confiance, nous abandonnerez-vous?... Si nous ne comptions pas sur vous, nous ne répondrions pas des excès auxquels notre désespoir pourrait nous porter... C'est à vous que nous demandons vengeance, et nous l'attendons de vous. »

« Oui, oui, vous l'aurez, s'écrie la Montagne. »

Le président répond : « Citoyens, l'Assemblée partage votre douleur ; les expressions de votre désespoir ont été jusqu'à son cœur. » Il rappelle que des commissaires, sur le patriotisme desquels on peut compter, ont été envoyés à Soissons, et annonce que la délibération, ne pouvant être valable à cause de l'insuffisance du nombre des députés présents, sera reprise le lendemain. « Le crime est atroce, reprend Thuriot, il faut que la vengeance soit prompte. Je demande que l'on envoie sur-le-champ un courrier à nos trois commissaires, pour avoir une connaissance précise du fait. »

Cette motion adoptée, Vergniaud lève la séance, et la foule s'écoule en faisant entendre ses menaces habituelles.

Le lendemain, une lettre des commissaires de l'Assemblée donnait, sur le fameux empoisonnement, les plus minutieux détails. « Si du verre s'est, en effet, trouvé dans le pain des fédérés, la malveillance y est restée complétement étrangère. La manutention avait été établie par négligence dans un des bas côtés d'une église, dont les murs et les vitraux tombaient en ruine ; des enfants s'étaient amusés à jeter des pierres, et des débris de verre étaient tombés dans le pain sans que les boulangers s'en fussent aperçus. Du reste, le mal avait été sans résultat. Le pain avait été jeté avant le repas des fédérés, et aucun de ceux-ci n'avait éprouvé le moindre mal. »

Lasource qui, la veille, avait été le premier à demander vengeance de l'attentat imaginaire, profita de l'occasion pour déclamer une fois de plus « contre ceux qui agitaient le peuple, et cherchaient à exciter un mouvement que la cour désirait depuis longtemps. » C'était, il faut en convenir, se retourner avec habileté. L'incident n'eut naturellement aucune suite, et l'enquête ordonnée pour rechercher les auteurs de ces faux bruits fut sans résultat.

VI

Tout était trouble, anarchie, confusion dans l'Assemblée, à Paris, dans la France entière. Des désordres graves éclataient de toutes parts. Le Poitou et les provinces environnantes s'agitaient sous la double menace de la proscription de leurs prêtres et de la réquisition de leurs enfants. Dans les montagnes de la Lozère, Dussaillant, officier du régiment de Cambrésis, après s'être échappé de Perpignan, où il avait compromis dans une espèce d'échauffourée une grande partie des officiers de son régiment, s'était jeté dans le château de Bannes et avait convoqué les habitants des Cévennes pour former un camp à Jalès. Les gardes nationaux des départements environnants avaient, il est vrai, suffi pour dissiper ce commencement de guerre civile, mais les ferments existaient toujours, et l'incendie, un moment éteint, menaçait de se rallumer sur vingt points différents.

En ce moment, parut le fameux manifeste du duc de Brunswick. Cet acte était intitulé :

« *Déclaration de S. A. S. le duc régnant de Bruns-*
« *wick-Lunebourg, commandant des armées combinées*
« *de LL. MM. l'empereur et le roi de Prusse, adressée*
« *aux habitants de la France.* »

Si ce manifeste s'était borné à exposer les griefs que la Confédération germanique croyait avoir contre la France : les droits des princes en Alsace et en Lorraine méconnus, certaines possessions de l'empire menacées, les provinces belgiques envahies, il eût ressemblé à tous les manifestes de guerre. Mais le généralissime des armées royales et impériales s'arrogeait le droit d'intervenir dans les affaires intérieures de la France, et déterminait ainsi le but que se proposaient les rois coalisés : « Faire cesser l'anarchie en France, arrêter les attaques portées contre le trône et l'autel, rétablir le pouvoir légal, rendre au roi la sûreté et la liberté dont il était privé et le mettre en état d'exercer l'autorité légitime qui lui était due. » En conséquence, l'empereur et le roi de Prusse ordonnaient aux populations françaises de « retourner sans délai aux voies de la raison et de la justice, de l'ordre et de la paix » ; et, par l'organe de leur général en chef, déclaraient : « 1° ne point faire la guerre pour conquérir ; 2° vouloir uniquement délivrer le roi, la reine et leurs parents captifs, et mettre sa majesté très-chrétienne à même de travailler *à son gré* au bonheur de ses sujets ; 3° assurer la protection des armées combinées à tous ceux qui *se soumettraient au roi;* 4° traiter en ennemis et punir comme *rebelles à leur roi,* comme *perturbateurs du repos public,* ceux des gardes nationaux qui auraient combattu contre les troupes des deux cours alliées et qui seraient pris les armes à la main; 5° exiger la soumission immédiate des généraux, officiers, sous-officiers et soldats ; 6° rendre responsables, sur leurs têtes et leurs biens, les membres des départements, districts et municipalités, de tous les délits qu'ils laisseraient commettre ou ne se seraient pas notoirement efforcés d'empêcher; 7° punir dans leurs personnes, selon les lois de la guerre, jusqu'à la destruction par le fer et le feu de leurs maisons, *les habitants des villes, bourgs et villages qui oseraient se défendre;* 8° commander à la ville de Paris de se soumettre sur-le-champ et sans délai au roi...; rendre personnellement responsables de tous les événements, sur leurs têtes, pour être jugés militairement sans espoir de pardon, tous les membres de l'Assemblée nationale, du département, du district, de la municipalité et de la garde nationale de Paris, et tous autres qu'il appartiendrait ; jurant, en outre, sur leur foi et parole *d'empereur et de roi,* que si le château des Tuileries était forcé ou insulté, *que s'il était fait la moindre violence, le moindre outrage* à LL. MM. le roi, la reine et la famille royale, s'il n'était pas pourvu immédiatement à leur sûreté, *elles en tireraient une vengeance exemplaire et à jamais mémorable,* en livrant la ville de Paris à une *exécution militaire* et à une *subversion totale*[1]. »

1. Voir le texte même de cette importante déclaration dans l'*His-*

Le duc de Brunswick refusa, dit-on, pendant plusieurs jours, de mettre son nom au bas de cet insigne monument de folie[1].

Les rédacteurs du manifeste avaient, peut-être sans le savoir, fourni un terrible argument aux implacables accusateurs qui devaient envoyer Louis XVI, et plus tard Marie-Antoinette, à l'échafaud. On a été, il est vrai, jusqu'à soutenir que plusieurs de ceux qui conduisaient les affaires de l'émigration se préoccupaient plus de la régence du comte de Provence que de la vie de l'infortuné monarque, et donnaient à entendre que le principe monarchique se relèverait plus fort dans le cœur des Français s'il était régénéré par un baptême de sang. La reine n'avait-elle pas elle-même à Coblentz de puissants ennemis : ces courtisans ambitieux et coupables qui l'avaient naguère poursuivie de leurs calomnies et qui

---

toire parlementaire, t. XVI, p. 276, et dans le deuxième volume de *l'Histoire de la Révolution*, par M. Thiers.

1. L'un des plus fermes défenseurs de la monarchie constitutionnelle, l'un des plus courageux orateurs de la droite de l'Assemblée législative, Matthieu Dumas, a nommé le manifeste du duc de Brunswick « l'acte le plus impolitique que l'orgueil et l'ignorance aient jamais dicté, véritable fratricide des princes français émigrés envers Louis XVI et sa famille. » Car, ajoute-t-il, « dans l'état de fermentation où était toute la France, et surtout la capitale, après la déclaration de guerre, faire un appel à la minorité ennemie de la révolution, la considérer comme la partie saine de la nation, se présenter comme auxiliaires dans la guerre civile, c'était évidemment compromettre le roi, l'accuser de complicité, justifier les calomnies que le parti constitutionnel avait constamment démenties ; enfin c'était faire surgir et appeler à la défense de la patrie tout ce qui portait un cœur français. » (*Souvenirs*, t. II, p. 426-427).

voyaient aujourd'hui en elle un obstacle à leur retour triomphal, soit comme conseillers du faible Louis XVI, soit comme chefs d'un conseil de régence, si le roi périssait dans la tourmente révolutionnaire? Mais de pareilles assertions veulent être prouvées, et celles-ci sont restées à l'état de rumeurs.

Quoi qu'il en soit, la masse des émigrés n'était et ne pouvait être initiée à tout ce machiavélisme des cours; la plupart ne s'inquiétaient que de la restauration de leurs priviléges et de la punition de ceux qui avaient osé les leur ravir. Sous l'empire d'illusions étranges, fruits ordinaires de l'émigration, ils répétaient sans cesse à leurs alliés qu'ils n'auraient besoin que de se présenter pour se faire ouvrir les portes de toutes les places qui se trouvaient entre la frontière et Paris.

La plus plausible explication de leur conduite, c'est qu'ils n'étaient pas de leur temps. Ils se croyaient encore à l'époque des croisades et envoyaient des quenouilles aux retardataires; ils en étaient au moins aux idées de la Ligue et de la Fronde, et s'étayaient de l'exemple de Guise, de Turenne et de Condé, qui, eux aussi, n'avaient pas hésité, pour venger leurs querelles particulières, à attirer l'étranger au sein de leur patrie.

Louis XVI et la reine elle-même avaient vu avec douleur l'émigration prendre depuis quelque temps d'immenses proportions[1]. Ils avaient cherché à retenir les

---

[1]. Dans ses correspondances les plus intimes, la reine ne cessait de se plaindre des émigrés avec une très-vive amertume. Nous trouvons ces plaintes exprimées dans deux lettres, écrites les 16 et 24 août 1791, au comte de Mercy-Argenteau, l'ambassadeur et le confident de l'em-

fidèles serviteurs qui leur demandaient conseil[1]; ils ne cessaient d'envoyer des affidés auprès de leurs amis les

pereur Léopold, et sur l'authenticité desquelles le moindre doute ne peut subsister. Elles furent déposées aux archives secrètes de Vienne, puis, par un des plus bizarres caprices du sort, rapportées en France par ordre de celui qui, douze ans après les événements que nous racontons, occupait le trône de Louis XVI, faisait camper son armée dans les jardins de Schœnbrun et devait épouser la propre nièce de Marie-Antoinette.

Voici les passages les plus significatifs de ces deux lettres, dont nous avons tenu les originaux entre les mains :

« 16 août 1791.

« ...... Nous retomberions, sous les agents des princes et des émigrants, dans un esclavage nouveau et pire que le premier, puisque ayant l'air de leur devoir quelque chose, nous ne pourrions pas nous en tirer; ils nous le prouvent déjà en refusant de s'entendre avec les personnes qui ont notre confiance, sous le prétexte qu'elles n'ont pas la leur, tandis qu'ils veulent nous forcer de nous livrer à M. de Calonne, qui sous tous les rapports ne peut pas nous convenir, et qui, je crains bien, ne suit en tout ceci que son ambition, ses haines particulières et sa légèreté ordinaire, en croyant *toujours possible et fait* tout ce qu'il désire. Je crois même qu'il ne peut que faire tort à mes deux frères, qui, s'ils n'agissaient que d'après leur cœur seul, seraient sûrement parfaits pour nous..... »

« 21 août 1791.

« ..... Vous connaissez par vous-même les mauvais propos et les mauvaises intentions des émigrants; les lâches, après nous avoir abandonnés, veulent exiger que seuls nous nous exposions, et seuls nous servions tous leurs intérêts. Je n'accuse pas les frères du roi; je crois leur cœur et leurs intentions pures; mais ils sont entourés et menés par des ambitieux qui les perdront après nous avoir perdus les premiers. »

1. Voir les *Mémoires* de Mme de La Rochejacquelein et sa vie, par M. Nettement.

plus intimes déjà partis, pour leur recommander la prudence et l'abstention. Non-seulement Louis XVI avait dans des proclamations ordonné aux officiers de rester à leur poste, mais il avait encore écrit à ses frères des lettres confidentielles, les adjurant de se tenir tranquilles; ceux-ci n'y avaient eu aucun égard, déclarant qu'ils les considéraient comme arrachées par la contrainte à un roi captif de ses sujets[1].

En vain l'Assemblée constituante et, après elle, l'Assemblée législative avaient-elles accumulé contre l'émigration toutes les foudres de leurs décrets; en vain la Législative avait-elle lancé contre Monsieur, frère du roi, une dernière sommation[2]; en vain l'avait-elle

---

1. Dès le 13 octobre 1791, Louis XVI avait fait publier une lettre aux commandants des ports, dans laquelle il protestait de son respect pour la constitution, adjurait les officiers de marine de ne point émigrer, et faisait sommation de rentrer à ceux qui étaient partis. Le lendemain, il adressa une lettre dans le même sens aux officiers généraux commandant les troupes de terre. Enfin, dans une proclamation spéciale il ordonnait « aux Français qui avaient abandonné leur patrie d'y revenir au plus vite. Il n'y a de véritable honneur, disait-il, qu'à servir son pays et à défendre les lois. » (*Histoire parlementaire*, t. XII, p. 157, 158 et 161.)

2. Cette sommation était ainsi conçue :

« Louis-Stanislas-Xavier, prince royal, l'Assemblée nationale vous requiert, en vertu de la constitution française, titre III, chapitre II, section III, numéro 2, de rentrer dans le royaume dans le délai de deux mois; faute de quoi vous serez censé avoir abdiqué votre droit éventuel à la régence. »

Les journaux royalistes, qui maniaient admirablement la plaisanterie, mais qui ne faisaient qu'irriter leurs adversaires par de continuels coups d'épingles, parodièrent ainsi cette sommation :

« Gens de l'Assemblée française, se disant nationale, la saine rai-

traduit devant la haute cour nationale comme criminel de lèse-nation au premier chef. Les bravades et les jactances des meneurs de l'émigration n'avaient fait qu'augmenter. Ils étaient arrivés, du reste, à leurs fins ; ils avaient fait déclarer, par l'Europe en armes, une guerre à mort à la révolution française. L'acte signé par le duc de Brunswick avait été évidemment écrit sous leur dictée.

VII

Louis XVI, qui avait reçu le premier exemplaire du manifeste le 28 juillet (il était daté de Coblentz, le 25), hésita plusieurs jours sur la conduite qu'il tiendrait en des conjonctures aussi difficiles. Devait-il rompre énergiquement avec ses terribles amis de l'émigration qui n'avaient voulu écouter aucun de ses ordres, aucune de ses prières et, suivant le conseil qui lui était donné par Dejoly, ministre de la justice, se présenter lui-même au sein de l'Assemblée, y désavouer hautement les potentats étrangers qui se faisaient les vengeurs de ses querelles et prétendaient envahir son royaume en son nom et pour le rétablissement de son autorité? Mais d'autres ministres, appuyés par

son vous requiert en vertu du titre 1er, chapitre 1er, section 1re des lois imprescriptibles du sens commun, de rentrer en vous-mêmes dans le délai de deux mois, à compter de ce jour ; faute de quoi vous serez censés avoir abdiqué votre droit à la qualité d'êtres raisonnables et ne serez plus considérés que comme des enragés dignes des petites-maisons. »

la reine, s'opposèrent à cette proposition, donnant pour motif que la majesté royale ne pouvait s'exposer aux huées des tribunes. Louis XVI se contenta donc d'envoyer, le 3 août, un message à l'Assemblée dans lequel il lui donnait connaissance du manifeste du duc de Brunswick, tout en émettant des doutes sur son authenticité; car il n'en avait pas encore reçu la communication officielle[1].

« J'ai porté sur le trône des sentiments pacifiques, était-il dit dans ce message; mes anciens ministres savent

---

1. Dejoly crut devoir, à la suite du conseil de cabinet où il avait proposé l'avis qui n'avait pas prévalu, offrir sa démission à Louis XVI dans une lettre que nous avons retrouvée.

« Paris, ce 3 août 1792, l'an IV de la liberté.

« Sire,

« Permettez, souffrez, je vous le demande en grâce, que je me retire; j'ai vu tous les maux dont nous sommes menacés, je vous les ai présentés avec toute la force, avec tout le courage qui doivent animer un ami zélé de l'ordre et de la liberté.

« Vous m'avez rendu justice, vous avez entendu mes observations, vous les avez écoutées avec intérêt, vous avez paru les goûter; j'ai vu plusieurs fois le moment où vous alliez les adopter, mais mon espérance a toujours été déçue; vous êtes sur le bord du précipice, vous le savez, c'est de vous-même que nous tenons la plupart des détails effrayants qui nécessitent les plus grandes mesures; et Votre Majesté reste immobile, et la reine n'en craint pas les redoutables effets, et les personnes dont Votre Majesté est entourée ne sont pas effrayées elles-mêmes du danger imminent qu'elles vous voient courir.

« Sire, ils sont bien coupables, bien pervers, ceux qui continuent à vous éloigner du peuple; on ne cesse de vous le présenter comme votre plus cruel ennemi; sans doute il est irrité, mais il est facile de

quels efforts j'ai faits pour éviter la guerre... Mais j'ai cédé à l'avis unanime de mon conseil, au vœu manifeste d'une grande partie de la nation et plusieurs fois exprimé par l'Assemblée nationale. La guerre déclarée, je n'ai négligé aucun moyen d'en assurer le succès. »

Ces premières phrases éveillent les colères de la gauche.

« J'ai accepté la constitution ; la majorité de la nation la désirait, j'ai vu qu'elle y plaçait son bonheur, et ce bonheur fait l'unique occupation de ma vie ; depuis ce moment, je me suis fait une loi d'y être fidèle... »

Nouvelles rumeurs.

« Jamais on ne me verra composer sur la gloire ou les intérêts de la nation, recevoir la loi des étrangers ou celle d'un parti... Je maintiendrai jusqu'à mon dernier soupir l'indépendance nationale... »

L'Assemblée reste muette ; elle reste muette encore en entendant parler des dangers personnels du roi, et aucune

---

l'apaiser ; et que sont tous les sacrifices que je vous propose en comparaison de la gloire dont vous pouvez vous couvrir, du bonheur que vous pouvez assurer à tous les Français?

« Daignez, sire, y réfléchir ; les moments pressent, les événements s'accumulent, quelques jours encore et peut-être votre volonté sera-t-elle impuissante.

« Sire, pardonnez au dernier effort d'un ministre qui voudrait contribuer à votre bonheur, au bonheur, au repos de son pays ; agréez les propositions qu'il vous a faites ; essayez-en au moins une partie ; jugez des unes par l'effet que les autres produiront. Sire, il y va de votre couronne, peut-être de votre existence ; il y va du bonheur de la France.

« Ces grandes considérations méritent bien que vous vous écartiez de la marche que vos conseils vous ont fait suivre jusqu'à ce jour... Je vous réitère la prière la plus instante de me faire remplacer. »

voix ne répond avec sympathie, lorsque le monarque paraît implorer de l'amour de son peuple « la plus légère marque de retour[1]. »

Quelques membres de la droite réclament l'impression, l'envoi aux quatre-vingt-trois départements et à l'armée, honneurs que l'on accordait si souvent à la moindre pétition ; mais Lacroix, Ducos, Isnard se lèvent successivement pour demander que l'écrit royal soit purement et simplement renvoyé à la commission extraordinaire.

« Qu'a fait le roi, s'écrie Isnard, pour arrêter le plan de contre-révolution qui couvre la France et se ramifie dans les cours étrangères? Rien. — Pour qui s'arment les cours? Pour lui. — Que nous demandent-elles? De rétablir son autorité absolue, son despotisme. » Après ce virulent exorde, le fougueux girondin accuse successivement le roi de protéger la noblesse factieuse, d'entretenir dans sa chapelle les prêtres les plus rebelles, de s'être refusé durant deux mois à sévir contre les émigrés, contre les traîtres de l'extérieur et de l'intérieur ; d'avoir soutenu les corps administratifs violant la constitution ; d'avoir laissé une armée et son chef délibérer ; d'avoir chassé les ministres estimables, de désorganiser l'État en ne complétant point son cabinet et en en changeant sans cesse les membres ; de n'avoir rien fait contre ses parents, les princes, qui ont provoqué la coalition contre la France.

Continuant sa fiévreuse argumentation, Isnard énu-

---

[1]. Voir au *Moniteur* ce message contre-signé *Bigot-Sainte-Croix*, nommé ministre des affaires étrangères, le 1ᵉʳ août.

mère les griefs de la gauche : la coalition connue depuis plus d'un an et non dénoncée ; aucune démarche pour nous procurer des alliés ; la véritable force de nos armées dissimulée au moment de la guerre; puis, la guerre déclarée, l'armée manquant de tout ; la levée des troupes, l'achat et la fabrication des armes entravés; la désorganisation du camp de Soissons; les plans militaires traîtreusement combinés ; le Brabant abandonné, incendié même par nos troupes.

« Enfin, s'écrie en terminant le représentant du Var, on dirait que le roi des Français venge par les flammes la cour de Vienne de l'insurrection belgique, et que le roi de Hongrie venge par le fer la cour des Tuileries de l'insurrection française.

« Voilà, messieurs, des faits qui contrastent entièrement avec la lettre du roi, et s'opposent à son impression. »

VIII

Isnard, en lançant cette ardente philippique, voulait probablement préparer l'Assemblée au coup de théâtre que Pétion, à la tête d'une nombreuse députation, devait, suivant ses promesses, venir mettre à exécution au jour et à l'heure convenus.

En effet, à peine l'orateur est-il descendu de la tribune, que le maire de Paris paraît à la barre pour lire la pétition qui, depuis trois jours, s'élaborait à l'Hôtel-de-Ville dans un sanhédrin démagogique, présidé par Collot-d'Herbois, et composé des commissaires des quarante-huit sections munis de pouvoirs plus ou moins réguliers.

Les pétitionnaires [1] dénonçaient à l'Assemblée le chef

1. Nous donnons à la fin de ce volume le procès-verbal rédigé par les individus qui se présentèrent à l'Hôtel-de-Ville comme commissaires de quarante-sept sections sur quarante-huit. Il y eut généralement trois commissaires par sections. Nous retrouvons parmi eux plusieurs de ceux qui composèrent la commune insurrectionnelle du 10 août; on leur avait appris le chemin de l'Hôtel-de-Ville le 3 août, ils le reprirent sept jours après.

Danton et Robespierre y brillent par leur absence; mais ils y sont représentés, le premier par ses amis, le boucher Legendre et le poëte Fabre d'Églantine; le second par Lhuillier, le président de la section Mauconseil, l'un de ses partisans les plus zélés. On y voit figurer, pour la section du Luxembourg, Pache, le futur ministre jacobin, alors le confident de Roland; pour celle des Lombards, J.-B. Louvet, autre intime du même cénacle; pour l'Oratoire, Hassenfratz, celui qui devait venir, le 2 juin 1793, demander, au nom du principe invoqué le 3 août 1792 par les Girondins, la proscription de ceux-ci; pour la Bibliothèque, Collot-d'Herbois et Marie-Joseph Chénier, que nous verrons désavoués dans un instant par leur propre section; pour les Gravilliers, Léonard Bourdon, alors maître d'école et qui devint l'un des proconsuls les plus sanguinaires de la Convention; pour le Jardin des Plantes, Henriot, le futur commandant général des sections armées; pour l'île Saint-Louis, Coffinhal, le futur président du tribunal révolutionnaire; pour la place Royale, Tallien, et, pour les Quinze-Vingts, Huguenin, les futurs secrétaire et président de la commune insurrectionnelle. Le reste ne vaut pas l'honneur d'être nommé; ce n'était, suivant la belle expression de Corneille applicable aux conspirateurs de tous les temps « qu'un tas d'hommes perdus de dettes et de crimes, » qui devaient figurer sous le règne de la Terreur comme jurés du tribunal révolutionnaire, membres du département ou de la commune, administrateurs de toute espèce. Le personnel de ces Jacobins émérites n'était pas très-nombreux. Au nom de leur patriotisme éprouvé, ils accaparaient toutes les places; la guillotine seule éclaircissait de temps en temps leurs rangs.

du pouvoir exécutif, et demandaient sa déchéance. « Le peuple a sans doute le droit d'être indigné contre lui; mais le langage de la colère ne convient pas aux hommes forts. Contraints par Louis XVI à l'accuser devant vous et devant la France entière, nous l'accuserons sans amertume comme sans ménagements pusillanimes... Les passions les plus respectables doivent se taire quand il s'agit de sauver l'État. »

Suivait l'énumération des trahisons du monarque, des bienfaits dont la nation l'avait comblé et qui avaient tourné contre elle; des dangers intérieurs et extérieurs, suscités par les royalistes.

« Louis XVI a séparé ses intérêts de ceux de la nation, nous les séparons comme lui. Loin de s'être opposé par aucun acte formel aux ennemis du dehors et de l'intérieur, sa conduite est un acte formel et perpétuel de désobéissance à la constitution. Tant que nous aurons un roi semblable, la liberté ne peut s'affermir, et nous voulons demeurer libres. *Par un reste d'indulgence, nous aurions désiré pouvoir vous demander la suspension de Louis XVI tant qu'existe le danger de la patrie*; mais la constitution s'y oppose. Louis XVI invoque sans cesse la constitution; nous l'invoquons à notre tour et nous demandons sa déchéance.

« Cette grande mesure une fois portée, comme il est *très-douteux que la nation puisse avoir confiance* en la dynastie actuelle, nous demandons que des ministres solidairement responsables, nommés par l'Assemblée nationale, mais hors de son sein suivant la loi constitutionnelle, nommés par le scrutin des hommes libres, à haute voix, exercent provisoirement le pouvoir exécutif, en attendant que la volonté du peuple, notre souverain et le vôtre, se soit largement prononcée dans une convention nationale, *aussitôt que la sûreté de l'État pourra le permettre*[1]. »

L'Assemblée avait entendu avec une certaine impatience Pétion et les délégués des sections lui donner des conseils ou plutôt des ordres. Elle renvoya donc leur adresse à la commission extraordinaire sans discussion aucune et leva la séance.

Cette manière de procéder, à l'égard d'une pétition si laborieusement élaborée par la plus grande partie des principaux adeptes que la démagogie comptait dans Paris, ne plut que très-médiocrement aux jacobins. Le soir même, à la séance du club, on dénonça l'attitude de l'Assemblée comme une insulte faite à la commune et aux pétitionnaires.

IX

Le mécontentement des révolutionnaires parisiens fut plus vif encore, leurs récriminations furent plus ardentes lorsqu'ils apprirent que l'Assemblée venait de casser un arrêté de la section Mauconseil, qui avait apporté un nouveau ferment de discorde dans une querelle déjà si envenimée.

Bien que cette section eût été des premières à envoyer

---

[1]. Cette pétition se trouve *in extenso* dans le *Moniteur* ; elle a été reproduite dans l'*Histoire parlementaire*, t. XVI, p. 345.

ses commissaires à l'Hôtel-de-Ville et qu'elle eût ainsi coopéré à la rédaction de l'adresse collective apportée par Pétion à la barre de l'Assemblée, elle avait tenu à se signaler par un coup d'audace et avait publié l'arrêté suivant [1] :

« ...Considérant qu'il est impossible de sauver la liberté par la constitution..., qu'on ne peut reconnaître la constitution comme l'expression de la volonté générale..., que Louis XVI a perdu la confiance de la nation... ;

« Déclare en conséquence, de la manière la plus authentique et la plus solennelle, à tous ses frères qu'elle ne reconnaît plus Louis XVI pour roi des Français ; déclare qu'en renouvelant le serment si cher à son cœur, de vivre et de mourir libre et d'être fidèle à la nation, elle abjure le surplus de ses serments comme surpris à la foi publique ;

« Arrête aussi que, dimanche prochain 5 août, elle se portera tout entière à l'Assemblée nationale pour lui notifier cette déclaration, et que, selon ce que décidera l'Assemblée, elle agira, étant prête à s'ensevelir sous les ruines de la liberté plutôt que de souscrire au despotisme des rois ;

1. Cet arrêté, dans son préambule, énonçait qu'il avait été pris par six cents citoyens réunis pour délibérer sur les dangers de la patrie. La section Mauconseil était composée de dix-sept cents citoyens actifs ; ainsi, en supposant même que le nombre de six cents, indiqué dans le préambule, fût exact, et il est à croire qu'il était fort exagéré comme cela arrivait presque toujours, l'arrêté n'avait été pris qu'en présence du tiers seulement des citoyens ayant le droit de voter.

« Arrête enfin qu'elle invitera les quarante-sept autres sections et toutes les communes du département de Paris à adhérer à sa déclaration et à se réunir à elle, le 5 août, à onze heures du matin, pour la présenter au sein du Corps législatif. »

Cet arrêté était accompagné d'une adresse à tous les citoyens de Paris, dans laquelle les vers se mêlaient plus ou moins agréablement à la prose; car, nous aurons à le constater plus d'une fois, les révolutionnaires de cette époque avaient pour la poésie un culte tout particulier. Mais souvent quelle poésie !

« Le devoir le plus saint, la loi la plus chérie,
« Est d'oublier la loi pour sauver la patrie.

« Unissons-nous tous pour *prononcer* la déchéance
« de ce roi cruel ; disons, d'un accord commun :
« *Louis XVI n'est plus roi des Français.*

« Louis XVI est livré à la réprobation la plus avilis-
« sante : toutes les parties de l'empire le rejettent avec
« indignation, mais aucune d'elles n'a suffisamment
« exprimé son opinion.....

« La section Mauconseil déclare donc à toutes les
« parties du souverain qu'en présentant le vœu général,
« elle ne reconnaît *plus Louis XVI pour roi des Fran-*
« *çais;* qu'elle abjure le serment qu'elle a fait de lui
« être fidèle, comme surpris à sa foi :

« Le parjure est vertu quand on punit un crime.

« Citoyens, imitez notre exemple : la tyrannie s'é-
« croule et la France est sauvée pour jamais.

« Le rendez-vous général est boulevard de la Made-
« leine-Saint-Honoré [1]. »

L'arrêté Mauconseil fut reproduit dès son apparition par plusieurs feuilles démagogiques. Carra déclara avec son impudence ordinaire, que la grande majorité des sections y avaient adhéré. Rien n'était plus faux; qu'importait à ce folliculaire, tant soit peu illuminé, un mensonge de plus ou de moins [2]? Mais d'autres journalistes, quoique fort avancés dans le mouvement, notamment Brissot, dans le *Patriote français*, et Condorcet, dans

---

[1]. Ces deux pièces se trouvent *in extenso* dans l'*Histoire parlementaire* de MM. Buchez et Roux, t. XVI, p. 247 et 248. Elles sont signées : Lechenard, président, et Bergot, secrétaire. Lechenard était un maître tailleur de la rue Comtesse-d'Artois, aujourd'hui rue Montorgueil, et Bergot un employé à la halle aux cuirs; ils firent tous deux partie de la fameuse commune de Paris, pendant la Terreur, et périrent avec Robespierre, le 10 thermidor. Lechenard figure sur la liste générale des guillotinés sous le n° 2737, et Bergot sous le n° 2695.

[2]. L'assertion de Carra, dans ses *Annales patriotiques*, a fait tomber l'auteur de la *Chronique des cinquante jours*, Rœderer lui-même, dans une étrange erreur : il dit, p. 321, que la section du Jardin des Plantes et la section Mirabeau furent les seules qui rejetèrent l'adresse Mauconseil. Cela est complètement inexact; mais Rœderer écrivait sa *Chronique* à quarante ans de distance des événements, sans avoir sous les yeux les pièces authentiques. Ce livre, quoique digne d'être consulté par les historiens, renferme un certain nombre d'inexactitudes contre lesquelles il est bon de se mettre en garde.

On trouvera, à la fin de ce volume, des renseignements authentiques sur la manière dont l'arrêté de la section Mauconseil fut accueilli dans chacune des sections de Paris.

la *Chronique de Paris*, se hâtèrent de désavouer la trop audacieuse section.

« L'insurrection, disait celui-ci, est la dernière ressource des peuples opprimés ; elle est un devoir sacré *quand il n'y a pas pour eux d'autre moyen de se sauver ;* mais un peuple, qui a des représentants *demeurés* fidèles, et qui, par leur *organe*, peut toujours proposer et même *déterminer les mesures de salut* que les circonstances exigent, court lui-même à sa ruine, s'il préfère à ces moyens d'action, *tempérés par la loi*, des moyens dont l'illégalité seule serait capable de faire avorter tout le fruit. »

Mauconseil avait envoyé des commissaires dans chacune des sections, pour colporter son arrêté et recueillir des adhésions ; mais ils furent généralement très-mal accueillis. Le Jardin des Plantes refusa de délibérer; Mirabeau fit de même; au Pont-Neuf on nomma six commissaires « chargés de dénoncer à l'accusateur public les fauteurs et adhérents de ces arrêtés qui tendaient à soulever le peuple contre les autorités constituées. » Diverses autres sections, notamment celles de l'Arsenal et de la Bibliothèque, élurent des délégués avec mission d'aller protester devant le Corps législatif contre une entreprise aussi criminelle.

Dans la séance du 4 août au matin, l'arrêté Mauconseil fut dénoncé par plusieurs députés. Rouyer déclara que la faiblesse montrée jusqu'ici par l'Assemblée avait pu seule inspirer une pareille audace :

« Si à cette audace il n'était point opposé, au nom de la loi, une barrière infranchissable, les corps les plus influents de l'État usurperaient successivement la souveraineté nationale ; l'on en viendrait bientôt à proposer aux représentants du peuple *de se retirer de leur salle et de céder la place à d'autres individus qui n'auraient aucune mission, aucun pouvoir.* »

Rouyer avait conclu à l'annulation de l'arrêté de la section Mauconseil. Cambon lui-même, au nom de l'unité et de l'indivisibilité de la souveraineté nationale, demande que, séance tenante, la commission extraordinaire fasse son rapport sur cet arrêté. Cambon n'était pas suspect de modérantisme, car il appartenait à l'extrême gauche ; aussi sa motion est-elle unanimement adoptée [1].

Pendant que l'Assemblée attend le rapport des vingt et un, des citoyens de la section des Gravilliers, sous prétexte de déposer un don patriotique, se présentent à la barre, et demandent la mise en accusation du roi. Leur adresse se terminait ainsi :

« Législateurs, nous vous laissons encore l'honneur de sauver la patrie ; mais si vous refusez de la sauver, il faudra bien que nous prenions le parti de la sauver nous-mêmes. »

Girardin court à la tribune, réclame l'impression de cette adresse, « parce qu'il est bon, dit-il, que nos concitoyens sachent qu'une section de la capitale *veut bien permettre* au Corps législatif de sauver l'empire...

« Il faut enfin, ajoute-t-il au milieu des interruptions, que l'Assemblée nationale fasse respecter la sou-

---

[1]. *Journal des Débats et Décrets*, n° 313, p. 53.

veraineté du peuple ou qu'elle sache périr sous les coups des factieux. »

On murmure à l'extrême gauche. A droite, on répond : « Oui, oui, nous mourrons plutôt que de nous laisser dominer par les factieux. » Mais Vergniaud paraît à la tribune ; il vient lire le rapport de la commission extraordinaire sur l'arrêté Mauconseil et proposer ce décret :

« L'Assemblée nationale, considérant que la souveraineté appartient à tout le peuple, et non à une section du peuple ; qu'il n'y aurait plus ni gouvernement ni constitution, qu'on serait livré à tous les désordres de l'anarchie et des discordes civiles, si chaque section isolée de l'empire pouvait délibérer qu'elle se dégage elle-même de telle partie de ses serments qui pourrait lui déplaire, et refuse obéissance à celles des lois ou à celles des autorités constituées qu'elle ne voudrait plus reconnaître ;

« Considérant que, si un amour ardent de la liberté a seul déterminé les citoyens de la section de Mauconseil à prendre la délibération ou arrêté qu'elle a envoyé aux autres sections, il importe néanmoins à l'ordre social de réprimer des écarts qui pourraient avoir les suites les plus funestes ;

« Décrète qu'il y a urgence.

« L'Assemblée nationale, après avoir décrété l'urgence, annule comme inconstitutionnelle la délibération ou arrêté de la section de Mauconseil, invite tous les citoyens à renfermer leur zèle dans les limites de la loi, et à se mettre en garde contre les intrigues de ceux qui, par sa violation, cherchent à compromettre la tranquillité publique et la liberté elle-même. »

Le blâme de Vergniaud et de ses amis était, on le voit, très-adouci dans la forme; l'audace de la section Mauconseil était expliquée, sinon excusée, par son ardent amour de la liberté; mais enfin c'était un blâme, et ce blâme était infligé par la gauche. Le décret fut adopté sans discussion par l'Assemblée, revêtu le jour même de la sanction royale, et transmis immédiatement par le ministre de l'intérieur au directoire du département. Quoique privé de ses membres les plus énergiques, le directoire crut devoir saisir cette occasion pour essayer de prouver aux démagogues qu'il avait encore à leur opposer quelque force de résistance. Il ordonna au maire de faire publier le décret d'annulation à son de trompe dès le lendemain matin, 5 août, et d'entourer cette proclamation de tout l'appareil désirable.

Mais la municipalité avait appris à braver les arrêtés du département. Les règles de la hiérarchie, tracées sur le papier par la Constituante, n'avaient-elles pas été rayées d'un trait de plume par la Législative, le jour où elle avait amnistié Pétion et Manuel ?

Au reçu de la lettre départementale, le maire, pour couvrir sa responsabilité, s'empressa de convoquer le conseil général de la commune. Celui-ci, fidèle aux inspirations de son président, se posa insolemment en contradicteur de l'autorité à laquelle il était légalement subordonné; il déclara que, l'acte du Corps législatif étant conçu dans les termes ordinaires, il n'y avait pas lieu de suivre, pour sa promulgation, les formes prescrites par l'arrêté du département, que, d'ailleurs, l'appareil inusité dont on voulait entourer cette promulgation, pourrait provoquer des rassemblements et des agitations.

X

On a déjà pu le remarquer souvent, dès qu'une section se mettait en évidence par quelque mesure audacieuse ou excentrique, deux ou trois autres essayaient de faire plus de bruit encore, en lançant des motions plus folles et plus démagogiques. Ainsi, le Marché des Innocents avais pris l'initiative de l'adresse à l'armée; la Fontaine de Grenelle avait demandé que la déchéance de Louis XVI fût décrétée par l'Assemblée nationale; Mauconseil avait, de sa propre autorité, déclaré le roi déchu, et fixé le jour où la déchéance effective serait obtenue par une démonstration armée. Il était difficile d'aller plus loin.

Les Quinze-Vingts avaient promis leur concours à cet acte audacieux; mais, le 4 dans la soirée, Osselin et quatre autres commissaires de la commune vinrent leur lire une lettre, dans laquelle le maire adjurait les patriotes de ne se livrer à aucune démarche inconsidérée, jusqu'à ce que l'Assemblée nationale se fût prononcée sur la pétition qu'il lui avait lui-même présentée au nom des quarante-huit sections de Paris.

Les révolutionnaires du faubourg Saint-Antoine étaient, au fond, blessés de ce que ceux du centre de Paris avaient osé leur disputer un privilége qu'ils croyaient s'être acquis par trois ans de services démagogiques : celui de *décréter* toutes les émeutes. La section des Quinze-Vingts n'aurait évidemment pas fait le moindre cas des pacifiques conseils de la municipalité s'ils eussent été donnés contre un de ses propres arrêtés et non contre celui d'une rivale. Mais une occasion lui était offerte de prouver que, sans elle, rien ne se pouvait faire, et qu'elle seule était capable d'entraîner ou de retenir à son gré les masses populaires ; elle la saisit avec empressement. Paraissant céder à la prière de Pétion, elle daigna déclarer « qu'elle renonçait à l'arrêté pris par elle la veille au soir pour le rassemblement du 5, qu'elle *patienterait en paix et en surveillance* jusqu'au jeudi suivant, onze heures du soir, pour attendre le prononcé de l'Assemblée nationale, mais que, si justice et droit n'étaient pas faits au peuple par le Corps législatif, une heure après, à minuit, le tocsin sonnerait, la générale serait battue *et tout se lèverait à la fois.* »

Des commissaires furent envoyés au faubourg Saint-Marcel et aux Marseillais, afin de communiquer cette décision aux citoyens précédemment convoqués pour le 5. Quant au comité insurrectionnel, qui avait transporté successivement ses conciliabules au *Soleil d'or*, au *Cadran bleu* et chez Antoine (de Metz), il ne mit aucune opposition à l'ajournement de l'insurrection ; Alexandre lui avait fait savoir que ses hommes hésitaient, et Santerre était ou se disait malade [1].

---

1. Le procès-verbal des Quinze-Vingts du 6 août porte ce qui suit: « Il a été arrêté que M. Santerre voudra bien faire constater légale-

XI

Le 5 était un dimanche. Comme on ne savait pas encore si l'arrêté de la section Mauconseil recevrait ou non un commencement d'exécution, comme de très-grandes craintes étaient entretenues au sujet du départ que l'on accusait le roi de projeter, une foule considérable, curieuse et agitée, se porta, dès le matin et durant la journée entière, dans les environs des Tuileries. Au milieu d'elle circulaient des volontaires venant surveiller le château, des artilleurs traînant leurs pièces, des Marseillais se préparant par des promenades militaires à la prochaine bataille [1].

L'Assemblée, qui consacrait ses séances du dimanche aux pétitions et aux pétitionnaires, venait d'entendre la lecture de nombreuses adresses où l'on demandait la déchéance et même le jugement du roi, lorsque tout à

---

ment et sur-le-champ la maladie qui l'empêche de remplir les fonctions de sa place, pour le compte en être rendu à l'assemblée; elle a à cet effet nommé le citoyen Fournereau, pour lui porter la lettre. » Les démagogues les plus fougueux étaient ainsi mis en surveillance par leurs soupçonneux complices.

1. Ces derniers étaient allés la veille à l'Hôtel-de-Ville demander des cartouches à balle. Panis, administrateur de police, leur en fit distribuer cinq mille, malgré les ordres formels du directoire du département, qui avait défendu toute délivrance de poudre sans sa participation. (Voir la *Chronique des cinquante jours,* p. 354, et le discours de Panis du 25 septembre 1792).

coup des citoyens de la section de la Bibliothèque se présentent à la barre et déclarent qu'ils viennent désavouer au nom de cette section l'adresse présentée deux jours avant par Pétion.

La délibération dont ils sont porteurs est ainsi conçue [1] :

SECTION DE LA BIBLIOTHÈQUE.

« *Arrêté portant désaveu de l'adresse au Corps législatif pour la déchéance du roi, à laquelle ladite section n'a eu aucune part.*

« Attendu que, quelques recherches qui aient été faites d'un prétendu procès-verbal qui nommerait des commissaires à l'effet de concourir à la rédaction d'une adresse à l'Assemblée nationale pour demander la déchéance du roi, il n'a été trouvé aucun acte qui contienne le pouvoir *ad hoc* d'émettre ce vœu ;

« L'assemblée générale de la section de la Bibliothèque, légalement convoquée, au nombre de 178 votants, déclare formellement n'avoir eu aucune part à l'adresse dont il s'agit ; qu'elle l'improuve, et refuse son assentiment à une mesure qui ne tend qu'au renversement des principes établis et à une subversion totale de la monarchie constitutionnelle que tous les vrais Français ont juré de maintenir ;

---

[1]. Le *Moniteur* ne donne de cette délibération qu'une très-brève analyse. Nous en avons retrouvé le texte même. La section eut le courage de la faire imprimer et afficher.

« Arrête que ce désaveu sera sur-le-champ porté au Corps législatif par vingt membres de la section.

« ANDRÉ, président ; COINTREAU,
secrétaire. »

Les murmures des spectateurs avaient interrompu cette lecture à chaque mot. Vaublanc s'élance à la tribune[1] et s'écrie : « Souffrir que, toutes les fois que la constitution est invoquée, cette sainte invocation soit couverte des clameurs des forcenés, le souffrir, dis-je, est un commencement de parjure ! »

Les huées redoublent, mêlées d'éclats de rire.

« L'Assemblée nationale, reprend le courageux député, ne peut tolérer plus longtemps de pareilles indignités sans s'en rendre complice, sans faire craindre à la France sa dissolution prochaine. »

Ici les murmures prennent une telle intensité qu'il est absolument impossible à l'orateur de continuer. Les membres de la droite descendent de leurs bancs, interpellent le président ; plusieurs, en se dirigeant vers la porte, disent tout haut : « Allons-nous-en, l'Assemblée n'existe plus, puisque nous ne sommes plus libres ! » Mais, rappelés par leurs amis et voyant le calme se rétablir, ils reprennent leurs places.

Vaublanc termine son discours en demandant que le

---

[1]. Vaublanc avait, dès le 30 juillet, donné sa démission de membre de la commission extraordinaire des vingt et un, pour ne pas participer plus longtemps aux mesures que celle-ci proposait chaque jour à l'Assemblée.

rapport préparé par la commission extraordinaire sur la police de la salle soit enfin présenté le lendemain; on lui en fait la promesse, sauf à ne pas la tenir.

Il était impossible aux amis de Pétion de laisser l'Assemblée sous l'impression du désaveu apporté par les vingt commissaires de la section de la Bibliothèque. Aussi Brissot se hâte-t-il de déclarer qu'il appartient à cette section et qu'il peut mieux que personne donner des explications sur sa composition, ses tendances, ses aspirations. « Elle est divisée en deux parties : une respectable, qui offre un grand nombre de patriotes, de ces hommes que l'on dénigre sous le nom de *sans-culottes;* l'autre gangrenée, composée de financiers, d'agents de change, d'agioteurs. C'est de ce dernier foyer de contre-révolution de la rue Vivienne qu'est sortie la réclamation qui vient d'exciter tant de tumulte; du reste, les commissaires que l'on a accusés d'avoir usurpé les pouvoirs de la section sont présents et demandent à être admis à la barre pour démentir cette inculpation. »

Aussitôt se présentent les quatre commissaires sans-culottes de la section de la Bibliothèque; parmi eux étaient Collot-d'Herbois et Marie-Joseph Chénier.

Collot était alors l'un des hommes les plus en vogue parmi les démagogues parisiens. Avec son almanach du père Gérard, il s'était acquis une grande renommée de bonhomie vertueuse et d'éloquence populaire; il avait présidé les réunions de l'Hôtel-de-Ville où s'était élaborée la fameuse adresse. Il avait donc tous les titres possibles pour prendre le pas sur le poëte qui, dans le but de plaire à la plèbe, se laissait subalterniser par un vil histrion, digne tout au plus de figurer sur les tréteaux de la foire Saint-Germain [1].

Collot, dans un très-long discours, demande la publicité des délibérations des sections, vante son esprit de conciliation et se plaint d'avoir été en butte à toutes sortes d'outrages de la part d'hommes qui dédaignent ordinairement d'assister aux séances. « On nous a contesté nos pouvoirs, s'écrie-t-il ; s'ils ne se retrouvent pas dans les archives, c'est qu'on les a soustraits. » Puis, faisant allusion à la fameuse expression d'*honnêtes gens*, que les ultra-révolutionnaires renvoyaient comme une injure à leurs adversaires, depuis qu'elle avait été employée dans le manifeste de La Fayette, il termine sa harangue par cette phrase vivement applaudie des tribunes :

---

[1]. Le *Moniteur* commet ici et a fait commettre à plusieurs historiens, qui le copient servilement, la plus grossière des erreurs. Il donne pour compagnon à Collot-d'Herbois André Chénier, qui avait si vivement stigmatisé trois mois auparavant et qui ne cessait, dans le *Journal de Paris*, d'accabler de ses sarcasmes et de ses sanglantes ironies le défenseur officieux des Suisses de Châteauvieux. Celui qui vint le dimanche 5 août à l'Assemblée, pour servir de second à Collot-d'Herbois, était Marie-Joseph Chénier, le futur conventionnel, qui présida plusieurs fois, après le 10 août, la section de la Bibliothèque. Les historiens qui ont commis cette erreur n'ont pas même lu attentivement le *Moniteur*. Ils y auraient trouvé dans le numéro du lendemain, p. 906, cette note par laquelle commence la troisième colonne :

« Ce n'est point M. André Chénier qui a été introduit à la barre avec M. Collot-d'Herbois et les autres commissaires de la section de la Bibliothèque. »

André Chénier, évidemment l'auteur de cette note, n'a pas voulu, par pudeur, déclarer que le compagnon de Collot-d'Herbois était son frère. Il y a des occasions où la prétérition a aussi son éloquence.

« Tandis que les honnêtes gens se rendront dans les assemblées délibérantes, l'injure à la bouche et la violence dans leurs actions, nous autres bonnes gens, nous n'y apporterons que les principes de la raison et de la justice : la publicité seule peut les faire triompher. »

Cette pétition est renvoyée à la commission extraordinaire et aussi au comité de surveillance, afin qu'on instruise contre ceux qui ont soustrait les pouvoirs de l'honorable Collot-d'Herbois[1].

Il était dit que, ce jour-là, les contrastes les plus frappants se produiraient dans le sein de l'Assemblée. A Collot-d'Herbois et à ses amis succède une députation de la section de l'Arsenal. Elle est conduite par un des plus illustres citoyens de Paris, un homme qui honorait le nom français dans le monde entier et dont la mort devait être, deux ans plus tard, une honte éternelle pour les proscripteurs de 1793, — Lavoisier. L'illustre savant lit, d'une voix calme et grave, une délibération de sa section vouant au mépris public et l'adresse à l'armée, « assemblage ridicule de flagorneries, de mensonges impudents et d'absurdités, » et l'adresse des sections parisiennes, « qui avilit, dégrade et paralyse un pouvoir constitué... » Il dénonce hautement les manœuvres « des factieux qui cherchent à tromper l'Assemblée en lui présentant comme le langage d'une immense population ce qui n'est que le caprice d'une poignée de citoyens[2]. »

1. *Moniteur* et *Journal des Débats et Décrets*, n° 314, p. 72.
2. Le *Moniteur* ne dit que quelques mots de la protestation de la section de l'Arsenal et ne nomme pas l'orateur qui parlait en son

L'orateur est plus d'une fois interrompu par les murmures des spectateurs ; plusieurs de ces femmes qui depuis quelque temps, par ordre des jacobins, assiégeaient les tribunes et y occasionnaient des tumultes et des désordres continuels, se mettent à tourner en dérision le ton de l'orateur [1]. Les *tricoteuses* de la Législative préludaient déjà aux exploits qui les illustrèrent pendant la Convention ; elles ne respectaient pas plus le génie qu'elles ne respectèrent plus tard l'innocence et la faiblesse.

Cependant, sur la motion de Lejosne, ces femmes sont rappelées à l'ordre, et les pétitionnaires obtiennent les honneurs de la séance. Tronchon profite des bonnes dispositions de l'Assemblée pour présenter une adresse par laquelle la commune de Nancy fait le serment inviolable de maintenir la constitution et demande la répression des audacieuses clameurs des tribunes. Rien ne pouvait venir mieux à point. Le montagnard Mallarmé

nom. Nous avons eu le bonheur de retrouver le texte de l'adresse et le nom du rédacteur dans les procès-verbaux de cette section. Nous avons recueilli, avec un soin pieux, le seul document politique qui soit peut-être sorti de la plume de l'illustre membre de l'Académie des sciences. Nous le donnons à la fin de ce volume. Nous donnons également la délibération qui précéda l'adoption de cette adresse et celle du 8 août, par laquelle la même section la désavoua. Rien ne peut mieux que ces votes contradictoires, émis successivement par la même section à quelques jours d'intervalle, donner une idée exacte de l'effroyable anarchie qui régnait dans Paris. De désaveu en désaveu, de contradictions en contradictions, on arrivait à la négation de toutes choses.

1. *Journal des Débats et Décrets*, n° 314, p. 72.

(de la Meurthe) désavoue l'adresse constitutionnelle de ses concitoyens : une discussion assez vive s'engage ; elle est interrompue par l'entrée d'une députation de la section Mauconseil.

On fait silence. La section vient-elle s'incliner devant la loi, faire amende honorable de son arrêté ? Non ; elle vient, au contraire, le relire audacieusement à la face de l'Assemblée qui l'a frappé d'un blâme formel ; elle vient déclarer solennellement aux représentants de la nation qu'elle persiste à braver leurs décrets et à fouler aux pieds la constitution [1].

L'indignation se manifeste avec énergie sur presque tous les bancs. Le président répond :

« Je vous rappelle à la constitution, au respect que vous devez à la loi. Je vais consulter l'Assemblée, pour savoir si vous serez admis aux honneurs de la séance. »

Au moment du vote, un des pétitionnaires annonce qu'ils ont amené avec eux les délégués des sections qui approuvent l'arrêté Mauconseil, et demande pour ses

---

[1]. Le *Moniteur* ne dit pas un mot de l'apparition dans l'Assemblée des commissaires de la section Mauconseil. Il se contente d'annoncer que plusieurs sections viennent adhérer à la déclaration de cette section. Nous avons puisé les détails que nous donnons dans le *Journal des Débats et Décrets*. On peut aussi consulter le *Journal de Paris* et le *Patriote Français*, que citent également les auteurs de l'*Histoire parlementaire*, à défaut du *Moniteur*, qu'ils déclarent eux-mêmes « très-inexact dans cette mémorable circonstance, et trop enclin à montrer l'Assemblée plus favorable qu'elle ne l'était réellement aux demandes révolutionnaires des Parisiens. » (Tome XVI, p. 329.)

compagnons l'autorisation de défiler devant les représentants du peuple.

Dans toutes les assemblées, il y a des gens toujours prêts à excuser n'importe quelles audaces, à justifier n'importe quelles insolences. Carnot le jeune propose que l'on accorde aux pétitionnaires leur demande; « car, dit-il, plaignons leur erreur, mais excusons-la après tant de provocations ! »

La majorité ne croit pas devoir pousser aussi loin l'abnégation chrétienne et le pardon des injures. Elle refuse d'autoriser le défilé et décide que vingt députés seulement seront admis, mais que le nombreux cortége qui les accompagne restera à la porte. Aussitôt après, la séance est levée et l'Assemblée, toute fière du vote qu'elle vient d'émettre, se sépare, croyant avoir sauvé la patrie [1].

XII

On attribuait toujours au roi des projets de fuite,

---

[1]. Ce nouveau blâme infligé par l'Assemblée à la section Mauconseil n'arrêta pas les agitateurs subalternes qui la dirigeaient. Lhuillier, le principal meneur de cette section, en même temps qu'il prenait ses précautions contre des poursuites judiciaires et se mettait sous la sauvegarde de la mairie, faisait adopter par ses amis les mesures préparatoires de l'insurrection. Cette section, désormais d'accord avec celle des Quinze-Vingts, en avait ouvertement fixé la date à la nuit du 9 au 10 août.

Nous donnons à la fin de ce volume plusieurs extraits des procès-verbaux de la section Mauconseil pendant les premiers jours d'août.

et la surveillance des jacobins se concentrait de plus en plus sur les Tuileries. Les sections les plus dévouées aux idées ultra-révolutionnaires envoyèrent de leur autorité privée des patrouilles dans les environs du Château ; toutes les autres furent invitées à en faire autant[1].

Bientôt la section des Gobelins ne proposa rien moins que de faire évacuer le château par les Suisses et d'établir un camp autour des Tuileries pour garder le roi à vue. C'était difficile à exécuter de vive force ; il était même douteux qu'on pût y faire consentir le corps municipal, qui seul avait le droit de régler le service de la garde nationale. Mais Pétion et ses amis savaient envelopper la pensée secrète des meneurs de trompeuses réticences ; grâce à leur adresse, la municipalité rendit un arrêté, aux termes duquel la garde journalière du Château devait être à l'avenir composée d'un nombre déterminé de citoyens de tous les bataillons. « De cette façon, exposait Pétion dans son rapport, chaque section, ayant tous les jours au château des citoyens de garde, ne pouvait avoir à se plaindre d'une injuste préférence, ni concevoir d'inquiétude [2]. » Mais en réalité

---

[1]. Voir le procès-verbal de la section des Quinze-Vingts, *Histoire parlementaire*, t. XVI, p. 404.

[2]. Voici la lettre de Pétion au commandant général de la garde nationale, où le germe de cette pensée se trouve :

« Monsieur le commandant général,

« Les sections sont sur le *qui-vive,* les citoyens sont convaincus que le roi veut partir ; ils demandent à grands cris à environner le Château. Je sors de la section des Gobelins qui avait arrêté que les batail-

que devait-il résulter d'une semblable mesure? Les soldats citoyens appartenant à des bataillons différents et ne se connaissant pas entre eux, ne pouvaient plus être soutenus, au moment du danger, par le sentiment de confiance mutuelle qui double le courage de chacun.

C'était l'anarchie introduite dans les rangs de la force armée comme elle l'avait été dans tous les corps administratifs et dans toutes les sections.

Ce demi-succès, après tant d'autres, ne satisfit pas encore les meneurs. Au moyen bureau central de correspondance établi à l'Hôtel de Ville, ils demandèrent et obtinrent que les quarante-huit sections délibérassent simultanément sur la présentation à l'Assemblée d'une adresse, dans laquelle devait être sollicitée, c'est-à-dire exigée, l'adoption de quatre mesures complémentaires qui excédaient la compétence de la municipalité :

1° La réorganisation d'un nouvel état-major ;

2° La punition des officiers qui donneraient d'autres ordres que ceux émanés de l'autorité civile ;

---

lons se rendraient en armes sur la place du Carrousel. Il paraît que d'autres bataillons devaient se réunir, ainsi qu'un grand nombre de citoyens de toutes armes. Sur les raisons que j'ai exposées, ils ont renoncé à leur projet. J'ai imaginé un parti simple, propre à calmer les esprits, c'est de composer la garde du roi tout à la fois de citoyens de tous les bataillons, de manière que chaque section ayant des citoyens de garde, ne peut avoir à se plaindre et ne peut concevoir d'inquiétude. »

L'arrêté approbatif de cette mesure fut rendu par le corps municipal le 6 août, et se trouve à la p. 927 du *Moniteur*.

3° La distribution des canons des soixante bataillons entre les quarante-huit sections ;

4° La suppression de toutes les compagnies d'élite, comme contraires à l'égalité.

Quatre ou cinq jours auparavant, des grenadiers de Saint-Jacques-l'Hôpital étaient allés déclarer à l'Assemblée nationale que, les corps d'élite ayant excité des jalousies, il était temps d'abolir toutes ces distinctions. L'orateur, joignant le geste aux paroles et se dégradant lui-même, avait arraché ses épaulettes ; foulant aux pieds son bonnet à poil, il s'était coiffé du bonnet rouge. Cet exemple fut suivi, les 5 et 6 août, par d'autres individus, qui vinrent demander la suppression des compagnies de grenadiers dont ils faisaient eux-mêmes partie.

Avec les mots de désintéressement, de générosité, d'égalité devant la loi, on trouve toujours des niais enchantés de faire parade de beaux sentiments et de se donner une importance qu'ils ne pourraient acquérir autrement [1].

Après avoir désorganisé de fait les compagnies d'élite

---

[1]. Nous avons retrouvé quelques-unes des adresses apportées à l'Assemblée par les grenadiers démissionnaires. Ce sont des modèles de bêtise emphatique ; en voici un échantillon :

« Législateurs, une pomme de discorde avait été jetée à dessein de faire germer la division dans la garde nationale de Paris ; des compagnies de grenadiers avaient été formées par un génie astucieux et perfide ; quelques membres de ces compagnies de grenadiers se sont déshonorés par des actes d'incivisme, de désobéissance et de révolte contre la nation, pour s'attacher au chef du pouvoir exécutif comme à leur maître et obtenir le privilége de baiser les mains de *sa fame* (sic). Qu'ils le servent en esclaves. Quant à nous, nous venons sacrifier à

de la garde nationale, les meneurs jacobins réussirent encore à introduire, dans les rangs de toutes les compagnies, de nouveaux éléments favorables à leurs desseins.

Sous prétexte de combler les vides que laissaient les braves gardes nationaux partant pour la frontière, ils firent appeler au service ordinaire une foule de citoyens, non inscrits sur les contrôles, qu'ils armèrent de piques; bien plus, les fédérés, sur lesquels on croyait pouvoir compter, et que, sous des prétextes différents,

la sainte égalité en renonçant à la distinction futile qu'ont introduite, parmi les citoyens armés, des hommes qui n'ont pas eu le courage d'être *grands* lorsqu'ils pouvaient atteindre à l'immortalité en fondant d'une manière inébranlable le règne de la raison et de la justice...

« Nous abjurons toute marque de distinction et renonçons à la qualité de grenadier; nous déposons sur le bureau nos bonnets et nos épaulettes, pour être envoyés à nos frères des frontières. Ces ornements sont plutôt faits pour épouvanter les Autrichiens que pour établir entre les citoyens-soldats une ligne de démarcation. »

Ces adresses furent imprimées par ordre de l'Assemblée. Une d'elles, celle des dissidents du bataillon de la Butte-des-Moulins, se terminait par une phrase qui fut retranchée, en vertu d'*un décret spécial,* sur la copie envoyée à l'impression. Elle parut trop violente à l'Assemblée, qui pourtant en entendait tous les jours d'à peu près semblables. Voici cette phrase que nous avons pu lire sous les ratures qui la couvrent :

« Puisse notre exemple être suivi par tous les bons citoyens qui restent encore dans ces compagnies distinguées, afin que le reste soit voué à l'exécration de tous ceux qui, comme vous, qui, comme nous, sauront mourir pour la liberté! »

Le principal promoteur de cette dernière adresse était un nommé Marino, marchand de porcelaine au Palais-Royal. Ce Marino aspirait à jouer un rôle dans la révolution; voici celui qu'il y joua.

Il fut nommé membre de la commune quelques jours après le 10

on retenait à Paris au moyen de quêtes faites aux Jacobins et dans les sections les plus révolutionnaires, furent admis dans les bataillons des quartiers qu'ils habitaient, ou dans ceux qui leur étaient unis par les liens d'une confraternité démagogique [1].

XIII

Nous avons essayé de faire connaître tous les principes morbides successivement inoculés au corps social, dans le moment où se préparait une crise mortelle ; mais ce qui porta au paroxysme la fièvre d'agitation qui s'était emparée d'une partie de la population parisienne, ce fut la permanence des sections que l'Assemblée finit par se laisser arracher.

août. Il l'avait bien mérité, car il était un démagogue de la veille. Il devint un peu plus tard administrateur de police. Ayant encouru la disgrâce du comité de salut public, on ne sait trop pourquoi, il fut englobé le 29 prairial, an II, avec trois de ses collègues et quarante-neuf autres accusés qu'il n'avait jamais vus, dans une prétendue conspiration contre les jours de Robespierre et de Collot-d'Herbois.. Envoyé en cinq heures à la Conciergerie, au tribunal révolutionnaire et à l'échafaud, il fut une des victimes du drame sanglant *des chemises rouges,* ainsi nommé parce que les condamnés furent conduits au lieu du supplice, revêtus de cette marque distinctive, réservée jusqu'alors aux parricides et aux assassins des rois. Mais Robespierre et Collot-d'Herbois n'étaient-ils pas les rois de l'époque et les pères de la patrie ?

1. Voir le procès-verbal de la section des Quinze-Vingts ; *Histoire parlementaire,* tome XVI, p. 407.

Le décret qui avait déclaré la patrie en danger avait en même temps ordonné à toutes les autorités constituées de siéger en permanence. Les sections parisiennes, pas plus que les autres assemblées primaires de France, n'étaient des autorités constituées ; elles ne pouvaient donc pas être comprises dans le décret du 7 juillet.

C'est pourquoi la section des Lombards demanda, dès le 19, que la mesure de la permanence fût étendue à toutes les assemblées primaires ; en obtenant le plus, on eût gagné le moins.

L'Assemblée nationale n'ayant pas daigné répondre, un nouveau pétitionnaire, se disant porteur du vœu de dix mille citoyens, se présenta le 25 juillet, et réclama franchement la permanence des sections parisiennes. Cette demande fut à l'instant même convertie en motion par Thuriot, et décrétée sans la moindre discussion. L'Assemblée [1], il est vrai, s'étant aperçue de la gravité de l'acte qu'on lui avait surpris, refusa, trois jours après, d'étendre la mesure à toutes les villes de quarante mille âmes et au-dessus [2] ; mais elle ne revint pas sur sa décision qui, consignée le 31 sur les registres du département, et le 3 août sur ceux de la municipalité, fut mise à exécution par un simple avis inséré au *Moniteur* du 6 août :

---

1. La mention de cette décision qui devait avoir une influence si grande et si funeste sur le sort de la France occupe six lignes dans le *Journal des Débats et Décrets*, séance du 25 juillet, n° 303, p. 362. Elle n'en occupe que deux dans le *Moniteur*, p. 881.

2. *Moniteur*, séance du 28 juillet au soir.

« Les assemblées des quarante-huit sections sont per-
« manentes. »

      Pétion, maire ;
      Royer, secrétaire-greffier.

Cette permanence devait être et fut effectivement le signal de la plus affreuse anarchie.

Les séances des sections se tenaient d'ordinaire le soir, et souvent se prolongeaient fort avant dans la nuit. Les affidés des Jacobins, en jetant à travers chaque discussion une multitude de motions incidentes, éloignaient les citoyens paisibles par l'ennui, le dégoût et même la terreur. On craignait de s'attarder dans les rues, qui étaient peu sûres, on ne voulait pas inquiéter sa famille ; car, à cette époque déjà, les soupçons, les défiances, les rixes ménagées d'avance, occasionnaient de fréquentes arrestations ; si l'on se rendait à sa section, l'on n'y venait qu'un instant faire acte de présence. De là nulle entente ; point de cohésion, ni de force de résistance parmi les gens paisibles ; les agitateurs, seuls assidus et toujours organisés, avaient beau jeu pour enlever le vote des motions les plus extravagantes.

Ce fut bien pis encore lorsque les salles de délibération restèrent légalement ouvertes jour et nuit. Les démagogues trouvaient sans peine, même lorsqu'ils étaient réellement en infime minorité, l'heure favorable pour compromettre la section entière par l'adoption de propositions que la majorité eût certainement repoussées. Souvent même il ne restait aucune trace des débats dans le registre des procès-verbaux, et les nominations des commissaires étaient simplement certifiées sur des feuilles volantes, revêtues de la signature d'un président ou d'un secrétaire improvisés.

La loi qui réglait la tenue des assemblées de section n'en avait pas autorisé la publicité, mais celles des sections parisiennes qui s'étaient jetées dans le mouvement révolutionnaire, l'avaient décrétée de leur pleine autorité. Nous avons vu Collot-d'Herbois venir, à la barre de l'Assemblée, vanter cette mesure qu'on aspirait à imposer à toutes les sections pour les dominer toutes. Il avait fait un tableau touchant de l'aspect des tribunes délibérant avec les citoyens actifs, et avait déclaré que : « si depuis plusieurs jours, des assemblées de section avaient été *le théâtre d'horribles désordres,* ces désordres avaient éclaté précisément dans celles qui n'avaient pas consenti à rendre leurs séances publiques. »

Il n'en pouvait être autrement : les sections où la majorité se refusait à admettre les spectateurs, étaient nécessairement troublées par les réclamations incessantes d'une minorité factieuse au dedans de la salle, et par les vociférations des émeutiers attroupés au dehors; dans celles où l'on avait obéi au mot d'ordre parti des Jacobins, tous les hommes modérés s'abstenaient, et les autres citoyens, indifférents, silencieux ou résignés, adoptaient les motions qu'il plaisait aux agitateurs de faire voter.

Chaque soir, des hommes sans feu ni lieu, à la solde permanente des jacobins, des femmes et jusqu'à des enfants, envahissaient les tribunes des sections qui, sans attendre la décision de l'Assemblée nationale, en avaient fait établir, ou assiégeaient les portes de celles qui résistaient encore à cette dangereuse innovation. Le même personnel d'émeutiers se transportait, sur l'ordre secret des chefs, tantôt dans un quartier, tantôt dans un autre, suivant qu'il s'agissait d'enlever, dans telle ou telle section, un vote qui vînt *la mettre au pas,* suivant l'expression du temps.

Ce dont on peut à bon droit s'étonner, c'est que quelques sections aient pu, à certains jours, se dégager de l'effroyable pression exercée sur elles, et faire un instant acte de vigueur et de courage. Et, qu'on le remarque bien, les protestations contre des décisions arrachées par la ruse ou par la violence, n'émanaient pas toujours des quartiers dont les habitants pouvaient être suspects d'*aristocratie* et de *feuillantisme.* Les plus courageuses furent adoptées, dans les quatre ou cinq derniers jours qui précédèrent le 10 août, par les sections de l'Arsenal, du Roi-de-Sicile, du Jardin des Plantes et des Thermes de Julien, si voisines cependant des foyers permanents de l'insurrection : les faubourgs Saint-Antoine et Saint-Marcel. Ce fait seul ne démontre-t-il pas avec la dernière évidence que les plébiscites, apportés à la barre de la représentation nationale au nom de la population parisienne, n'étaient qu'une vaine fantasmagorie, préparée par d'habiles et audacieux metteurs en scène[1] !

---

[1]. Nous avons réuni à la fin de ce volume plusieurs délibérations importantes émanées des sections, pendant les premiers jours d'août; c'est en consultant les registres des délibérations des quarante-huit sections que l'on peut se faire une idée, encore bien imparfaite, de l'anarchie qui régnait alors dans Paris. Le recueil de ces registres, que nous avons maniés et remaniés cent fois, n'est pas complet. Quelques-uns manquent, d'autres portent la marque des altérations qu'ils ont

XIV

Pendant que dans les bas fonds de la population parisienne on se préparait à l'insurrection, annoncée à jour fixe par la toute-puissante section des Quinze-Vingts, l'Assemblée nationale continuait à recevoir chaque jour les adresses les plus contradictoires.

Le 6, un démagogue vulgaire qui, à force d'audace et d'impudence, parvint à cette époque, et plus tard en mars et en mai 1793, à jouer un rôle que l'on ne comprendrait pas, si l'on ne savait qu'en temps de révolution le dernier des misérables a souvent plus d'influence sur les masses que l'homme entouré de l'auréole du génie ou de la vertu, Varlet se présente comme porteur et rédacteur d'une adresse, déposée depuis huit jours sur l'autel de la patrie au Champ-de-Mars et couverte des signatures d'un grand nombre de citoyens de tous les départements. « Qu'est-ce que c'est, crie-t-on à droite, que les pétitionnaires du Champ-de-Mars ? Qui a créé cette corporation [1] ? » Mais Carnot l'aîné insiste pour que l'orateur soit admis sur-le-champ, « parce que les pétitionnaires attachent beaucoup d'importance à leur adresse,

---

subies après le 10 août, comme ils en subirent encore d'autres après le 2 juin 1793 et le 9 thermidor an II. Chacun y effaça les traces de son courage, et y laissa les traces de sa honte. Cependant tout mutilés qu'ils sont, ces registres doivent être rangés parmi les documents les plus instructifs de la période révolutionnaire.

1. *Journal des Débats et Décrets*, n° 315, p. 78.

et qu'il est bon que l'on connaisse les dispositions des esprits[1]. »

L'Assemblée se rend à cette singulière raison, et Varlet, introduit, ressasse dans une interminable harangue tous les lieux communs qui défrayaient depuis huit jours les tribunes des Jacobins et des clubs affiliés. Il demande que Louis XVI soit censé avoir abdiqué la couronne, que La Fayette soit envoyé à Orléans, et que des ministres patriotes soient chargés de l'intérim du pouvoir exécutif. Il termine sa diatribe par une formule qui commençait à devenir à la mode, et qui fut bientôt le passe-paroles de toutes les insurrections : « *Il faut jeter un voile sur la déclaration des droits de l'homme*[2]. »

On avait, durant trois quarts d'heure, écouté un individu sans mission, qui prêchait ouvertement la révolte ; on avait interrompu le président Lafond-Ladebat, qui avait essayé de faire quelques remontrances au pétitionnaire. En revanche on renvoyait, sans leur accorder les honneurs de la lecture, à la commission extraordinaire toutes les adresses constitutionnelles des départements, où l'on protestait contre l'audacieux tissu de mensonges et de menaces que Pétion était venu, le 3 août, au nom des sections de Paris, apporter à l'Assemblée.

Chaque jour la commission des Vingt-et-un recevait

---

[1]. *Moniteur*, p. 924.

[2]. Le discours de Varlet n'occupe pas moins de trois colonnes du *Moniteur*.

de nouvelles dénonciations contre La Fayette et Luckner, dont les moindres propos étaient rapportés, commentés, dénaturés dans une correspondance incessante, que les Jacobins entretenaient avec des espions, placés auprès des généraux. Chaque jour la commission, remaniant son rapport sur La Fayette, en changeait les considérants, les conclusions et même le rapporteur.

La discussion de cette affaire avait été primitivement fixée au 6 août, puis on l'avait remise au surlendemain, 8. Ce jour-là, Jean Debry vint, au nom des Vingt-et-un, déclarer : que les nouvelles pièces déposées par Bureaux de Pusy n'altéraient en rien les faits énoncés à la charge de La Fayette par Guadet et ses amis; que dès lors, malgré le démenti de Luckner, la dénonciation des six députés était admissible, et qu'en conséquence, il y avait lieu de décréter d'accusation le général La Fayette, comme s'étant rendu coupable d'avoir voulu fomenter la guerre civile.

Mais à peine le rapport de Jean Debry est-il terminé, que Pastoret s'élance à la tribune et dénonce « un fait que plusieurs membres de la commission extraordinaire l'ont chargé de soumettre à l'Assemblée, sans y ajouter la moindre réflexion :

« Lorsque la commission avait délibéré sur le rapport de Jean Debry, il n'y avait que quinze membres présents; *huit seulement* avaient voté pour *le décret d'accusation*. La commission extraordinaire étant de vingt et un, Jean Debry n'avait exprimé que l'opinion de la minorité; bien plus, sur les huit membres, trois s'étaient portés formellement les accusateurs du général, et pouvaient justement être taxés d'avoir prononcé dans une cause où ils étaient juges et parties. »

A cette révélation l'Assemblée reprend courage ; elle écoute avec faveur Vaublanc qui fait l'apologie de La Fayette ; elle l'applaudit lorsqu'il s'écrie en terminant : « Voyez cette foule de citoyens des départements de l'Est qui courent sous les drapeaux à la voix des généraux de l'armée du Rhin ; ils ne s'occupent pas à discourir, ils agissent en braves ; ils ne font pas de pétitions, ils prennent les armes ; ils ne veulent pas commander, ils obéissent ; ils ne demandent pas au corps législatif une réponse catégorique, un oui ou un non, ils courent aux combats. Braves fédérés, voilà l'exemple que vous devez imiter ! »

Brissot, tenant la promesse qu'il a faite aux Jacobins, répond à Vaublanc avec d'autant plus de violence qu'il a lui-même à se faire pardonner ses hésitations antérieures, et dirige contre La Fayette des attaques d'autant plus acrimonieuses qu'il a sa propre popularité à reconquérir.

« J'ai été lié avec La Fayette, s'écrie-t-il ; je l'ai vu l'un des plus ardents amis de la liberté; mais une coalition infernale l'a arraché à ses principes et à sa gloire. Il n'est plus rien pour moi. Toute sa conduite n'est aujourd'hui qu'un tissu d'ignobles perfidies qui cachent une entente, sinon prouvée au moins probable, avec les Autrichiens et leurs alliés du dedans, les royalistes. N'a-t-il pas cherché à exciter la guerre civile, en divisant les citoyens en honnêtes gens et en factieux; en préparant ses troupes à tourner leurs armes contre l'intérieur, sous prétexte de réprimer les excès de l'anarchie ? »

Brissot continue pendant une heure sur ce ton ; mais dès qu'il a terminé sa philippique, l'Assemblée, pressée d'en finir, prononce la clôture de la discussion au milieu d'un silence solennel. Le président met aux voix le décret d'accusation. L'Assemblée le rejette, par assis et levé, à une grande majorité.

Les tribunes, d'ordinaire si bruyantes, restent silencieuses ; mais leur tranquillité morne est comprise de la montagne, qui réclame à grands cris l'appel nominal. Elle espère intimider les faibles et reconquérir ainsi la majorité. Le président essaye de lever la séance ; mais bientôt il est forcé, après une longue et vive discussion, de remonter au fauteuil et de laisser procéder à l'appel nominal.

Voici quel en est le résultat [1] :

Votants.	630
Contre l'accusation	406
Pour	224

---

1. *Moniteur* du 10 août, n° 938.

L'Assemblée législative se composait de 746 membres.

Le 12 juillet, un appel nominal solennel avait eu lieu à l'occasion de la déclaration du danger de la patrie. On avait compté 673 membres présents, 16 membres en congé, 6 morts non remplacés, 16 malades, 6 attachés à la fabrication des assignats, 2 attachés à la Haute-Cour, 27 non répondants.

Nous avons vu dans le volume précédent, p. 289, que le jour (28 juin) où La Fayette avait paru à la barre de l'Assemblée et où Guadet avait provoqué un vote analogue, mais sur une question incidente, il n'y avait eu que 573 votants. La majorité en faveur des constitutionnels

La majorité, acculée dans ses derniers retranchements, avait enfin compris qu'en livrant le général à ses dénonciateurs, elle se livrait elle-même.

XV

L'appel nominal n'avait été troublé ni par les cris ni par les huées des tribunes. Les émeutiers s'étaient réservés pour la sortie des députés. Tous les membres connus de la droite furent insultés, plusieurs maltraités ; quelques-uns coururent risque de la vie.

Aussi, dès le commencement de la séance du lendemain, le bureau du président se trouvait-il chargé de lettres renfermant les plaintes les plus vives, les protestations les plus énergiques. Mezières (de l'Aube), Regnault-Beaucaron, Froudière, Dumolard, Lacretelle, Jolivet, Deusy, l'évêque constitutionnel de la Somme, Desbois, et plusieurs autres députés de la droite, déclarent successivement qu'ils ont été poursuivis, outragés, par des volontaires coiffés du bonnet rouge, qui leur ont

avait été de 339 contre 234. Ainsi le vote du 8 août annoncé d'avance, parfaitement réfléchi, vote qui était contraire aux conclusions du rapport, présenta une majorité beaucoup plus forte que celle du 28 juin. Et cependant la droite s'était affaiblie depuis quelque temps par des démissions intempestives ; ainsi le 23 juillet, Martin, de Marseille, celui que nous avons vu, p. 77 de ce volume, protester contre l'adresse incendiaire de ses compatriotes, s'était démis de ses fonctions ; Daverhoult le 26, Jaucourt le 28, avaient suivi son exemple.

jeté de la boue, des pierres, les ont pris au collet et menacés de la lanterne. Girardin se plaint d'avoir été frappé. — « En quel endroit ? demande-t-on ironiquement à l'extrême gauche. — Par derrière, répond Girardin. Les assassins frappent-ils jamais autrement ? On ne peut, ajoute le courageux orateur, délibérer sur la question aujourd'hui à l'ordre du jour (c'était celle de la déchéance) tant que l'Assemblée sera sous le joug d'une faction. Je déclare donc à la nation, de qui je tiens mon pouvoir, que je ne puis voter sans que le Corps législatif m'assure liberté et sûreté... »

Toute la droite et un grand nombre de membres de la gauche[1] se lèvent en criant :

« Oui ! oui ! nous ne délibérerons pas avant d'être libres. »

Vaublanc propose de mander immédiatement à la barre le procureur général syndic et de lui enjoindre, sous sa responsabilité, de prendre les mesures les plus sévères pour que la tranquillité de Paris soit assurée, et que les membres de l'Assemblée nationale puissent voter en sûreté. De violents murmures s'élèvent dans les tribunes ; le président est obligé de donner des ordres pour qu'elles se tiennent silencieuses ; malgré de nouvelles rumeurs, Vaublanc continue :

« J'entends sans cesse invoquer contre les tribunes l'autorité de l'Assemblée, et cette autorité est sans force ; n'est-il pas ridicule d'entendre le président rappeler vingt fois les tribunes à l'ordre, et sa voix être toujours

---

1. Cela est constaté au *Moniteur*.

couverte par des murmures? il vaut mieux qu'une bonne fois nous déclarions que nous sortirons d'ici. »

« Oui! oui! nous ne pouvons rester ici, s'écrie la droite! » La gauche proteste avec violence et demande que l'on ne s'arrête pas plus longtemps à de misérables délations, et que, sur l'heure, on discute la question de la déchéance. Lamarque propose, au nom du salut public, que l'Assemblée se déclare en permanence jusqu'à ce que cette question soit décidée. La droite, de son côté, veut que Pétion soit appelé à la barre, pour déclarer, oui ou non, s'il répond de la sûreté des représentants de la nation.

Isnard et Dussaulx défendent Pétion; Isnard surtout, se livrant à toute sa fougue méridionale, rejette sur des agitateurs payés par Coblentz la responsabilité des violences dont ses collègues de la droite ont été victimes : « Les coupables, dit-il, les vrais, les seuls coupables, sur lesquels j'appelle la vengeance du Ciel, ce sont La Fayette, le département de Paris et la cour. »

« Quoi! s'écrie Mathieu Dumas, on ose attaquer un décret solennel rendu hier même! on souffre que dans cette enceinte on prêche l'insurrection contre les lois! » — « Je respecte tellement les décisions de l'Assemblée, répond Isnard, que, si un décret me condamnait à mort, et que personne ne voulût me conduire au supplice, j'irais moi-même[1]. »

---

1. Un an plus tard, Isnard, mis hors la loi par un décret de la Convention, ne tint pas sa promesse imprudente. Il se cacha pendant tout le reste de la Terreur, et rentra dans le sein de l'Assemblée six mois après la mort de Robespierre.

« Puisqu'on veut, ajoute Guadet, interroger le maire de Paris sur la question de savoir s'il a les moyens suffisants pour maintenir la tranquillité dans la capitale, je propose que le pouvoir exécutif soit invité à faire connaître s'il répond de maintenir la sûreté de l'empire. »

« Et moi, je demande, s'écrie le montagnard Choudieu, que le Corps législatif déclare s'il peut ou non sauver la patrie. » — Murmures à droite. — « Je dis que ceux-là qui n'ont pas eu le courage de regarder en face un soldat factieux ne sont pas faits pour s'occuper des grandes mesures qu'exige, dans ce moment, le salut de l'État; je dis que ceux qui ont craint le pouvoir d'un homme parce qu'il disposait d'une armée... »

La droite, à cette insolente accusation, interrompt violemment l'orateur; Girardin s'écrie : « De deux choses l'une : ou la majorité de l'Assemblée avoue ce que vient de dire M. Choudieu, ou elle doit l'envoyer à l'Abbaye. — Eh bien! j'irai à l'Abbaye, s'il le faut, pour le salut de mon pays, réplique le fougueux orateur. Je me résume, et je demande que l'Assemblée déclare qu'elle ne peut sauver la patrie. »

Les applaudissements, les hurlements, les rappels à l'ordre, les injures s'entre-croisent, lorsque l'apparition, à la barre, du procureur-général-syndic du département vient tout à coup interrompre le tumulte. Rœderer rend compte de l'état de surexcitation dans lequel se trouve Paris : « L'insurrection est prête, et la section des Quinze-Vingts a décidé qu'elle la commencerait à minuit par le tocsin et la générale, si l'Assemblée n'avait pas auparavant voté la déchéance. Cependant des mesures ont été prises, des réserves ont été établies au Carrousel et sur la place Louis XV... En un mot, dit en terminant le procureur-général-syndic, nous croyons qu'il y a sur pied une force suffisante pour imposer, *peut-être*, à ceux qui, par un faux zèle ou par mauvaise intention, voudraient troubler la tranquillité publique. »

L'Assemblée ne s'arrête point au mot *peut-être*, ni à la qualification de « faux zèle » donnée à l'arrêté insurrectionnel de la section des Quinze-Vingts ; elle vient de recevoir une lettre de Mandat qui lui répond de la garde nationale; elle croit pouvoir se fier aux protestations que les chefs de la milice parisienne ont reçues de leurs subordonnés, elle ne veut écouter ni Vaublanc qui la supplie d'ordonner le départ immédiat des fédérés, ni Aubert-Dubayet qui propose de se mettre à leur tête pour les arracher aux séductions de Paris et les conduire à la frontière ; elle croit avoir pourvu à tout en acceptant le projet d'adresse que lui présente Condorcet, au nom de la commission extraordinaire, et qui donne au peuple, sur l'exercice de sa souveraineté, les leçons les plus savantes, les conseils les meilleurs, mais hélas les plus inutiles ! On n'eut pas le temps d'imprimer cette adresse, ou si elle put être imprimée pendant la nuit, elle servit de bourre aux fusils des Marseillais[1].

---

1. Cette adresse était accompagné d'un « rapport préparatoire sur la discussion de la question de la déchéance. » *Journal des Débats et Décrets,* n° 133, p. 319. L'Assemblée en décréta l'impression et décida que l'examen en serait fait vingt-quatre heures après la distribution. *Logographe,* p. 432.) Malgré toutes nos recherches, nous n'avons pu retrouver le texte de ce rapport.

Enfin, pour rassurer complétement l'Assemblée, Pétion paraît à la barre et rend compte, avec une béate satisfaction, des moyens de douceur qu'il a employés, des précautions minutieuses qu'il a fait prendre pour assurer le maintien de la tranquillité; il s'élève contre la manie que semble avoir le département de requérir au moindre trouble la force armée ; « car, ajoute-t-il naïvement, on doit se rendre compte de la nature de la force publique que nous avons à notre disposition. Cette force est délibérante depuis la permanence des sections, puisque ces sections se composent de l'ensemble des citoyens actifs, et que tous les citoyens actifs sont gardes nationaux. » Le maire termine en déclarant qu'il saura porter le poids de la responsabilité que la loi lui impose, et se retire au milieu des applaudissements.

L'Assemblée avait été, plusieurs fois pendant cette séance, mise en demeure de trancher la question de la déchéance, que les Montagnards avaient promis de faire discuter et résoudre sans désemparer ; mais elle avait affecté de paraître ne prendre aucun souci du délai fatal, insolemment signifié par la section des Quinze-Vingts et ses adhérents. Enfin, lasse des discussions violentes des journées précédentes, rassurée par les protestations de Pétion et des magistrats qui avaient mission de veiller matériellement au maintien de l'ordre, elle ne veille pas elle-même, et, dans sa coupable indifférence, lève sa séance à sept heures du soir, laissant le champ libre à l'insurrection.

LIVRE VII

LA NUIT DU 9 AU 10 AOUT

I

La crise suprême approche; mais au moment où nous devrions marcher avec rapidité vers le dénoûment, nous nous trouvons arrêté par des obstacles presque insurmontables.

L'histoire de la journée du 10 août 1792 a été tellement obscurcie dans ses moindres détails, tellement enfouie « sous plusieurs alluvions de mensonges, » pour nous servir de l'heureuse et pittoresque expression de M. Michelet[1], qu'il faut, avant tout, débarrasser la route

---

[1]. On lit dans l'*Histoire de la Révolution*, par M. Michelet:

« Je ne connais aucun événement des temps anciens ni modernes qui ait été plus complétement défiguré que le 10 août, plus altéré dans ses circonstances essentielles, plus chargé et obscurci d'accessoires légendaires ou mensongers.

« Tous les partis, à l'envi, semblent avoir conspiré ici pour exterminer l'histoire, la rendre impossible, l'enterrer, l'enfouir, de façon qu'on ne la trouve même plus.

« Plusieurs alluvions de mensonges, d'une étonnante épaisseur, ont passé dessus. Si vous avez vu les bords de la Loire, après les débor-

des erreurs accréditées depuis soixante-dix ans, des faux matériels glissés comme autant de piéges dans chaque document officiel.

On possède mille récits, complets jusqu'à la minutie, de tel ou tel fait de l'histoire de France, qui, considéré en ses causes ou en ses résultats, n'est digne que d'une mention très-brève. Mais si certains incidents de la nuit du 9 au 10 août ont été cent fois racontés, on est resté dans la plus complète ignorance sur la manière dont, au sein des sections et à l'Hôtel de Ville, s'est préparé et consommé le renversement de la plus vieille monarchie de l'Europe moderne. Les seuls documents que

dements des dernières années, comme la terre a été retournée ou ensevelie, les étonnants entassements de limon, de sable, de cailloux, sous lesquels des champs entiers ont disparu, vous aurez quelque faible idée de l'état où est restée l'histoire du 10 août.

« Le pis, c'est que de grands artistes, ne voyant en toutes ces traditions, vraies ou fausses, que des objets d'art, s'en sont emparés, leur ont fait l'honneur de les adopter, les ont employées habilement, magnifiquement, consacrées d'un style éternel. En sorte que les mensonges qui jusque-là restaient incohérents, ridicules, faciles à détruire, ont pris, sous ces habiles mains, une consistance déplorable, et participent désormais à l'immortalité des œuvres du génie qui malheureusement les reçut.

« Il ne faudrait pas moins d'un livre pour discuter une à une toutes ces fausses traditions. Nous laissons ce soin à d'autres. »

Il n'y a rien à ajouter à ce que dit si éloquemment M. Michelet; seulement l'illustre écrivain, après avoir si bien entrevu ce qu'il fallait faire, ne l'a pas fait; il est tombé dans les mêmes fautes que ses devanciers; il a dédaigné de se livrer à l'ingrate et très-pénible comparaison d'innombrables documents incohérents, mensongers, falsifiés. Nous avons cru ne pas devoir reculer devant cette tâche. Avons-nous réussi à en dégager la vérité? Nous l'espérons.

les historiens aient consultés jusqu'à présent sont tronqués, mutilés, falsifiés à plaisir; et cependant le mensonge n'a pas été si bien ourdi que la vérité ne perce à travers le tissu serré du linceul dans lequel les vainqueurs avaient voulu l'ensevelir à jamais[1].

Cette unanimité des sections se levant comme un seul homme pour renverser la monarchie constitutionnelle, nous verrons qu'elle n'a jamais existé; cette liste de trois cents prétendus « délégués du peuple en insurrection, » dont on a si souvent parlé, nous verrons qu'elle est fausse; ces pleins pouvoirs « remis par le peuple » entre les mains de ses sauveurs, nous verrons comment ils furent obtenus et par qui ils furent donnés; à ces descriptions de luttes gigantesques où l'on nous représente des masses profondes montant héroïquement à l'assaut des Tuileries, nous opposerons purement et simplement le chiffre des morts et des blessés. Alors, à travers les expressions ambiguës, les réticences calculées, les exagérations emphatiques des procès-verbaux *officiels*, chacun pourra lire couramment ce que nous avons eu tant de peine à déchiffrer, se convaincre de la monstrueuse usurpation des uns, de

1. Le mensonge officiel, fabriqué par une seule plume, peut tromper l'histoire et devenir vérité à force d'audace et d'impudence. La chose est plus difficile si les menteurs sont multiples. Or, pour la nuit du 9 au 10 août le mensonge eut quarante-huit organes dans les quarante-huit sections de Paris. C'est en analysant les procès-verbaux de chacune de ces sections, en arrachant, tantôt à l'un, tantôt à l'autre de ces documents, un aveu, une contradiction, que nous nous sommes efforcé d'aboutir à une synthèse s'approchant aussi près que possible de ce que nous croyons être la vérité.

la coupable connivence des autres, de l'imprévoyance de ceux-ci, de la lâcheté de ceux-là.

Armons-nous donc de courage et pénétrons résolûment dans ce dédale.

II

Les plus violents des agitateurs auraient voulu que l'insurrection commençât dès le 8 août au soir; ils essayèrent de la proclamer aux Jacobins[1], mais leur ardeur fut arrêtée par les prudents, et le « grand acte » dut être suspendu jusqu'à l'heure indiquée par la section des Quinze-Vingts comme le « terme extrême de la patience populaire. » La journée du 9 fut donc entièrement employée de part et d'autre en préparatifs soit d'attaque, soit de défense.

Pendant que les sections les plus révolutionnaires assuraient les Quinze-Vingts de leur concours, d'autres, comme celles des Thermes-de-Julien, du Roi-de-Sicile et du Jardin-des-Plantes, protestaient et notifiaient courageusement leurs protestations à l'Assemblée nationale, au département, à la municipalité et aux autres sections. Celle du Roi-de-Sicile surtout se montrait ouvertement hostile à l'insurrection projetée; rappelant la loi qui interdisait aux sections de prendre des arrêtés et de disposer de la force armée, elle adjurait la population de Paris de ne point se laisser entraîner à la violation de la Constitution.

---

[1]. *Journal des débats du Club,* séance du 8 août au soir.

Quoique réduit à une impuissance presque radicale, le département, à la réception de cet arrêté, se hâta de l'approuver et de l'envoyer au maire et au commandant général, en leur recommandant de prendre des mesures pour empêcher qu'on ne sonnât le tocsin [1].

Le commandement général de la garde nationale, par suite du roulement établi entre les six chefs de légion, était depuis quelques jours entre les mains du chef de la 4e, Jean-Antoine Galiot de Mandat, ancien capitaine aux gardes françaises. Cet officier était très-fermement attaché aux idées constitutionnelles ; brave militaire, fidèle à

---

[1]. Voir dans la *Revue rétrospective*, tome I, 2e série, page 335 et suivantes : 1º le courageux arrêté, que le juge de paix Fayel fit adopter à la section du Roi-de-Sicile, le 8 août; 2º celui plus timide, il est vrai, que prit le jeudi 9, à onze heures du matin, la section du Jardin-des-Plantes ; 3º l'arrêté rendu par le département sur le vu de ces deux arrêtés. De ces pièces déjà connues nous rapprochons la lettre suivante de Rœderer à Pétion:

« Paris, 9 août 1792.

« Monsieur le maire de Paris,

« Le conseil du département. Monsieur, vous a attendu hier fort tard. Il pensait, d'après votre réponse à ma première lettre d'hier, qu'il était d'autant plus urgent de conférer avec nous, que vous annonciez moins de sécurité sur le maintien de l'ordre. Il pouvait y avoir lieu a concerter au moins quelque démarche avec l'Assemblée nationale. Le conseil vous prie de venir à sa séance aujourd'hui.

« Comme on annonce un tocsin pour cette nuit, le conseil vient de prendre un arrêté qui le défend. Il est nécessaire que vous vouliez bien aussi faire savoir sans retard au conseil les mesures particulières que vous aurez prises pour prévenir le signal du désordre. Une affiche où la municipalité rappellerait la loi et représenterait aux citoyens la nécessité de prévenir les troubles ne pourrait être que fort utile.

« Le procureur-général-syndic,
« RŒDERER. »

son serment, il était résolu à défendre jusqu'à la mort l'inviolabilité du domicile et de la personne du chef de l'État[1]. Par malheur, on le sait, il ne lui appartenait point de requérir la force publique ; il ne pouvait pas même établir de postes extraordinaires sans l'ordre de son supérieur immédiat, le maire de Paris.

Averti, dès le matin du 9 août, par le chef de bataillon de l'Arsenal, que les administrateurs de police ont fait distribuer des munitions de guerre aux Marseillais et que l'on prêche ouvertement l'insurrection dans plusieurs sections[2], Mandat n'attend pas les avis de Pétion, il lui expédie coup sur coup plusieurs billets pour obtenir les ordres nécessaires[3]. Pressé de répondre, non-seulement

---

1. On lit ce qui suit dans les *Mémoires* de Mme Campan, t. II, p. 233 :

« Le Roi me dit, quelques jours avant le 10 août : « Votre père
« était intime ami de Mandat, qui commande en ce moment la garde
« nationale ; faites-le-moi connaître, que dois-je attendre de lui ? » Je
lui répondis que c'était un de ses sujets les plus fidèles, mais qu'avec
beaucoup de loyauté et fort peu d'esprit, il était dans l'engouement
de la Constitution. « J'entends, dit le Roi, c'est un homme qui défen-
« drait mon palais et ma personne, parce que cela est imprimé dans
« la Constitution et qu'il a juré de la maintenir, mais qui se battrait
« contre le parti qui veut l'autorité souveraine ; c'était bon à savoir
« d'une manière positive. »

2. Voir dans la *Revue rétrospective*, t. Ier de la 2e série, page 346 et suivantes, trois rapports du chef de bataillon de l'Arsenal.

3. Voici les ordres et les lettres de Mandat :

ÉTAT-MAJOR GÉNÉRAL.

« Du 9 août 1792.

« D'après la réquisition de M. le maire, le commandant général requiert M. Boissieu de faire poster, place Vendôme, cinquante gen-

par le commandant général, mais aussi par le directoire du département, le maire de Paris finit par requérir l'augmentation des forces chargées de veiller à la sûreté des abords du Château et par autoriser l'établissement de deux postes de réserve, l'un dans une des grandes salles du Garde-Meuble, l'autre à l'hôtel de Toulouse (aujourd'hui la Banque de France).

Le commandement de la 17ᵉ division militaire, par suite de la démission de M. de Wittinckoff, lieutenant général, se trouvait dévolu depuis quelques jours à M. de Boissieu, maréchal de camp, et sous ses ordres

darmes à cheval et vingt à pied de la première division, lesquels serviront sous les ordres de M. Pinon, chef de légion.

« Le commandant général,
« Mandat.

« Le commandant de la première division de gendarmerie exécutera le présent ordre en se rendant le plus tôt possible au lieu indiqué.
« Boissieu. »

« M. Fortin fera tenir trente gendarmes en armes et uniforme, au poste du palais pour se rendre à la place Vendôme, ce soir à 9 heures précises; si ce détachement est demandé par M. le commandant général, il y sera envoyé un exprès en conséquence par M. le commandant général ou par une ordonnance de la gendarmerie à cheval de Paris. Il faudra donner le commandement du détachement à un lieutenant. « Marchais.
« Paris, le 9 août 1792.

« *P. S.* — Il faudra attendre l'ordre jusqu'à trois heures du matin. »

GARDE NATIONALE PARISIENNE. — ÉTAT-MAJOR GÉNÉRAL.

« Du 9 août 1792.

« Je suis prêt, Monsieur le maire, a établir les deux réserves exigées par le directoire et le corps municipal. Mais je ne puis tenir au

à M. de Menou, ancien membre de l'Assemblée constituante. Il n'y avait à Paris aucune troupe de ligne : ni cavalerie, ni infanterie, ni artillerie. Les Suisses, au nombre de neuf cent cinquante environ, avaient leurs officiers particuliers, auxquels seuls ils obéissaient. Les officiers généraux n'avaient donc sous leurs ordres que la gendarmerie, forte de neuf cents hommes à cheval et d'une trentaine d'hommes à pied.

Le plan de défense préparé par Mandat, tel du moins qu'il semble résulter des ordres épars donnés à divers chefs de poste, était celui-ci : laisser la colonne des insurgés venant du faubourg Saint-Antoine s'engager sur les quais, au delà de l'Hôtel de Ville ; empêcher sa réunion avec celle du faubourg Saint-Marceau, en gardant les abords des ponts, et notamment le pont au Change et

bivouac les braves citoyens qui se dévouent au service public ; il serait donc nécessaire que vous me fissiez donner deux corps de garde pour les recevoir. Je vous prie de me faire réponse à ce sujet, car mon empressement est d'exécuter les ordres des corps constitués.

« Le commandant général,

« Mandat. »

ÉTAT-MAJOR GÉNÉRAL. — GARDE NATIONALE PARISIENNE.

« Je crois, Monsieur le maire, que la garde nationale se trouverait mal placée sous des tentes. Il vaudrait mieux établir une réserve dans une grande salle du Garde-Meuble, et l'autre place des Victoires, hôtel de Toulouse. Si cette mesure remplissait vos vues, la municipalité y gagnerait la dépense d'une espèce de camp et le service serait plus au complet. Je vous prie de peser ces courtes réflexions et de me faire part si vous les trouvez justes.

« Le commandant général,

« Mandat. »

le Pont-Neuf ; la faire charger par les gendarmes à cheval, postés au Louvre et sur le quai d'Orsay, et la faire prendre en queue par la réserve placée à l'Hôtel de Ville.

Mais ce plan, grâce auquel la route aurait été coupée aux insurgés bien avant qu'ils n'arrivassent au Carrousel, reposait sur l'attaque énergique qu'aurait exécutée la gendarmerie à cheval, et sur la solidité de certains postes confiés à des officiers de la garde nationale. Or, la gendarmerie, presque entièrement composée, depuis sa réorganisation, de soldats qui avaient abandonné leurs drapeaux lors des premiers troubles de la révolution, n'était rien moins que sûre ; elle venait, en vertu d'une loi récente, de procéder à l'élection de ses chefs et n'avait conservé à sa tête que ceux qui étaient le plus ouvertement engagés dans le mouvement révolutionnaire. Parmi les officiers de la garde nationale, beaucoup n'osaient agir, hésitaient et même, cédant à d'étranges capitulations de conscience, s'apprêtaient à pactiser avec l'insurrection[1].

III

Le maire était nécessairement le pivot de la résistance légale au sein de la cité. C'était à lui que venaient aboutir

[1]. Pour donner une idée du trouble et de la confusion de tous les esprits, nous publions l'une des lettres les plus curieuses que nous ayons retrouvées. Au milieu du drame terrible que nous racontons, elle amènera un rire involontaire sur les lèvres de ceux qui la liront. Déjà, à l'occasion du 20 juin, nous avons parlé du commandant

toutes les recommandations de l'autorité supérieure ; c'était de lui que devaient émaner tous les ordres à donner à la garde nationale, toutes les réquisitions destinées à mettre en mouvement la force armée.

Pétion avait été appelé, entre cinq et six heures du soir, à l'Assemblée nationale, et avait donné les nouvelles les plus rassurantes sur le maintien de la tranquillité publique. Au sortir de la salle du Manége, il aurait dû profiter de l'occasion pour se rendre aux Tuileries et

---

Bonnaud, chirurgien de la rue de Montreuil. C'est bien le bourgeois qui a l'instinct du bon et de l'honnête, et qui se laisse entraîner à détruire de ses propres mains le gouvernement qu'il a juré de défendre. Nous retrouvons ce type dans les histoires de la Ligue et de la Fronde, nous le rencontrons tous les jours dans nos rues et sur nos places publiques ; il est impérissable.

Messieurs les maire et administrateurs de la ville de Paris.

« Messieurs,

« Vous savez sans doute que la section des Quinze-Vingts a arrêté que si le roi n'était pas déchu à minuit, elle sonnerait le tocsin et battrait la générale. Sur son invitation, le peuple de la section de la rue de Montreuil et de tout le faubourg se propose de l'imiter. Je ne puis éviter de marcher à leur tête sous aucun prétexte, ni par aucun ordre, pas même l'éloignement qui exposerait ma famille et mes possessions. En conséquence, Messieurs, je vous prie de me donner acte de ma déclaration afin que tout ce qui pourrait arriver d'illégal dans cette démarche ne me soit pas imputé, attendu que je proteste et jure derechef que je ne violerai jamais la Constitution, à moins que je n'y sois forcé.

« J'ai l'honneur d'être, etc.

« Bonnaud, commandant en chef du bataillon
« de Sainte-Marguerite.

« Ce 9 août 1792. »

s'entendre avec Mandat sur la défense du Château, mais il s'en garda bien. Rœderer, qu'il avait rencontré à la barre, le décida cependant à entrer rue du Dauphin, où siégeait le directoire du département. Là, le maire trouva Dumont, Beaumetz, Davous, d'Ormesson, Leveillard, Charton, qui étaient à la tête de cette administration depuis la retraite du duc de La Rochefoucauld et de ses huit collègues. On convint que le conseil de département et le conseil de la commune resteraient chacun en permanence.

Cela décidé, Pétion se rendit à l'Hôtel de Ville, espérant n'y rester qu'un instant et se retirer à la mairie (aujourd'hui la préfecture de police); là seulement il devait se croire en sûreté. Il était convenu entre les principaux conspirateurs et lui qu'on l'y consignerait, avec *une garde d'honneur* pour l'empêcher de sortir; c'était le premier article de tous les programmes d'insurrection fabriqués successivement depuis quinze jours, celui à l'exécution duquel naturellement Pétion tenait le plus [1].

---

1. Voir les *Mémoires* de Barbaroux, et surtout l'incroyable aveu consigné par Pétion lui-même dans l'écrit qu'il publia, en 1793, sous le titre de *Pièces intéressantes pour l'histoire*.

« Je désirais l'insurrection, dit-il, mais je tremblais qu'elle ne réussît pas. Ma position était critique; il fallait faire mon devoir de citoyen sans manquer à celui de magistrat. Il fallait conserver tous les dehors et ne point m'écarter des formes. Il y avait un combat à mort entre la cour et la liberté, et où l'une ou l'autre devait nécessairement succomber.

« Quoiqu'on eût projeté de me consigner chez moi, on oubliait, on tardait à le faire. Qui croyez-vous qui envoya, par plusieurs fois, presser l'exécution de cette mesure? C'est moi, oui, c'est moi! »

Dans la journée, les membres constitutionnels de la municipalité parisienne avaient obtenu à grand'peine du maire qu'il mît sa signature au bas d'une lettre dans laquelle les Parisiens étaient invités à se tenir tranquilles, à se défier des agitateurs et à respecter la Constitution [1]. Il avait été convenu que des officiers municipaux porteraient cette lettre à chacune des quarante-huit sections, et l'appuieraient des adjurations les plus vives, des conseils les plus pacifiques. Naturellement, les membres du conseil général qui professaient les principes constitutionnels s'offrirent et furent acceptés pour être les messagers de la concorde. Ceux, au contraire, qui pactisaient plus ou moins secrètement avec les Jacobins déclinèrent pour la plupart l'honneur de cette délégation. Ils trouvaient à ce refus un double avantage : ils se dispensaient d'aller tenir dans les sections un langage modérateur, qui les aurait compromis vis-à-vis des frères et amis ; ils restaient compactes à l'Hôtel de Ville, prêts à revêtir d'une légalité apparente les volontés de l'insurrection.

Pétion, en arrivant dans la salle du conseil général, trouve sur le bureau des lettres de Mandat, qui le pressent de se rendre au Château [2]. Des avis, venant de toutes parts, annoncent bientôt que des groupes se forment, qu'on parle de sonner le tocsin et de se porter aux Tuileries. Ceux des municipaux qui ne sont pas dans la

---

1. Voir le texte même de cette lettre dans l'*Histoire parlementaire*, de Buchez et Roux, p. 402, t. XVI.

2. Voir le récit même de Pétion (*Pièces intéressantes pour l'his-*

confidence des meneurs pressent Pétion de courir où son devoir le plus impérieux l'appelle. En vain celui-ci emploie-t-il mille prétextes pour expliquer et continuer sa coupable immobilité; on insiste, on s'écrie : « Il faut y aller; allons, monsieur le maire, mettez-vous à notre tête[1]! » Ne pouvant résister plus longtemps sans éveiller de justes soupçons, Pétion se décide à partir en emmenant avec lui quelques-uns de ceux qui viennent de s'offrir à l'accompagner.

Il était onze heures du soir. Les ministres, après avoir donné chacun dans leur département les ordres les plus indispensables, étaient revenus aux Tuileries. Rœderer[2] venait aussi d'arriver, et, s'étonnant de ne point voir le

toire). — Nous avons retrouvé la dernière lettre écrite par l'infortuné commandant général à Pétion.

GARDE NATIONALE PARISIENNE. — ÉTAT-MAJOR GÉNÉRAL.

« Du 9 août 1792.

« Monsieur le maire,

« Votre présence est nécessaire, les apparences sont menaçantes, et comme magistrat du peuple, vous êtes mieux que personne dans le cas de faire entendre raison à ceux qui sont égarés. Je vous prie donc de venir joindre vos efforts aux miens.

« Le commandant général,

« MANDAT. »

1. Récit de Pétion lui-même.
2. Nous suivons, pour tous les événements qui se passèrent aux Tuileries dans la nuit du 9 au 10 août, les récits de Rœderer, procureur-général-syndic; de Dejoly, ministre de la justice; de Pétion, maire de Paris, et de J. J. Leroux, officier municipal; tous quatre témoins oculaires. (Voir la note à la fin du volume.) Nous avons naturellement contrôlé ces récits les uns par les autres.

maire dont il avait réclamé la présence, lui écrivait sur la table même du conseil. En ce moment, Pétion survient, accompagné de plusieurs officiers municipaux, notamment de MM. Boucher-René, Borie et Therrin. Le roi interpelle le maire avec brusquerie : « Il paraît qu'il y a beaucoup de mouvement? » — « Oui, sire, répond Pétion, la fermentation est grande. » Il ajoute quelques phrases banales sur le zèle qu'il a mis à venir, dans ce moment décisif, veiller en personne à la sûreté du roi et de sa famille. A ces protestations de dévouement, Louis XVI répond d'une manière affectueuse. Pétion se hâte de rompre l'entretien et se dirige vers la porte, sous prétexte d'aller visiter les postes intérieurs et extérieurs ; mais, au moment de sortir, il se trouve face à face avec Mandat.

Le loyal soldat arrête l'hypocrite magistrat et lui demande pourquoi les administrateurs de police refusent des cartouches à la garde nationale, pendant qu'ils en délivrent aux Marseillais. — « Vous n'étiez pas en règle pour en avoir. » — Mandat insiste, Pétion s'embarrasse de plus en plus dans ses réponses évasives; le commandant général lui coupe la parole : « Je n'ai que quatre coups à tirer, et encore un grand nombre de mes hommes n'en ont-ils pas un seul ; mais c'est égal, je réponds de tout, mes mesures sont bien prises. »

Pétion, se souciant fort peu de continuer un dialogue ainsi engagé, se retourne vers Rœderer : « Ne venez-vous pas avec moi? lui dit-il ; il fait étouffant ici, je vais descendre pour prendre l'air. » Le procureur-général-syndic, qui attend des nouvelles de ses collègues du département, s'excuse de ne pouvoir s'éloigner en ce moment. Pétion s'esquive, descend le grand escalier et, sans donner une parole d'encouragement à la garde nationale, inspecte les jardins et les cours, se dirige tout doucement vers l'Assemblée, espérant se faire réclamer par un décret. Mais, comme les représentants sont trop peu nombreux pour rien décider, il se voit obligé, par convenance, de retourner vers le Château ; il se garde bien de remonter dans les appartements, et reste sur la terrasse, attendant avec anxiété l'heure de la délivrance.

IV

Abandonnons Pétion à ses rêveries et parcourons la ville. La nuit est splendide, et son calme magnifique fait un étrange contraste avec le trouble des âmes. Dans tous les quartiers, les habitants, sur le pas de leurs portes, s'entretiennent des événements du jour, de l'insurrection annoncée à heure fixe, de la déchéance que l'Assemblée a refusé même de mettre en discussion. Les opinions sont naturellement très-divisées, on discute avec la plus vive animation, mais personne ne bouge.

Au faubourg Saint-Antoine l'agitation est plus forte que dans le reste de la ville, mais il est impossible de prévoir encore si elle aboutira à un mouvement insurrectionnel. La grande rue est tout entière illuminée, les groupes sont nombreux, surtout vis-à-vis des Enfants-Trouvés, où la section des Quinze-Vingts tient séance. Les agitateurs y tonnent contre l'Assemblée nationale, qui a affecté de ne pas se préoccuper du délai fatal qu'ils ont daigné lui impartir avant de s'insurger. Des individus, se prétendant délégués par diverses sections, viennent promettre aide et assistance à leurs frères des Quinze-Vingts[1]; ils sont naturellement accueillis avec enthousiasme.

Osselin, l'un des municipaux révolutionnaires, se présente au nom du conseil général; comme il parle assez vaguement du maintien de la tranquillité publique et du respect de la loi, on sent qu'il ne prétend point condamner l'insurrection projetée; on le laisse donc discourir, mais on ne l'écoute pas [2].

1. Le procès-verbal de la section des Quinze-Vingts, en date du 9 août (voir l'*Histoire parlementaire* de Buchez et Roux, t. XVI, p. 407), donne les noms de treize sections dont les délégués vinrent faire acte d'adhésion aux arrêtés antérieurs pris par elle; mais en consultant les procès-verbaux de ces sections, nous avons pu constater que le fait est FAUX pour plusieurs d'entre elles. Aucune trace de ces adhésions ne se trouve notamment dans les procès-verbaux de l'Arsenal, de Popincourt et de Montreuil, dont les registres étaient tenus très-régulièrement. Diverses sections envoyèrent des émissaires au faubourg Saint-Antoine, les unes pour savoir ce qui se passait, les autres même pour prêcher la concorde et la paix. Ces conseils ayant été fort mal accueillis, quelques-uns de ces émissaires, outrepassant étrangement leurs pouvoirs, modifièrent tout à fait leur langage pour complaire aux amis de Santerre, et revinrent ensuite reporter à leurs commettants les paroles belliqueuses qu'ils avaient reçues en échange de leurs harangues pacifiques. (Voir le rapport Blondel que l'on trouve à la page 366 du 1er volume de la 2e série de la *Revue rétrospective*, et le procès-verbal de la section de la Fontaine-de-Grenelle, que nous donnons à la fin de ce volume.)

2. Voir dans le *Journal des Débats et Décrets*, p. 142, et dans le *Logographe*, p. 12, *supplément* au t. XXVI, le rapport qu'Osselin fit à la barre de l'Assemblée nationale.

Des fédérés annoncent qu'ils vont se réunir sous les drapeaux du faubourg Saint-Antoine pour défendre et sauver la patrie ; d'autres, joignant l'action aux paroles, arrivent tant à pied qu'en fiacre. On les accable de témoignages de sympathie.

Ces adhésions, plus ou moins factices, plus ou moins nombreuses, ne font pas illusion aux meneurs. Ils sentent que le mouvement ne s'accentue ni ne se développe. En effet, à l'exception de cinq ou six sections très-fortement engagées dans le mouvement révolutionnaire (les Lombards, les Gravilliers, Mauconseil, les Gobelins, le Théâtre-Français et le faubourg Poissonnière), toutes les autres hésitent ou se déclarent énergiquement contre le projet des Quinze-Vingts.

La plupart des sections ouvrent leurs séances entre huit et neuf heures du soir, et commencent par entendre la lecture de la lettre municipale, dont nous avons parlé. Le meilleur accueil est fait à cet appel à la concorde, ainsi qu'aux délégués qui viennent le soutenir [1].

Dans la section Grange-Batelière, on est si éloigné d'approuver les menaces des Quinze-Vingts qu'un membre propose de présenter une adresse à l'Assemblée nationale pour lui témoigner l'indignation que les citoyens ont éprouvée en apprenant que, la veille, des représentants du peuple ont été outragés. Mais cette section peut être taxée d'aristocratie ; il n'en est pas de même de celle de

---

1. Procès-verbaux des sections du Louvre, de l'Oratoire, du Ponceau, de la place Vendôme, de Montreuil, de Popincourt.

la Fontaine-de-Grenelle. Depuis que ses principaux habitants ont émigré ou se cachent, elle est menée par de petits commerçants, que le mauvais état de leurs affaires a rendus furieux, et s'est souvent distinguée par son exagération démagogique. Apprenant que les Quinze-Vingts persévèrent dans leur arrêté du 4, elle leur envoie des commissaires, pour « leur démontrer les dangers qui peuvent résulter de la démarche qu'ils se proposent de faire cette nuit ». Dans le faubourg Saint-Jacques, on ne se montre guère mieux disposé à s'insurger; si la section des Gobelins manifeste, comme toujours, des opinions franchement révolutionnaires, Sainte-Geneviève, le Jardin-des-Plantes et l'Observatoire restent parfaitement tranquilles. Aux invitations pressantes que les Gobelins adressent à leurs voisins de Sainte-Geneviève, ceux-ci répondent qu'ils n'ont point reçu les ordres d'Acloque et qu'ils se conduiront exclusivement d'après les indications de leur chef de bataillon, dont les opinions modérées sont bien connues. Montreuil et Popincourt ne paraissent pas non plus vouloir seconder leurs frères du faubourg Saint-Antoine dans leurs projets insurrectionnels[1].

Cependant les Quinze-Vingts dépêchent des affidés dans tout Paris pour répandre et appuyer leurs arrêtés. Les meneurs de Mauconseil, des Lombards et du Théâtre-Français expédient également, d'heure en

---

[1]. Osselin, dans son rapport à l'Assemblée, déclare qu'il a trouvé à Montreuil six cents citoyens qui l'ont écouté dans le plus grand silence, et qui ont accueilli avec faveur la circulaire pacifique de la municipalité; à Popincourt, il a trouvé les mêmes sentiments.

heure, des « frères et amis » pour opérer une pression incessante sur toutes les sections[1]. Néanmoins, beaucoup d'entre elles repoussent ces appels à l'insurrection, quelques-unes lèvent leur séance à l'heure accoutumée[2], persuadées qu'il ne peut rien se passer d'extraordinaire, ou ne voulant se mêler de rien[3].

V

Les chefs de l'insurrection avaient longtemps hésité entre deux projets. Les meneurs du faubourg Saint-Antoine voulaient faire du local ordinaire du comité des Quinze-Vingts le point central de la réunion des commissaires des quarante-huit sections[4]. Les meneurs des sec-

---

1. Beaucoup de procès-verbaux mentionnent l'arrivée des délégués de Mauconseil, des Lombards et du Théâtre-Français, aussi bien que des Quinze-Vingts, qui demandent et obtiennent l'autorisation d'assister aux séances des sections suspectes de modérantisme.

2. L'heure de la levée de la séance est précisée dans plusieurs procès-verbaux. La section du Temple leva sa séance à neuf heures et demie; celles de l'Oratoire et de la place Vendôme, à dix heures; celle du Louvre, à onze heures et demie.

3. Voir, à la fin de ce volume, le résumé que nous avons fait des procès-verbaux de chacune des quarante-huit sections, et les extraits que nous avons donnés des délibérations qui nous ont paru les plus importantes.

4. On lit dans le procès-verbal de la section des Arcis (séance du 9 août au soir) :

« A l'instant est arrivé un citoyen du faubourg Saint-Antoine, qui a remis sur le bureau une délibération de la section des Quinze-Vingts en date du 4 du présent mois, demandant entre autres choses, que

tions du centre de Paris voulaient que le rendez-vous des commissaires fût à l'Hôtel de Ville même. Par un sentiment de jalousie facile à comprendre, ils répugnaient à paraître subordonnés aux Quinze-Vingts. Le reste du programme était le même partout : on devait déclarer bien haut que les commissaires auraient « mission de s'entendre avec la municipalité sur les moyens d'entretenir le calme et la tranquillité, sans pouvoir s'immiscer d'aucune manière dans les fonctions municipales[1] ; » on leur donnerait tout bas le mandat d'arracher une à une, au conseil général de la commune, les décisions indispensables à la désorganisation de toute résistance, sauf à briser les autorités légales lorsqu'on n'en aurait plus que faire.

Comme nous l'avons vu, par de fréquentes convocations extraordinaires et surtout par l'institution du comité central de correspondance, on avait habitué les sections à envoyer à l'Hôtel de Ville des délégués délibérer sur toute espèce d'objets. Pour le 10 août précisément[2], la commune les avait invitées à nommer des mandataires pour concourir à la discussion d'un projet relatif à la formation d'un camp sous Paris et aux moyens de défendre la capitale en cas d'invasion. Légalement permanentes,

---

deux commissaires fussent nommés par la section, lesquels se réuniraient aux commissaires nommés par les autres sections assemblés aux Quinze-Vingts, pour délibérer conjointement sur les circonstances. »

1. Nous copions textuellement l'arrêté pris le 7 août par la section Mauconseil. Voir à la fin de ce volume.

2. Ceci est constaté par un grand nombre de procès-verbaux.

elles pouvaient tenir séance, par conséquent élire et envoyer des commissaires à toute heure du jour et de la nuit. La réunion étant effectuée à l'Hôtel de Ville, qui oserait s'apercevoir qu'au lieu de répondre à la convocation municipale, on aurait obéi à l'appel des sections ultra-révolutionnaires ? Du moment qu'on apporterait des pouvoirs libellés au nom de telle ou telle section, qui oserait discuter le nombre des citoyens desquels on déclarerait les tenir ? On était sûr d'une dizaine de sections affidées ; pour les autres, suivant les circonstances, on ferait envahir la salle des séances par des émeutiers apostés[1], on arracherait par intimidation le consentement des quelques membres du bureau, tenant la permanence ; quant aux sections sur lesquelles il serait trop difficile d'agir, on se passerait de leur assentiment.

A onze heures du soir[2], la section des Quinze-Vingts qui, pendant toute la soirée, avait espéré rester le centre exclusif du mouvement, s'aperçut de l'isolement dans lequel on la laissait, comprit qu'il fallait abandonner son projet primitif et se résigna à prendre l'arrêté suivant, qu'elle savait d'avance devoir être adopté sans conteste par les sections du centre :

« Attendu qu'il s'agit de sauver la patrie et la chose publique, la section nomme trois commissaires pour se rendre à la maison commune et, conjointement avec ceux qui seront nommés par les autres sections, aviser

[1]. Voir, à la fin du volume, l'extrait du procès-verbal de la section de la rue de Montreuil, qui constate l'envahissement des émeutiers.
[2]. L'heure à laquelle l'arrêté des Quinze-Vingts fut pris, est donnée par le procès-verbal de la section de Bondy.

aux moyens de se concerter sur les mesures à prendre dans les circonstances actuelles [1] ».

A la suite de ce premier arrêté, deux autres sont pris : l'un met sous la sauvegarde du peuple les commissaires envoyés à l'Hôtel de Ville, l'autre déclare que l'on ne recevra plus d'ordres que des commissaires de la majorité des sections réunies [2].

Ces résolutions sont apportées dans les sections vers minuit. Celles du centre, notamment Mauconseil, les Gravilliers et les Lombards, avaient pris ou prenaient au même moment des décisions identiques : les arrêtés des Quinze-Vingts y sont par conséquent reçus avec le plus vif enthousiasme.

Mais, dans beaucoup d'autres sections, la séance est levée; il ne reste plus dans la salle que quelques individus endormis sur les banquettes. On les réveille, on leur dit qu'il faut sur-le-champ nommer des commissaires pour aller à l'Hôtel de Ville sauver la patrie en danger. A l'Arsenal, les six personnes qui se trouvent dans la salle du comité nomment trois d'entre elles pour représenter quatorze cents citoyens actifs [3]. Les choses se pas-

---

1. Le texte de cet arrêté est donné d'une manière incomplète dans le procès-verbal de la section des Quinze-Vingts, imprimé dans l'*Histoire parlementaire* de Buchez et Roux, t. XVI, p. 407. Nous l'avons retrouvé dans le procès-verbal de la section du Roule. Le rédacteur a transcrit le modèle même qui avait été envoyé par les Quinze-Vingts.

2. Procès-verbal des Quinze-Vingts, dans l'*Histoire parlementaire*, t. XVI, p. 40.

3. Voir le procès-verbal de cette section, que nous donnons *in extenso* à la fin de ce volume; c'est celui qui révèle le mieux comment la plupart des élections de commissaires furent faites.

sent à peu près de même au Louvre, à l'Observatoire et au Roi-de-Sicile.

Dans certains quartiers, la séance dure encore, mais la salle est presque vide, et les citoyens présents déclarent qu'ils sont en trop petit nombre pour rien décider au nom de la majorité[1]. Ailleurs on adopte purement et simplement l'ordre du jour[2]. D'autres sections se montrent, il est vrai, moins récalcitrantes et nomment des commissaires, mais sans déterminer leurs pouvoirs; les élus ne savent pas eux-mêmes ce qu'ils vont être appelés à faire. En certains endroits on se méfie à un tel point des mesures qui pourront être prises à l'Hôtel de Ville, que les électeurs déclarent ne devoir obéir qu'aux ordres qui leur seront transmis par leurs propres délégués[3].

VI

Les Quinze-Vingts avaient donné les premiers le signal moral de l'insurrection en réclamant la nomination des commissaires, ils s'étaient bien gardés d'en donner le

---

1. Procès-verbal de la section du Roule. La section Beaubourg agit d'abord de la même manière et par les mêmes motifs; mais, sur l'insistance des sections révolutionnaires, les quelques membres présents se décidèrent à nommer trois commissaires.
2. Procès-verbal de la section des Champs-Élysées.
3. La section du Ponceau donne à ses commissaires tous pouvoirs pour « agir de concert avec la municipalité ». Leur premier acte fut précisément de briser la municipalité.

signal matériel[1]; peut-être hésitaient-ils encore ou voulaient-ils simplement couvrir d'un certain voile les suprêmes préparatifs du combat. Mais, dans le centre de Paris, on résolut de brusquer les choses. Ce fut des églises comprises dans la circonscription des sections des Gravilliers, des Lombards et de Mauconseil, que partit le signal qui, au coup de minuit, retentit et gagna bientôt de proche en proche ; car, dans une ville immense comme Paris et dans des temps de fiévreuse agitation comme ceux que nous décrivons, il y a toujours des gens prêts

1. Notre assertion contredit toutes les idées généralement reçues sur les commencements de l'insurrection du 10 août. Mais elle est appuyée sur des preuves qui nous paraissent irrécusables.

On lit, en effet :

1° Dans le procès-verbal des Quinze-Vingts : « On entend sonner le tocsin. L'assemblée, n'ayant reçu aucun ordre des commissaires réunis à la commune à cet égard, charge MM. Boutbidon et Carré d'arrêter ce terrible signal, ce qui a été effectué pour quelque temps. Mais ayant entendu battre la générale et sonner dans la ville, l'assemblée n'a pu empêcher de sonner à une heure de distance... Après la permanence déclarée, on a reçu une lettre de M. Rossignol, l'un des commissaires à la ville, invitant de retarder le tocsin jusqu'à ce que les commissaires de chaque section réunis aient pris la marche nécessaire aux circonstances. » — Les auteurs de l'*Histoire parlementaire*, qui donnent à la page 407 du tome XVI l'extrait du procès-verbal des Quinze-Vingts, séance du 9 août, omettent ce passage à l'exception des cinq premiers mots. Voilà, il faut en convenir, une étrange omission.

2° Dans le procès-verbal de la section de Montreuil : « Une députation de la section des Quinze-Vingts est venue manifester à l'assemblée son étonnement de l'alarme qui se propageait dans les églises du quartier et de la générale qui se battait dans les rues du faubourg Saint-Antoine, et a assuré à l'assemblée qu'elle n'avait pris aucune part à cette démarche. »

à se porter aux tours des églises pour répéter le signal qui leur arrive, sans qu'ils sachent souvent d'où il vient et ce qu'il signifie[1].

Au son du tocsin se mêle bientôt le bruit des tambours dont les uns battent la générale et les autres le rappel ; la générale est battue pour le compte de l'émeute, le rappel pour le compte de la résistance légale[2].

Les bataillons se réunissent sans savoir ce qu'on leur veut et à quels ordres ils doivent obéir. Une fois rassemblés, ils sont harangués par leurs chefs, mais aussi par des meneurs qui prêchent insolemment la désobéissance aux ordres de l'état-major, surexcitent les rancunes et les animosités des citoyens-soldats déjà fort divisés entre eux.

Certains bataillons se dirigent vers le Château, d'autres vers l'Hôtel de Ville ; beaucoup, par prudence et ne sachant vers quel côté pencher, restent dans leurs quartiers ; mais naturellement, comme il n'y a ni ordre ni discipline, ils fournissent et à la défense et à l'insurrection des soldats isolés[3].

---

1. Nous voyons : 1° dans le procès-verbal de la section des Invalides, que l'on ordonna de poser une garde à l'église pour empêcher que le tocsin ne fût sonné ; 2° dans celui de la section de Montreuil, qu'à deux heures et demie du matin, l'église fut envahie par les émeutiers.

2. Les ordres donnés par Mandat, et plus tard par La Chesnaye, pour faire venir la garde nationale au secours du Château, arrivèrent dans tous les quartiers à peu près en même temps que les instructions données par les chefs de l'insurrection à leurs affidés pour réunir les frères et amis au son de la générale.

3. Nous avons retrouvé une lettre qui indique parfaitement comment les choses se passèrent dans la section Bonne-Nouvelle. Cette

L'insurrection est proclamée, mais elle est loin d'être faite. L'agitation, qui avait été assez vive dans la soirée, s'est éteinte peu à peu. Sur quelques points, aux barrières que l'on ferme, aux abords des sections les plus

lettre, adressée à la municipalité, doit avoir été écrite à deux ou trois heures du matin.

SECTION DE BONNE-NOUVELLE.

« Messieurs,

« J'ai l'honneur de vous prévenir que le bataillon de Bonne-Nouvelle vient à l'instant de partir de la caserne, au nombre de cinq à six cents citoyens de toutes armes, avec canons et drapeaux, sans aucun ordre. On vient de me dire que l'ordre avait été donné par M. Champertois, président de l'assemblée de la section Bonne-Nouvelle. Plusieurs personnes animées paraissent le diriger ; quelques-unes même sont inconnues. Les commandants et officiers ont fait de vains efforts pour les retenir. Ils ont été impuissants. Ils ont dit en partant qu'ils allaient se réunir au bataillon de Saint-Jacques-l'Hôpital. Le tocsin sonne.

« Le commissaire de police,

« *Signé*, CAFFIN. »

Ce qui se passa dans la section Bonne-Nouvelle dut se reproduire ailleurs. Voici les indications que nous trouvons dans les procès-verbaux relativement aux mouvements de la garde nationale durant la nuit du 9 au 10 août :

La section de Popincourt, vers une heure du matin, ordonne qu'un rappel sera battu afin que chacun se rende à son poste.

La section du Louvre arrête que tous les citoyens prendront les armes, veilleront pendant la nuit à la sûreté de la ville de Paris, et qu'on demandera à la municipalité des tentes pour faire camper les citoyens armés sur les gazons du Louvre.

La section des Quinze-Vingts ordonne au commandant en second d'assembler le bataillon en armes *et de le faire marcher où le danger de la patrie appelle ses défenseurs.*

La section des Invalides requiert le chef de bataillon de ne pas

révolutionnaires et du club des Jacobins, « on crie aux armes, » on frappe aux portes[1]; dans le reste de la ville, tout est tranquille[2], l'on ne voit dans les rues que des citoyens qui se rendent à leurs bataillons.

Cependant les commissaires nommés par les sections les plus zélées arrivent à la maison commune entre une heure et deux heures du matin. Ils occupent la salle qui, depuis une quinzaine de jours, avait été consacrée à recevoir les délégués pour l'adresse à l'armée, la pétition sur la déchéance et les autres objets mis à l'ordre du jour par le bureau de correspondance.

A trois heures, dix-neuf sections sont censées repré-

---

permettre que les citoyens de la section se réunissent à ceux de l'intérieur, pour former des rassemblements sans ordre.

Dans les déclarations relatives à la conduite spéciale du bataillon des Filles-Saint-Thomas, pendant la nuit du 9 au 10 août, déclarations que nous donnons à la fin de ce volume, on voit que l'ordre de rappeler fut envoyé par l'état-major, entre dix et onze heures du soir. (Déclarations de Tassin, commandant en premier, de Boscary, commandant en second, de Noël Avril, sous-lieutenant, de J.-B. Jardin, adjudant-major.)

1. Nous puisons la plus grande partie de ces détails dans les rapports que, d'heure en heure, le secrétaire du conseil général du département, Blondel, transmettait au procureur-général-syndic, Rœderer, alors aux Tuileries. Ces rapports ont été imprimés dans la *Revue rétrospective*, 2ᵉ série, t. Iᵉʳ, p. 356 et suivantes.

2. Dans la description de la nuit du 9 au 10 août, que Lucile Duplessis, femme de Camille Desmoulins, nous a laissée, on lit ce qui suit : « Personne dans la rue, tout le monde était rentré. » (Voir l'intéressante notice sur Camille Desmoulins, publiée par Édouard Fleury, t. Iᵉʳ, p. 269.)

La tranquillité de Paris est encore attestée par le rapport que J.-J. Leroux fit à l'Assemblée et que nous citons un peu plus bas.

sentées[1]. Huguenin, le président des Quinze-Vingts, s'empare du fauteuil ; il y a tous les droits et personne ne songe à le lui disputer. Tallien, qui avait déjà tenu la plume lors de l'adresse demandant la déchéance, se trouve à point nommé pour remplir les fonctions de secrétaire.

Entre trois et sept heures, moment où les soi-disant commissaires, revêtus de prétendus mandats extraordinaires[2], consommèrent définitivement l'usurpation de tous les pouvoirs, de combien s'accrut le chiffre primitif de dix-neuf? Probablement de quatre ou cinq, au plus de neuf; car il est incontestable que vingt sections au moins ne furent pas représentées.

Maintenant quels étaient ces soixante-dix ou quatre-vingts individus qui venaient de s'introduire subrepticement dans une des salles de l'Hôtel de Ville?

Étaient-ce les coryphées du parti démagogique, ceux que, depuis un an, soit aux Jacobins, soit dans les sections, soit à la barre de l'Assemblée, l'on avait vus à la tête du mouvement ultra-révolutionnaire? Nullement. La section des Quinze-Vingts avait bien, il est vrai, mis les commissaires sous la sauvegarde du peuple; mais malgré cette déclaration, il pouvait y avoir quelque danger à être pris en flagrant délit de conspiration; aussi

---

1. Voir le procès-verbal de la section de l'Arsenal, à la fin de ce volume.

2. Un certain nombre de sections qui étaient soi-disant représentées dans cette réunion n'avaient donné à leurs commissaires des pouvoirs que pour s'informer, et non pour agir ; d'autres avaient entouré les leurs de réserves très-significatives. (Voir le *Résumé général des délibérations des sections,* donné à la fin de ce volume.)

les chefs se tinrent-ils prudemment à l'écart. Robespierre, Fabre d'Églantine, Billaud-Varennes ne vinrent siéger dans le sein de la commune insurrectionnelle qu'un jour ou deux après le 10 août, lorsqu'il n'y avait plus qu'à profiter de la victoire. Marat s'était blotti de nouveau dans la cave qui lui avait si souvent servi d'asile. Danton lui-même, dont le poste comme substitut du procureur de la commune était à l'Hôtel de Ville, ne s'y rendit que très-tard et fort à contre-cœur; il s'en esquiva le plus vite possible; Camille Desmoulins, qui ne quittait pas le futur ministre de la justice, le suivit dans ses évolutions et surtout dans sa retraite [1].

Étaient-ce au moins des individus connus et estimés dans leur propre parti? Non, car plusieurs d'entre eux se trouvent tellement inconnus à ceux qui sont censés les avoir nommés [2], ou tellement suspects que, deux ou trois

---

1. On lit dans les *Mémoires de Louvet* :

« Danton, qui s'était caché pendant le combat, parut après la victoire, armé d'un grand sabre et marchant à la tête du bataillon marseillais comme s'il eût été le héros du jour. »

Mais Louvet peut être suspect en parlant de Danton, écoutons les confidences de Lucile Desmoulins, qui ne saurait l'être en parlant de l'ami intime de son mari :

« Danton vint se coucher. Il n'avait pas l'air fort empressé; il ne sortit presque point. On vint le chercher plusieurs fois, enfin il partit pour la commune. Danton revint et fut se jeter sur son lit. Camille revint à une heure, il s'endormit sur mon épaule. Le grand jour étant venu (cinq heures du matin à cette époque de l'année), Camille se coucha. » On voit par la suite du récit que Camille Desmoulins ne quitta de nouveau Lucile que vers neuf heures du matin.

2. Voir le procès-verbal de la section du faubourg Saint-Denis. Deux

jours après le triomphe de l'insurrection, on ose contester leurs nominations, casser les pouvoirs qu'ils se sont délivrés[1] ; il en est même, et parmi les plus influents, qui auront un peu plus tard à répondre devant leurs sections à des inculpations entachant leur probité[2].

Quand on parcourt la liste des prétendus commissaires des sections[3], quels sont les hommes dont les noms,

---

jours après on s'aperçut de l'erreur, mais le commissaire, qui s'appelait Collonges, ne voulut pas résigner un titre qu'il avait extorqué ; il fallut les protestations réitérées de la section qu'il était censé représenter, pour lui faire quitter la place.

1. Comme cela arriva pour les individus qui étaient venus représenter la section des Enfants-Rouges.

2. On comprendra facilement qu'il eût été impossible de réunir des renseignements positifs et circonstanciés sur tous les membres, fort obscurs, de la commune insurrectionnelle. Mais il en est deux qui n'ont pas pu échapper à nos recherches : Huguenin, le président de la commune insurrectionnelle ; Concedieu, qui, après avoir violemment chassé de la section de l'Arsenal Lavoisier et ses amis, s'était, avec deux de ses affidés, constitué, de son autorité privée, mandataire de cette section dans la nuit du 9 au 10 août. Voir, à la fin de ce volume, la note concernant ces deux personnages.

3. Nous nous sommes imposé une tâche dont la difficulté nous a longtemps désespéré, et que nous n'avons pu accomplir, même en partie, qu'à force de recherches et de soins infinis : celle de rétablir, après soixante-dix ans, la liste de présence des commissaires réunis à l'Hôtel de Ville dans la nuit du 9 au 10 août. Une liste en fut dressée trois ou quatre mois plus tard, pour tromper la Convention ; c'est celle que MM. Buchez et Roux ont donnée dans leur *Histoire parlementaire*, t. XVI, p. 440 et suivantes, mais elle est évidemment falsifiée et amplifiée. On trouvera, à la fin du volume, la liste aussi exacte que possible des individus qui siégèrent avant huit heures du matin, le 10 août, dans la réunion des commissaires des sections et qui composèrent véritablement ce que l'on est convenu d'appeler la commune insurrectionnelle.

sortant un peu de l'obscurité, frappent d'abord les yeux ? Nous trouvons le journaliste Robert, l'instituteur Léonard Bourdon, Rossignol, aujourd'hui ouvrier paresseux, demain lâche général; des hommes de loi de la pire espèce, de ceux que M. Michelet appelle les scribes du ruisseau, comme Lhuillier et Truchon; des hommes de sac et de corde, comme l'ancien commis aux barrières Huguenin et le vendeur de contre-marques Hébert; des prêtres apostats, comme Bernard et Xavier Audoin; le cordonnier Simon, le futur bourreau de l'enfant royal, Cailly, Lenfant et Duffort, les futurs collègues de Marat, de Panis et de Sergent, au comité de surveillance de septembre. Le reste, c'est l'inconnu!... Et voilà les hommes qui disposèrent, dans une nuit de funeste mémoire, des destinées de la France!

VII

Pendant que les prétendus commissaires des sections s'organisent à petit bruit dans leur salle[1], entrons dans

---

[1]. La commune légale et la commune insurrectionnelle siégèrent simultanément, pendant plus de quatre heures, dans deux salles presque contiguës de l'Hôtel de Ville. C'est ce qu'aucun historien n'a fait remarquer avant nous. La réunion des commissaires des sections était si bien connue du conseil légal, qu'on lit ce qui suit dans le procès-verbal de la section du faubourg Saint-Denis : « Les trois commissaires nommés par la section ayant communiqué leur pouvoir au conseil général de la commune, il les a renvoyés à l'assemblée des commissaires des sections séant dans la maison commune. Ils se sont rendus dans la salle où cette assemblée tient ses séances. »

celle où le conseil général de la commune siège depuis plusieurs heures[1].

Le conseil est loin d'être au complet, car, nous l'avons vu plus haut, un grand nombre de membres se sont chargés d'aller visiter les différentes sections et de leur prêcher la concorde et la paix. En revanche, les tribunes établies autour de la salle[2] regorgent de spectateurs; on les a choisis avec soin pour exercer sur les membres de la commune une pression incessante, arracher à leur faiblesse les arrêtés indispensables au triomphe de l'insurrection.

Cousin, professeur au Collége de France, préside à la place de Pétion, qui s'est rendu au Château. Le savant physicien jouissait alors de la faveur populaire[3] ; jaloux

---

[1]. Le procès-verbal de la séance tenue par le conseil général dans la nuit du 9 au 10 août n'a jamais été rédigé, ou, s'il l'a été, il a été détruit. Royer-Collard, qui était alors secrétaire-greffier de la commune, emporta les minutes, après l'expulsion violente du conseil, et se refusa plus tard à les rendre aux nouveaux représentants de la commune. Voir à cet égard la lettre officielle que donnent MM. Buchez et Roux, dans le tome XVI de leur *Histoire parlementaire,* et dont l'original se trouve collé sur le *registre des délibérations du conseil général de la commune,* à la place même où il existe un blanc destiné à contenir les délibérations prises par le conseil dans les dix premiers jours d'août. La dernière séance dont le procès-verbal est inscrit sur le registre est celle du 28 juillet. Il y a une lacune jusqu'au 10 août, sept heures du matin ; à cette date se trouve le procès-verbal falsifié de la commune insurrectionnelle.

[2]. Le conseil général de la commune siégeait dans la salle dite du Trône, dont les croisées donnent sur la place de Grève. La salle existe encore dans les mêmes dimensions ; c'est la seule partie conservée de l'ancien Hôtel de Ville.

[3]. Il n'en jouit pas longtemps, car nous avons trouvé, à la date du

de la conserver, il laisse les tribunes conduire les débats. Celles-ci ne se font pas faute d'invectiver ceux des municipaux qui osent opposer quelque résistance aux motions incendiaires émises à chaque instant. Le scandale devient si grand que l'officier municipal J.-J. Leroux, après avoir plus d'une fois vainement prié le président d'imposer silence aux interrupteurs, se tourne lui-même vers les tribunes et les apostrophe ainsi :

« Si vous êtes dans l'intention d'exécuter vos menaces, vous êtes en force; descendez et sacrifiez vos magistrats; ils sont à leur poste; mais si vous êtes incapables d'un crime, sachez porter au conseil le respect que vous lui devez. »

Tant de courage réduit pour un instant les tribunes au silence, mais les menaces se renouvellent bientôt et de-

---

9 et du 11 décembre 1792, les deux arrêtés suivants de la section du Panthéon français, à laquelle Cousin appartenait :

« L'assemblée générale et permanente de la section du Panthéon français, considérant que le citoyen Cousin a perdu sa confiance et qu'elle l'a déjà annoncé à tout Paris;

« Arrête qu'elle lui retire les pouvoirs qu'elle lui avait donnés pour la représenter à la municipalité.

« LARDEL, président; DAMOUR, secrétaire.

« L'assemblée arrête qu'elle invite ses commissaires et la commune provisoire à faire rendre les comptes au citoyen Cousin, dans le plus bref délai.

« LARDEL, président; DAMOUR, secrétaire. »

Cousin ne périt pas dans la tourmente révolutionnaire, mais il resta en prison pendant toute la Terreur; nous avons retrouvé l'arrêté qui le mit en liberté, il est daté du 30 thermidor, an II.

viennent de plus en plus vives. Le nombre des hommes à face patibulaire s'augmente à mesure que la nuit s'avance. Le président, s'apercevant que J.-J. Leroux se trouve personnellement exposé aux violences des spectateurs, se hâte de l'y soustraire en l'envoyant, avec trois de ses collègues, Lesguillez, André et Desmousseaux, à l'Assemblée nationale pour lui rendre compte de l'état de Paris, et au Château pour retrouver le maire, dont les meneurs commencent à trouver l'absence bien longue.

Tandis que le conseil général continue à s'affaiblir par suite de missions publiques et peut-être de désertions secrètes, la réunion des soi-disant commissaires des sections commence à faire sentir sa présence. Des communications fréquentes s'établissent entre eux et les représentants légaux de la ville. Le conseil, succombant à la fatigue physique, moralement subjugué par la pression des tribunes et par les suggestions incessantes des commissaires, n'est bientôt plus qu'une marionnette dont le conciliabule insurrectionnel tient les fils et qu'il fait manœuvrer jusqu'à ce qu'il lui plaise d'agir ouvertement par lui-même.

VIII

Deux objets essentiels devaient naturellement préoccuper les conspirateurs : être assez forts à l'Hôtel de Ville pour y commander en maîtres, rendre libre le chemin des Tuileries par la désorganisation des plans du commandant général.

Aussitôt qu'ils se trouvent réunis en nombre à peu près suffisant, les commissaires invitent chacune des sections affidées à leur envoyer vingt-cinq hommes bien armés[1]. Puis ils établissent une correspondance incessante entre le dedans et le dehors de la maison commune, afin que les complices qui se tiennent sur la place puissent facilement appuyer de là ce qui se prépare à l'intérieur.

Ces premières précautions prises, on ne s'occupe plus que du commandant général et de ses plans.

Nous l'avons déjà dit, Mandat avait établi des postes de gardes nationaux aux têtes de pont, dans le but d'empêcher toute communication entre les deux rives de la Seine, et par conséquent de rendre impossible la réunion des deux courants populaires descendant du faubourg Saint-Antoine et du faubourg Saint-Marceau. Au Pont-Neuf, se trouvait le grand parc d'artillerie de réserve; de là seulement, on pouvait tirer le canon d'alarme. Ce poste important était confié aux gardes nationaux de la section Henri IV[2], dévoués à la cause de l'ordre et commandés par un officier très-solide et très-résolu, le commandant Robert.

Vers le milieu de la nuit, se présente, au terre-plein du Pont-Neuf, un personnage aux moustaches retroussées, à la face sinistre; il porte l'uniforme de sergent de canonniers; des poches de son gilet sortent deux crosses

---

1. Procès-verbal de la section Mauconseil, à la fin de ce volume.

2. Voir, à la fin de ce volume, la délibération de cette section, qui dénonce à l'accusateur public le fameux arrêté Mauconseil comme tendant à soulever le peuple contre les autorités constituées.

de pistolet[1]; trois ou quatre individus d'allures aussi suspectes le suivent. L'homme aux pistolets déclare au commandant Robert qu'il est chargé par la section Mauconseil de lui donner communication d'un arrêté qui le requiert de tirer le canon d'alarme[2]. Naturellement, le commandant refuse avec mépris de se soumettre à un tel ordre émané d'une pareille autorité et transmis par un semblable délégué. Le sergent de canonniers et ses acolytes sont appréhendés au corps; l'écrit dont ils sont porteurs est saisi et transmis au bureau central de police et, de là, au conseil de la commune.

Mais bientôt surviennent deux officiers municipaux, ceints de leurs écharpes; ils lisent à Robert la pièce suivante :

« Le conseil municipal charge MM. Hu et Baudouin, deux de ses membres, de se rendre sur-le-champ au poste de Henri IV et de faire mettre en liberté les quatre citoyens de la section Mauconseil qui s'y trouvent détenus.

« Cousin, doyen d'âge; Royer, secrétaire. »

Le commandant hésite un moment; mais n'osant pas entamer une lutte *inconstitutionnelle* avec la commune, il se décide à mettre ses prisonniers en liberté; seulement il se garde bien de tirer le canon d'alarme, et il excite les gardes nationaux qui l'entourent à défendre leur parc

---

[1]. Pour ce qui suit, nous suivons le rapport de Robert, qui s'est retrouvé dans les papiers de La Chesnaye.

[2]. Le rapport de Robert est confirmé par le procès-verbal de la section Mauconseil, que l'on trouvera à la fin de ce volume.

d'artillerie contre n'importe quels assaillants. Se doutant qu'il ne doit pas être seul exposé aux menaçantes injonctions des insurgés et aux faiblesses du conseil général, il se met en rapport avec le chef du bataillon du quai des Augustins, Wille, posté au pont Saint-Michel. Celui-ci lui fait répondre qu'il ne demande pas mieux que de remplir son devoir, mais qu'il vient de recevoir la visite du commandant des fédérés marseillais[1] et que celui-ci l'a sommé de livrer passage à sa troupe : « Nous passerons d'une manière ou d'une autre », avait dit à Wille le chef des insurgés. Sur cette nouvelle, Robert se prépare résolûment au combat; il range ses hommes en bataille et fait pointer ses pièces. Soudain reparaissent les deux délégués du conseil général, assistés d'un troisième, d'opinions encore plus prononcées, Osselin; ils sont porteurs d'un nouvel arrêté ainsi conçu :

« Le conseil général, s'étant fait rendre compte de la disposition actuelle des canons sur le Pont-Neuf,

« Révoque et annule tout ordre qui aurait pu être donné par le commandant général, charge MM. Osselin, Hu et Baudouin de faire exécuter le présent arrêté et, en conséquence, de faire rentrer les canons dans le parc d'artillerie[2].

« Cousin, président; Royer, secrétaire. »

---

1. Les fédérés marseillais étaient casernés tout près de là, aux Cordeliers, aujourd'hui l'École-de-Médecine.
2. Nous croyons devoir donner la biographie des principaux acteurs du 10 août, voici celle des trois officiers municipaux que nous voyons désorganiser les préparations de défense de Mandat :
Osselin était un homme de loi assez habile, mais peu considéré ; il

Le commandant Robert avait écouté avec la plus vive indignation la lecture de l'ordre qui venait de lui être donné sous le couvert de l'autorité civile; il le communique aux gardes nationaux et aux canonniers qui l'entourent; tous lui répondent : « Nous maintiendrons nos pièces en batterie tant que sonnera le tocsin. » Les trois officiers municipaux insistent, ils rappellent la loi qui confie la police de la cité au conseil général; les gardes nationaux, ignorant ce qui se passe à l'Hôtel de Ville, cèdent par un respect aveugle de la légalité et retournent leurs pièces braquées sur la rive gauche. Réduit à l'impuissance, Robert avertit immédiatement le commandant général et lui mande que, si la descente

fut nommé président du tribunal extraordinaire du 17 août, puis député à la Convention. Auteur de la loi sur les émigrés, il devint une des premières victimes de la loi qu'il avait faite; arrêté pour avoir donné asile à une émigrée, il fut condamné à la déportation pendant que la malheureuse comtesse de Charry était envoyée à l'échafaud. Il était depuis huit mois à Bicêtre en compagnie des forçats, lorsque le comité de sûreté générale eut l'idée de le comprendre dans une conspiration de prison. Amené à la Conciergerie et prévoyant le sort qui l'attendait, il s'enfonça un clou dans la poitrine, sans réussir à se tuer. Le lendemain, il fut traîné tout sanglant au tribunal révolutionnaire, et ensuite à l'échafaud (8 messidor an II, — 28 juin 1794).

Hu, épicier de son état, fut élu, peu de temps après le 10 août, juge de paix de la section du Panthéon français. Mais, devenu suspect à son tour aux ultra-révolutionnaires, il fut jeté dans les prisons, à la fin de 1793, et y resta jusqu'à la mort de Robespierre.

Baudouin était l'imprimeur de la Législative, comme il l'avait été de l'Assemblée constituante, comme il le fut de la Convention. Après le 10 août, il se retira prudemment de la politique, et, sachant se plier aux circonstances, il continua à imprimer tous les actes législatifs qui lui étaient envoyés.

des faubourgs a lieu, il se hâtera de battre la générale.

De retour à la maison commune, les municipaux rendent compte de leur mission. Les canonniers ont retourné leurs pièces, c'est déjà quelque chose ; mais on peut craindre que des ordres du commandant général ne viennent, d'un moment à l'autre, enlever les pièces aux canonniers, s'ils paraissent disposés à laisser passer l'insurrection.

Un nouvel arrêté est arraché à la faiblesse toujours croissante des municipaux et immédiatement transmis aux chefs de poste :

« 10 août 1792.

« Le conseil général arrête que les canons de chaque bataillon ne seront ôtés aux canonniers que sur un ordre écrit de la municipalité.

« Cousin, président ; Royer, secrétaire. »

Le plan de défense était, on le voit, déjà fortement troublé ; mais, pour compléter cette désorganisation, il fallait s'assurer de la personne du commandant général lui-même. Déjà, plusieurs fois dans la soirée, le conseil avait fait dire à Mandat de venir prendre ses ordres ; mais celui-ci, croyant sa présence indispensable au poste le plus périlleux, était resté aux Tuileries et avait toujours évité de répondre aux invitations qui lui avaient été transmises au nom de la municipalité.

Sous la pression des meneurs, le conseil réitère ses injonctions avec une nouvelle et plus vive insistance. Le commandant général ne pourra pas se dispenser d'obéir.

IX

Pendant que de si graves événements se passent dans Paris, que de plus graves encore se préparent à l'Hôtel de Ville, que fait l'Assemblée nationale [1] ?

Dès onze heures du soir, au bruit du rappel battu dans plusieurs sections, quelques députés se réunissent sans convocation et prennent séance sous la présidence provisoire de Pastoret. On voit aussitôt se dessiner les tendances des deux côtés de l'Assemblée. Bazire, Broussonet et Charlier paraissent successivement à la tribune. Bazire (de l'extrême gauche) rapporte que l'agitation est très-grande au faubourg Saint-Antoine et qu'à des officiers municipaux, qui manifestaient leur étonnement de voir illuminés les environs des Quinze-Vingts, on a répondu : « Ne savez-vous pas que c'est aujourd'hui le grand jour ? » Obéissant au mot d'ordre qu'il a reçu, Bazire termine son discours en demandant que l'on appelle à la barre le maire de Paris. Broussonet (de la droite) assure, au contraire, que plusieurs sections ont fortement désapprouvé l'arrêté des Quinze-Vingts. Charlier, ami de Bazire, annonce l'arrivée d'une députation des Lombards, et demande qu'elle soit immédia-

---

[1]. Pour le compte rendu de l'importante séance de la nuit du 9 au 10 août, nous nous servons du procès-verbal imprimé par ordre de l'Assemblée, des comptes rendus du *Moniteur*, du *Logographe*, du *Journal des Décrets et Débats*. Nous contrôlons comme toujours ces récits les uns par les autres.

tement introduite. On fait droit à la motion. La section des Lombards était l'une des plus engagées dans le mouvement révolutionnaire, et son orateur est le fidèle interprète de ses sentiments : « Le tocsin, dit-il, va sonner, le canon d'alarme va retentir, les citoyens de la section des Quinze-Vingts ont l'intention de se rendre au Château, afin d'y faire des visites et de savoir s'il s'y trouve des armes et des hommes suspects. Le peuple est alarmé de la présence des Suisses, qui paraissent déterminés à tirer sur les citoyens. »

C'était, à mots couverts, annoncer l'insurrection ; il n'y avait que les imprévoyants et les niais qui pussent s'y tromper. Une discussion allait s'ouvrir sur cette communication, lorsque l'on fait observer que l'Assemblée n'est pas en nombre pour délibérer. Charlier propose seulement qu'à raison des inquiétudes manifestées par le peuple, on nomme une commission de vingt-quatre membres pour aller vérifier les forces qui sont aux Tuileries. Quelques membres de la droite s'opposent à cette mesure. On doit être rassuré, disent-ils, puisque MM. Pétion et Rœderer sont au Château.

Le bruit du tocsin commence bientôt à retentir, mais le nombre des députés présents augmente peu, et l'Assemblée, afin de conserver une certaine contenance, sans cependant prendre un parti pour ou contre l'insurrection, passe le temps à entendre des rapports d'un intérêt fort médiocre sur les dettes des anciens pays d'états, sur les dégrèvements d'impôt, sur certains droits domaniaux, etc.

Deux gardes nationaux interrompent ces lectures pour

dénoncer à l'Assemblée un fait qu'ils croient important. Étant au poste du Palais-Royal, ils ont reconnu dans leurs rangs deux gardes du roi qui se sont avoués tels; ils ont voulu les désarmer et les retenir, mais leurs officiers les ont renvoyés purement et simplement [1].

Peu après, paraissent à la barre J.-J. Leroux, Desmousseaux et les autres municipaux, que le président Cousin avait éloignés à raison de leurs sentiments trop constitutionnels. J.-J. Leroux porte la parole [2] :

« Le conseil général est réuni, dit-il, et nous députe vers l'Assemblée pour lui donner autant que possible des nouvelles de la capitale; nous disons autant que possible, car les officiers municipaux, nos collègues, que nous avons envoyés dans les sections, n'étaient pas en-

---

[1]. A chaque instant on voit dans le compte rendu de la séance se renouveler des dénonciations du même genre. Elles révèlent l'existence de fausses patrouilles munies d'espingoles et portant le costume national qui, durant toute la nuit, essayèrent en vain de pénétrer dans le Château. Quelques-unes de ces patrouilles furent arrêtées, d'autres dispersées; c'est ce qui explique comment un grand nombre de personnes, dont les sentiments royalistes n'étaient pas douteux, ne purent pénétrer jusque dans les Tuileries. (Voir les mémoires de Mme de La Rochejaquelein et la lettre de M. Emmanuel d'Aubier, qui se trouve dans les pièces justificatives du t. IX des mémoires de Bertrand de Molleville.) On avait, dit-on, envoyé deux mille cartes d'entrée et on avait eu l'imprudence de les envoyer par la poste; beaucoup furent saisies par les vainqueurs et devinrent naturellement des titres de proscription durant les journées de septembre et pendant la tourmente révolutionnaire.

[2]. Le discours de J.-J. Leroux, inséré dans son procès-verbal, concorde parfaitement avec les comptes rendus du *Logographe*, p. 5, et du *Journal des Débats et Décrets*, p. 137.

core revenus au moment de notre départ de l'Hôtel de Ville. Ils ont dû se rendre aussi auprès des citoyens qui composent l'attroupement pour les rappeler à la loi. Dans tout Paris on bat la générale, ou du moins des rappels très-précipités ; un citoyen (mais ce fait n'est nullement officiel) a annoncé qu'une section du faubourg Saint-Antoine a pris un arrêté pour déclarer qu'elle ne reconnaît plus ni municipalité, ni département, ni Assemblée nationale. Un grand nombre de citoyens armés se proposent, dit-on, de venir au Corps législatif demander la déchéance du roi, et se promettent de ne pas quitter les environs du lieu des séances que cette déchéance n'ait été prononcée. Le maire est dans ce moment aux Tuileries avec plusieurs officiers municipaux. Il n'y avait, d'ailleurs, presque personne sur la place de la maison commune lorsque nous l'avons traversée. Dans toutes les rues par lesquelles nous avons passé, tout était fort tranquille. Il y a lieu de croire que si l'Assemblée se montre avec force, si elle prend une mesure vigoureuse, le calme pourra se rétablir. »

Le président répond : « L'Assemblée saura s'élever à la hauteur des circonstances. » Mais, par le fait, l'Assemblée ne fait rien et se borne, sur la motion de Marans, à expédier aux représentants absents l'ordre de se rendre immédiatement à leur poste. Puis, on reprend purement et simplement l'ordre du jour, comme s'il n'y avait rien de plus urgent que d'entendre des rapports sur des aliénations de biens nationaux.

Mais bientôt se présente une nouvelle députation de la municipalité ; elle est, cette fois, spécialement composée des amis du maire, et vient faire part à l'Assemblée des inquiétudes que plusieurs sections ont manifestées en apprenant que leur magistrat chéri est aux Tuileries. « Ces inquiétudes étaient si vives, ajoute l'orateur municipal, que nous n'avons pu refuser d'accompagner les députations de ces sections (les Lombards et les Arcis) dans le sein de l'Assemblée, où l'on a dit que le maire s'était présenté. »

Vergniaud et plusieurs autres députés rassurent les pétitionnaires sur le sort de Pétion, qu'ils annoncent avoir vu, il y a quelques instants, sur la terrasse des Feuillants.

Bazire revient sur la proposition qu'il a faite au commencement de la séance, et propose que le maire soit mandé à la barre de l'Assemblée; cette motion est écartée par l'ordre du jour; Bazire proteste, soutenant « qu'il se passe quelque chose d'extraordinaire au Château. »

La consigne avait été donnée de dire et de répéter partout : « La vie du maire est en danger. » Des sections, de l'Hôtel de Ville, de la mairie, arrivent coup sur coup de nouvelles réclamations[1]; enfin le président, Tardiveau, reçoit la lettre suivante que lui écrivent les amis

---

1. Pétion, depuis qu'il avait quitté l'hôtel de la ville à onze heures du soir, s'était fait réclamer d'heure en heure par ses amis du conseil général; voici les billets qui étaient venus successivement le trouver au Château :

MUNICIPALITÉ DE PARIS.

« Du 10 août 1792, an IV.

« J'ai l'honneur de prier M. le maire, au nom du conseil général, de

les plus intimes de Pétion, les complices des insurgés, les administrateurs de police Panis et Sergent :

« MUNICIPALITÉ DE PARIS. — DÉPARTEMENT DE POLICE.

« Le maire de Paris est allé au Château; il y est environné d'hommes qui paraissent avoir des vues perfides contre lui. Vous seuls pouvez l'en tirer; appelez-le à la barre, un ordre de l'Assemblée le tirera de ce danger; et aussitôt renvoyez-le à la commune, où on l'attend et d'où l'on a envoyé vainement un exprès pour le faire venir. Nous craignons tout si vous ne prenez ce parti, et, d'ailleurs, le tocsin sonnant, le maire de Paris doit être à la commune.

« Les administrateurs de police, ses amis,

« Panis, Sergent.

« *P. S.* On vient à chaque minute nous le demander.

« Deux heures du matin. »

« Il faut, s'écrie Letourneur, que le maire soit mandé nous tirer d'inquiétude et de nous donner de ses nouvelles par le porteur. « Cousin.

« Le conseil général ordonne à M. le maire de se rendre sur-le-champ dans son sein.

« Le présent arrêté lui sera porté par MM. Patris et Mahaut, et, dans le cas où le retour de M. le maire éprouverait des obstacles, les mêmes commissaires sont autorisés à se transporter à l'Assemblée nationale, à lui dénoncer ces obstacles et à demander que la liberté de ce magistrat n'éprouve aucune atteinte.

« Cousin, président; Royer, secrétaire-greffier. »

à la barre!... Il faut savoir s'il est retenu au Château par la force ou de sa propre volonté. »

L'Assemblée n'était pas en nombre et, depuis plus de trois heures, se refusait à prendre aucune décision; mais il s'agissait de *sauver* le populaire Pétion, on ne discute plus, et le décret suivant est sur-le-champ adopté et expédié :

« Du 10 août 1792.

« Sur la motion d'un membre, l'Assemblée nationale décrète que M. le maire de Paris se rendra à l'instant à sa barre;

« Décrète, en outre, que ce décret sera porté sur-le-champ à M. le maire, et remis à l'instant par un des huissiers de l'Assemblée, qui se fera accompagner de deux gendarmes nationaux.

« TARDIVEAU, ex-président;
LECOINTE-PUYRAVEAU, TRONCHON, secrétaires. »

X

Au moment même où l'on prétendait qu'il était gardé à vue dans le Château comme un otage précieux, Pétion se promenait dans le jardin des Tuileries avec Rœderer, qui était venu le rejoindre. Lorsque les premiers sons du tocsin se font entendre, il affecte une tranquillité parfaite. « J'espère, dit-il au procureur-général-syndic, qu'il n'y aura rien; des commissaires sont allés au lieu du rassemblement. » Survient le ministre de la justice, Dejoly, qui, de la part du roi, demande au maire d'autoriser la fermeture des portes de la terrasse des Feuillants. Pétion y consent et se dirige vers la terrasse pour donner lui-même les ordres ; mais il tombe dans un groupe de gardes nationaux où paraît régner une assez grande agitation. Un des soldats-citoyens s'approche de lui, le félicite ironiquement de son zèle pour le salut de la patrie ; puis, changeant de ton, lui reproche de se laisser dominer par les factieux, notamment par Santerre, avec lequel on le voit toujours, et enfin dit avec fermeté : « Monsieur le maire, vous répondez de la tranquillité publique. » Pétion, visiblement embarrassé, balbutie : « Monsieur, qu'est-ce que cela veut dire ? Vous oubliez le respect..... Vous manquez..... Ah ! voyons ! entendons-nous..... »

Mais les autres gardes nationaux blâment leur camarade de sa vivacité et dégagent le magistrat municipal.

Celui-ci, charmé d'échapper à un interrogatoire d'autant plus insultant qu'il est plus mérité, s'éloigne précipitamment. On l'entraîne vers le Château, on le presse d'y remonter, lorsqu'il est rejoint au bas du grand escalier par un huissier qui, accompagné de gendarmes et de porteurs de torches, lui notifie le décret de l'Assemblée [1].

[1]. Dans le récit qu'il a publié de la nuit du 9 au 10 août, Pétion dit avec une impudence superbe que, « s'il fût monté, il ne serait jamais descendu ; qu'il échappa, comme par miracle, à la mort ; que, si le peuple eût fait le plus léger mouvement pendant qu'il était aux Tuileries, il n'existerait plus ! » De cela donne-t-il une seule preuve ? Non. Il se contente d'ajouter : « C'est avec raison que le drapeau, suspendu au dôme du Château, pendant quelque temps portait : *Ici le maire de Paris a manqué d'être assassiné dans la nuit du 9 au 10.* »

Pétion s'empresse d'obéir au message qu'il attendait depuis si longtemps. Il paraît à la barre, entouré d'officiers municipaux. On l'invite « à faire connaître si les inquiétudes qu'on a eues sur son compte étaient fondées. »

« Occupé tout entier de la chose publique, répond avec sa modestie et sa solennité ordinaires le premier magistrat de Paris, j'oublie facilement ce qui m'est personnel. Il est vrai que, lorsque j'ai été au Château, on m'a assez mal accueilli ; j'ai entendu proférer contre moi les propos les plus violents. Ils auraient pu déconcerter un homme qui aurait cru ne pas avoir d'ennemis ; mais moi, qui sais bien que mon amour pour le bien public m'en mérite un grand nombre, je n'en ai point été effrayé. »

Puis, sans entrer dans plus de détails, il annonce que toutes les précautions exigées par les circonstances ont été prises. « Il y a dans le Château, ajoute-t-il, un corps nombreux de gardes nationaux. Le commandant assure qu'il n'a aucune inquiétude pour la sûreté du domicile du roi ; autant qu'on peut le prévoir, l'ordre et la tranquillité publique pourront être maintenus[1]. »

Le président, Vergniaud[2], invite Pétion aux honneurs de la séance, « si l'exercice de ses fonctions peut le lui permettre. » « Mais le maire, lisons-nous au procès-verbal de l'Assemblée, traverse seulement la salle, et, sentinelle vigilante, retourne à son poste. » C'est-à-dire

---

1. Voir le procès-verbal officiel de la séance, le *Logographe* et le *Journal des Débats et Décrets*.

2. Il venait de prendre le fauteuil à la place de Pastoret ; le président en titre, Merlet, n'avait pas encore paru. — *Logographe*, p. 6.

qu'il se hâte de rejoindre ses amis, qui l'attendent pour le consigner.

Pétion sorti, l'Assemblée, toujours très-peu nombreuse[1], recueille les nouvelles qui lui sont apportées par quelques-uns de ses membres, accepte des dons patriotiques, entend des rapports sur une nouvelle banque à fonder, sur les brevets d'invention, sur la suppression de la prime accordée pour la traite des nègres; reçoit des dénonciations contre le maire de nous ne savons quelle bourgade, accusé d'être en correspondance avec les émigrés; écoute de longues adresses, que lui envoient des sociétés patriotiques allemandes qui l'adjurent de s'unir pour sauver la France[2]. Certes, rien ne pouvait venir plus à propos, mais l'Assemblée ne comprend, ni les avertissements qui lui arrivent de loin, ni ceux qui lui sont transmis par les autorités qui siégent à sa porte. En effet, la lettre suivante venait d'être apportée au président :

« Paris, le 10 août 1792, 3 heures du matin.

« Monsieur le président,

« La section des Tuileries, assemblée en armes, a

---

1. « L'Assemblée n'est pas composée de plus de cent cinquante membres, » dit le rapport de Blondel, daté de trois heures quarante minutes, inséré dans la *Revue rétrospective,* p. 356.

2. Nous puisons ces détails et ceux qui suivent dans le compte rendu du *Journal des Débats et Décrets,* p. 141, n° 320, et dans le *Logographe,* p. 9, 10, 11. — Ces détails, en réalité insignifiants, donnent aux délibérations de l'Assemblée législative, durant la nuit du 9 au 10 août, une étrangeté que l'historien ne doit pas oublier de signaler.

l'honneur de vous informer qu'elle a autorisé M. de La Roche à ne plus reconnaître l'état-major, mais qu'elle veille à la sûreté de l'Assemblée nationale et que ses canons ne peuvent être mieux placés que dans la cour des Feuillants, qui est une des issues de l'Assemblée nationale.

« Le président de la section des Tuileries,

« BONJOUR[1]. »

Peu de temps après, le ministre de la justice paraît à la barre et annonce officiellement à l'Assemblée, au nom du pouvoir exécutif, les événements qui sem-

---

1. Ce Bonjour était un commis du ministère de la marine, que Bertrand de Molleville avait chassé de ses bureaux. (Voir les *Mémoires* de Bertrand de Molleville, t. IX, p. 109.) Il présidait encore le comité de la section des Tuileries lorsque, quelques heures plus tard, les prisonniers qui se trouvaient au corps de garde des Feuillants, et notamment Suleau, furent livrés à Théroigne de Méricourt et aux assassins qui l'accompagnaient. La section des Tuileries tenait ses séances dans l'église des Feuillants, et son comité dans l'une des salles de ce couvent.

La lettre de Bonjour, que nous venons de citer, concorde parfaitement avec celle que le commandant de bataillon, de La Roche, écrivait au même moment à Pétion. Ces deux documents, qui montrent dans quel état de désorganisation étaient tombées les autorités civiles et militaires, même celles chargées plus spécialement de la sûreté de l'Assemblée, se corroborent ainsi l'un par l'autre.

Monsieur Pétion, maire de Paris.

« Monsieur le maire,

« C'est avec la plus grande confiance que je m'adresse à vous, pour que vous ayez la bonté de m'éclairer sur la conduite que je dois tenir dans la circonstance délicate et désagréable dans laquelle je me trouve.

« La section des Tuileries m'a notifié un arrêté qu'elle a pris dans sa

blent se préparer. « Le roi vient d'être informé qu'il s'était élevé des doutes sur la liberté de M. le maire de Paris au château des Tuileries; Sa Majesté a vu avec plaisir M. Pétion et M. Rœderer se rendre auprès de sa personne; elle me charge de venir déclarer que, loin de souffrir qu'il soit porté atteinte à leur liberté, il a recommandé qu'honneur et respect leur fussent rendus dans toute sa maison... »

La réfutation des mensonges insinués par Pétion, soutenus si affirmativement par ses amis, était complète ; mais personne ne la relève.

« Messieurs, reprend Dejoly au milieu du plus profond silence, le roi saisit cette occasion pour rendre un nouvel hommage à la Constitution. » — Point d'applaudissements. — « Le roi est informé qu'il existe au faubourg Saint-Antoine un rassemblement, résultat de provocations antérieures; quoique sa contenance ne soit pas inquiétante, il n'en est pas moins contraire au bon ordre, *puisqu'il n'a pas été autorisé par les autorités constituées..* D'après les détails que j'ai reçus, *on doit se porter chez le roi et à l'Assemblée nationale.* Je prie l'Assemblée de

séance de ce soir, par lequel elle me défend de recevoir et exécuter aucun ordre de l'état-major, qu'elle a déclaré, par un arrêté antérieur, avoir perdu sa confiance.

« Je reçois, dans le moment, des ordres de M. Mandat, commandant général, pour faire rappeler dans l'étendue de la section.

« Honorez-moi, je vous en supplie, de votre conseil, et vous obligerez celui qui est avec respect

« Votre très-humble et très-obéissant serviteur,

« DE LA ROCHE. »

prendre de promptes mesures pour prévenir les désordres qui pourraient suivre cette démarche. »

« Il y a des lois contre les rassemblements, s'écrie François de Neufchâteau, c'est au pouvoir exécutif à les faire exécuter. — Il est prudent, ajoute Vergniaud, avant de prendre des mesures quelconques, de connaître le compte que la municipalité doit rendre sur l'état actuel de Paris. » Cette motion dilatoire est adoptée, et la séance est suspendue [1].

XI

Comme on le voit par la communication de Dejoly à l'Assemblée, on était, pendant les premières heures de la nuit, assez rassuré au Château [2]. Mais l'inquiétude ne

[1]. Il était cinq heures du matin. — *Logographe,* p. 12.

[2]. Tous les rapports que Rœderer reçut du secrétaire général du département, Blondel, et qui ont été insérés dans la *Revue rétrospective,* t. Ier de la 2e série, p. 355 et suivantes, sont généralement d'une nature peu inquiétante. En voici un dernier qui n'a pas été donné par la *Revue rétrospective :*

« Nos observateurs nous rapportent les détails d'une très-longue tournée dont ils reviennent; ils ont vu les faubourgs Saint-Denis et Poissonnière, la Halle, les rues Saint-Honoré, de la Ferronnerie, de la Verrerie, Saint-Antoine, jusqu'à l'entrée du faubourg. Ils ont vu partout sur leur passage beaucoup de *gardes nationales* sous les armes, parmi lesquels bon nombre de gens armés de piques. A l'entrée du faubourg, ils ont vu quelques hommes qui paraissaient encore vouloir ameuter le peuple et l'exciter, mais inutilement; ils n'ont pu pénétrer plus avant ; mais d'autres que nous attendons sont allés jusqu'au fond du faubourg ; en revenant, ils ont passé par la rue Saint-

tarda pas à y renaître, et certes l'abandon dans lequel se trouvait la monarchie menacée était trop manifeste pour que la famille royale ne dût elle-même pressentir les approches du naufrage.

La reine n'avait autour d'elle que la princesse de Lamballe, la princesse de Tarente, madame de Tourzel et sa fille Pauline, quatre ou cinq autres dames attachées à sa maison et à celle des enfants de France. Depuis le départ de Pétion, la municipalité n'avait plus auprès du roi que deux de ses membres, Borie et Leroux. Le procureur-général-syndic et deux ou trois administrateurs représentaient le département. Les mi-

<hr />

Antoine, la rue de Fourcy, le pont Marie, dont ils ont trouvé la tête garnie par un corps de *gardes nationales*; la Grève, où peu de monde s'était rassemblé, les quais remplis de gardes nationales, le pont Notre-Dame et le Pont-Neuf défendus par les troupes, et de là, en revenant, tout le reste tranquille. Voilà le résultat de leurs observations qu'ils nous ont fait passer.»

« Blondel.

« 5 heures 1/4. »

A ce document, nous en joignons un autre qui vient le corroborer; c'est une lettre écrite, dans le milieu de la nuit du 9 au 10 août, par le ministre de la marine, Dubouchage, à sa femme :

« Sois tranquille, ma bonne amie, il y a de grandes forces et de bonnes dispositions au Château; d'un autre côté, nous avons des avis certains que le rassemblement ne sera pas à beaucoup près aussi considérable que les factieux l'espéraient. M. le maire, plusieurs officiers municipaux, M. Rœderer, sont ici; sois sans inquiétude, ton ami aura le plaisir de te revoir sain et sauf. »

Cette lettre paraît avoir été écrite vers minuit, puisqu'on y parle de la présence du maire au Château; mais elle n'arriva pas à sa destination et fut déposée sur le bureau du président de l'Assemblée par des gardes nationaux qui l'avaient trouvée après le sac des Tuileries.
— *Logographe*, p. 43.

nistres, le commandant général de la garde nationale, Mandat, le commandant en second, La Chesnaye, complétaient le personnel des agents du pouvoir exécutif, restés fidèlement au poste que la loi leur assignait.

La famille royale se tenait dans la chambre du conseil. Dès qu'il survenait quelque porteur de nouvelles, tout le monde se précipitait au-devant de lui, l'interrogeait avec anxiété; l'étiquette de la cour était levée, la reine, madame Élisabeth, succombant à la fatigue, à l'inquiétude, étaient assises sur de simples tabourets.

Quelques serviteurs fidèles, quelques amis de la dernière heure, avaient pu pénétrer jusque dans le Château; ils erraient à travers les appartements et les cours, s'efforçant d'enflammer l'ardeur de ceux à qui était confiée la défense du souverain, de sa famille, de la royauté. Mais leur intervention, dans l'état où se trouvaient les esprits, était peut-être plus nuisible qu'utile. Tous les gardes nationaux d'une bonne volonté douteuse en prenaient prétexte pour discuter les ordres qu'on leur donnait, pour repousser toute idée de résistance. Le chef de légion, La Chesnaye, voulut un moment faire éloigner les volontaires royalistes, parce que, disait-il, ils gênaient ses dispositions militaires; la reine lui répliqua vivement : « Je vous réponds de tous les hommes qui sont ici, ils marcheront devant, derrière, dans les rangs, comme vous voudrez; ils sont prêts à tout ce qui pourra être nécessaire, ce sont des hommes sûrs. »

Ils n'étaient pas 200, beaucoup étaient des vieillards déjà glacés par l'âge. N'était-ce pas le cas de s'écrier avec Racine :

« Voilà donc quels vengeurs s'arment pour ta querelle!... »

Qui eût dit à Louis XIV, lorsqu'au milieu des splendeurs de sa cour, il assistait aux représentations d'*Athalie,* que le poëte, par la bouche de Joad, prophétisait le sort réservé à son arrière-petit-fils!

Entre trois et quatre heures du matin, un roulement de voiture se fit entendre; à ce bruit, on ouvrit le contrevent d'une des fenêtres du cabinet du roi. C'était la voiture du maire qui s'en retournait à vide; Pétion n'avait pas osé venir la reprendre dans la cour même des Tuileries, il n'avait fait avertir ses gens de son départ définitif que lorsqu'il s'était vu en sûreté dans l'hôtel de la mairie. Madame Élisabeth accourut vers la fenêtre et fut éblouie des premiers feux du jour : « Ma sœur, s'écria-t-elle, venez donc voir l'aurore! » et Marie-Antoinette, obéissant machinalement à cette invitation, vint assister au lever du soleil qui devait éclairer son dernier jour de royauté; le ciel, par un triste présage, était rouge de sang.

XII

Nous savons de quelle importance il était pour les insurgés de faire sortir des Tuileries et d'amener entre leurs mains le commandant général de la garde nationale. Nous savons aussi que le conseil de la commune, sur les injonctions des commissaires des sections, lui avait expédié de nouveau l'ordre de venir à l'Hôtel de Ville. Au reçu de cet ordre, plus impératif, plus pressant que les précédents, le commandant général alla consulter le ministre de la justice et le procureur-général-syndic. Dejoly ne voulait pas qu'il partît; Rœderer, au contraire, insista très-vivement pour qu'il se rendît à l'appel de la municipalité. « Il est possible, dit le procureur-général-syndic, que le maire veuille se porter au-devant des rassemblements, et croie avoir besoin d'avoir auprès de lui le chef de la force publique : celui-ci est essentiellement aux ordres du maire. D'ailleurs il serait bon d'éclaircir le contre-ordre qu'on prétend avoir été donné par Manuel aux canonniers qui gardent le Pont-Neuf[1]. »

Mandat se détermine enfin à partir, remet le commandement à La Chesnaye, et se dirige vers l'Hôtel de Ville, sans prendre aucune précaution pour assurer sa sûreté personnelle[2].

En arrivant, il se présente devant le conseil général[3], toujours rassemblé dans la salle ordinaire de ses séances et toujours présidé par Cousin.

---

1. Ce contre-ordre si fatal venait du conseil général lui-même, ainsi que nous l'avons vu plus haut. Quant au projet que Rœderer prêtait fort gratuitement à Pétion de se porter au-devant des rassemblements, Pétion n'y avait jamais pensé. Mais Rœderer pouvait-il soupçonner tant de faiblesse, d'une part, tant de duplicité, de l'autre ?

2. Mandat quitta les Tuileries un peu après cinq heures du matin. (Voir le récit de Dejoly.)

3. Ce qui suit, sauf quelques parties de l'interrogatoire de Mandat, n'a même pas été soupçonné par les historiens qui ont écrit sur le 10 août. Ils ont copié servilement le procès-verbal fabriqué après coup par les meneurs de la commune insurrectionnelle et ne se sont pas aperçus qu'il contenait plusieurs contradictions formelles et même des faux matériels. Nous avons eu le bonheur de découvrir les minutes des versions successives, préparées pour arriver à la rédaction du

On lui demande pourquoi il a doublé les postes du Château, pourquoi il a donné l'ordre de battre la générale ; pourquoi il a fait braquer des canons sur les différents ponts? fidèles à la tactique éternelle de la démagogie, les municipaux qui sont dans la confidence des conspirateurs rejettent sur lui la responsabilité des événements qui peuvent survenir, lui reprochent d'être la cause de l'effervescence qui existe dans Paris et lui déclarent qu'on a pris des arrêtés pour prévenir tous les désordres que ses apprêts intempestifs ont occasionnés [1].

Mandat explique qu'il a ordonné de battre le rappel et non la générale, qu'il a reçu les réquisitions du maire, qu'il n'a fait qu'y obéir, et que, chargé d'une immense responsabilité, il a cru devoir prendre toutes les précautions nécessaires pour la défense du Château.

Cela dit, Mandat se retire ; mais à peine a-t-il quitté le conseil général qu'il est saisi, entraîné dans la salle où siégent Huguenin et ses quatre-vingts acolytes. A cette nouvelle, le procureur-syndic Manuel et Des-

procès-verbal officiel ; nous avons étudié avec le plus grand soin les additions et surtout les ratures qui se trouvent dans toutes ces éditions d'un même fait de plus en plus falsifié ; nous avons enfin rapproché les procès-verbaux primitifs et le procès-verbal officiel des rapports que les municipaux vinrent faire d'heure en heure à l'Assemblée. De ces derniers le *Moniteur,* il est vrai, fait à peine mention, mais nous les avons retrouvés dans le *Logographe* et dans le *Journal des Débats et Décrets..*

1. Voir le rapport fait par Osselin à l'Assemblée, vers six heures et demie du matin. *Logographe,* p. 12 ; *Journal des Débats et Décrets,* p. 143.

mousseaux, son premier substitut, sortent précipitamment pour aller à son secours. Desmousseaux voit le commandant général traité déjà comme un accusé, des sentinelles garder toutes les issues ; il parvient cependant à s'esquiver par un escalier dérobé, mais Manuel reste et semble, par sa présence, légaliser toutes les monstruosités qui vont se commettre [1].

Huguenin [2], s'adressant à Mandat qui est debout à la barre, entouré d'hommes à piques que les sections affidées ont envoyés, commence ainsi l'interrogatoire :

— Vous êtes prévenu d'attentat contre la sûreté publique en donnant des ordres à la force armée sans réquisition légale. En vertu de quel ordre avez-vous doublé la garde du Château? Je vous somme de le représenter.

MANDAT. « J'ai déjà répondu à messieurs du conseil général [3] ; » si j'avais été prévenu, j'aurais apporté l'ordre du maire, je l'ai laissé dans mes papiers.

---

1. Desmousseaux, après avoir été aux Tuileries, était revenu à son poste de l'Hôtel de Ville. Voir son rapport fait à l'Assemblée. *Logographe*, p. 16, et *Journal des Débats et Décrets*, p. 145.

2. Le procès-verbal officiel dit que c'est Cousin qui préside et interroge le commandant général. Or, c'est Huguenin qui fit subir à Mandat l'interrogatoire (premier faux matériel). Le procès-verbal omet à dessein ce qui se passa depuis le commencement de la séance dans la salle où siégeaient alors les commissaires, c'est-à-dire depuis trois jusqu'à sept heures du matin (deuxième faux matériel).

3. Tout ce qui est entre guillemets dans tout l'interrogatoire de Mandat se trouve sur la minute du procès-verbal et a été supprimé du procès-verbal officiel.

Ces mots si importants, *j'ai déjà répondu à messieurs du con-*

D. Le maire n'a point donné cet ordre.

R. C'est une réquisition générale que j'ai présentée au département. Si un commandant général ne peut pas prendre des précautions subites pour un événement imprévu, il n'est pas possible de commander.

D. Avez-vous eu l'ordre formel de faire marcher les canons?

R. Quand le bataillon, marche, les canons marchent aussi; c'est un usage qui a été observé de tout temps, et même sous La Fayette.

D. Quel jour avez-vous reçu l'ordre du maire?

R. Il y a trois jours; l'ordre est au Château, je le rapporterai.

Sur cette réponse, l'Assemblée arrête que l'on enverra des commissaires à Pétion pour recevoir ses explications. « Truchon est chargé de cette mission [1]. »

D. Quels sont les ordres qu'a reçus le poste de Henri IV?

R. Voilà comment se donnent les ordres : le commandant général adresse au chef de légion l'ordre, que celui-ci envoie à ses bataillons. Quant aux canons braqués, je n'ai point donné d'ordres. Les canons vont avec les bataillons.

---

seil général, montrent que précédemment Mandat avait été interrogé par l'autorité légale, et qu'elle n'avait vu dans sa conduite rien de répréhensible ; ils existent sur la première minute, mais sont raturés sur la deuxième (troisième faux matériel).

1. Truchon, dit l'homme à la longue barbe, était l'un des secrétaires improvisés de cette prétendue assemblée. Le nom du commissaire enquêteur est omis dans le procès-verbal officiel; nous l'avons retrouvé sur la première minute.

D. N'avez-vous pas retenu ce matin le maire au Château ?

R. La garde nationale a montré les plus grands égards à M. le maire ; il n'a point été retenu. Pour moi en particulier, je l'ai salué et me suis retiré.

D. Quelle personne écrivait hier au Château en votre présence ?

R. C'était mon secrétaire.

Plusieurs officiers municipaux, paraît-il, avaient quitté la salle de leurs délibérations et assistaient à cet interrogatoire. Par leur présence, ils ne craignaient pas de donner une apparence de légalité à ce tribunal improvisé. L'un d'eux, Mouchet[1], s'écrie : — Eh bien, j'ai entendu le secrétaire tenir ce propos : M. le maire est là, il n'en sortira pas ! Un de mes collègues l'a entendu comme moi. C'est ce mot, répété à des députés, qui a provoqué le décret qui mandait M. le maire à la barre. J'ajoute que M. Mandat a dit à des grenadiers des Gravilliers, en parlant de Pétion : Vous allez le ramener, sa tête répond du moindre mouvement.

« L'assemblée des commissaires déclare qu'il faut envoyer savoir auprès de M. le maire si ce nouveau fait est

---

1. Le nom de Mouchet nous est fourni par le récit de Dejoly. On y voit cet officier municipal accompagner Pétion à la barre de l'Assemblée et parler après lui. Or, comme dans la salle de l'Hôtel de Ville, un membre de la municipalité se sert exactement des mêmes expressions, rapporte le même propos, et deux fois déclare avoir été témoin auriculaire, il est évident pour nous que l'orateur ne peut être autre que Mouchet. Possédé de la ridicule manie de se mettre en scène, il continua au 10 août le rôle qu'il avait déjà joué le 20 juin.

exact; qu'il y a lieu d'en instruire l'Assemblée nationale et la commune [1], et d'en référer à ces deux autorités. »

Puis, se ravisant aussitôt, elle prend l'arrêté suivant :

« Considérant qu'on ne peut laisser plus longtemps le
« maniement de la force armée aux plus cruels ennemis
« du peuple;

« Que les jours du peuple ne peuvent être conservés
« que par un militaire qui, à juste titre, a mérité sa con-
« fiance, puisqu'il l'aime et en est aimé;

« Qu'en outre ce militaire est suffisamment éclairé pour
« conduire la force publique et ne la diriger que contre les
« ennemis de la patrie et non contre ses concitoyens [2];

« Il sera nommé un commandant général provisoire, et, à l'instant, le citoyen Santerre, connu par son patriotisme et les services importants qu'il a rendus à la Révolution, a été nommé d'une voix unanime. »

L'Assemblée, après avoir nommé un commandant

---

[1]. La mention de l'envoi de nouveaux commissaires auprès du maire est complétement omise dans le procès-verbal officiel (quatrième faux matériel). On voit, par ces mots, *qu'il en sera référé à la commune,* qu'à ce moment le conseil général n'était pas encore suspendu, quoique, trois pages plus haut, dans le procès-verbal officiel, cette suspension précède l'interrogatoire de Mandat. — Preuve nouvelle que les deux assemblées, l'une légale, l'autre illégale, siégeaient en même temps à l'Hôtel de Ville dans deux salles presque contiguës.

[2]. Tous les considérants de l'arrêté se trouvent sur la première minute, et ont été omis dans le procès-verbal officiel (cinquième faux matériel). Ils sont curieux, parce qu'ils montrent combien les commissaires étaient eux-mêmes embarrassés pour motiver la nomination du brasseur démagogue au commandement général de la garde nationale.

général, approuve naturellement sans la moindre difficulté la conduite des sections des Gravilliers et du faubourg Poissonnière, qui viennent de casser les commandants des bataillons de leur circonscription et qui en ont nommé d'autres de leur autorité privée.

Cela fait, Huguenin reprend l'interrogatoire du malheureux Mandat. Il cherche à tirer de son prisonnier des informations sur les forces rassemblées aux Tuileries. Fidèle à son devoir de soldat et à son rôle de défenseur du roi et de la Constitution, le commandant général ne croit pas devoir la vérité à des insurgés; il s'étudie donc à diminuer le nombre de troupes dont disposent ceux qui le remplacent dans la défense du Château.

D. Combien d'hommes aviez-vous postés aux Tuileries?

R. Douze cents; la garde nationale est ordinairement composée de six cents hommes; mais M. le maire m'a requis de doubler les forces. Le nombre des Suisses est ordinairement de trois cents, je l'ai doublé et porté à six cents; il y a, de plus, une réserve de cent hommes de gardes nationaux ; j'ai demandé des munitions, mais on m'en a refusé. Il y a aux Tuileries huit pièces de canon appartenant aux bataillons des Filles-Saint-Thomas, des Petits-Pères et à d'autres légions.

Tout à coup on annonce que l'on vient de déposer sur le bureau du conseil général de la commune une lettre de Mandat « par laquelle il ordonne de harceler et de tirer sur les citoyens, en flanc et par derrière, au moment où ils se transporteront aux Tuileries ; mais que le président Cousin, après en avoir donné lecture, l'a rendue au commandant du poste de la réserve qui l'a remise dans sa poche. »

L'assemblée déclare qu'il faut que cette lettre lui soit apportée à l'instant même, « et elle envoie à sa recherche un de ses membres avec Patris, officier municipal, » probablement celui qui était venu lui annoncer l'existence de la lettre.

En attendant, le président somme le commandant général, révolutionnairement destitué mais encore seul reconnu aux Tuileries, « de donner l'ordre de retirer la moitié des forces qui sont rassemblées. » Mandat comprend le sort qui l'attend, l'envisage avec le sang-froid du soldat qui ne connaît que son devoir, et refuse noblement d'apposer sa signature au bas du papier que Huguenin lui présente [1].

Les commissaires chargés de trouver à tout prix la pièce accusatrice en rapportent une copie certifiée par le président et le secrétaire du conseil général. Elle est ainsi conçue [2] :

---

1. La sommation de Huguenin et le refus de Mandat sont constatés par les deux minutes successives du procès-verbal. La deuxième minute est raturée, mais il est encore facile d'y lire la preuve du courage à jamais digne d'éloges que Mandat, sommé de racheter sa vie par une simple signature, déploya dans l'accomplissement de son devoir.

Nos travaux de dix années sont payés en ce moment, puisqu'il nous est donné d'enrichir notre histoire nationale d'un trait d'héroïsme complétement ignoré, d'un trait que quelques autres actes de dévouement peuvent égaler, qu'aucun ne surpasse.

2. Cette pièce se trouve textuellement reproduite dans le procès-verbal officiel, tous nos efforts pour en découvrir l'original ont été infructueux, mais nous avons retrouvé la preuve que cette lettre exis-

« MUNICIPALITÉ DE PARIS. — GARDE NATIONALE PARISIENNE.

« Du 9 août 1792, l'an iv de la liberté.

« Le commandant général ordonne au commandant du bataillon de service à la Ville de dissiper la colonne d'attroupement qui marcherait pour se porter au Château, tant avec la garde nationale qu'avec la gendarmerie, soit à pied, soit à cheval, en l'attaquant par derrière.

« Le commandant général,

« MANDAT.

« Signé *ne varietur* au désir du procès-verbal de cejourd'hui 10 août 1792, à sept heures du matin.

« COUSIN, président; LEMOINE, secrétaire greffier adjoint.

« Pour copie conforme à l'original,

« LEMOINE, secrétaire greffier adjoint[1]. »

La lecture de cette lettre soulève la plus vive indigna-

---

tait encore dans les papiers de la commune à la fin de thermidor an ii, car elle est mentionnée et parafée de nouveau dans un inventaire que l'on fit, à cette époque, des papiers de la commune de Paris.

1. Beaucoup d'historiens se sont élevés contre cet ordre et l'ont qualifié de traîtrise infâme. Tout homme de bon sens trouvera très-naturel que l'on attaque par devant, par derrière, de toutes les manières possibles, des colonnes d'insurgés, se dirigeant vers la demeure du représentant légal du pouvoir exécutif. Y avait-il ou n'y avait-il pas, le 10 août, révolte ouverte et à main armée? Voilà toute la question; la poser, c'est la résoudre.

tion de la part des conspirateurs : « C'est une infamie, c'est un prodige de lâcheté et de perfidie[1] ! » s'écrient-ils, et l'assemblée, usurpant le pouvoir judiciaire comme elle a usurpé le pouvoir municipal, décrète l'arrestation immédiate de Mandat et ordonne qu'il sera sur-le-champ conduit dans la prison de la maison commune. Afin que l'exécution de cet ordre ne puisse rencontrer aucun obstacle, on invite Manuel, retenu au milieu des commissaires, à y apposer sa signature[2].

Averti de ce qui se passe, le conseil général se hasarde à rappeler à l'assemblée des commissaires que le droit de faire appréhender au corps un individu, fût-il coupable, n'appartient qu'aux juges de paix. Mais les commissaires envoient dire aux municipaux que lorsque le peuple se met en état d'insurrection, il retire tous les pouvoirs, que dès lors ils ne sont plus rien et qu'eux seuls sont tout, puisqu'ils représentent le peuple souverain[3]. La menace était claire ; elle ne tarde pas à être exécutée. Jugeant qu'il est temps d'en finir, et n'ayant d'ailleurs plus besoin, ni d'un faux semblant de légalité, ni de signatures arrachées à des magistrats débonnaires, les usurpateurs font signifier aux magistrats municipaux cette destitution en bonne forme, préparée depuis longtemps :

« L'assemblée des commissaires de la majorité des

1. Expressions dont se sert la minute du procès-verbal, et qui ont disparu dans le procès-verbal officiel.
2. Voir à cet égard le rapport fait à l'Assemblée nationale par le substitut Desmousseaux. *Logographe*, p. 16, *Journal des Débats et Décrets*, p. 146.
3. Voir encore le rapport de Desmousseaux.

sections réunies avec pleins pouvoirs de sauver la chose publique, a arrêté que la première mesure que le salut public exigeait était de s'emparer de tous les pouvoirs que la commune avait délégués et d'ôter à l'état-major l'influence malheureuse qu'il a eue jusqu'à ce jour sur le sort de la liberté.

« Considérant que ce moyen ne pouvait être mis en usage qu'autant que la municipalité, qui ne peut jamais et dans aucun cas agir que d'après les formes établies, serait suspendue provisoirement de ses fonctions, a arrêté que le conseil général de la commune serait suspendu, et que M. le maire, M. le procureur de la commune et les seize administrateurs continueraient leurs fonctions administratives.

« Huguenin, président; Martin, secrétaire. »

Les municipaux, qui ne sont pas dans le secret de la comédie que l'on joue depuis cinq à six heures, font des observations aux délégués qui leur apportent cette étrange signification; une discussion s'engage; mais les délégués ne veulent rien écouter et déclarent que les commissaires des sections vont se rendre dans la salle du conseil. La majorité des représentants légaux de la commune avait elle-même plus d'une fois bravé l'autorité des lois contre le département, elle songe à l'invoquer à son tour contre l'insurrection et envoie une députation à l'Assemblée nationale afin qu'on avise aux mesures à prendre dans des circonstances si critiques. Mais les commissaires des sections ne donnent pas au conseil le temps de recevoir une réponse de l'Assemblée. Ils y envoient eux-mêmes rendre compte, à leur manière, de leur nomination et de leur prise de possession, et, sans plus attendre, ils arrivent en masse dans la salle du conseil général, s'emparent presque de vive force des fauteuils qu'occupent les municipaux.

Quelques-uns de ceux-ci osent néanmoins insister pour qu'il soit constaté qu'ils ne cèdent qu'à la violence et écrivent, au bas de l'insolente signification qu'on vient de leur faire, la mention suivante :

« Nous soussignés, membres du conseil général, certifions que le présent arrêté a été signifié séance tenante par une députation des commissaires dénommés audit acte.

« Fait à Paris, ce 10 août 1792.

« Royer, secrétaire général; Bidermann, officier municipal; L.-Q. Cahier, notable[1]. »

Les usurpateurs s'inquiètent peu de cette vaine protestation. Pour avoir l'air de procéder avec régularité, ils font faire l'appel nominal des membres présents; ceux-ci déposent sur le bureau les chiffons de papier sur lesquels sont inscrits leurs prétendus pouvoirs.

La séance ouverte, la commune insurrectionnelle décide que Mandat sera transféré de la prison de l'Hôtel de

---

[1]. Cette substitution du nouveau conseil à l'ancien est ainsi formulée à la quatrième page du procès-verbal officiel :

« L'assemblée a invité le conseil général de la commune à se retirer et à laisser à la disposition de l'assemblée la salle du conseil général de la commune. Sur cette invitation, le conseil général a cédé la salle des séances à MM. les commissaires, et l'appel nominal a été fait. »

Ville dans celle de l'Abbaye *pour sa plus grande sûreté*. Les sicaires qui sont aux ordres des commissaires des sections comprennent ce que cela veut dire. Ils courent à la prison, où le commandant général est enfermé depuis une demi-heure, l'en arrachent et l'entraînent à travers le grand escalier qui conduit à la place de Grève. Sur les premières marches, on lui brise la tête d'un coup de pistolet tiré à bout portant. De la salle où ils siégent, les commissaires des sections peuvent entendre les gémissements de la victime, les hurlements et les cris de joie des assassins : ils ne daignent pas interrompre le cours de leurs délibérations et continuent à expédier des ordres pour les derniers préparatifs de l'insurrection.

XIII

La première préoccupation des chefs de la commune insurrectionnelle avait été de faire tuer Mandat ; la seconde fut de consigner Pétion dans son hôtel. On lui envoya à cet effet six cents hommes. Le captif volontaire notifiait aussitôt la nouvelle de sa prétendue détention à toutes les autorités qui étaient restées libres, c'est-à-dire exposées à la responsabilité et aux périls qu'il avait fuis.

Aux « officiers municipaux, qui sont à la commission extraordinaire de l'Assemblée nationale, » il écrit :

« Je me disposais, messieurs et collègues, à me rendre auprès de vous à la commission ; j'étais habillé, les chevaux étaient mis ; j'allais descendre, lorsque deux officiers de garde sont venus me dire que j'étais consigné, que je ne sortirais pas. Je suis donc dans l'impossibilité de vous joindre et je m'en rapporte à votre zèle et à votre civisme pour dire à l'Assemblée nationale ce que l'intérêt de la chose publique exige.

« Le maire de Paris,

« Pétion. »

Au département, il envoie la lettre suivante :

« Le 10 août 1792.

« Je ne sais plus, messieurs, où nous en sommes ; depuis trois heures tout a changé de face. La commission centrale des quarante-huit sections s'est emparée de tous les pouvoirs communaux, donne tous les ordres, a mis la force publique sous sa dépendance. J'allais me rendre à l'Assemblée nationale pour lui rendre compte des faits, pour l'engager à prendre, dans sa sagesse, tous les moyens, toutes les mesures que l'intérêt public exige, lorsqu'une force majeure m'a consigné chez moi en me déclarant que je n'en sortirais pas.

« *Faites en grâce ce que vous croirez sage et utile dans cette circonstance.*

« Le maire de Paris,

« Pétion. »

On peut le dire sans crainte d'être démenti, dans cette nuit fatale où s'accomplit la *passion de la royauté*, Pétion cumula le rôle de Judas et celui de Ponce-Pilate. Comme Judas il vint, au commencement de la soirée, donner le baiser de paix à Louis XVI en l'assurant de son dévouement; comme le gouverneur romain, au lever de l'aurore, il proclama l'impuissance dont il s'était frappé lui-même et se lava les mains de tout ce qui allait arriver.

Nos regards se détournent avec dégoût de cet indigne magistrat[1]; reportons-les vers le Château, où d'héroïques mercenaires s'apprêtent à mourir pour obéir à leur serment.

Le régiment de la garde suisse était la seule force, vraiment organisée, dont il fût permis d'espérer des secours efficaces. Les ministres étaient parvenus à en garder la plus grande partie aux environs de Paris, malgré les dénonciations des clubs; le reste avait été envoyé en Normandie pour protéger l'arrivage des grains vers la capitale.

Dès le 4 août, sur un ordre expédié en toute hâte, les Suisses étaient accourus de leurs casernes de Courbevoie et de Rueil, après y avoir enterré leurs drapeaux. Le Château n'ayant point été attaqué dans la nuit du 4 au 5, on les avait renvoyés, afin que leur présence ne servît point de prétexte aux dénonciations révolutionnaires. Mais le 8, vers dix heures du matin, Mandat les rappela pour le lendemain trois heures après midi. Ils trouvèrent, en arrivant à la barrière, un ordre ainsi conçu : « Laissez passer les Suisses pour renforcer les

---

[1]. Les journalistes amis et complices de Pétion expliquèrent ainsi son inaction et sa captivité : « Le peuple craignant que son magistrat chéri ne partageât ses dangers, voulant, si l'on peut s'exprimer ainsi, mettre en dépôt la loi et son organe le plus respecté, avait entouré M. Pétion d'une garde nombreuse et l'avait consigné chez lui. »

postes des Tuileries. PÉTION. » Ils arrivèrent à l'heure prescrite. Ils étaient commandés par le lieutenant-colonel de Maillardoz (remplaçant le colonel d'Affry, malade) et par les majors Bachmann et Zimmermann, soldats d'élite sous tous les rapports. Les Suisses étaient à peine 950, et n'avaient pas plus de 30 cartouches par homme[1].

La gendarmerie à pied et à cheval était très-peu sûre, comme nous l'avons déjà dit ; elle avait annoncé tout haut l'intention formelle de ne tirer à aucun prix sur le peuple. Les détachements de la garde nationale, qui se trouvaient dans l'intérieur du Château, étaient composés des gardes montantes et descendantes ; mais, on s'en souvient, d'après une décision récente de la municipalité, les divers bataillons étaient appelés à fournir chacun un certain nombre d'hommes. Ces détachements étaient donc sans consistance, sans confiance en eux-mêmes ni dans les autres. Mandat, il est vrai, utilisant des *réquisitions* précédemment données par le maire de repousser la force par la force, avait appelé à lui seize bataillons. Ces seize bataillons formaient sur le papier un ensemble de dix mille hommes, mais il n'en vint pas la moitié, peut-être même pas le quart; et, parmi ceux qui vinrent, combien s'en trouvait-il qui fussent disposés à faire le sacrifice de leur vie pour assurer le triomphe de la légalité ?

Pendant toute la nuit, des discussions très-vives et

---

[1]. *Récit de la conduite des Suisses,* par le colonel Pfyffer d'Altishoffen, à la suite des mémoires de Weber, t. II.

très-animées s'étaient établies entre les gardes nationaux des différents bataillons. On se surveillait, on s'épiait, on cherchait à surprendre dans les conversations, sur les physionomies, quelque indice qui désignât ceux sur lesquels chaque parti pouvait compter.

Les canonniers parisiens étaient l'objet d'une surveillance particulière. Les généraux commandant le Château avaient posté de nombreuses sentinelles qui se promenaient le long des pièces placées en batterie vers le Carrousel. Car on soupçonnait ceux qui étaient chargés de les servir de vouloir, un peu plus tôt un peu plus tard, faire cause commune avec les insurgés.

XIV

Dans la salle du conseil, où était rassemblée la famille royale, on avait discuté toute sorte de plans, mis en avant toutes sortes de projets, mais sans rien décider. Plusieurs des assistants, notamment Rœderer et Dejoly, regardaient comme insensée toute idée de résistance. Ils proposent au roi d'écrire à l'Assemblée législative pour lui demander aide et assistance. Mais on objecte qu'une pareille démarche est indigne de la majesté royale et qu'on doit se borner à envoyer deux ministres faire connaître au Corps législatif le véritable état des choses. Dejoly et Champion de Villeneuve sont chargés de cette mission.

Pendant qu'ils l'accomplissent, on persuade au roi que

sa présence électrisera les citoyens armés, postés dans les cours et dans le jardin, et qu'il n'aura qu'à se montrer pour réunir toutes les volontés, pour rallier tous les cœurs. Louis XVI se décide à tenter cette démarche suprême. Il paraît au balcon qui donne sur le Carrousel ; des cris redoublés de : Vive le Roi ! éclatent de toutes parts. Le Roi annonce alors qu'il va se rendre en personne au milieu des braves soldats qui viennent de lui témoigner une enthousiaste fidélité. Des serviteurs dévoués veulent le suivre, il les arrête lui-même en disant : « Restez, messieurs, je ne veux être entouré que de la garde nationale. »

Accompagné de quelques officiers seulement, il commence la revue par les corps stationnés dans la cour royale; il est d'abord reçu avec une vive sympathie[1]; mais bientôt des cris de : Vive la Nation ! se font entendre, en opposition aux cris de : Vive le Roi ! Certaines compagnies se taisent; en vain les officiers les invitent à saluer de leurs acclamations le souverain, on leur répond qu'il est défendu de parler sous les armes.

Louis XVI visite successivement tous les postes des cours qui touchent au Carrousel; puis il se dirige vers le jardin. Au moment où il y entre, défile devant lui un bataillon du faubourg Saint-Marceau, muni de toute es-

[1]. Voir la déposition du capitaine des canonniers Langlade dans l'*Histoire parlementaire* de Buchez et Roux, t. XVII, p. 305, et celles des gardes nationaux Fleury et Debrie. Ces dépositions ne peuvent être suspectes, car elles sont faites dans un sens complétement jacobin. Les deux dernières ont été imprimées par ordre de l'Assemblée dans la *Collection des lois* (août 1792).

pèce d'armes, poussant toute espèce de cris. Des expressions menaçantes sont proférées contre la cour, la reine et le roi lui-même. Louis XVI, avec le courage impassible dont il donna souvent des preuves, le laisse passer et, lorsque le bataillon a pris son poste, va lui-même le visiter[1]. Continuant sa tournée du côté de la terrasse du bord de l'eau, il se dirige vers le pont tournant. Mais les cris de : Vive la Nation! se multiplient, ceux de : Vive le Roi! deviennent plus rares, et l'on voit même une douzaine d'individus, parmi lesquels cinq à six canonniers, suivre le cortége en hurlant sans cesse : « Vivent les Sans-Culottes! à bas le Veto! à bas le Roi[2]! »

Ces vociférations sont entendues au Château et retentissent au fond du cœur de la reine; les ministres qui sont restés auprès d'elle, Dubouchage et Bigot de Sainte-Croix, courent chercher le roi, et le ramènent à sa famille éplorée. En le voyant rentrer défait et abattu, la reine dit tout bas à madame Campan : « Tout est perdu, cette revue a fait plus de mal que de bien[3]! »

En ce moment[4], on apprend les premiers événements de l'Hôtel de Ville, la mise en marche de l'attroupement. La porte de l'orangerie, donnant accès au jardin des Tuileries, vient d'être ouverte; le jardin se remplit de bataillons dont les intentions sont douteuses, si ce n'est déjà

---

1. Récit de Dejoly.
2. Voir les notes qui accompagnent le procès-verbal de J.-J. Leroux, que nous donnons à la fin de ce volume.
3. Souvenirs de madame Campan, t. II, p. 244.
4. Il était alors 7 heures 1/2, suivant Dejoly dont le récit fut écrit quatre jours après l'événement.

hostiles. Sur la place du Carrousel commence à s'entasser une foule compacte d'émeutiers.

Voyant approcher le moment de la lutte, les officiers municipaux et départementaux tiennent conseil, et, fermes dans leurs devoirs, ils décident qu'on ne doit, qu'on ne peut pas attaquer, mais qu'il faut donner aux gardes nationaux, aux gendarmes, aux Suisses, préposés à la garde du Château, l'ordre de se maintenir à leur poste, et, s'ils sont attaqués, de repousser la force par la force [1].

Philibert Borie et J.-J. Leroux, représentants de la municipalité, auxquels incombait le soin d'accomplir les formalités légales, font venir le commandant général en second dans le grand corps de garde du rez-de-chaussée, et lui remettent un ordre ainsi conçu :

« Nous, officiers municipaux, requérons, en vertu de la loi contre les attroupements, donnée à Paris le 3 août 1791, M. de La Chesnaye, chef de légion, commandant général de la garde nationale, de prêter le secours des troupes de ligne et de la gendarmerie nationale ou de la garde nationale, nécessaire pour repousser l'attroupement qui menace le Château, et de repousser la force par la force [2]. »

Puis, accompagnés de cet officier, les deux municipaux se portent dans la cour des princes, sous le vestibule, sur les terrasses du jardin, où les Suisses et les gardes nationaux sont rassemblés, pour leur lire l'ordre

---

1. Procès-verbal de J.-J. Leroux.
2. *Ibid.*

donné. Le procureur-général-syndic Rœderer, à la tête de ceux des membres du conseil du département qui sont présents, remplit le même devoir dans d'autres parties du palais. Comme toujours en pareille circonstance, les braves s'affermissent dans le devoir et se taisent, les pusillanimes et les traîtres font entendre leurs voix. — « Nous ne pouvons tirer sur nos frères, disent les gardes nationaux et surtout les canonniers. — Ce ne sont plus vos frères s'ils tirent sur vous, répond le procureur-général-syndic. — Mais si l'on tire sur nous, serez-vous là ? — Oui, et non derrière vos pièces, mais devant. » Pour toute réponse l'interlocuteur de Rœderer retire la charge de son canon, la jette à terre et pose le pied sur la mèche allumée. Un autre dit aux municipaux, au moment où ils remettent les réquisitions aux commandants des canonniers et des Suisses : « Il faudrait savoir en définitive ce que veulent les citoyens qui se trouvent sur la place du Carrousel et qui frappent dans ce moment à la porte royale ; il faut leur donner lecture de ce que vous venez de nous lire ; et si après ils nous attaquent, eh bien, nous nous défendrons ! »

Les représentants de la loi se dirigent vers le guichet de la porte royale et veulent parlementer avec les émeutiers. Ils leur donnent les plus pathétiques mais les plus inutiles leçons sur le respect dû à la légalité. La foule répond par des cris confus : « Nous voulons l'entrée du Château ! il est rempli de traîtres ! la déchéance du roi ! la suppression du *veto !* qu'on nous remette le roi et sa famille ! nous ne voulons leur faire aucun mal... » J.-J. Leroux entame une harangue par une des fenêtres du corps de garde, mais des injures, des menaces, qui peuvent d'un instant à l'autre être suivies d'effet, le forcent à rentrer dans la cour, sans qu'il ait pu réussir à calmer la populace. Rœderer est un peu plus écouté, mais ne réussit pas mieux. Des coups redoublés continuent à ébranler la porte royale; déjà les gardes nationaux du dedans semblent échanger des gestes et des paroles d'intelligence avec les émeutiers du dehors; car une vingtaine d'individus ont réussi, sans que les factionnaires s'y soient opposés, à se mettre à cheval sur le mur. Rœderer voit qu'il perd son temps à parlementer; il interrompt sa harangue, et revient en toute hâte vers le Château pour adjurer Louis XVI de prendre le seul parti qui, suivant lui, soit encore possible : celui de se réfugier dans le sein de l'Assemblée.

XV

Si l'on ne voulait ou si l'on ne pouvait user de la force, il n'y avait pas d'autre moyen de garantir la sûreté du Roi que de le faire sortir du Château. La retraite hors de Paris, peut-être possible pendant la nuit, ne l'était plus le matin.

Le municipal J.-J. Leroux avait devancé Rœderer auprès de Louis XVI et de la famille royale et les avait avertis de ce qui se passait. La reine paraissait résolue à attendre de pied ferme l'attaque à main armée :

— « Mais, madame, s'écrie Leroux, avez-vous réfléchi qu'en cas d'assaut il est impossible de répondre des jours du roi et de votre famille? Le seul parti à prendre est de se réfugier dans le sein de l'Assemblée nationale; et c'est à l'instant même qu'il faut partir.

— « Vous le croyez? dit le roi.

— « Oui, sire; dire le contraire à Votre Majesté ce serait la trahir.

— « Nous retirer à l'Assemblée nationale! s'écrie la reine; mais pensez-vous, monsieur, qu'il n'y ait point d'inconvénients?

— « Non, madame; l'Assemblée est la seule chose que, dans ce moment, le peuple respecte[1]. »

Sur ces entrefaites, arrive Rœderer. Il renouvelle officiellement au roi la même proposition, au nom du corps constitué qui, dans les derniers temps, lui a donné de véritables témoignages de sympathie.

« Sire, l'opinion du département est que Votre Majesté doit se rendre immédiatement dans le sein du Corps législatif. »

Le roi hésite, la reine encore plus; ils paraissent vouloir se fier aux troupes, dont ils voient le palais environné.

« Non, madame, continue Rœderer, vous n'avez pas dans les cours un nombre d'hommes suffisant pour la défense du Château; tous, d'ailleurs, ne sont pas bien disposés; les canonniers, quoique nous ne leur demandions que de rester sur la défensive, ont déchargé leurs pièces. Venez, sire; encore une demi-heure, et la retraite ne dépendra peut-être plus de nous.

---

[1]. Procès-verbal de J.-J. Leroux.

— « Ainsi, s'écrie la reine, dont l'indignation éclate, ainsi nous sommes seuls, personne ne peut agir...

— « Oui seuls, madame, réplique gravement le procureur syndic; l'action est inutile, la défense impossible[1]. »

Un membre du directoire du département, Gerdret, que connaissait personnellement la reine (il était son marchand de dentelles), mais qui, dans le directoire, avait toujours été à la tête de l'opinion la plus avancée, se hasarde à appuyer la proposition de Rœderer. La reine lui impose silence par ces mots : « Laissez parler le procureur général, vous êtes le seul qui ne devez point parler ici; quand on a fait le mal, on ne doit pas avoir l'air de vouloir le réparer[2]. »

Gerdret se tait et Rœderer reprend : « Sire, le temps presse, ce n'est plus une prière que nous venons vous faire, ce n'est plus un conseil que nous prenons la liberté de vous donner... Nous n'avons qu'un parti à prendre en ce moment, nous vous demandons la permission de vous entraîner. »

Dejoly joint ses instances à celles de Rœderer. Le roi reste silencieux, et semble absorbé dans ses réflexions; tout à coup il regarde Rœderer pour tâcher de deviner le fond de sa pensée. Accoutumé à se voir trahi, il craint encore de nouvelles trahisons. Mais prenant enfin sa détermination :

— « Allons, s'écrie-t-il, en élevant la main droite,

---

1. Récit de Dejoly.
2. Récits de Dejoly et de madame Campan.

donnons, puisqu'il le faut encore, cette dernière marque de dévouement. »

Et il fait un pas en avant. Marie-Antoinette jette un coup d'œil ému sur le roi, un autre sur le prince royal.

Le roi, impassible[1], répète :

— « Marchons ! »

La reine est elle-même entraînée.

— « Monsieur Rœderer, dit Madame Élisabeth en se penchant à l'oreille du procureur-général-syndic, vous répondez de la vie du roi ?

— « Oui, madame, sur la mienne. »

Le prince royal et sa sœur pleuraient. Tous les spectateurs avaient les larmes aux yeux[2].

Au moment de sortir de la chambre, la reine se rapproche de Rœderer et des officiers municipaux :

— « Vous répondez de la personne du roi, vous répondez de celle de mon fils ?

— « Madame, réplique le procureur-général-syndic, nous répondons de mourir à vos côtés. Voilà tout ce que nous pouvons garantir[3]. »

Plusieurs gentilshommes qui, pendant la conversation, s'étaient rapprochés, font un mouvement pour entourer Louis XVI et la reine.

— « Sire, s'écrie Rœderer, je demande à Votre Majesté de ne se faire accompagner d'aucune personne de sa cour, de n'avoir d'autre cortége que le département

---

1. Récit de Dejoly.
2. Procès-verbal de J.-J. Leroux.
3. Récit de Dejoly.

qui environnera la famille royale ; des gardes nationaux nous escorteront jusqu'à l'Assemblée. »

Le roi acquiesce à cette demande, et Rœderer, en sortant de la chambre royale, dit à haute voix : « Le roi et sa famille vont à l'Assemblée, sans autre cortége que le département et ses ministres. Veuillez ouvrir le passage ! » Il appelle l'officier de garde et lui ordonne de préparer une escorte. La Chesnaye se met à la tête de trois cents grenadiers, appartenant principalement aux bataillons des Filles-Saint-Thomas et des Petits-Pères.

— « Messieurs, commande le procureur-général-syndic, accompagnez le roi à l'Assemblée nationale ; je réponds de la vie du roi sur ma tête. »

Le roi s'avance. Les rangs se ferment derrière lui.

— « Grenadiers, s'écrie Sa Majesté, j'emmène ma famille avec moi. »

Les rangs se rouvrent aussitôt, et les personnes indiquées par le procureur-général-syndic pénètrent au milieu du cortége, qui se met définitivement en marche.

Comme la reine promenait autour d'elle des regards inquiets, le grenadier De Brie[1] croit devoir la rassurer :

— « Que Votre Majesté ne craigne rien ; elle est entourée de bons citoyens. »

Marie-Antoinette répond en appuyant sa main sur sa poitrine :

— « Je ne crains rien ! »

Au bas du grand escalier, sous le péristyle, Louis XVI hésite une minute à franchir le seuil qu'il ne repassera

---

1. Voir sa déclaration imprimée par ordre de l'Assemblée.

plus. Il pense aux serviteurs qu'il vient de quitter et demande à Rœderer :

— « Que vont devenir toutes les personnes qui sont restées là-haut ?

— « Sire, elles sont en habit de couleur, à ce qu'il m'a paru ; celles qui ont des épées n'auront qu'à les quitter, vous suivre et sortir par le jardin.

— « C'est vrai[1]. »

Puis le roi, revenant sur une idée qu'il avait déjà émise, ajoute :

— « Mais il n'y a pourtant pas grand monde au Carrousel ?

— « Sire, les faubourgs sont près d'arriver ; toutes les sections sont armées, elles ont été réunies *à la municipalité*, et puis il n'y a ici ni un nombre d'hommes suffisant, ni une volonté assez forte pour résister même au rassemblement actuel du Carrousel. Il y a là douze pièces de canon. »

Sans rien objecter de plus, Louis XVI suit Rœderer à travers le jardin.

Le procureur-général-syndic marche en tête des membres du département, puis vient le roi, ayant à ses côtés son ministre des affaires étrangères, Bigot de Sainte-Croix. La reine donne le bras à Dubouchage, ministre de la marine, et, de la main gauche, tient le prince royal. La gouvernante, Mme de Tourzel, serre convulsivement l'autre main de l'enfant. Dejoly suit avec Madame Royale et Madame Élisabeth. Madame de Lamballe est

---

1. Récit de Rœderer.

conduite par le ministre de la guerre, d'Abancourt. Les ministres de l'intérieur et des contributions publiques, Champion et Leroux de La Ville, ferment la marche[1].

Des deux côtés du cortége, sont échelonnés deux détachements : l'un, à droite, de gardes nationaux; l'autre, à gauche, de gardes suisses[2].

Quand cette petite colonne se mit en mouvement, il était environ huit heures et demie[3]. Elle suivit la grande allée des Tuileries jusqu'aux parterres, puis tourna à droite, vers l'allée des marronniers.

Le sol était jonché de feuilles mortes, l'automne ayant été précoce dans cette brûlante année 1792. « Voilà bien des feuilles! s'écria le roi pendant que son jeune fils s'amusait — le pauvre enfant — à les jeter dans les jambes de ceux qui marchaient devant lui, — voilà bien des feuilles! elles tombent de bonne heure cette année[4]. »

Cette parole de mauvais augure retentit dans le silence; personne ne la releva ; mais chacun de ceux qui l'entendirent dut reporter sa pensée vers cette couronne qui tombait, elle aussi, feuille à feuille, de la tête de l'héritier d'une dynastie plus vieille que les arbres séculaires sous lesquels on passait.

1. Récit de Dejoly.
2. Voir à la fin du volume l'extrait de la procédure dirigée, en 1794, contre les officiers du bataillon des Filles-Saint-Thomas.
3. Procès-verbal de J.-J. Leroux. — Et non 7 heures, comme le dit Louis Blanc, p. 68 du t. VII de son *Histoire de la Révolution*. — La reine, dans son interrogatoire devant le tribunal révolutionnaire (Bulletin, 2ᵉ série, nº 27, p. 108), dit 8 heures.
4. Récit de Rœderer.

XVI

Pendant que le roi venait à elle, que faisait l'Assemblée?

Les deux ministres Dejoly et Champion l'avaient quittée, après lui avoir fait connaître les périls qui menaçaient les Tuileries, lorsqu'arrivent les municipaux, porteurs de l'étrange signification faite au conseil général par Huguenin et ses acolytes.

Desmousseaux [1], le premier substitut de la commune, les accompagne et prend la parole en leur nom. Il expose les événements qui viennent de s'accomplir à l'Hôtel de Ville depuis quelques heures : l'autorité de la commune légale méconnue, les commissaires des sections s'emparant de tous les pouvoirs et prononçant de leur propre autorité la suspension de la municipalité; Mandat arrêté, interrogé, emprisonné [2]. En entendant ces nouvelles,

---

1. On lit dans le procès-verbal officiel de l'Assemblée : « Deux officiers municipaux et un substitut sont introduits à la barre. » Ce n'était évidemment pas Danton, qui était aux Cordeliers en compagnie des chefs de l'insurrection; ce ne pouvait être que Desmousseaux, le seul qui fût avec Danton revêtu du titre de substitut. Depuis le renouvellement partiel de la municipalité, à la fin de 1791, Desmousseaux, dont la nomination datait de l'organisation primitive, y représentait la Constitution; Danton et Manuel, arrivés plus tard, représentaient la démagogie; ils furent tous deux emportés par la tourmente révolutionnaire; Desmousseaux survécut et devint préfet sous l'Empire.

2. Dans son rapport, Desmousseaux ne fait mention que de l'arrestation de Mandat, et non de sa mort, parce que ce dernier événement ne s'était accompli que depuis son départ de l'Hôtel de Ville.

Dalmas d'Aubenas et Voisin demandent que l'Assemblée casse les commissaires et rétablisse dans ses fonctions le conseil général de la commune ; mais à cette proposition un montagnard oppose ces phrases banales à l'usage de tous les démagogues, toujours prêts à excuser les usurpations les plus flagrantes lorsqu'elles servent leur intérêt du moment : « Éclairez le peuple par la persuasion, non pas par des mesures violentes ; dans le péril où se trouve la chose publique, il serait imprudent d'écarter des hommes qui peuvent la servir utilement ; attendons des éclaircissements ultérieurs. »

En ce moment, l'Assemblée peut déjà pressentir le peu d'effet que les moyens de persuasion pourront avoir sur la populace en délire. Car les premiers mugissements de l'émeute arrivent jusqu'à elle. Un attroupement considérable entoure le corps de garde des Feuillants et demande la tête de quelques prisonniers qui s'y trouvent renfermés. Ils avaient été arrêtés dans la nuit aux Champs-Élysées, armés d'espingoles. — C'est une fausse patrouille, crie la foule, ce sont des royalistes, Suleau est avec eux, Suleau est à leur tête ! » — Suleau était un journaliste très-connu pour ses opinions aristocratiques et ses plaisanteries pleines de verve contre les Jacobins et leurs adhérents.

En vain l'Assemblée décrète que « les détenus sont sous la sauvegarde de la loi ; » en vain elle envoie des commissaires haranguer les émeutiers, le commandant du corps de garde accourt tout ému à la barre et annonce « que le poste vient d'être forcé, qu'il y a tout à craindre pour la vie des prisonniers. » L'Assemblée réitère ses ordres, mais on savait d'avance ce que voulait dire cette phrase qu'on retrouve si souvent dans les procès-verbaux de l'époque : *tout est à craindre pour la vie des prisonniers!* Le plus souvent, au moment même où elle était prononcée, la populace égorgeait les malheureux abandonnés à sa fureur. C'est ce qui était arrivé pour Suleau et plusieurs de ses infortunés compagnons. Une héroïne de carrefour qui, après avoir brillé un instant dans les scènes révolutionnaires, devait mourir misérablement dans un hôpital de folles, une de ces femmes avides de bruit et d'émotions, qui, par une progression naturelle et presque inévitable, commencent par le désordre et la prostitution, passent par l'émeute et l'assassinat, et finissent par la Salpêtrière ou la Morgue, Théroigne de Méricourt avait été plusieurs fois bafouée par le spirituel journaliste; elle était là, hurlant avec fureur, brandissant un sabre, excitant les assassins et demandant sa proie; aussitôt que Suleau lui est livré, elle se jette sur lui et l'égorge de sang-froid [1].

On coupe les têtes de Suleau et de ses compagnons, on les plante sur des piques et on les promène aux alentours du Manége. Le malheureux Louis XVI peut les

---

1. Voici comment M. Louis Blanc raconte le meurtre de Suleau : « Tout ce dont peuvent s'offenser à jamais l'orgueil d'une femme, « sa coquetterie, sa pudeur, Suleau l'avait dit de Théroigne; et « maintenant elle avait à choisir entre faire tuer son ennemi ou l'hu-« milier en le sauvant; de ces deux manières de se venger, elle pré-« féra la moins fière; ne pouvant monter jusqu'au dédain, elle « descendit jusqu'au meurtre. »

Voilà, il faut en convenir, une singulière manière d'excuser un effroyable assassinat!

entrevoir au moment où le cortége royal s'arrête à quelque distance de la terrasse des Feuillants[1].

Le procureur-général-syndic fait observer au roi que l'on ne peut pas avancer plus loin avec la garde qui l'accompagne, la loi ayant interdit à toute force armée de franchir, sans y être appelée, le territoire réservé au Corps législatif. Louis XVI, toujours esclave de la loi, fait arrêter la troupe; les officiers municipaux, Borie et J.-J. Leroux, sont dépêchés en avant, à l'effet de prier l'Assemblée de donner les ordres nécessaires [2].

L'Assemblée avait discuté cette question : enverrait-on une députation chez le roi, ou bien l'inviterait-on à venir avec sa famille dans la salle du Manége? Elle s'était refusée à prendre aucune décision, sous prétexte que « la Constitution laissait au roi la faculté de se rendre, quand il le jugerait convenable, au milieu des représentants du peuple. » On l'avertit que le roi et sa famille arrivent. Elle se décide à envoyer au-devant du cortége royal une députation de vingt-quatre membres. Cette députation se croise avec Leroux et Borie, au bas de la terrasse; ces derniers n'en continuent pas moins leur route, et, introduits à la barre, demandent que l'escorte du roi puisse l'accompagner, ou du moins garder les abords du palais législatif. Cette prière, bien naturelle après les meurtres qui viennent d'ensanglanter

---

[1]. Voir, à la fin du volume, la déposition de Noël Avril, sous-lieutenant dans le bataillon des Filles-Saint-Thomas, reçue le 16 août 1792, par les commissaires de la section de la Bibliothèque.

[2]. Récit de Rœderer, procès-verbal de J.-J. Leroux.

le poste même des Feuillants, soulève néanmoins les plus vives objections. Enfin, après avoir recommandé aux inspecteurs de la salle de redoubler de vigilance, l'Assemblée passe à l'ordre du jour, déclarant que, hors de son enceinte, la police appartient aux corps administratifs et municipaux.

Cependant la députation des représentants était arrivée devant le roi ; celui qui la préside se contente de dire :

« Sire, l'Assemblée nationale, empressée de concourir à votre sûreté, vous offre, ainsi qu'à votre famille, un asile dans son sein [1]. »

Elle se range ensuite cérémonieusement autour de Louis XVI, prenant la place des membres du directoire du département, car ceux-ci ne peuvent paraître devant le corps législatif sans avoir été préalablement appelé par lui [2].

Le cortége, ainsi reformé, s'avance jusqu'au pied de la terrasse des Feuillants, remplie d'une foule effroyablement hostile. Au moment où le roi se dispose à gravir l'escalier, des cris furibonds se font entendre : « Vive la Nation ! point de *veto !* A bas ! à bas ! » Quelques énergumènes hurlent : « Non, ils n'entreront pas à l'Assemblée, ils sont cause de tous nos malheurs, il faut que cela finisse! » Les cris redoublent lorsqu'on aperçoit la reine : « Point de femme, point de femme, nous ne voulons que le roi, le roi seul ! »

---

[1]. Rœderer, *Chronique de 50 Jours,* p. 371.
[2]. Récit de Dejoly.

Un homme se détache des groupes, descend précipitamment l'escalier et aborde Louis XVI :

« Donnez-moi la main, lui dit-il, soyez sûr que vous tenez celle d'un honnête homme et non d'un assassin. Malgré tous vos torts, je réponds de la sûreté de vos jours, je vais vous conduire à l'Assemblée nationale ; mais, pour votre femme, elle n'entrera pas ; c'est elle qui a fait le malheur des Français ! »

Le procureur-général-syndic voit qu'il faut au plus tôt mettre fin à un état de choses qui, en se prolongeant, ne peut que s'aggraver. Il obtient donc de la députation parlementaire l'autorisation de laisser franchir les degrés de l'escalier par une partie des gardes nationaux qui accompagnent le roi. Il parvient à dégager ainsi les premières marches ; il y monte, et, de là, s'adressant à la foule qui rugit autour de lui : « De par la loi, peuple français, peuple libre, crie-t-il, l'Assemblée nationale a rendu un décret par lequel elle appelle dans son sein le roi, le prince royal, la reine, la fille du roi, la sœur du roi, la famille entière du roi ; vous devez, aux termes de la loi et de la liberté, ne point vous opposer à son passage. » — « Nous attestons que ce décret existe, » ajoute un député.

La foule paraît ébranlée ; Rœderer en profite pour faire ouvrir un passage à Louis XVI et à la reine. Ils peuvent pénétrer sur la terrasse et la traverser au milieu d'une foule frémissante, à peine contenue par les gardes nationaux, qui ont réussi à former la haie. Ils franchissent la porte du passage des Feuillants ; là, ils sont entourés par d'autres gardes nationaux faisant partie de la garde de l'Assemblée; un d'eux, qui marchait à côté du roi, lui dit : « Sire, n'ayez pas peur, nous sommes de bonnes gens, mais nous ne voulons point qu'on nous trahisse davantage; soyez un bon *citoyen*, sire, et n'oubliez pas de chasser vos calotins du Château. »

Mais, à mesure que l'on approche de la salle, la marche du cortége royal devient difficile, périlleuse. La garde nationale ne peut légalement franchir le seuil de la salle des séances, elle ne peut pas non plus reculer et livrer passage aux personnes royales qu'elle vient d'accompagner : l'entrée est trop étroite et trop encombrée, des cris de détresse se font entendre de toutes parts[1]; il faut que Rœderer déploie des efforts inouïs pour pénétrer jusqu'à la barre. Il adjure les représentants d'enfreindre un instant leur règlement et d'autoriser l'entrée de quelques gardes nationaux. Mais cette demande est accueillie par les refus obstinés de la Montagne, qui feint de n'y voir que le résultat d'une conspiration, que le prélude d'une invasion à main armée de la salle de l'Assemblée. Cambon s'écrie : « Monsieur Rœderer, nous vous rendons responsable de tout attentat qui se pourrait commettre sur les représentants du peuple. »

Au lieu de répondre, Rœderer suppose accordée l'autorisation qu'il vient de demander, et fait entrer cinq à six gardes nationaux sans armes. Grâce à leur concours, le passage est débarrassé; un grenadier enlève dans ses bras le prince royal, traverse la foule et va

1. Récits de Dejoly et de Rœderer.

poser l'enfant sur le bureau même des secrétaires[1]; la reine et la famille royale entrent enfin et se placent sur les siéges destinés ordinairement aux ministres; le roi s'assied à côté du président, les ministres se tiennent derrière lui.

« Je suis venu ici, dit Louis XVI, pour éviter un grand crime, je pense que je ne saurais être mieux en sûreté qu'au milieu de vous. »

Vergniaud depuis quelque temps occupait le fauteuil. L'on avait senti qu'au milieu des circonstances où l'on se trouvait, ce n'était pas trop de toute la popularité du grand orateur girondin pour en imposer aux dernières témérités de l'anarchie. Il répond à Louis XVI :

« Vous pouvez, sire, compter sur la fermeté de l'Assemblée nationale; ses membres ont juré de mourir en soutenant les droits du peuple et les autorités constituées[2]. »

On fait observer que les circonstances sont trop graves pour que les délibérations soient suspendues. Cependant, suivant la Constitution, qu'on invoque toujours au moment même où on va la violer, elles ne peuvent continuer en présence du souverain. Mais si le roi quitte la salle, qui peut répondre de sa sûreté? On propose de le placer dans une tribune, à la barre, sur le banc des ministres; le

---

1. *Chronique de 50 Jours* et déposition de Noël Avril.
2. *Le Moniteur, le Logographe* et *le Journal des Débats et Décrets* parlent tous trois du « maintien des autorités constituées; » le procès-verbal de l'Assemblée, rédigé à loisir, a bien soin de supprimer ces mots si importants; les vainqueurs, ne voulant plus tenir cette promesse, la passèrent naturellement sous silence.

roi demande lui-même à quitter la place qu'il occupe près du président; l'Assemblée décide que Louis XVI et sa famille seront installés dans la loge du *Logographe*[1].

C'est là, dans un misérable réduit, large de douze pieds, haut de six, situé derrière le fauteuil de la présidence, qu'entouré de quelques amis fidèles[2], l'arrière-petit-fils de Louis XIV va assister, durant dix-sept heures[3], à l'agonie de la royauté; c'est là qu'accablé d'injures et d'outrages de toute espèce[4], Louis XVI va se préparer au martyre qu'il aura à subir au Temple, pendant cinq longs mois, avant d'en recueillir la palme le 21 janvier 1793.

1. La loge où le roi et la famille royale avaient été confinés était spécialement affectée aux rédacteurs d'un journal qui s'appelait *Journal Logographique* ou le *Logotachygraphe*. Ce dernier titre, trop long et trop savant, n'a pas prévalu, et des deux noms on a fait le *Logographe*, qui passera à la postérité, grâce à la circonstance fortuite qui fit du local à lui affecté le dernier refuge de la royauté aux abois.
2. Parmi ces serviteurs fidèles se trouvaient le prince de Poix, le comte d'Haussonville, le duc de Choiseul, MM. de Briges, de Goguelat et d'Aubier.
3. De dix heures du matin, le 10, à trois heures de la nuit, du 10 au 11 août.
4. Voir dans les *Mémoires* de Barbaroux, p. 76, les insolences imbéciles et grossières que le roi fut obligé de subir de la part d'un émeutier sentimental qui vint lui rapporter une bourse qu'il avait trouvée, disait-il, aux Tuileries.

LIVRE VIII

LA CHUTE DE LA ROYAUTÉ

I

Louis XVI, pour épargner l'effusion du sang, avait quitté son palais et cherché un asile au milieu des représentants de la nation ; deux heures après, son trône s'écroulait, et ses derniers défenseurs étaient égorgés à quelques pas de lui. Il ne nous reste plus qu'à raconter cette dernière phase de l'épouvantable cataclysme dans lequel s'abîma la royauté.

Au moment où le roi sortit des Tuileries, hélas ! pour n'y plus rentrer, de nombreux bataillons de la garde nationale occupaient les cours intérieures, la terrasse qui s'étend le long de la façade du jardin et celle du bord de l'eau. Mais comment cette force armée eût-elle présenté les éléments d'une résistance véritable ? Divisée d'opinions, tiraillée en tous sens, aigrie par les ridicules et insolentes bravades du récent manifeste de Brunswick, elle était fort hésitante sur le parti à prendre dans la lutte qui semblait se préparer.

Si un certain nombre de soldats-citoyens, comprenant

leur devoir et sincèrement attachés à la monarchie constitutionnelle, étaient disposés à recevoir vigoureusement les assaillants, d'autres, au contraire, ne demandaient pas mieux que de faire cause commune avec ceux qu'ils appelaient leurs frères. Entre ces deux partis extrêmes se trouvait, comme toujours, la masse flottante, incertaine, qui ne savait que faire, que résoudre. Tout à coup se répand, de rang en rang, la nouvelle que Louis XVI vient de se rendre à l'Assemblée ; chacun alors de dire : — Le roi est parti, tant mieux ; nous ne serons pas obligés de faire feu ; pourquoi rester aux Tuileries où nous n'avons plus que des pierres à garder? Retournons chez nous; nos propriétés, nos femmes et nos enfants peuvent être en danger.

La défection se glisse peu à peu dans les bataillons qui gardent les cours faisant face au Carrousel. Un grand nombre de soldats-citoyens se retirent; séduits ou intimidés, quelques-uns se réunissent à ceux qui se préparent à attaquer le Château[1]. Les gardes nationaux postés dans le jardin restent plus compacts, parce qu'ils n'ont pas d'assaillants devant eux.

Pendant ce temps la foule grossissait sur la place du Carrousel et dans les rues adjacentes. Elle était surtout composée de femmes et d'enfants, criant par intervalles, hurlant à l'occasion, applaudissant quand on arrêtait un aristocrate, trépignant de joie quand on l'égorgeait.

Ce n'était pas encore l'armée de l'insurrection, ce n'en était que l'avant-garde.

---

1. *Mémoires* de Weber, p. 221.

Les colonnes, formées dans le faubourg Saint-Antoine, s'étaient mises en marche fort lentement. Santerre était à leur tête, mais se souciait fort peu d'être le premier à l'assaut. Il conduit sa troupe vers l'Hôtel de Ville, où les commissaires des sections l'ont proclamé commandant en chef de la garde nationale; il entre à la maison commune pour leur adresser ses remerciements et leur rendre hommage; puis, sous prétexte qu'un général ne doit pas se prodiguer, il déclare que, de là, il dirigera tout le combat[1]. Les Marseillais, transférés depuis deux jours de la caserne de la Nouvelle-France à celle des Cordeliers, se trouvaient à portée de la section du Théâtre-Français[2], l'un des foyers les plus ardents de l'insurrection; mais, fidèles aux ordres qu'ils avaient reçus de Barbaroux, ils refusaient également de faire tête de colonne[3]. Cependant, réunis aux Brestois, ils finissent par s'ébranler et vont, avec les bandes de Saint-Marceau, rejoindre les insurgés du faubourg Saint-Antoine, qu'ils trouvent à la

---

1. *Mémoires* de Barbaroux, p. 69.

2. Cette section tenait ses séances dans l'église Saint-André-des-Arcs.

3. Barbaroux avait recommandé aux Marseillais de ne pas se mettre à la tête des colonnes parisiennes dans les défilés des rues et surtout aux abords du Château, dont ils ne connaissaient pas les avenues. Quant à lui et à ses amis, Rebecqui et Pierre Baille, par des motifs de convenance singulièrement allégués dans un pareil moment, ils déclarèrent qu'ils étaient obligés de renoncer à l'honneur de conduire au feu leurs compatriotes, parce qu'ils étaient les représentants officiels de la ville de Marseille et du département des Bouches-du-Rhône. — (P. 66 et 67 des *Mémoires* de Barbaroux.)

hauteur du Pont-Neuf. Le passage des ponts a lieu sans obstacle, comme celui de l'arcade Saint-Jean, grâce à la complète désorganisation du plan de défense préparé par Mandat[1].

La première colonne d'insurgés qui paraît, vers huit heures, au Carrousel, est commandée par le greffier Westermann et l'architecte Lefranc[2]. Elle se dirige tout droit vers la porte de la cour royale.

Les cours intérieures étaient déjà fort dégarnies. Il

---

1. Les abords des Tuileries furent rendus libres aux insurgés par la gendarmerie à cheval, qui abandonna précipitamment son poste de la salle du Louvre pour se retirer d'abord au Palais-Royal, et ensuite se dirigea vers la place Louis XV, où nous la retrouverons plus tard.

2. Il est assez intéressant de savoir quel fut le sort de ces deux chefs de l'insurrection. La biographie de l'un d'eux est assez connue ; celle de l'autre l'est beaucoup moins.

Westermann, né à Molsheim (Alsace), en 1764, avait figuré, en 1788, dans des émeutes à Haguenau. Venu à Paris pour y chercher fortune, il se lia d'amitié avec Danton, devint un des admirateurs les plus enthousiastes de Pétion, fut, après le 10 août, nommé commissaire du nouveau pouvoir exécutif, puis adjudant général à l'armée des Ardennes (14 septembre 1792), et général de brigade, le 15 mai 1793. Suspendu de ses fonctions le 10 juillet suivant, réintégré et envoyé dans la Vendée, mis de nouveau en suspicion comme ami de Danton, arrêté et traduit avec lui au tribunal révolutionnaire, il fut guillotiné le 16 germinal, an II (5 avril 1794), sous le n° 567 de la liste générale.

Lefranc ne joua qu'un rôle très-obscur pendant la tourmente révolutionnaire; mais, en 1796, il fut compromis dans la conspiration de Babœuf, puis, en 1800, dans le complot de Ceracchi contre la vie du premier consul, et transporté, à la suite de l'affaire de la machine infernale, avec un certain nombre d'anciens septembriseurs, aux îles Séchelles, puis à l'île d'Aujouan. Le climat pestilentiel de ces îles fit périr au milieu des plus atroces douleurs la plus grande partie de ses compagnons;

n'y restait plus que quelques détachements de Suisses et de gendarmes, un petit nombre de gardes nationaux, des plus attachés à la cause royale, et les canonniers qui n'avaient pu abandonner leurs pièces, mais qui étaient, comme nous l'avons déjà dit, fort mal disposés.

Les généraux qui commandaient au Château, MM. de Boissieu et de Menou, ainsi que le colonel des Suisses, Maillardoz, reconnaissant qu'il était difficile de se maintenir dans les cours, venaient de donner aux Suisses, aux gardes nationaux et aux gendarmes l'ordre d'abandonner la première ligne de défense et de se retirer dans les appartements.

mais Lefranc échappa à travers mille dangers, tomba entre les mains des Anglais, resta un an ou deux captif sur les fameux pontons de la Tamise, et revint en France grâce à un échange de prisonniers. Pendant tout le reste de l'Empire, il fut interné et placé sous la surveillance de la haute police. En 1816, peu de temps après le retour des Bourbons, il fut impliqué dans une conspiration dite *de l'épingle noire*, condamné à la déportation par arrêt de la cour d'assises de la Seine et transféré, le 19 novembre suivant, au mont Saint-Michel ; il fut gracié en septembre 1819. Ici nous perdons les traces de ce conspirateur émérite, qui était alors âgé de soixante ans. Il est mort dans la plus complète obscurité. Toute cette biographie de l'architecte Lefranc pourrait être taxée de fable romanesque si nous n'avions pas entre les mains :

1° L'histoire des individus déportés en vertu du sénatus-consulte du 15 nivôse an IX, publié par Fescourt (1819), appuyée sur les témoignages des capitaines des bâtiments de l'État, La Flèche et La Chiffonne, qui transportèrent les déportés aux îles Séchelles ;

2° De nombreux rapports faits, sous l'Empire, sur Lefranc et les autres déportés ;

3° Les écrous de Lefranc dans les diverses prisons de Paris et au mont Saint-Michel.

Cet ordre est exécuté si précipitamment que les Suisses n'enclouent même pas les pièces qu'ils avaient amenées.

Le mouvement intérieur qui vient de s'opérer est à l'instant même signalé à l'avant-garde de l'insurrection par les individus qui, depuis une heure, se tenaient à cheval sur la crête du mur entre les cours et la place du Carrousel. Les émeutiers, aussitôt qu'ils sont assurés de ne pas trouver de résistance, frappent à coups redoublés contre les portes et menacent de les enfoncer. Les concierges royaux, cédant aux injonctions des canonniers restés seuls dans les cours, et craignant d'être égorgés par les soi-disant défenseurs qui se trouvent avec eux, ou par les envahisseurs du dehors, se décident à ouvrir, tirent les verrous, lèvent les *battants* et se sauvent.

Les insurgés entrent, se jettent dans les bras des canonniers de la garde nationale, qui fraternisent avec eux. Aidés par ces auxiliaires improvisés, les canonniers se hâtent de faire sortir leurs pièces et les rangent en batterie contre le Château, qu'un instant auparavant ils étaient chargés de protéger. La défection de l'artillerie en détermine une autre : les gendarmes qui avaient suivi les Suisses, ressortent du vestibule, mettent leurs chapeaux au bout de leurs baïonnettes et se mêlent à la foule qui les reçoit avec les plus vives acclamations. Bientôt, gendarmes, canonniers, Marseillais, fédérés, hommes à piques, fraternellement réunis, se groupent au-dessous des fenêtres des grands appartements, font signe aux Suisses de venir les rejoindre et leur prodiguent des démonstrations de paix et d'amitié.

Les Suisses, qui ne demandent pas mieux que de ne

pas engager un combat aussi inégal qu'inutile, jettent quelques paquets de cartouches par les fenêtres, pour bien indiquer qu'ils n'ont aucune envie de tirer sur le peuple. Pendant qu'une partie des émeutiers se bousculent en riant pour ramasser les cartouches, quelques insurgés plus déterminés pénètrent dans le vestibule, afin d'apprécier les dispositions de défense à l'intérieur du Château, ou d'activer le séduction des Suisses, qui paraît si heureusement commencée.

II

Dans ce moment suprême, arrêtons-nous un instant et jetons un coup d'œil sur les forces en présence.

Sept cent cinquante Suisses sont restés au Château; cent cinquante seulement ont accompagné Louis XVI à la salle du Manége. Un grand nombre d'amis du roi l'ont immédiatement suivi ou sont allés le rejoindre. A peine est-il resté cent gardes nationaux, dont vingt-huit du bataillon des Filles-Saint-Thomas [1].

Les dispositions des Suisses sont des plus pacifiques : ils n'ont aucune injure personnelle à venger; ils n'ont plus à défendre la famille royale, qui vient d'abandonner le palais; ils demandent seulement qu'on les laisse tranquilles à leur poste. Les chefs éprouvent le désir qui, dans de pareilles circonstances, anime tous les hommes de cœur, celui d'épargner le sang de leurs soldats.

---

[1]. Rapport de Jardin.

A quoi leur servirait de risquer la vie de ces braves éprouvés ? Avec un millier d'hommes peuvent-ils raisonnablement espérer de réduire la rébellion ? Ils n'ont évidemment aucune instruction secrète, car Louis XVI est allé se remettre entre les mains de l'Assemblée, et sa conduite serait par trop absurde s'il avait ménagé une trahison dont il eût pu être la première victime. D'ailleurs, il a quitté précipitamment son palais, sans laisser aucun ordre, persuadé qu'il allait y rentrer dans quelques heures. Une seule consigne a pu être raisonnablement donnée, et l'a été, en effet, par le maréchal de Mailly au capitaine Durler : « Ne vous laissez pas forcer. »

Si maintenant nos regards se portent du côté du Carrousel et des cours qui viennent d'être envahis, que voyons-nous ? Une tourbe sans nom, sans chef, grossissant à chaque minute ; car, depuis qu'on sait que les premiers arrivés ont pu pénétrer sans coup férir dans le Carrousel, et même dans les cours intérieures, les plus lents sont les plus pressés et les plus lâches deviennent les plus braves. Cette foule s'agite, se démène, pousse des acclamations confuses ; mais qui peut stipuler pour elle et se porter garant de ses volontés mobiles et multiples ? D'ailleurs, n'a-t-elle pas dans ses rangs ces vétérans des émeutes parisiennes, qui, à diverses reprises, ont ensanglanté les pavés de la capitale et les appartements de Versailles, et ces bandits cosmopolites qui, sous le nom de Marseillais, viennent d'arriver à Paris pour y renouveler les meurtres de la glacière d'Avignon ?

Nous le demandons à tout homme impartial, s'il

se produit un conflit, de quel côté viendra le plus naturellement la provocation ? jusqu'où devra pousser la patience et l'abnégation une troupe brave, disciplinée, mais acculée dans ses derniers retranchements, qui ne demande qu'une seule chose, c'est qu'on ne la déshonore pas en lui faisant rendre les armes, en lui faisant abandonner un poste dont elle ne peut être relevée, d'après toutes les lois militaires, que par les ordres mêmes de celui qui lui a donné la consigne[1] ?

A la tête des insurgés qui s'engagent sous le vestibule sont Westermann, Granier, commandant en second du

1. Pour le récit de ce qui se passa aux Tuileries après le départ du roi, nous ne nous sommes basés que sur des témoignages émanant de témoins oculaires. Comme ces témoins appartiennent aux deux partis, nous avons dû naturellement les contrôler les uns par les autres. Nous avons écarté avec soin tous les récits que l'on trouve dans les mémoires, histoires et journaux, où les exploits les plus fabuleux et les plus invraisemblables sont racontés avec une incroyable impudence.

Ces témoins oculaires, les seuls dont les dires nous paraissent devoir être invoqués, sont d'une part : le capitaine Pfyffer, qui survécut au massacre des Suisses et rentra dans sa patrie, et les lieutenants Diesbach et D'Ernest, massacrés le 2 septembre à l'Abbaye, dont nous avons retrouvé les interrogatoires datés du jour même de leur assassinat; de l'autre, le Marseillais Loys et le capitaine de canonniers Langlade, dont les dépositions furent imprimées par ordre de l'Assemblée, quelques jours après le 10 août. Deux autres témoins oculaires, Westermann et Granier, n'ont pas laissé de relations signées d'eux, mais ils ont évidemment inspiré les récits de Pétion et de Barbaroux, dont ils étaient les amis et les confidents. Enfin, nous avons retrouvé le récit d'un autre témoin oculaire, le capitaine Jardin, adjudant-major du bataillon des Filles-Saint-Thomas; nous le donnons à la fin de ce volume : il est fait évidemment pour être agréable aux vainqueurs.

bataillon Marseillais, Langlade, capitaine des canonniers, qui ont passé la nuit à côté des Suisses dans les cours des Tuileries. Ils montent le grand escalier, et, suivis de quelques fédérés et gardes nationaux, ils pénètrent jusqu'à la porte de la chapelle[1] sans être arrêtés par les sentinelles rangées sur chacune des marches. « Au nom de l'union, » ils somment les Suisses de se rendre, en leur promettant la vie sauve.

Westermann, pour se faire mieux comprendre, harangue les soldats en allemand, et cherche à les animer contre leurs officiers, qu'il accuse de vouloir les faire battre quand même.

Le sergent Blazer lui répond : « Nous sommes Suisses, et les Suisses n'abandonnent leurs armes qu'avec la vie. Nous ne croyons pas avoir mérité un tel affront. Si on ne veut plus du régiment, qu'on le renvoie légalement; mais nous ne quitterons pas notre poste et nous ne nous laisserons pas désarmer. »

Westermann et ses compagnons, désespérant de rien obtenir, se retirent, et plusieurs officiers suisses, Durler, Reding, Zimmermann, courent faire placer des barres de bois en travers de l'escalier, pour empêcher que de nouvelles députations ne viennent débaucher leurs hommes; car les Marseillais, en se retirant, ont réussi à entraîner quelques soldats, qu'ils emmènent bras dessus bras dessous, et qu'ils désarment entre deux embrassements.

---

1. La chapelle, depuis transportée dans une autre partie des Tuileries, était, en 1792, placée à la hauteur du premier repos du grand escalier.

Le général de Boissieu[1] veut parler à la foule qui se presse sous le vestibule ; mais d'affreux hurlements l'empêchent d'être entendu. Les assaillants se rapprochent insensiblement de la barrière qui vient de leur être opposée, et paraissent décidés à la forcer. Ils prodiguent des insultes aux sentinelles qui se trouvent au bas de l'escalier. Bientôt ces insultes se traduisent en gestes très-significatifs[2]. Les sentinelles s'aperçoivent qu'on veut les surprendre, et qu'elles n'ont pas un moment à perdre pour se dégager. Soudain retentit un coup de pistolet.

Fut-il ou non tiré du milieu de la foule ? Les officiers suisses commandèrent-ils aux sentinelles, comme ils en avaient incontestablement le droit, de faire usage de leurs armes ? Nul ne le sait, nul ne le pourrait dire.

Toujours est-il que les soldats placés sur les premières marches de l'escalier abaissent leurs fusils et font feu sur les assaillants. Ceux-ci ne songent pas à riposter, et s'enfuient en désordre.

---

[1]. Nous donnons, à la fin de ce volume, des notices biographiques sur les généraux de Boissieu et de Menou, qui commandaient aux Tuileries le 10 août, ainsi que sur M. de Wittinghoff, qui commandait avec eux le 20 juin.

[2]. Dans sa *Relation du 10 août*, imprimée en Angleterre, Peltier raconte que des individus armés de longs crocs de mariniers cherchaient à prendre les soldats suisses par leurs fournitures, à les attirer à eux pour pouvoir les désarmer, et qu'ils réussirent pour plusieurs. Quoique Peltier ne soit pas toujours très-croyable, cela nous paraît vraisemblable et tout à fait dans les habitudes des gens de rivière, qui, on ne sait pourquoi, étaient toujours en grand nombre dans les émeutes de cette époque.

Au bruit des coups de feu qui retentissent sous le péristyle, et dont ils ne peuvent connaître la cause ou les résultats, les auteurs ou les victimes, les Suisses postés dans les appartements se précipitent vers les fenêtres et font une décharge. Les émeutiers se dispersent dans toutes les directions. Quelques-uns sont tellement épouvantés qu'ils courent jusque dans les quartiers les plus éloignés répandre le bruit qu'on égorge les patriotes aux Tuileries, et qu'un nombre immense de citoyens viennent de tomber victimes de la plus infâme trahison.

Les Suisses, pour dégager les abords du palais, descendent dans les cours, s'emparent de deux des canons qu'ils avaient eux-mêmes abandonnés, et que les insurgés n'avaient pas eu le temps de retirer. Le Carrousel se trouve en un instant balayé. Les canonniers de l'insurrection se mettent à l'abri derrière le rentrant des maisons du Carrousel[1], et essayent de riposter. Les Suisses, incommodés par le feu qu'ils reçoivent à découvert, sont obligés de se retirer dans le Château, d'où ils font, de temps en temps, quelques sorties, pour empêcher les assaillants d'approcher de nouveau. La fusillade se prolonge sans que l'on se fasse grand mal de part et d'autre. Les Suisses ne cherchent qu'à se maintenir dans les postes qu'ils occupent ; les assaillants tirent de très-loin, et se tiennent presque hors de portée de la mousqueterie.

1. La place était alors très-irrégulière.

III

Revenons à l'Assemblée, car c'est de là que va être expédié l'ordre qui précipitera le dénouement de la lutte engagée.

Rœderer était resté à la barre pendant tous les pourparlers auxquels avaient donné lieu l'entrée du roi, le refus de l'Assemblée de délibérer en sa présence, et l'installation de la famille royale dans la loge du *Logographe*. Lorsqu'il fut permis au procureur général de prendre la parole, il exposa « les causes de l'événement du jour. » Dans une circonstance où toutes les minutes étaient si précieuses, il fit un exposé officiel et détaillé de ce que chacun savait aussi bien que lui. La seule nouvelle qui était encore ignorée dans la salle du Manége fut donnée par l'officier municipal Borie : « On nous annonce à l'instant, dit-il, que le Château est forcé, que les canons sont braqués dessus et que le rassemblement se propose de le faire tomber à coups de canon[1]; » un

---

1. La place que la nouvelle si importante donnée par Borie occupe dans le procès-verbal de l'Assemblée permet de préciser parfaitement l'intervalle de temps qui s'est écoulé entre le premier envahissement des cours du Château et le commencement de la lutte.

Il est hors de doute que plus de trois quarts d'heure s'écoulèrent entre le moment où les portes donnant sur le Carrousel furent forcées (suivant l'expression de Borie), et celui où les Suisses, ne pouvant plus résister autrement aux agressions des émeutiers, se virent contraints de faire usage de leurs armes.

Il fallut un quart d'heure au moins aux insurgés et aux canonniers,

officier de la garde nationale[1] ajoute : « Je suis chargé en ce moment de la garde du Château, les portes en sont forcées, je demande que l'Assemblée m'indique la marche que je dois tenir; il y a des citoyens qui sont là près d'être égorgés. »

« Puisque la municipalité est sans force, puisque le département est sans force et que toutes les autorités constituées sont réunies dans l'Assemblée nationale, je demande, dit Lamarque, que l'Assemblée nationale nomme dix membres qui s'exposeront aux premiers coups, *si on en porte*. Je sollicite l'honneur d'être le premier de ces membres. » — « Je propose cette rédaction, interrompt Lejosne : « L'Assemblée met sous la sauve-
« garde du peuple de Paris la sûreté des personnes et des
« propriétés. Elle charge vingt de ses membres de se
« transporter dans les lieux du rassemblement pour y
« arrêter le désordre[2]. »

---

devenus leurs alliés, pour faire sortir les pièces des cours intérieures, les braquer contre le Château; il fallut au messager, en le supposant aussi zélé et aussi prompt que possible, un quart d'heure pour aller du Château à la salle du Manége, pénétrer, au milieu de la foule compacte qui encombrait les abords de cette salle, jusqu'à Rœderer et à Borie; enfin, d'après les incidents relatés au procès-verbal, il s'écoula au moins encore un quart d'heure entre l'annonce de la nouvelle donnée par Borie et les premiers coups de feu qui commencèrent la lutte.

1. *Logographe*, 26ᵉ vol. supplémentaire, p. 31.
Cet officier était très-probablement La Chesnaye, à qui Mandat, en partant, avait laissé le commandement des Tuileries, et qui avait accompagné le roi à la salle du Manége.

2. *Logographe*, p. 32.

Le décret est immédiatement adopté, et le président nomme la députation, qui sort de la salle sous la conduite de Lamarque et de Carnot[1]. Sur la motion de Guadet, une députation spéciale est envoyée à l'Hôtel de Ville, avec les pouvoirs nécessaires pour faire mettre le commandant général Mandat en liberté[2], et, si elle ne le peut, pour déléguer le commandement à un de ses membres. Thuriot propose que les commissaires soient, de plus, autorisés à se mettre en rapport « avec tous ceux entre les mains desquels pourra résider, soit légalement, soit illégalement, une autorité quelconque et la confiance publique au moins apparente. »

Ces deux députations étaient sorties depuis quelques minutes, lorsque tout à coup le bruit de la fusillade se fait entendre, celui du canon lui succède; l'agitation, le trouble, la consternation s'emparent de l'Assemblée[3]. Vergniaud, qui préside depuis plus de trois heures, et dont on réclame le concours dans le sein de la commission extraordinaire, cède le fauteuil à Guadet. « Je demande le silence, dit celui-ci, en prenant possession du fauteuil, je le demande au nom de la patrie;... du calme! vous êtes à votre poste[4]. »

A ce moment, Lamarque revient avec la députation qu'il s'était chargé de conduire, et rapporte qu'au bout de la cour du Manége, les commissaires ont été dis-

---

1. *Moniteur* et procès-verbal.
2. Dans ce moment (dix heures et demie), Mandat avait déjà été tué; mais l'Assemblée le croyait encore seulement en état d'arrestation.
3. Nous nous servons des expressions du *Moniteur*.
4. *Logographe*, p. 33.

persés par la foule et qu'ils ont cru devoir revenir au sein de l'Assemblée. Ainsi avorte misérablement cette tentative de conciliation annoncée si pompeusement un instant auparavant.

Le tocsin, dont le son lugubre ne s'est pas fait entendre depuis plusieurs heures, est sonné à toute volée aux églises qui avoisinent le Château et l'Assemblée; des feux de peloton éclatent jusque sous les fenêtres de la salle du Manége; quelques députés se lèvent comme pour sortir, leurs collègues leur crient : « C'est ici que nous devons mourir [1] ! »

Le président annonce que la décharge si rapprochée que l'on vient d'entendre, a été faite par les Suisses qui ont accompagné le roi et qui ont tiré en l'air. « Ils se retirent les armes sous le bras, » ajoute Lacroix. Le ministre de la marine, Dubouchage, paraît à la barre : « Je viens, dit-il, de donner, au nom du roi, l'ordre aux Suisses de retourner dans leurs casernes, il leur est expressément défendu de se servir de leurs armes; je prie l'Assemblée de les faire accompagner par des officiers publics pour les protéger dans leur retraite. » Sur-le-champ il est décidé que les municipaux, présents à la séance, reconduiront les Suisses [2]. En effet, ainsi que Dubouchage venait de l'annoncer, dès que le bruit de la fusillade s'était fait entendre, Louis XVI avait expédié aux Tuileries, par un fidèle serviteur qui se trouvait à ses côtés, M. d'Hervilly, un ordre écrit

---

1. *Logographe*, p. 34.
2. *Ibid.*

à la hâte au crayon; cet ordre portait que les Suisses eussent à cesser le feu, à évacuer le Château et à rentrer dans leurs casernes. D'Hervilly, en passant devant les hommes de l'escorte, le leur avait communiqué, et ceux-ci s'étaient empressés de décharger leurs armes[1], comme venaient de le dire Guadet et Lacroix.

De pareilles communications auraient dû ramener le calme parmi les représentants du peuple. Au contraire, vingt propositions s'entrecroisent, aucune n'aboutit; on croit agir et l'on n'agit pas. Sur la lettre de Pétion, annonçant qu'il est consigné[2], on ordonne par décret, « aux citoyens, *au nom de la loi,* de laisser paraître aux yeux du peuple le magistrat que le peuple chérit. » On propose de nommer un commandant général de la garde

---

[1]. Il est évident, par la place qu'occupe dans le procès-verbal de l'Assemblée la communication faite par Dubouchage, qu'elle fut de quelques minutes postérieure à l'ordre donné à d'Hervilly. Celui-ci, en le recevant des mains du roi, avait-il fait la restriction mentale de ne se servir de cet ordre que suivant les chances du combat alors engagé, nul ne peut le dire; mais que Louis XVI, en le donnant, ait eu lui-même une semblable pensée, cela nous semble impossible. Voilà pourtant ce que les écrivains ultra-révolutionnaires, et notamment M. Louis Blanc, ont voulu induire du récit que Bertrand de Molleville donne dans ses *Mémoires,* d'une conversation qu'il eut à Londres avec d'Hervilly, quelques mois plus tard.

Nous ne pouvons pas non plus accepter le récit que M. Carnot nous donne (*Mémoires sur son père,* t. Ier, p. 248) comme le tenant de Prieur (de la Côte-d'Or); on y voit « Louis XVI dans la loge du *Logographe,* debout, appuyé sur un fusil qu'il avait pris des mains d'un soldat, et frémissant de rage. » Rien n'est plus contraire à l'attitude de Louis XVI au 10 août et dans toutes les journées qui précédèrent.

[2]. *Logographe,* p. 33, 34 et 35.

nationale; mais, s'arrêtant toujours à des obstacles puérils, à des chicanes soi-disant constitutionnelles, on évite de le faire parce que, disent Thuriot et Carnot le jeune, il a dû être déjà procédé à cette élection[1] par la commune légale ou insurrectionnelle.

L'Assemblée avait sanctionné l'usurpation des commissaires des sections en n'osant pas les briser une heure auparavant; maintenant elle confirme, par un assentiment tacite, la nomination de Santerre, le chef des insurgés, et en conséquence l'insurrection elle-même. Par le fait, elle a dans ses mains l'autorité entière, puisque le pouvoir exécutif est là, devant elle, son otage et même son prisonnier; au lieu de commander, elle prie, s'efface et croit avoir rempli tous ses devoirs lorsqu'elle a invité, par un décret, les citoyens à respecter les droits de l'homme!

IV

Pendant que les représentants du peuple prêtaient des serments et votaient des adresses, d'Hervilly arrivait, avec l'ordre du roi, sous le vestibule des Tuileries.

Le combat durait depuis près de trois quarts d'heure[2] et n'avait encore abouti qu'à un incendie.

---

1. *Moniteur, Procès-verbal* et *Logographe*.
2. Le combat avait commencé à dix heures et demie environ; l'heure est précisée par un billet au crayon que possède un amateur éclairé, M. Boutron-Charlard, ancien membre du Conseil municipal de Paris; ce billet est daté de l'hôtel de la mairie; il est écrit de

En 1792, de petits bâtiments mal construits, presque tous en bois, formaient l'enceinte du Château du côté du Carrousel. Éloignés des cours par la fusillade des Suisses, les insurgés lancèrent quelques gargousses d'artillerie sur ces bâtiments. Bientôt après, des tourbillons de flammes vinrent se mêler à la fumée qu'avaient déjà produite les décharges de la mousqueterie et qui ne pouvait ni s'élever ni se dissiper. En cette chaude journée d'août, il ne soufflait aucune brise ; l'atmosphère, pure et sereine dans le reste de la ville et même dans le jardin des Tuileries, était, du côté du Carrousel, chargée d'un nuage épais qui empêchait les combattants de se voir et de diriger leurs coups.

Au pied du grand escalier du Château, d'Hervilly rencontre un détachement de Suisses qui revenaient d'ef-

---

la main de Panis, administrateur de police, et adressé à ses amis et complices de l'Hôtel de Ville.

DÉPARTEMENT DE POLICE. — MUNICIPALITÉ DE PARIS.

« Le 10 août, à onze heures moins deux minutes.

« Eh ! vite, amis de la patrie séants à la commune ; ne perdons pas de temps ; on demande des munitions pour nos frères qui combattent aux Tuileries ; c'est vous qui avez l'arsenal en main, portez-le là tout entier.

« Les administrateurs provisoires du département de police et de la garde nationale,

« Panis, Perron. »

Perron, qui apposa sa signature à côté de celle de Panis au bas de ce billet, ne sauva pas sa vie par cette faiblesse. Il périt le 2 septembre à l'Abbaye, où ses anciens collègues l'avaient fait emprisonner quelques jours après le 10 août. Nous avons déjà donné son arrêt de mort, signé par Maillard, à la page 46 de notre premier volume.

fectuer une sortie. Il leur communique les volontés royales, leur ordonne de le suivre du côté du Manége. « — Oui, s'écrie le baron de Viomesnil[1], commentant l'ordre que vient d'apporter d'Hervilly, oui, braves Suisses, allez sauver le roi! vos ancêtres l'ont fait plus d'une fois. »

Les tambours battent l'assemblée. Quelques soldats hésitent à se rallier. Peuvent-ils abandonner leurs blessés? Un sergent couché à terre, la cuisse fracassée par un boulet, leur crie : « N'entendez-vous pas qu'on vous appelle? Allez à votre devoir et laissez-moi mourir[2]! » En effet, l'héroïque sous-officier fut massacré quelques instants après.

Enfin, mais très-lentement, les Suisses se sont rassemblés. Comme ils ne veulent point avoir l'air de fuir, ils se rangent dans le meilleur ordre à l'entrée du jardin, et se mettent en marche avec autant de précision que s'ils avaient été à la parade. Quand les chefs croient avoir tout leur monde, avant de songer à la retraite, ils font mettre en batterie, sous le vestibule, deux canons enlevés aux insurgés et encore chargés ; deux sentinelles perdues sont placées à côté avec ordre de lâcher leurs coups de fusil sur la lumière si les assaillants se présentent trop vite.

La précaution était inutile, car les insurgés restent

1. Le baron de Viomesnil, frère ainé de celui qui fut plus tard maréchal de France, eut, quelques moments après, les deux jambes brisées par un boulet de canon. Il mourut de ses blessures.

2. Récit du capitaine Pfyffer.

quelque temps sans s'apercevoir qu'on ne leur riposte plus et que les feux de la mousqueterie s'éteignent de moment en moment. Alors les plus déterminés se hasardent à travers la place du Carrousel, mais avancent lentement, craignant à chaque instant de tomber dans une embuscade ; ils pénètrent jusqu'au delà des bâtiments incendiés, et arrivent sous le vestibule du grand escalier, cinq minutes après que les derniers pelotons des Suisses l'ont abandonné.

Telle est la vérité sur la *prise* des Tuileries au 10 août 1792. En dépit de la tradition depuis trois quarts de siècle adoptée et aveuglément suivie, l'Histoire, s'appuyant sur les documents les plus authentiques, sur des preuves irréfragables, devra désormais affirmer que, ce jour-là, le palais de la royauté NE FUT PAS ENLEVÉ DE VIVE FORCE, MAIS ABANDONNÉ PAR ORDRE DE LOUIS XVI [2].

---

[1]. Un assaut d'une demi-heure au moins, peut-être de trois-quarts d'heure, soutenu par sept à huit cents soldats aguerris, embusqués dans l'embrasure des fenêtres et tirant, du premier étage des Tuileries, contre des masses s'élançant à découvert sur une longueur de plus de soixante à quatre-vingts mètres, aurait eu naturellement pour résultat de coucher sur le carreau des milliers de morts et de blessés. Aussi les journaux et écrits du temps n'ont-ils pas manqué d'affirmer que la victoire avait coûté la vie à quatre ou cinq mille patriotes. Or, comme nous le prouvons avec des chiffres qui ne peuvent être contestés (voir la note à la fin de ce volume), le total véritable des morts, du côté du peuple, dans *toutes les phases* de la lutte, ne s'est pas élevé à plus de CENT, celui des blessés grièvement à plus de SOIXANTE, en chiffres ronds. Nous verrons combien il faut en attribuer à la phase la plus longue, mais la moins meurtrière, celle du combat proprement dit.

V

Un péril tout à fait imprévu attendait les défenseurs du Château dans la traversée du jardin.

Tant qu'a duré le combat, il n'a pas été tiré un coup de fusil de ce côté. Les bataillons de garde nationale qui occupent la porte du pont Royal, celle du Manége et le commencement de la terrasse des Feuillants sont restés immobiles, l'arme au pied. Mais à peine les Suisses s'engagent-ils dans la grande allée, que de ces bataillons se détachent un certain nombre d'individus qui s'embusquent derrière les arbres et tirent presque à bout portant sur la troupe en retraite.

Les Suisses daignent à peine répondre à ce feu meurtrier. Arrivés au milieu de la grande allée, ils se divisent en deux colonnes. La première s'engage sous les arbres, dans la direction de l'escalier qui conduit à l'Assemblée nationale; la seconde, qui suit à quelque distance, continue sa route vers le pont tournant.

Occupons-nous d'abord de la première.

A l'aspect de la troupe arrivant vers elles, les masses populaires amassées sur la terrasse des Feuillants poussent des cris d'épouvante et s'enfuient; les gardes nationaux préposés à la défense des abords du corps législatif se dispersent. Les Suisses atteignent la salle du Manége sans rencontrer le moindre obstacle. Un de leurs officiers, suivant son élan, pénètre jusqu'au milieu des représentants, l'épée nue à la main. « Les Suisses ! voilà les

Suisses ! » crie-t-on dans les tribunes, d'où l'on commence à fuir. Quelques députés semblent vouloir aussi quitter la salle. D'autres se précipitent au-devant des envahisseurs, invoquent la Constitution qui défend que l'on s'introduise en armes dans le sein de la représentation nationale. L'officier, M. de Salis, qui n'est suivi que de deux ou trois soldats, se retire aussitôt, spectateurs et députés reprennent leurs places, et l'Assemblée, rassurée, se remet à crier : *Vive la nation!* et à jurer qu'elle sauvera la patrie.

Pendant cette scène, quelques députés étaient venus à la porte du Manége sommer le commandant des Suisses de désarmer sa troupe. Le commandant refuse et envoie auprès du roi le capitaine Durler. — « Sire, on veut que je mette bas les armes, dit le brave officier d'une voix tremblante d'émotion. — Déposez-les, lui répond le malheureux Louis XVI ; déposez-les entre les mains de la garde nationale ; je ne veux pas que des braves gens comme vous périssent. »

Louis XVI écrit de sa main l'ordre formel aux Suisses de poser les armes et de se retirer dans leurs casernes. Devant cet ordre, les Suisses se soumettent, aussi bien ceux qui avaient accompagné le roi à l'Assemblée, une heure avant le combat, que ceux qui venaient d'y prendre part. Le désarmement s'effectue de lui-même. Les officiers sont enfermés dans deux ou trois pièces dépendant des bureaux de l'Assemblée ; les soldats sont déposés dans l'église des Feuillants[1].

---

1. Une partie des officiers prisonniers aux Feuillants survécurent

Cependant, la colonne des Suisses qui formait l'arrière-garde avait continué de marcher directement vers le pont tournant.

L'effort des tirailleurs se porte bientôt exclusivement sur elle. Elle est obligée de s'arrêter plusieurs fois pour resserrer ses rangs, qu'entr'ouvrent à chaque instant les nouvelles décharges de ses ennemis invisibles. Ceux-ci sont renforcés par les plus braves des insurgés du Carrousel qui, ayant rapidement traversé le vestibule, se sont précipités à la poursuite des soldats, tandis que les pillards font le sac des appartements et que les assassins de profession achèvent les blessés.

Les Suisses atteignent le grand bassin octogone. Ils sont sauvés s'ils arrivent sur la place Louis XV et peuvent gagner les Champs-Élysées. Mais la place est occupée

---

à la journée du 10 août. Ce furent à peu près les seuls. Onze se trouvaient réunis dans une même pièce ; un député, dont le nom doit être transmis à la postérité, Bruat (du Haut-Rhin), vint les trouver et leur dit en allemand qu'il allait faire tout ce qui dépendrait de lui pour les sauver ; le soir venu, il leur procura des déguisements, les fit sortir par une porte dérobée. Trois autres officiers furent sauvés par un garçon de bureau du corps législatif, nommé Daigremont. De ces quatorze officiers, huit ou dix purent regagner la Suisse, et c'est avec leurs souvenirs réunis que le capitaine Pfyffer d'Altishoffen composa son très-intéressant récit publié en 1849. Quelques autres, notamment les lieutenants d'Ernest et de Diesbach, furent arrêtés lors des visites domiciliaires de la fin d'août et périrent le 2 septembre. Nous avons été assez heureux dans nos recherches pour retrouver les interrogatoires subis, le matin même du jour du massacre, par ces deux malheureux jeunes gens, devant l'un des directeurs du jury d'accusation du tribunal du 17 août. Nous donnons ces deux pièces à la fin de notre volume. En marge sont écrits ces mots sinistres : « Les prévenus ont été massacrés à l'Abbaye. »

par des bataillons de gardes nationaux qui les reçoivent à coups de fusil, leur coupent la retraite. Attaqués de tous les côtés à la fois, enfermés dans un cercle de fer et de feu, ils n'ont plus qu'à chercher individuellement un salut presque impossible. Beaucoup périssent sous les quinconces du jardin. D'autres se ruent par le pont tournant sur les ennemis qui leur barrent le passage et arrivent au pied de la statue de Louis XV, au centre de la place.

Là, formant une espèce de bataillon carré, certains qu'ils ne pourront être attaqués par derrière, ils s'apprêtent à résister; mais tout d'un coup ils sont chargés par une troupe que, certes, ils ne devaient pas s'attendre à trouver hostile; la gendarmerie à cheval les sabre impitoyablement[1]. Dès lors ils ne cherchent plus leur salut que dans la fuite; presque tous y trouvent la mort.

Une demi-heure après l'évacuation des Tuileries, il ne restait plus de ce magnifique régiment des gardes suisses que les deux cent à deux cent cinquante hommes enfermés dans l'église des Feuillants et dont nous aurons bientôt à reparler.

Les malheureux soldats massacrés durant la retraite, à travers le jardin, furent, dit-on, enterrés au pied de ce fameux marronnier auquel sa précocité a valu le surnom d'*arbre du 20 mars*. Ainsi, l'*arbre bonapartiste*, selon la tradition populaire, ne devrait la miraculeuse force de sa

---

1. Récit du capitaine Pfyffer; récit de Pétion (pièces intéressantes pour l'histoire), dans l'*Histoire parlementaire*, t. XVI, p. 444.

végétation qu'à l'engrais humain fourni par les derniers défenseurs de l'ancienne monarchie [1].

VI

Ceux des insurgés qui n'ont pas poursuivi la troupe à travers le jardin, franchissent précipitamment les divers escaliers qui conduisent au premier étage. Là ils trouvent quelques faibles détachements qui n'ont pu rejoindre le régiment ou n'ont pas entendu battre l'assemblée. Ces soldats isolés vendent chèrement leur vie et ne succombent qu'après avoir immolé chacun plus d'un assaillant. On ne fit grâce à aucun. Tous les officiers et soldats suisses, qu'à raison de leurs blessures la troupe avait été obligée de laisser au Château, furent mis en pièces.

---

[1]. La Suisse a honoré par un monument public le dévouement malheureux de ceux de ses enfants qui périrent au service de la royauté française. Aux portes de Lucerne, dans le flanc d'un rocher coupé à plan vertical, une grotte a été creusée, où un lion de proportions gigantesques est représenté expirant, percé d'une lance, sur un bouclier fleurdelisé qu'il couvre encore de sa force défaillante. Le rocher est couronné de quelques plantes alpestres; on y a gravé les noms des soldats et officiers morts au 10 août et au 2 septembre 1792. Tout près s'élève une chapelle, avec cette inscription :

HELVETIORUM FIDEI AC VIRTUTI
INVICTIS PAX.

Le modèle du monument a été composé par le fameux sculpteur danois Thorwaldsen. L'aspect de ces lieux mélancoliques rappelle ce beau vers de Virgile :

Sunt lacrymæ rerum et mentem mortalia tangunt.

M. Bekin, chirurgien-major du régiment, et son aide, M. Richter, furent massacrés au moment où ils prodiguaient des soins aux blessés qu'ils avaient refusé d'abandonner. On porta la fureur jusqu'à égorger les suisses des portes dans leurs loges. « Ils devaient partager le sort de leurs camarades, puisqu'ils étaient d'intelligence avec eux. » Dans les cuisines on tua tout, depuis les chefs d'office jusqu'au dernier marmiton, « complices de leur maître et devenus étrangers à la nation. »

Pendant ce temps, des fous furieux se livraient à un effroyable carnaval démagogique. On jetait par les fenêtres le mobilier royal, les pendules, les plus précieux objets d'art, on brisait toutes les glaces. « Médicis-Antoinette y avait étudié trop longtemps l'air hypocrite qu'elle montrait en public[1]. » Des portefaix revêtaient les costumes du sacre, s'asseyaient sur le trône; d'ignobles prostituées se paraient des robes de la reine, se vautraient dans son lit[2].

Dans les caves, on défonçait toutes les futailles. On faisait couler des torrents de vin! auxquels venaient se mêler des torrents de sang; car les tueurs se montraient d'autant plus impitoyables qu'on les avait vus plus lâches durant le combat[3].

---

1. Les phrases guillemettées sont empruntées aux *Révolutions de Paris,* de Prud'homme, t. XIII, p. 236 et 237.

2. Ces mêmes prostituées se portèrent aux dernières indécences sur les cadavres des Suisses. C'est ce que racontait un témoin oculaire, Napoléon, à M. de Las Cases, à Sainte-Hélène (3 août 1816).

3. Barbaroux, qui ne peut être suspect, puisqu'il avait été l'un des premiers organisateurs de l'insurrection, signale lui-même au mépris de la postérité « ces lâches fugitifs pendant l'action, assassins après la

Néanmoins, et nous sommes heureux de le reconnaître, dans la foule qui avait envahi les Tuileries, il se trouva quelques hommes généreux qui réussirent, en risquant leur propre vie, à arracher plusieurs victimes à la mort.

Le vieux médecin du roi, Lemonnier, était resté impassible dans son cabinet, écoutant les bruits sinistres qui retentissaient au-dessus, au-dessous, tout autour de lui. Enfin, les envahisseurs s'aperçoivent qu'ils ont passé devant une porte. Ils frappent brutalement et à plusieurs reprises. Lemonnier leur ouvre.

— Que fais-tu là ? tu es bien tranquille, lui dit le premier qui entre.

Sans s'émouvoir, il répond :

— Je suis à mon poste.

— Qui es-tu donc dans ce Château ?

— Je suis le médecin du roi.

— Et tu n'as pas peur ?

— De quoi ? Je suis sans armes ; fait-on du mal à qui n'en peut pas faire ?

— Allons ! tu es un bon b..... ; mais tu n'es pas bien ici ; d'autres, moins raisonnables, pourraient te confondre avec le reste. Où veux-tu aller ?

— Au Luxembourg.

— Viens, suis-moi et ne crains rien ! »

L'insurgé force la foule à s'écarter devant lui et Lemonnier, en criant sans cesse :

---

victoire, ces tueurs de cadavres qu'ils piquaient de leurs épées pour se donner les honneurs du combat » (p. 73 de ses *Mémoires*) ; seulement, Barbaroux prétend que les Marseillais n'étaient pas de ce nombre. Nous ne partageons pas son opinion sur ce point.

« Camarades, laissez passer cet homme ; c'est le médecin du roi, mais il n'a pas peur ; c'est un bon b.....[1] ! »

La princesse de Tarente, la jeune Pauline de Tourzel, Mmes de Soucy, de Genestou, de Saint-Brice, Thibaut, Terrasse, Lemoine, Basire et autres dames du service de la reine, des enfants de France, de Mme Élisabeth et de Mme de Lamballe, n'avaient pas pu accompagner la famille royale à l'Assemblée et, après son départ, étaient descendues dans l'appartement de la reine, au rez-de-chaussée. Au bruit de la fusillade, elles avaient fermé les volets ; mais l'obscurité dans laquelle elles se trouvent pourrait augmenter leur danger ; elles imaginent d'allumer les bougies du lustre et des candélabres ; à peine ont-elles terminé ces préparatifs d'une défense bien innocente, que les envahisseurs arrivent et enfoncent la porte. La transition subite de la clarté du jour à cette clarté factice les surprend, ces mille lumières, que reflètent encore les glaces du salon, les éblouissent ; ils reculent étonnés. Les plus courageuses de ces dames en profitent pour parler aux premiers envahisseurs. Ils sont pris de pitié et promettent de les conduire saines et sauves hors du palais. Ils tinrent parole[2].

Mme Campan avait été séparée de ses compagnes et se trouvait dans un entre-sol avec deux femmes de chambre et l'un des heiduques de la reine. Un groupe d'hommes armés se précipitent sur celui-ci, l'assassinent ;

---

1. *Mémoires* de Weber, t. II, p. 347.
2. Nous avons suivi le récit même de Mlle Pauline de Tourzel (*Souvenirs de quarante ans*, p. 137).

ils veulent tuer aussi les femmes, mais celles-ci se jettent à leurs pieds; Mme de Campan est saisie par le dos. Soudain, du bas de l'escalier, retentit la voix d'un Marseillais :

« Que faites-vous là-haut ?

— Hein, répond l'assassin, qui a déjà levé son sabre...

— *On ne tue pas les femmes !*

— Eh bien, lève-toi, coquine, la nation te fait grâce[1] ! »

Ce cri d'humanité : *on ne tue pas les femmes !* fut encore quelque peu écouté, dans les journées de septembre, par les assassins, qui épargnèrent presque toutes les femmes; il ne fut plus entendu, en 1793, par le tribunal révolutionnaire qui les envoya par charretées à la guillotine. Cet appel à ce qu'il devrait y avoir de plus sacré dans le monde marque, par l'affaiblissement des échos qu'il rencontra, les trois phases du règne de la Terreur.

Certes, si les envahisseurs eussent rencontré ceux que les Jacobins désignaient depuis longtemps aux vengeances populaires sous le nom de *chevaliers du poignard*, ils les eussent égorgés jusqu'au dernier, comme ils le firent pour tous les hommes armés ou non, blessés ou non, qu'ils trouvèrent dans l'intérieur du Château.

Mais, sur les deux cents gentilshommes qui avaient passé la nuit aux Tuileries, la plupart, comme nous l'avons vu plus haut, avaient réussi soit à rejoindre le roi aux Feuillants, soit à s'esquiver par le jardin, selon le conseil que Rœderer leur avait donné.

Cependant quelques-uns d'entre eux et une cinquan-

---

[1]. *Mémoires* de Mme de Campan, t. II, p. 250, 251.

taine de gardes nationaux avaient pris part au combat. Lorsque les Suisses avaient entendu le tambour les rappeler et qu'ils étaient descendus à l'entrée du jardin pour se former en colonnes, ces combattants ne les avaient pas suivis, et cela par une raison bien simple : c'est qu'une troupe disciplinée, qui doit retourner paisiblement dans sa caserne, ne peut recevoir personne dans ses rangs. Ils avaient donc dû songer à faire retraite d'un autre côté et s'étaient dirigés, de plain-pied, par les grands appartements, vers la galerie du Louvre ; ils y rallièrent quelques soldats, chargés de garder une coupure pratiquée dans le plancher de la galerie, pour empêcher les assaillants de pénétrer par cette voie ; ils traversèrent la coupure sur des planches et atteignirent sans encombre l'extrémité de la galerie ; par l'escalier de Catherine de Médicis, ils parvinrent à gagner les rues avoisinant le Louvre, d'où ils purent se disperser sans être reconnus[1].

[1]. Cette retraite si facile et si peu troublée est encore une preuve évidente de ce que nous avons dit plus haut. Si les Tuileries avaient été prises de vive force, cette petite troupe aurait été poursuivie l'épée dans les reins ; elle n'aurait pu franchir la coupure sans obstacle ; elle aurait été décimée par les coups de fusil tirés sur elle pendant le trajet si long et si dangereux de la grande galerie du Louvre ; elle aurait enfin été signalée par les insurgés engagés dans la galerie à leurs compagnons du Carrousel pour qu'ils eussent à la retrouver au pied des escaliers du Louvre, et la prendre entre deux feux, au moment où elle déboucherait sur la voie publique. Cette fuite miraculeuse serait inexplicable dans l'hypothèse d'un assaut véritable, mais elle se conçoit tout naturellement, si les Tuileries, abandonnées par leurs défenseurs faisant retraite de deux côtés à la fois, n'ont été envahies que lorsque l'apaisement de tous les feux défensifs eût fait comprendre aux assaillants qu'ils n'avaient plus à craindre de résistance.

VII

Mais pendant que les derniers défenseurs des Tuileries succombent sur la place Louis XV ou s'enfuient par l'escalier de Médicis, pendant que des misérables s'enivrent de vin, de vols et de meurtres dans l'antique palais des rois, il est temps de retourner à l'Assemblée nationale, où se décide le sort de la royauté elle-même.

La Législative a senti, dès les premiers moments, que le coup lancé de l'Hôtel de Ville, et qui vient d'abattre à ses pieds le malheureux Louis XVI, a été dirigé contre elle aussi bien que contre la royauté. A l'heure même où le canon cesse de tonner, elle s'aperçoit que si, en apparence, elle triomphe, en réalité elle est asservie. De la Constitution, il ne reste plus qu'elle, elle paraît concentrer dans ses mains tous les pouvoirs; et cependant, loin de parler en souveraine, elle se croit obligée de ménager l'émeute, de s'incliner humblement devant l'insurrection.

Voici venir une députation que lui envoient enfin les commissaires qui se sont installés de vive force à la place des véritables représentants de la commune, de ceux mêmes dont, quelques heures auparavant, un député courageux proposait de casser les arrêtés illégaux.

La députation est sur-le-champ admise à la barre sur la demande de Bazire. Huguenin a abandonné un instant la présidence de la commune insurrectionnelle pour venir dicter insolemment ses volontés aux représentants de la nation :

« Ce sont, dit-il, les nouveaux magistrats du peuple qui se présentent à votre barre. Les circonstances commandaient notre élection; notre patriotisme nous en rendra dignes. Législateurs, nous venons ici, au nom du peuple, *concerter avec vous* des mesures pour le salut public; Pétion, Manuel, Danton sont toujours nos collègues, Santerre est à la tête de la force armée...

« Le peuple, qui nous envoie vers vous, *nous a chargés de vous déclarer qu'il vous investissait de nouveau de sa confiance;* mais il nous a chargés en même temps de vous déclarer qu'il *ne pouvait reconnaître pour juge des* mesures extraordinaires, auxquelles la nécessité et la résistance à l'oppression l'ont porté, *que le peuple français,* VOTRE SOUVERAIN *et le nôtre,* réuni dans ses assemblées primaires[1]. »

Le président Guadet répond :

« Messieurs, fidèles à leur devoir, les représentants du peuple maintiendront jusqu'à la mort la liberté et l'égalité... Vous avez voulu vous porter vous-mêmes aux lieux où le péril était le plus grand, *ces sentiments vous honorent; l'Assemblée applaudit à votre zèle; elle ne peut voir en vous que de bons citoyens jaloux de ramener la paix, le calme et l'ordre... L'Assemblée vous invite à re-*

---

[1]. Le caractère de ce discours est complétement altéré dans le très-bref et très-incomplet résumé qu'en donne le *Moniteur*. Nous suivons la version du *Logographe*, p. 39, 40, et celle du *Journal des Débats et Décrets*, p. 162.

tourner A VOTRE POSTE, car vous tiendriez peut-être, dans ce moment, à insulte qu'on vous invitât à la séance. »

Ici, le président s'interrompt pour faire lire aux pétitionnaires les décrets rendus depuis le matin ; puis il les conjure lui-même de *les présenter au peuple.*

Un membre de la députation, Léonard Bourdon, prend à son tour la parole, non pour remercier les représentants du peuple de l'accueil en quelque sorte fraternel dont ils viennent d'honorer, en se déshonorant eux-mêmes, les usurpateurs de la commune, mais pour rendre, à la face de la France et du monde entier, la législature complice de leur usurpation.

« Le peuple de Paris, dit-il, craint la calomnie. Nous vous demandons de vouloir bien nous permettre d'apporter demain sur le bureau le procès-verbal de cette journée mémorable pour le faire passer aux quarante-quatre mille municipalités. »

On applaudit ; le président renouvelle ses instances pour obtenir la liberté de Pétion, car l'Assemblée, toute souveraine qu'elle est, n'ose pas lever la consigne qui retient enfermé à l'hôtel de la mairie le magistrat que les chefs de l'insurrection déclarent eux-mêmes vouloir conserver à leur tête.

« Vous nous avez parlé de Pétion, s'écrie Guadet, mais Pétion est consigné dans son hôtel. Il ne peut porter au peuple des paroles de paix. Vous savez que Pétion est nécessaire au peuple. »

La Législative, par ses supplications encore plus que par ses votes, reconnaissait ainsi l'usurpation des soi-disant commissaires des sections ; elle n'avait plus qu'à la sanctionner par un décret formel ; c'est ce qu'elle fait sur la motion de Bazire[1] qui, depuis près de douze heures, servait de compère à la commune insurrectionnelle et donnait la réplique aux délégués qu'elle envoyait jouer une des scènes de la comédie arrangée d'avance. Chose étrange ! La Législative semble croire à l'utilité, à la sainteté de la foi jurée, au moment où elle laisse violer tous les serments, au moment où elle va elle-même fouler aux pieds ceux qu'elle a si souvent prêtés à la Constitution de 1791 ; elle décrète que le serment, qui a été, quelques heures auparavant, l'objet d'une acclamation spontanée, sera prononcé par chacun de ses membres, dans la forme rédigée par Thuriot et ainsi conçue :

« Au nom de la nation, je jure de maintenir la liberté et l'égalité ou de mourir à mon poste. »

VIII

L'appel nominal pour la prestation de ce serment est sans cesse interrompu par des pétitionnaires qui viennent déposer sur le bureau des bijoux et effets précieux arrachés au pillage des Tuileries, raconter quelques épisodes des scènes sanglantes qui se passent aux abords de l'Assemblée et dicter des décrets aux représentants de la nation en les menaçant de la colère du peuple s'ils tardent un instant à les voter.

---

1. Voici le texte du décret proposé par Bazire :
« L'Assemblée confirme provisoirement l'organisation actuelle de la municipalité de Paris. » *Logographe,* p. 52.

Un de ces pétitionnaires s'écrie : « Le peuple vous demande depuis longtemps la déchéance du pouvoir exécutif, et vous n'avez pas encore prononcé sa suspension. *Apprenez que le feu est aux Tuileries et que nous ne l'arrêterons qu'après que la vengeance du peuple sera satisfaite...* »

Le président répond par des banalités à cette insolente menace. L'Assemblée accumule adresses sur adresses, proclamations sur proclamations pour tâcher de reconquérir quelque peu d'autorité sur les masses égarées ; elle prie, elle supplie tous les pétitionnaires qui se présentent à la barre de retourner auprès de leurs concitoyens pour les assurer qu'elle est prête à adopter toutes les mesures que réclament les circonstances, c'est-à-dire à obéir à toutes les injonctions qui lui seront faites[1].

1. A onze heures du matin, l'Assemblée adopte cette proclamation :

« Si la première des autorités constituées est encore respectée, si
« les représentants du peuple, amis de son bonheur, ont encore sur lui
« l'ascendant de la confiance et de la raison, ils prient les citoyens et,
« au nom de la loi, ils leur ordonnent de lever la consigne établie à la
« mairie et de laisser paraître aux yeux du peuple le magistrat que le
« peuple chérit.
            « GUADET, ex-président; CRESTIN, GOUJON,
                « TRONCHON, secrétaires. »

Une heure après, elle lance une nouvelle adresse au peuple. Nous en avons retrouvé la minute, raturée, bâtonnée, chargée de renvois. Son état matériel indique bien le trouble qui agitait le rédacteur, Lamarque.

« Depuis longtemps de vives inquiétudes agitaient tous les dépar-
« tements, depuis longtemps le peuple attendait de ses représen-
« tants des mesures qui pussent le sauver. Aujourd'hui les citoyens

Vergniaud monte à la tribune et, d'une voix altérée, annonce qu'il va « avec douleur » et « sans réflexion » présenter, au nom de la commission extraordinaire, « une mesure rigoureuse, que les événements ont rendue indispensable. »

On écoute, dans le plus profond silence, le projet de décret hâtivement rédigé par la commission, on l'adopte immédiatement article par article, sans discussion, avec de simples corrections de détail :

« L'Assemblée nationale,

« Considérant que les dangers de la patrie sont par-
« venus à leur comble, que c'est pour le corps législatif
« le plus saint des devoirs de déployer tous les moyens
« de la sauver ; qu'il est impossible d'en trouver d'effi-
« caces tant qu'on ne tarira pas la source de ses maux ;

« Considérant que ces maux dérivent principalement
« des méfiances qu'a occasionnées la conduite du chef
« du pouvoir exécutif dans une guerre entreprise en son
« nom contre la Constitution et l'indépendance nationale ;

« de Paris ont déclaré au Corps législatif qu'il était la seule autorité
« qui eût conservé leur confiance, et les membres de l'Assemblée na-
« tionale ont juré de maintenir la liberté et l'égalité ou de mourir à
« leur poste. Ils ont juré de sauver la patrie et seront fidèles à leur
« serment.

« L'Assemblée nationale s'occupe de préparer les lois que des cir-
« constances si extraordinaires ont rendues nécessaires. Elle invite les
« citoyens, au nom de la patrie, de veiller à ce que les droits de
« l'homme soient respectés et les propriétés assurées. Elle les invite à
« se rallier à elle, à l'aider à sauver la chose publique, à ne pas aggra-
« ver par de funestes divisions les maux et les dangers de l'empire. »

« que ces méfiances ont provoqué, dans diverses parties
« de l'empire, un vœu tendant à la révocation de l'auto-
« rité déléguée à Louis XVI ;

« Considérant, néanmoins, que l'Assemblée nationale
« ne peut ni ne doit agrandir la sienne par aucune usur-
« pation ; que dans les circonstances extraordinaires où
« l'ont placée des événements imprévus par toutes les
« lois, elle ne peut concilier ce qu'elle doit à sa fidélité
« inébranlable à la Constitution, à sa ferme résolution de
« s'ensevelir sous les ruines du temple de la liberté plutôt
« que de la laisser périr, qu'en recourant à la souverai-
« neté du peuple et prenant les précautions indispen-
« sables pour que ce recours ne soit pas rendu illusoire
« par de nouvelles trahisons ;

« Décrète ce qui suit :

« Art. 1er. — Le peuple français est invité à former
« une Convention nationale. La commission extraordi-
« naire présentera demain un projet de décret pour in-
« diquer le mode et l'époque de cette Convention.

« Art. ii. — Le chef du pouvoir exécutif est provi-
« soirement suspendu de ses fonctions, jusqu'à ce que la
« Convention nationale ait prononcé sur les mesures
« qu'elle croira devoir adopter pour assurer la sûreté in-
« dividuelle, le règne de la liberté et de l'égalité.

« Art. iii. — La commission extraordinaire présen-
« tera dans le jour un mode d'organiser un nouveau
« ministère. Les ministres actuellement en activité con-
« tinueront provisoirement l'exercice de leurs fonctions.

« Art. iv. — La commission extraordinaire présen-
« tera, — également dans le jour, — un projet de dé-

« cret sur la nomination du gouverneur du prince royal.

« Art. v. — Le paiement de la liste civile demeurera
« suspendu jusqu'à la décision de la Convention natio-
« nale. La commission extraordinaire présentera dans
« vingt-quatre heures un projet de décret sur le traite-
« ment à accorder au roi pendant sa suspension.

« Art. vi. — Les registres de la liste civile seront
« déposés sur le bureau de l'Assemblée nationale, après
« avoir été cotés et paraphés par deux commissaires
« de l'Assemblée, qui se transporteront à cet effet chez
« l'intendant de la liste civile.

« Art. vii. — Le roi et sa famille demeureront dans
« l'enceinte du Corps législatif, jusqu'à ce que le calme
« soit rétabli dans Paris.

« Art. viii. — Le département donnera des ordres
« pour leur faire préparer, dans le jour, un logement au
« Luxembourg, et ils seront mis sous la sauvegarde des
« citoyens et de la loi.

« Art. ix. — Tout fonctionnaire public, tout soldat,
« sous-officier, officier, de tels grades qu'ils soient, ou
« général d'armée, qui, dans ces jours d'alarme, aban-
« donnera son poste, est déclaré infâme et traître à la
« patrie.

« Art. x. — Le département et la municipalité de
« Paris feront à l'instant proclamer le présent décret.

« Art. xi. — Il sera envoyé, par des courriers ex-
« traordinaires, aux quatre-vingt-trois départements, qui
« seront tenus de le faire parvenir, dans les vingt-quatre
« heures, aux municipalités de leur ressort pour y être
« proclamé avec la même solennité. »

Les motifs de ce décret étaient inutiles à exposer, selon Vergniaud ; inutiles aussi seraient les commentaires. Remarquons seulement que l'Assemblée semblait vouloir encore sauvegarder le principe monarchique. Elle déclarait : 1° que le pouvoir exécutif était provisoirement suspendu ; 2° qu'à défaut de liste civile, un traitement serait accordé au roi pendant sa suspension ; 3° qu'enfin il serait nommé un gouverneur au prince royal.

Chose étrange et qui n'a pas été remarquée, c'est qu'en vertu de l'article III, le décret suspendant Louis XVI fut contre-signé par son ministre de la justice, Dejoly, chargé d'y apposer le sceau de l'État[1].

---

1. Ce décret est le premier qui soit inséré au *Bulletin des Lois* avec cette formule nouvelle : « AU NOM DE LA NATION. » Un autre décret, rendu deux heures après sur la motion de Jean Debry, avait enjoint au ministre de la justice d'apposer le sceau de l'État, en la forme ordinaire, à tous les actes du corps législatif non revêtus de la sanction royale, et sur tous les décrets à rendre. Dejoly se crut donc obligé d'apposer sa signature au bas de l'acte qui prononçait la suspension du monarque dont il tenait ses pouvoirs ; il signa également la lettre d'envoi de ce même décret à Pétion, devenu le chef de la municipalité insurrectionnelle :

« 10 août 1792.

« Je m'empresse, Monsieur, de vous transmettre directement une
« expédition certifiée de la loi numérotée 1978, relative à la suspension
« du pouvoir exécutif. Je vous prie de veiller à ce qu'elle soit promul-
« guée sur-le-champ dans la ville de Paris.

« Le ministre de la justice,

« DEJOLY. »

IX

Le flot de la démagogie monte avec une effrayante rapidité, l'Assemblée a de la peine à le suivre. Mais, quoi qu'elle fasse, quoi qu'elle décrète, elle est toujours dépassée par ceux qui, ostensiblement ou non, viennent lui imposer leurs volontés désormais indiscutables.

A chaque instant des dénonciations sont faites, à chaque instant on apporte des lettres saisies ou trouvées aux Tuileries. L'Assemblée nationale « autorise le comité de surveillance à prendre des précautions, à donner les ordres que les circonstances lui paraîtront exiger, et même à *faire arrêter les personnes* dont il croira qu'il importe à la patrie d'examiner la conduite[1]. »

Il y a une heure à peine que l'Assemblée a décidé que le ministère continuerait provisoirement ses fonctions. Brival demande qu'il soit cassé sans le moindre retard, et Guadet, auquel Gensonné a succédé au fauteuil de la présidence, vient un instant après apporter le décret préparé par la commission extraordinaire sur la nouvelle organisation du pouvoir exécutif. Dans ce projet, la commission des vingt et un montre une certaine modération ; elle ne dit pas un mot des derniers ministres de Louis XVI, et déclare (art. 8) que le gouverneur du

---

1. Procès-verbal, p. 12. — Plusieurs procès-verbaux prouvent que, dans la journée du 10 août, le comité de surveillance de l'Assemblée nationale réclama de toutes les sections de Paris la recherche et la dénonciation des suspects qui pouvaient se trouver dans la circonscription de chacune d'elles.

prince royal sera nommé de la même manière que les nouveaux ministres, c'est-à-dire par appel nominal et à haute voix.

Brissot ne s'occupe nullement de ce dernier article qui, quoique décrété en principe, ne reçut jamais la moindre exécution ; mais il fait observer qu'avant tout il est indispensable de déclarer que le ministère actuel a perdu la confiance de la nation. Bazire demande que l'on appose tout de suite les scellés sur les papiers personnels des ministres remplacés. Bientôt on va plus loin ; on craint que, dans la nuit qui vient de s'écouler, les agents du roi n'aient expédié quelque proclamation aux armées de terre et de mer. Pour engager leur responsabilité, on leur fait signer une déclaration formelle que le fait n'a pas eu lieu[1]. Après quoi on les met en arrestation.

---

[1]. Nous avons retrouvé les déclarations de cinq des ministres de Louis XVI :

« Nous avons l'honneur d'assurer à l'Assemblée nationale et de lui affirmer qu'il n'y a pas eu de proclamation du roi faite et par nous envoyée à l'armée.
« DEJOLY, BIGOT-SAINTE-CROIX, CHAMPION.

« Ce 10 août 1792. »

« Je fais serment que je n'ai envoyé aucune proclamation dans les ports ni dans les armées navales.

« Le ministre de la marine,

« DUBOUCHAGE. »

« J'ai l'honneur d'assurer à l'Assemblée nationale que je n'ai fait aucune proclamation à l'armée, mais qu'il peut avoir été envoyé un exemplaire de la dernière proclamation du roi, dont un exemplaire a été envoyé à l'Assemblée nationale ; encore je ne l'affirme pas.

« D'ABANCOURT. »

LIVRE VIII.   347

Le ministre de la guerre, d'Abancourt, est accusé par les montagnards d'être la cause du conflit sanglant qui vient d'avoir lieu aux Tuileries ; c'est lui, dit-on, qui a retenu les Suisses à Paris, lorsqu'un décret de l'Assemblée les renvoyait loin de la capitale[1] ; on le décrète d'accusation et on l'envoie à l'instant même dans les prisons de la haute-cour d'Orléans.

Pendant que l'on arrête les derniers ministres de la monarchie, on procède à l'élection des premiers ministres de la république. On déclare qu'il n'y a pas lieu, pour les ministères de l'intérieur, des finances et de la guerre, de suivre le mode déterminé par le décret adopté une heure auparavant, mais que Roland, Clavière et Servan, qui, conformément à la déclaration solennelle du 13 juin, ont « emporté les regrets de la nation, » y se-

---

1. Dejoly date son récit du 14 août, quatrième jour de sa captivité. Avant d'être arrêté, il avait écrit au président de l'Assemblée la lettre suivante, que nous avons retrouvée :

« Monsieur le président,

« Je vous prie de vouloir bien annoncer à l'Assemblée nationale, qu'en exécution du décret qu'elle a rendu hier, j'ai fait apposer le sceau de l'État, expédier et envoyer aux corps administratifs et judiciaires tous les décrets qui ont été rendus dans cette journée.

« Mon successeur est nommé ; j'aurais désiré pouvoir lui remettre moi-même les sceaux ; mais le département ayant, en conformité des ordres de l'Assemblée nationale, apposé le scellé sur le cabinet où ils sont, je crois, monsieur le président, ne pouvoir mieux faire que de vous adresser directement les clefs de l'armoire et du coffre dans lesquels ils sont renfermés.

« Je suis avec un profond respect, etc.

« DEJOLY. »

« Paris, le 11 août 1792, l'an IV de la Liberté, à une heure du matin. »

ront rappelés par acclamation. Mais on nomme les trois autres au scrutin. Sur 284 votants, Danton réunit 222 suffrages pour le ministère de la justice; Monge 154 pour celui de la marine, et Lebrun 109 pour celui des affaires étrangères[1].

284 votants, sur 749 membres dont se composait l'Assemblée, sur 680 qui avaient pris part, deux jours auparavant, au scrutin acquittant La Fayette, voilà où en est réduite la représentation du peuple français. Une assemblée décimée par la peur ou le dégoût, une commune usurpatrice qui s'est nommée elle-même, tels sont les arbitres suprêmes des destinées de notre patrie. Quant aux quatre-vingt-deux autres départements qui ont souvent manifesté des vœux favorables au maintien de la Constitution de 1791 et envoyé à la Législative une majorité considérable pour la soutenir, il n'en est pas même question.

Vergniaud seul, disons-le à sa louange, ose dans ce moment se révolter contre la tyrannie du peuple de

---

1. Des six premiers ministres de la république, deux périrent sur l'échafaud, Lebrun et Danton, deux se donnèrent eux-mêmes la mort, Roland et Clavière; les deux derniers survécurent et servirent l'empire; Servan mourut en 1808, général de division; Monge devint sénateur et comte de Peluse.

Des six derniers ministres de Louis XVI, un seul, le malheureux d'Abancourt, périt de mort violente. Nous raconterons bientôt comment il fut ramené, moins d'un mois après le 10 août, d'Orléans à Versailles par la troupe de Fournier l'Américain, comment il tomba avec un autre ministre de Louis XVI, Delessart, et quarante-neuf autres victimes, sous le fer des assassins envoyés par la commune de Paris.

Paris, dont chaque orateur qui paraît à la barre invoque le nom en réclamant la déchéance immédiate de Louis XVI.

« Les représentants du peuple, s'écrie-t-il, ont fait tout ce que la Constitution leur permettait en indiquant une Convention nationale et en prononçant la suspension provisoire, jusqu'à ce que la Convention, revêtue de la plénitude des pouvoirs que le peuple souverain peut seul dispenser, ait prononcé. Les citoyens qui sont à la barre savent parfaitement que Paris n'est qu'une section de l'empire ; ils savent parfaitement que les représentants du peuple seraient indignes de la confiance même qu'ils viennent leur témoigner dans le temple de la liberté, s'ils étaient capables de voter par faiblesse une mesure que la loi ne les autorise pas à prononcer... Le peuple peut être égaré, mais il est bon, il reconnaît toujours la vérité lorsqu'on la lui montre. J'espère que les pétitionnaires useront de tout l'ascendant que la confiance de leurs concitoyens leur a donnée sur eux, pour les engager à rester tranquilles, à respecter l'asile des représentants du peuple... Je demande qu'en leur offrant les honneurs de la séance, on les invite à aller rendre compte au peuple de ce qu'ils ont entendu dire à des représentants qui ne sont animés que de l'amour du peuple et de la liberté. »

« Citoyens, dit à son tour le président (Gensonné), soyez confiants dans vos représentants..., allez et portez à vos concitoyens les paroles que vous venez d'entendre[1]. »

---

1. Voir le procès-verbal, p. 16, 17 ; — le *Logographe*, p. 62.

La préoccupation constante de l'Assemblée était en effet de faire parvenir aux masses les décrets qu'elle ne cessait de rendre; c'est un des faits les plus significatifs et cependant les moins remarqués de la journée du 10 août. On croirait, à lire son procès-verbal, que la Législative était enfermée dans une étroite prison, d'où elle ne pouvait communiquer que difficilement avec l'immense multitude qui encombrait les abords de la salle de ses séances.

La commune insurrectionnelle l'avait-elle entourée d'une garde invisible? La rupture instantanée de tous les rouages de la machine administrative avait-elle forcément paralysé la transmission ordinaire des décrets? chacun voulait-il se soustraire, en cas de revirement subit, à la responsabilité des actes de cette journée? Il est impossible d'assigner à chacune de ces causes sa part d'influence; mais, quant au fait en lui-même, il ne peut être contesté; car on voit à chaque instant des sections envoyer à l'Assemblée demander des renseignements sur ce qui se passe, et supplier la seule autorité subsistante de mettre leurs comités en état de tranquilliser le peuple et de dissiper ses inquiétudes[1].

X

Pendant ce temps, de l'Hôtel de Ville aux Tuileries et des Tuileries au Manége, l'anarchie triomphait en

---

1. *Logographe,* p. 57.

pleine liberté. On pillait toujours au Château ; l'incendie, après avoir dévoré les baraques des cours, atteignait déjà les ailes du monument. A chaque instant des coups de fusil se faisaient entendre ; c'étaient quelques malheureux blessés que l'on achevait, c'était une vengeance particulière qui s'assouvissait impunément.

Pour essayer d'apaiser ces désordres et d'arrêter ces crimes individuels qui se renouvellent sans cesse, l'Assemblée envoie des commissaires pris dans son sein, mais ils sont à peine écoutés. Elle fait distribuer des proclamations imprimées et même manuscrites (car on ne peut trouver d'ouvriers imprimeurs, et les députés en sont réduits à copier les décrets qu'ils viennent de rendre), les spectateurs et les pétitionnaires en sortent chargés ; mais bientôt les plus zélés reviennent annoncer que la populace ne veut pas plus suivre leurs conseils que ceux des députés, qu'en vain ils ont cherché des officiers municipaux pour parler avec l'autorité qui leur manque ; qu'à peine ont-ils rencontré quelques commissaires de police disposés à proclamer la loi au son du tambour[1].

L'Assemblée fait une seconde tentative et expédie de nouveaux commissaires, ceux-ci lui rapportent de meilleures nouvelles : Henri Larivière annonce qu'aussitôt qu'ils ont été reconnus pour des représentants, ils ont été environnés par une foule de citoyens qui ont entendu avec respect, la tête découverte, la lecture de la loi : « Tous ceux qui m'entouraient, ont juré de périr plutôt que de déshonorer la liberté par un crime. » Et, se tour-

---

1. *Logographe*, p. 47.

nant vers la tribune du *Logographe :* « A coup sûr, il n'est pas une tête ici *présente* (et l'on doit m'entendre) qui ne puisse compter sur la loyauté française[1]. »

L'Assemblée, qui ne demande pas mieux que d'être rassurée, applaudit très-vivement et se hâte de voter successivement toutes les mesures dont les Jacobins et les sections ultra-révolutionnaires demandaient en vain l'adoption depuis un mois et auxquelles elle avait jusqu'alors opposé un refus formel[2].

Ainsi, elle légalise et étend à toutes les assemblées primaires de France la mesure prise par la section du Théâtre-Français. Elle déclare que, pour la formation de la Convention nationale qu'elle vient de convoquer, sera admis à voter tout Français âgé de 25 ans, domicilié depuis un an et vivant du produit de son travail.

Ainsi, convertissant en loi la proposition faite quelque temps auparavant par la section des Lombards, elle décrète, sur la proposition de Choudieu :

« 1° Qu'il sera sans délai formé un camp sous les
« murs de Paris;

« 2° Qu'il sera établi des canons sur les hauteurs des
« environs de Paris;

« 3° Que la commission extraordinaire lui présentera
« le lendemain ses vues sur les moyens d'exécuter le
« présent décret. »

Mais il faut songer à payer les frais de la révolution

---

1. *Logographe,* p. 65.
2. Voir p. 141 et 142 de ce volume.

qui vient de s'accomplir et à satisfaire ceux qui en ont été les auteurs ou au moins les complices. C'est encore Choudieu qui se charge de la proposition : « Je demande, dit-il, que les fédérés, qui sont accourus de leurs départements pour nous défendre et qui nous ont si bien défendus aujourd'hui, soient payés des frais de leur voyage et reçoivent leur solde à compter du jour de leur arrivée à Paris. »

L'octroi de cette demande ne pouvait souffrir de difficulté; l'Assemblée se hâte de récompenser les Marseillais de la peine qu'ils se sont donnée à renverser la constitution, et de leur fournir les moyens de rester à Paris, aussi longtemps qu'il plaira à la démagogie de les y retenir pour achever son œuvre de destruction politique et sociale.

Il faut aussi se venger des magistrats qui ont osé remplir leurs devoirs en poursuivant l'enquête sur les événements du 20 juin, et dont certains représentants ont pu craindre un instant d'avoir à subir les mandats d'amener. L'Assemblée n'hésite pas à casser les juges de paix[1] légalement élus par les citoyens de chaque

---

1. Les plus courageux de ces magistrats périrent victimes de leur dévouement.

Étienne Larivière (de la section Henri IV), qui avait lancé des mandats d'amener contre Merlin, Chabot et Bazire, dans l'affaire du comité autrichien, fut massacré à Versailles, le 9 septembre, avec les prisonniers de la haute-cour.

Buob et Bosquillon, le premier du faubourg Poissonnière, le deuxième de l'Observatoire, qui étaient soupçonnés d'avoir des relations avec la cour, furent massacrés à l'Abbaye, le 2 septembre.

Fayel, de la section du Roi-de-Sicile, qui avait reçu des déposi-

section et à ordonner qu'il soit immédiatement procédé à leur réélection ou à leur remplacement.

Il faut enfin songer aux frères et amis qui gémissent dans les prisons de l'aristocratie. Le fameux Saint-Huruge, le compagnon de Santerre au 20 juin, était détenu depuis un mois à Péronne pour des calomnies contre Luckner et les autres généraux; un rapport fait d'urgence par le comité de législation ordonne qu'il sera mis sur-le-champ en liberté et que le comité sera chargé d'examiner la conduite du juge de paix qui a osé attenter à la liberté d'un aussi honorable citoyen.

XI

Certains incidents de la séance du 10 août ont été habilement exploités par les écrivains ultra-révolutionnaires, qui en ont pris texte pour vanter outre mesure la générosité et le désintéressement de la populace victorieuse. Nous ne voulons pas les passer sous silence, nous nous garderons bien cependant de leur attribuer

---

tions importantes relatives au 20 juin, et qui avait fait prendre à cette section le courageux arrêté du 8 août, mourut sur l'échafaud le 19 décembre 1793.

Bertrand de Molleville fait périr, le 10 août, le juge de paix des Tuileries, Menjaud, qui avait également tenu une conduite très-honorable au 20 juin; mais c'est une erreur, car nous avons retrouvé plusieurs écrous au nom de cet honorable magistrat à des dates postérieures. Ces écrous constatent que si Menjaud ne périt pas, il fut longtemps traîné de prison en prison.

une importance qu'ils n'eurent point en réalité, mais que l'Assemblée, en sa faiblesse, s'efforça elle-même de leur prêter, quand elle ordonna à ses secrétaires de recueillir « les actes de vertu qui avaient signalé la mémorable journée du 10 août » et d'en rédiger un précis à envoyer aux départements.

Ah! s'il eût fallu recueillir tous les crimes, tous les actes hideux commis dans cette journée, les secrétaires de l'Assemblée n'y auraient pas suffi. Pendant qu'un marchand de vin, nommé Clémence, amène à la barre un Suisse qu'il a sauvé, l'embrasse avec effusion et s'évanouit d'attendrissement; pendant que des objets précieux sont déposés sur le bureau du président par des citoyens qui en tirent des reçus et font inscrire leurs noms au procès-verbal, que de scènes de meurtre, que de déprédations nous aurions à raconter si nous voulions entrer dans tous les détails. révélés par les pièces officielles!

Peu de temps après que Clémence a fini son pathétique discours, on entend de nouveau retentir des cris de vengeance contre les Suisses, « ces assassins du peuple. » Le député Boirot annonce qu'un détachement populaire vient de partir avec des canons pour Courbevoie, où les quelques gardes restés dans leurs casernes courent les plus grands périls. On annonce, il est vrai, que le roi a envoyé défendre aux Suisses de se servir de leurs armes; mais le porteur de l'ordre royal vient d'être arrêté aux Champs-Élysées au moment où il se dirigeait sur Courbevoie, et il est amené à l'Assemblée parce que l'écrit, signé de Louis XVI, n'est ni contresigné d'un ministre, ni daté. L'Assemblée autorise son président à donner des ordres pour que le porteur de la lettre soit mis à même de continuer sa route.

Tandis que l'on cherche un ministre pour contresigner l'ordre du roi, un garde national s'écrie à la barre : « Je suis de poste ici; j'entends tirer des coups de fusil; je réclame votre humanité. — Il s'agit de sauver des hommes, ajoute Chéron, nommons des commissaires pour aller parler au peuple. — Les commissaires des sections avaient ordonné d'amener à la maison commune les prisonniers déposés aux Feuillants. Un premier détachement de soixante à quatre-vingts soldats désarmés est dirigé vers la place de Grève; en route, les malheureux sont massacrés sans pitié. Pendant ce temps, d'autres Suisses prisonniers sont conduits au comité de la section du Roule. Le local se trouve bientôt trop petit pour les contenir. Le commandant de bataillon, Houdan, essaye de les faire transférer dans la caserne de la rue Verte et de là à l'Hôtel de Ville, mais la populace s'attroupe, les arrache à leur escorte et les égorge[1].

---

1. Ce dernier fait est constaté par le procès-verbal suivant :

MUNICIPALITÉ DE PARIS.

Rapport fait par le sous-commandant de la section du Roule.

« Du 10 août 1792.

« Il vous expose, Messieurs, que les prisonniers suisses, faits par différentes sections, ont été en partie amenés aux comités de ladite section, poste central du bataillon. Comme le local était trop petit pour y recevoir tous les Suisses, ledit commandant monta aux comités;

Après les meurtres en masse, raconterons-nous les meurtres individuels? Qu'il nous suffise de dire un mot des deux plus importants.

Le commandant Carle, longtemps chef de bataillon de la garde nationale (section Henri IV) et passé avec le même grade dans la gendarmerie de Paris, était un des officiers qui avaient montré le plus de détermination au 20 juin. Pendant presque toute la journée du 10 août, il était resté à la porte de la loge du *Logographe,* veillant sur les jours de la famille royale; tout à coup il est appelé au dehors de la salle, entraîné vers la place Vendôme et massacré[1].

M. de Clermont-Tonnerre, l'un des membres les plus distingués de l'Assemblée constituante, pendant qu'il passe tranquillement dans la rue, est désigné à la fureur de la populace, les uns disent par un de ses serviteurs, les autres par un boucher du marché de la rue de Sèvres. Il n'y avait aucun grief à arguer contre lui; depuis

---

fit ses représentations, et donna idée aux commissaires de ladite section de transférer les Suisses à la caserne de la rue Verte ; ce qui fut accepté. La confusion de citoyens qui accompagnaient les Suisses, ne voulut pas qu'ils y restassent; ils me forcèrent de les leur livrer, pour être amenés à la maison commune, ce qui fut exécuté; il fut aussi amené un soi-disant commandant suisse qui fut arraché de nos mains et qui fut massacré à l'instant, malgré toutes les représentations et opposition et résistance que ledit commandant leur a fait, ainsi que M. Carré, officier des chasseurs volontaires de Popincourt; et avons signé et requérons copie dudit rapport pour leur servir et valoir.

« HOUDAN, commandant en second; CARRÉ, sous-lieutenant. »

1. La malheureuse reine apprit la nouvelle de cette mort affreuse une demi-heure après que ce fidèle serviteur l'eut quittée.

deux ans il était en dehors des affaires publiques; mais on crie à l'aristocrate, à l'ami du roi. Il est saisi, traîné dans la boue. En vain demande-t-il à être conduit à la section de la Croix-Rouge; on ne l'écoute pas, on l'accable d'outrages, on l'égorge, on le met en pièces [1].

XII

Les procès-verbaux et les comptes rendus nous montrent, pendant toute la journée du 10 août, des citoyens venant à la barre de l'Assemblée apporter des bijoux, de l'argent et des effets précieux trouvés aux Tuileries. A chaque instant, les délibérations sont interrompues par les remerciements que le président leur adresse au nom de la nation. Mais si on lit avec attention les discours mêmes de ces braves gens, on voit clairement que pendant qu'ils font acte de probité, d'autres font acte de déprédation [2]. L'un des déposants dit : « Il se commet de grands

---

1. Voici tout ce que le procès-verbal de la commune contient sur ce meurtre abominable :

« On annonce que M. de Clermont-Tonnerre vient de périr malgré les efforts de la section de la Croix-Rouge pour le sauver. »

2. Ce qui le prouve mieux encore que les paroles des déposants, c'est le rapport que fit à la Convention, dans les derniers mois de 1792, Maignet, depuis si célèbre par son proconsulat dans le Midi. Il y est proposé d'accorder une indemnité de 118,965 livres aux serviteurs du Château, victimes des vols et des pillages commis dans les appartements et chambres qu'ils occupaient aux Tuileries. Ce rapport renferme des passages trop caractéristiques pour que nous n'en donnions pas quelques extraits à la fin de ce volume.

pillages au Château[1]. » Un second ajoute : « Il serait très-instant d'envoyer des commissaires et des gardes pour empêcher le pillage. » On écoute à peine et l'on ne prend aucune mesure. L'argentier du roi, qui tient à mettre à couvert sa responsabilité, présente un double de l'état des pièces qu'il avait le matin[2]; il est fort mal accueilli. L'Assemblée répugne évidemment à se charger des objets précieux; elle invite ceux qui les lui apportent à s'adresser plutôt à la commune qu'à elle, enfin elle rend le décret suivant :

« L'Assemblée nationale, après avoir décrété l'urgence,
« décrète que l'argent, les meubles effets et bijoux, qui
« pourront être recueillis aux Tuileries, seront remis
« à la municipalité, qui en disposera conformément aux
« lois. »

Dès lors, le courant change de direction; ce qui peut être sauvé du pillage, va se noyer entre les mains de ceux qui se sont emparés de l'Hôtel de Ville ; ces mains n'étaient pas toutes pures, comme nous le verrons par la suite, et une partie des effets d'abord sauvés fut l'objet de dilapidations qui, plus habilement opérées, né laissèrent aucune trace dans les procès-verbaux.

Ce fut aussi à la commune insurrectionnelle que l'Assemblée nationale confia le soin d'éteindre l'incendie allumé aux Tuileries. Le feu avait déjà dévoré les deux superbes écuries de la garde à cheval, tous les bâtiments

---

[1]. Procès-verbal officiel de l'Assemblée, p. 20, 21.
[2]. *Logographe,* p. 44.
Il avait déposé l'état même au comité de la section du Louvre.

des cours, l'hôtel du gouverneur du Château, neuf cents toises de baraques, de masures et de maisons ; déjà les flammes gagnaient le pavillon Marsan et celui de Flore, menaçaient d'envahir le quartier Saint-Honoré. La nouvelle commune n'avait pas répondu à l'appel qui lui avait été adressé ; elle avait bien autre chose à faire qu'à empêcher la destruction « *du palais du tyran.* »

On revient donc avertir l'Assemblée des développements que prend l'incendie, et son président donne des ordres aux pompiers, tout en expédiant un nouvel avis à la municipalité et aux commissaires des sections[1]. Mais les pompiers ne tardent pas à annoncer qu'il leur est impossible d'agir : « On tire sur eux, on menace de les jeter dans le feu. » Des députés, qui avaient toute la faveur populaire, Merlin, Lecointre, Calon, se mêlent à la foule, lui représentent que les Tuileries sont une propriété nationale ; mais ils parlent en vain. Chabot, qui a visité le théâtre de l'incendie, rapporte qu'il est urgent d'en arrêter les progrès et propose de charger de ce soin le patriote Palloy, qui est, dit-il, « très-propre par son talent et son civisme à rendre des services[2]. » Cette proposition est adoptée.

---

1. Procès-verbal officiel, p. 15. L'Assemblée ne savait à qui s'adresser et invoquait en même temps le secours de l'ancienne et de la nouvelle autorité municipale.

2. Palloy était un architecte que l'on voyait apparaître toutes les fois qu'il y avait des démolitions patriotiques à opérer ; voici le rapport qu'il envoya le 11 août à l'Assemblée :

« Monsieur le président,

« J'ai l'honneur de vous prévenir que les progrès du feu sont entiè-

Peu de temps après, trois délégués viennent « au nom des commissaires de la majorité des sections réunies, avec pleins pouvoirs de sauver la chose publique » (c'est ainsi que se nommait elle-même la commune insurrectionnelle), annoncer à l'Assemblée que le calme le plus

rement apaisés, grâce à l'activité des pompiers qui ont été on ne peut pas mieux conduits cette nuit par leur chef, malgré beaucoup de malveillants qui voulaient y causer du retard ; il sera entièrement éteint cette matinée et hors de tout danger de communication au Château. *Je suis après à y faire les tranchets nécessaires (sic).*

« Il serait à désirer que l'extérieur des faces du Château fût bien gardé pour empêcher les accidents qui pourraient provenir par la curiosité de nos concitoyens qui se blesseraient et qui interromperaient les travaux.

« Je suis avec respect, Monsieur le président, un zélé, fidèle patriote de la patrie,

« PALLOY.

« Le 10 août, an IV de la liberté. »

Ce Palloy est encore un type à étudier ; c'est celui du prétendu artiste qui fait sonner bien haut son patriotisme et se met continuellement en avant pour se faire accorder des travaux, que bientôt on est obligé de lui enlever parce qu'il les dirige au rebours du sens commun, mais en se faisant payer très-grassement.

Six semaines après que les travaux des Tuileries avaient été confiés à Palloy, le ministre de l'intérieur s'aperçut qu'il y avait fait plus de dégâts que de réparations, mais qu'en même temps il présentait des comptes follement exagérés. Ces faits furent aussitôt dénoncés à la Convention. Mais l'architecte patriote, au lieu d'achever sa besogne civique, s'était hâté de lever parmi ses ouvriers un bataillon dit « de la république. » Il se trouvait alors à Épernay ; apprenant la dénonciation du ministre de l'intérieur, il réunit sa troupe, la passe en revue, et prononce une harangue, dans laquelle il couvre d'injures « Roland et sa femme. » Le discours de Palloy nous est tombé entre les mains. Imprimé, il ne forme pas moins de soixante-douze pages in-4°, il contient un récit éminemment fantaisiste de l'insurrection pari-

profond règne dans la capitale, que des patrouilles nombreuses sauvegardent la sûreté des citoyens et des représentants du peuple; enfin que le commandant général Santerre veille sur la représentation nationale [1].

Le calme régnait; mais c'était l'effet de la fatigue

sienne, et des chiffres hyperboliques comme ceux-ci : — Les ennemis de la liberté, présents à Paris, en août 1792, étaient au nombre de 233,800, et les insurgés qui les écrasèrent étaient dix fois moins nombreux! — Dans un autre passage se trouve cette phrase : — « Ce sont les sans-culottes, la crapule et la canaille de Paris, et je me fais honneur d'être de cette classe, qui ont vaincu les soi-disant honnêtes gens. »

Un autre témoin oculaire, Napoléon, se servait exactement des mêmes expressions que Palloy; il disait à M. de Las Cases (*Mémorial*, 3 août 1846) : « Le Château se trouvait attaqué par la plus vile canaille... »

[1]. On ne lira pas sans intérêt les lettres suivantes, dont nous avons retrouvé les minutes :

MUNICIPALITÉ DE PARIS.

Extrait des délibérations du conseil général de la commune de Paris.

« Du 10 août 1792, an IV de la liberté.

« M. le commandant du bataillon de Saint-Séverin ou le commandant du poste délivrera une pièce de canon aux porteurs du présent, cette pièce devant servir à défendre le peuple contre ses ennemis.

« Le commandant général provisoire,

« SANTERRE. »

SECTION DES THERMES DE JULIEN.

« Du 10 août 1792, l'an IV de la liberté.

« M. Santerre, commandant général provisoire, est instamment prié de faire délivrer, pour le bataillon des Mathurins, vingt-quatre boulets, vingt gargousses à mitraille et douze à boulet, cinquante étoupilles,

chez les uns, de la stupeur chez les autres. Les nouveaux chefs de la garde nationale avaient donné des ordres pour faire entourer l'Assemblée de forces considérables et distribuer à profusion des armes, des cartouches, des boulets et des gargousses à mitraille.

vingt-quatre lances, six livres de mèches. Cette demande est faite par Behours, commissaire nommé par l'Assemblée permanente pour se réunir à la maison commune.

« Huguin, commandant du bataillon des Mathurins, Behours, commissaire, Croullebois, commandant en second, Taillard, commissaire. »

MUNICIPALITÉ DE PARIS.

« M. Prévôt délivrera à nos frères de la section des Gravilliers un millier de cartouches à balles.

« Les administrateurs provisoires de police de la garde nationale,

« A la mairie, le 10 août 1792. »   « Panis. »

SECTION DES GRAVILLIERS.

« Le président soussigné demande au nom de l'Assemblée générale deux mille cartouches, au lieu de mille qui sont exprimées ci-dessus.

« Cassaignes, président; Messageot, secrétaire.

« Le 11 août 1792. »

« M. Prévôt est prié aussi de donner cinquante gargousses à mitraille pour le service des canonniers qui s'en sont démunis dans la journée du 10 à la place Louis XV, où ils se sont bien distingués.

« Recordon, commandant du bataillon; Moreau, capitaine. »

« De la maison commune, le 10 août 1792.

« M. le commandant en chef du bataillon de. . . . . enverra sur-le-champ à chaque barrière de son arrondissement une force suffisante et donnera la consigne de ne laisser passer qu'avec des passeports en date de ce jour, observant que les personnes apportant

Rassurée par les précautions qui paraissaient garantir sa sûreté matérielle, l'Assemblée nomme, sur la présentation de sa commission extraordinaire et de son comité militaire, douze commissaires[1] chargés de se rendre aux armées, de leur expliquer la révolution qui vient de s'opérer et de les rallier autour de l'Assemblée nationale. Aussitôt après, à trois heures et demie du matin, elle suspend sa séance. Quelques membres restent dans la salle pour maintenir la permanence, proclamée dès le commencement de la crise.

La famille royale a donc enfin, pour la première fois depuis quarante-huit heures, la possibilité de goûter quelques moments de repos. Le roi, la reine et les fidèles serviteurs, qui étaient venus les rejoindre dans la loge du *Logographe*, ou s'étaient tenus aux abords de ce misérable réduit, sont emmenés dans quatre cellules de l'ancien couvent des Feuillants[2]. On y apporte à la hâte quelques meubles et un modeste repas.

des comestibles nécessaires dans la capitale n'en ont pas besoin; de même, M. le commandant enverra une force suffisante aux prisons, trésor public et autres maisons nécessitant une garde, *le surplus des bataillons, inutile dans leurs arrondissements, sera envoyé à l'Assemblée nationale* et aux environs des Tuileries, dans lesquels endroits ils recevront des ordres ultérieurs de faire battre la générale de suite.

« Le commandant général provisoire,

« Santerre. »

1. Ces commissaires furent Lacombe, Saint-Michel, Carnot l'aîné, Delmas, Bellegarde, Kersaint, Prieur, Gasparin, Dubois-Dubay, Antonelle, Coustard, Peraldi, Rouyer.

2. Ce couvent, attenant à la salle du Manége, était alors occupé par les bureaux de l'Assemblée.

Quatre cellules inhabitées depuis plus de deux ans, dont le carrelage est presque détruit, dont les murs sont dénudés, dont les fenêtres donnent sur des cours remplies d'hommes ivres de sang et de vin, et qui profèrent à chaque instant les plus horribles menaces : tel est le premier asile que trouve la malheureuse famille après le naufrage de la royauté. Il ne lui était plus possible de se faire d'illusions. Les restrictions dont on avait entouré le décret sur la déchéance, la promesse de pourvoir immédiatement à la nomination d'un gouverneur du prince royal ne pouvaient abuser personne. La reine l'avait dit : « Tout finit avec nous. »

Les descendants de tant de rois étaient captifs à deux pas de leur palais. Quand et comment devait finir cette captivité ?

FIN DU TOME DEUXIÈME.

NOTES
ÉCLAIRCISSEMENTS
ET
PIÈCES INÉDITES

I

ANARCHIE ADMINISTRATIVE.

(Voir page 2.)

1° Défiance contre le pouvoir exécutif.

« *Lettre adressée en duplicata, le 25 juin 1792, par le directoire du département des Basses-Pyrénées, à MM. Mourgues et Terrier, se disant l'un et l'autre ministre de l'intérieur.* »

« Nous recevons, monsieur, par le même courrier, une lettre du ministre de l'intérieur signée *Mourgues* [1], et une autre du même ministre, signée *Terrier*. Est-ce erreur ou changement de ministère? Cette singularité est propre à entraver les opérations et à déconcerter les coopérateurs. Nous vous prions de nous dire avec qui nous devons correspondre.

« Si c'est avec vous, monsieur, nous ne vous dissimulerons pas que vous avez une tâche difficile à remplir. Le ministre auquel vous succédez [2] emporte les regrets de la nation; vous ne pouvez mériter ses suffrages qu'en suivant exactement les traces de votre prédécesseur.

« *Pour copie conforme :*

« Serpaud, secrétaire général. »

---

1. Mourgues, nommé le 13 juin, était sorti du ministère le 18 et avait été immédiatement remplacé par Terrier-Monciel.

2. Le ministre, auquel ces deux ministres succédaient, était le *vertueux* Roland.

2° Lutte entre le département d'Eure-et-Loir et la municipalité de Chartres.

Les péripéties de la procédure qui fut suivie contre Pétion et Manuel, les débats qui s'engagèrent entre la municipalité de Paris et le directoire du département se reproduisirent dans la patrie même de Pétion, à l'occasion de la proclamation royale relative aux événements du 20 juin. C'est, on peut le dire, la petite pièce après la grande; elle finit de la même manière, par le triomphe de la municipalité.

Nous donnons le document principal *in extenso;* nous analysons les autres.

MUNICIPALITÉ DE CHARTRES.

Séance du conseil général de la commune des 28 et 29 juin 1792, an IVᵉ de la liberté.

« Du 28 juin 1792.

« M. le maire a dit : « Messieurs, j'ai reçu ce matin une lettre du procureur syndic du district de Chartres, conçue en ces termes : « Je vous envoie des exemplaires d'un acte du Corps
« législatif, du 23 de ce mois, non sujet à sanction, relatif au
« maintien de la tranquillité publique; je vous prie de le faire
« publier le plus tôt possible.

« J'y joins des exemplaires d'une proclamation du roi sur les
« événements du 20 juin, dont le département a ordonné la pu-
« blication. »

« A cette lettre étaient effectivement joints plusieurs exemplaires de cette proclamation, au bas de laquelle se trouve un arrêté du département d'Eure-et-Loir, du 25 de ce mois, portant qu'elle sera lue et transcrite sur les registres du département et envoyée aux directoires des districts et aux municipalités pour y être lue, transcrite, publiée et affichée.

« Ne croyant pas que cette proclamation dût être publiée ni affichée, je me suis rendu avec le procureur de la commune au directoire du district pour consulter les administrateurs et savoir ce qu'il y aurait à faire.

« Le directoire, regardant comme nous que la publication pourrait être dangereuse, a nommé deux de ses membres qui se sont transportés avec nous auprès du département.

« Nous y avons exposé nos craintes sur les suites de la publicité de cette proclamation et nous avons engagé l'administration à retirer l'arrêté du 25. Le directoire, après nous avoir communiqué une lettre du ministre de l'intérieur, en date du 23 de ce mois, portant envoi de cette proclamation et injonction de la publier et enregistrer, nous a déclaré qu'il ne pouvait accueillir notre réclamation et qu'il persistait dans son arrêté.

« J'ai cru, messieurs, devoir vous réunir pour vous rendre compte de ce qui s'est passé et pour vous prier de délibérer sur la conduite que peuvent vous dicter les circonstances.

« Le conseil général, après avoir entendu le procureur de la commune, regardant la proclamation du 20 de ce mois, la lettre ministérielle du 23 et l'arrêté du département du 25 comme également inconstitutionnels, mais pénétré de la nécessité de maintenir l'union et la concorde entre les autorités constituées, arrête :

« De députer quatre de ses membres auprès du directoire du
« département pour y exposer de nouveau et au nom du conseil
« général les réflexions qui lui ont été soumises ce matin et y
« réitérer la demande du rapport de son arrêté. »

« MM. Letellier, officier municipal, Maras, procureur de la commune, Durand et Lesage, notables, ont été députés. Eux de retour, le conseil général, instruit que les administrateurs n'étaient point au directoire, s'ajourne à demain dix heures du matin pour entendre le rapport de ses députés. »

« Du 29 juin 1792.

« Le conseil général assemblé, les commissaires nommés par l'arrêté d'hier ont dit : « Qu'ils sortaient de l'administration du
« département, à laquelle ils avaient exposé les vues du conseil
« général sur la proclamation du roi, sur la lettre ministérielle
« et sur l'arrêté du directoire; que leur discours fini, ils avaient
« aussitôt reçu cette réponse du vice-président de l'administra-
« tion : « Le directoire, prévenu dès hier de votre députation, m'a
« chargé de vous dire qu'il persistait dans son arrêté. »

« Sur quoi l'un des députés ayant demandé si la députation rendrait compte au conseil général que la réponse avait été faite sans qu'il eût été pris de délibération, le vice-président a répliqué : « Vous direz au conseil général ce que bon vous sem-
« blera, pourvu que vous lui rendiez ma réponse. »

« Le conseil général s'est livré à la discussion de savoir si la proclamation du roi, la lettre ministérielle et l'arrêté du département sont constitutionnels.

« Le procureur de la commune entendu, et en conformité de ses conclusions, le conseil général,

« Considérant que par la constitution du royaume, le chef du pouvoir exécutif suprême a reçu le droit de faire des proclamations, mais qu'elles doivent être conformes aux lois et tendre à en ordonner ou rappeler l'exécution ; qu'il suit de ces termes que toute proclamation doit contenir le texte même de la loi à laquelle elle est conforme et dont elle ordonne ou rappelle l'exécution ; que celle du 20 juin n'a aucun de ces caractères ; qu'elle ordonne bien à tous les corps administratifs et municipaux de veiller à la sûreté des personnes et des propriétés, mais que cette injonction vague, conçue dans des termes généraux, n'est dans la proclamation la conséquence d'aucune loi citée, mais la suite d'un exposé de faits, dénués de circonstances, présentés avec exagération et même démentis par les actes antérieurs du roi ;

« Que le rassemblement du 20 est criminel aux yeux de la loi ; que rien ne peut le justifier, mais qu'il est au moins douteux qu'il ait été, comme on le prétend dans la proclamation, l'ouvrage de quelques factieux dont le but était d'attenter à la tranquillité, à la liberté et même à la vie du roi, quand les députés envoyés par l'Assemblée nationale auprès de sa personne ont rapporté qu'elle était tranquille au milieu du peuple, et que, d'après son propre témoignage, le roi n'avait couru aucune espèce de danger ;

« Considérant que la constitution donne encore au roi le droit de proposer à l'Assemblée nationale telles mesures de législation qu'il croit utiles, que le roi a usé de ce droit en écrivant le 20 à l'Assemblée pour l'engager à prendre les moyens capables de réprimer les rassemblements ; que par cette lettre le roi ayant consommé (sic) le droit que lui donne la constitution, il devait attendre la décision de l'Assemblée, qui se trouvait à son tour obligée de délibérer sur la proposition ; qu'ainsi il ne pouvait pas faire à l'avance une proclamation et statuer sur un objet dont il avait constitutionnellement investi l'Assemblée ;

« Considérant que le pouvoir exécutif, en faisant des proclamations, exerce des fonctions qui lui sont déléguées par la constitution, qu'il parle au nom du peuple comme son premier magistrat; mais que dans la proclamation dont il s'agit le roi parle pour lui-même et comme citoyen lésé, que les faits qu'il y rapporte ne sont relatifs qu'à lui seul, et que, sous ce point de vue, les plaintes du roi ne peuvent être offertes à la nation sous le titre de proclamation, mais bien dans les formes ordinaires et communes à tous les citoyens; qu'elles doivent être adressées non à toutes les administrations, non à tous les tribunaux, mais à l'autorité spécialement instituée par la loi pour connaître des délits de la nature de ceux dont le roi peut se plaindre ;

« Considérant que la proclamation suppose des projets de crimes dont l'idée seule fait frémir ; qu'elle annonce des forfaits dénués de vraisemblance, puisqu'il est reconnu que, s'ils eussent existé, la force publique qui se trouvait alors au château des Tuileries était insuffisante pour en arrêter l'exécution ; que leur consignation dans les registres de toutes les administrations de l'empire, leur publicité dans toutes les municipalités, attesteraient à l'Europe entière que des factieux ont voulu attenter aux jours du roi et qu'il ne leur restait plus que ce dernier crime à commettre; qu'au surplus, il n'appartient pas aux administrations inférieures, éloignées des événements et du lieu de la scène, de prononcer sur ces grands points controversés, et que ce serait évidemment le faire à la manière des ministres actuels que de publier et afficher la proclamation ;

« Considérant que l'infraction faite à la loi, dans la journée du 20, n'est pas une raison de publier cette proclamation dans toute la France, et surtout dans les lieux paisibles où le peuple ne s'est jamais écarté du respect qu'il doit au représentant héréditaire de la nation et où les personnes et les propriétés n'ont jamais cessé d'être sous l'égide de la loi ;

« Considérant que la proclamation du roi forme déjà, dans les mains des prêtres hypocrites et de tous les ennemis de la chose publique, une arme dangereuse qu'ils emploient pour persuader aux bons citoyens que le roi n'est pas libre ; qu'en donnant la sanction aux décrets du Corps législatif, il obéit moins au vœu national qu'à la volonté de quelques factieux ; que cette arme deviendrait bien plus terrible si les administrations, en publiant cet écrit insidieux, semblaient approuver les inductions perfides des ennemis de notre liberté ;

« Considérant, sur l'arrêté du département d'Eure-et-Loir, que la mesure adoptée par cette administration est inconstitutionnelle, que les proclamations du pouvoir exécutif ne doivent être transcrites sur les registres d'aucun corps administratif, que cette formalité d'ordre public est réservée aux lois seules par la constitution ;

« Considérant enfin qu'il est difficile d'expliquer par quelle singulière prédilection la proclamation du 22 se trouve imprimée à Chartres, envoyée à tous les districts et reçue par la municipalité de Chartres le 28 de ce mois, quand les décrets de l'Assemblée nationale ne lui sont envoyés qu'avec un retard affecté ; qu'il en est qui n'ont été reçus que deux ou trois mois après leur date ; que celui singulièrement qui accordait aux créanciers de l'État jusqu'au 1er juin pour remettre leurs titres de créance sur la nation n'a été envoyé aux districts, pour le faire passer aux municipalités, que le 2 de ce mois, c'est-à-dire deux jours après l'expiration du terme fatal ; quand enfin la municipalité n'a pas encore reçu la lettre du ministre Roland ni aucune des adresses patriotiques dont l'impression et l'envoi ont été décrétés bien avant le 22 juin,

« Le conseil général arrête de recourir à l'Assemblée nationale
« et de lui remettre sous les yeux la proclamation inconstitu-
« tionnelle du pouvoir exécutif du 22 de ce mois, la lettre du
« sieur Terrier, ministre de l'intérieur, du 23, et l'arrêté du dé-
« partement d'Eure-et-Loir, du 25 ;

« Arrête, au surplus, qu'il n'y a lieu, pour l'instant, à consi-
« gner sur les registres de la municipalité et à faire publier et

« afficher la proclamation du roi du 22 de ce mois, jusqu'à ce
« que l'Assemblée nationale en ait ordonné ;

« Arrête, enfin, qu'expéditions du présent seront, à la diligence
« du procureur de la commune, envoyées à l'Assemblée natio-
« nale et aux administrations de département et de district.

« Pour expédition conforme :

« *Signé* : Hoyau. »

Aussitôt que le directoire du département d'Eure-et-Loir eut connaissance de cette étrange délibération, le 2 juillet, il mit en demeure la municipalité de Chartres de publier la proclamation royale, lui déclarant que, faute par elle de le faire, il serait forcé de prononcer contre elle la peine portée par les articles 8 et 9 de la loi du 27 mars 1791.

La municipalité chartraine ne tint aucun compte de ces injonctions, et, le 10 juillet, le directoire du département, ayant constaté l'inexécution flagrante de ses arrêtés, suspendit provisoirement le maire et le procureur de la commune de Chartres.

Ces deux magistrats n'avaient pas attendu leur suspension pour s'adresser directement à l'Assemblée nationale, que tous les corps administratifs, en révolte ouverte contre les autorités hiérarchiquement supérieures, prenaient pour point d'appui. Le 1ᵉʳ juillet, ils lui avaient dénoncé les prétentions, selon eux, exorbitantes, du directoire du département. Après la suspension prononcée le 10, deux citoyens de Chartres allèrent, le 15, dénoncer ce directoire à l'Assemblée ; ils furent soutenus par le montagnard Laporte (du Bas-Rhin) qui proposa que la proclamation royale, relative au 20 juin, fût déclarée nulle et non avenue ; qu'il fût voté des éloges aux administrations qui avaient refusé l'enregistrement de cette proclamation et qu'on improuvât celles qui l'avaient enregistrée.

Ainsi, pour mettre le comble à l'anarchie du royaume, les Jacobins ne proposaient rien moins que d'ériger les trente-six mille communes du royaume en autant de parlements au petit pied, auxquels on aurait reconnu le droit de voter ou de refuser à leur gré l'enregistrement des actes du pouvoir exécutif. L'Assemblée n'alla pas si loin ; mais, émue de la prétendue persécution exercée contre les magistrats chartrains, autant que de la suspepsion de Pétion et de Manuel, elle décréta[1] que le pouvoir exécutif rendrait compte de sa décision sur l'arrêté du directoire du département d'Eure-et-Loir. Louis XVI, qui venait de voir l'arrêté royal, pris à l'occasion du maire de Paris, outrageusement cassé par l'Assemblée, ne voulut pas susciter un nouveau conflit, et, par une proclamation du 19 juillet 1792, il leva la suspension provisoire dont le maire de Chartres et le procureur syndic avaient été frappés.

3º Protestation révolutionnaire contre le directoire d'un département.

EXTRAIT DES REGISTRES DU CONSEIL GÉNÉRAL DU DÉPARTEMENT DU PAS-DE-CALAIS.

Séance du 4 juillet 1792.

« Vers sept heures et demie, on a annoncé qu'une députation de citoyens demandait à être introduite, et à l'instant lesdits citoyens sont entrés au nombre de dix, savoir : MM. Augustin-Bon-Joseph Robespierre, François Ridez, François Carlier, Liévin Bacqueville, Philippe-Albert Macy, Louis Lavollé, Antoine Deshuy, Joseph Delecroix, Sébastien Boisin et Guilain Griner.

« L'un d'eux, M. Robespierre, a dit que les dix pétitionnaires étaient chargés d'être l'organe d'un grand nombre de signataires pour présenter au directoire la déclaration dont la teneur suit :

« *Déclaration des citoyens d'Arras soussignés au directoire du département.*

« Administrateurs,

« Votre réponse dérisoire à notre cinquième ou sixième péti-

---

1. *Journal des Débats et Décrets*, n° 293, p. 213. *Logographe*, p. 199, 24ᵉ volume.

tion, sur la publicité de vos séances [1], nous prouve combien vous méprisez vos concitoyens; nous ne nous abaisserons pas à réfuter votre prétendue incompétence [2]. Ce motif, présenté à des hommes éclairés, est une injure, il est une fourberie présentée à ceux qui ne le seraient pas. Vos commettants conserveront leur dignité tout entière en ne relevant pas cette grossière insulte. Sachez seulement que, s'il vous a été facile de renoncer à leur estime, vous ne pourrez les faire renoncer à leurs droits, et que, dussent-ils succomber sous les coups que vous leur préparez, ils ne montreront que plus de courage et d'énergie pour résister à l'oppression.

« Vous venez de vous placer au rang des conspirateurs contre l'égalité et la liberté, votre conduite en ces circonstances nous démontre que vous êtes contre le peuple; vous vous liguez avec les ennemis déclarés de la nation, vous appuyez leur cause; vous sollicitez, par votre démarche inconstitutionnelle, l'usage arbitraire du *veto*. Vous êtes donc les ennemis du peuple qui vous a fait ce que vous êtes. Nous pardonnerions à des esclaves nommés par le roi de soutenir par toutes sortes de moyens la cause criminelle de leur maître; mais nous ne souffrirons point que nos suffrages vous servent à trahir la nation.

« Vous nous traiterez tant qu'il vous plaira de brigands et de factieux: contents de ne point mériter ces injures, nous agirons toujours avec fermeté, parce que notre conduite a pour base les droits imprescriptibles de l'homme et du citoyen. Ceux-là seuls sont factieux, qui violent les lois; nous vous défions de spécifier quelle est celle violée par nous. Vous n'oseriez nous porter le même défi, car nous vous lirions la loi qui défend aux admi-

---

1. On voit que les démagogues d'Arras avaient devancé de beaucoup les décisions de l'Assemblée nationale, puisque, le 4 juillet, ils en étaient déjà à leur cinquième ou sixième pétition sur la publicité des séances des corps administratifs.

2. Il paraît que les membres du directoire avaient déclaré qu'ils n'étaient pas compétents pour décider que leurs séances seraient publiques, et ils en avaient référé à l'Assemblée, ce qui était aussi légal que raisonnable. Mais Robespierre jeune, comme son frère aîné, faisait bon marché de la légalité et de la raison, lorsqu'on prétendait les opposer aux envahissements de la démagogie.

nistrations de correspondre entre elles¹. Vous venez de la violer audacieusement et publiquement en provoquant une coalition coupable pour insulter nos frères de Paris et donner des leçons à nos représentants.

« Nommés pour faire exécuter les lois, vous vous êtes rendus coupables de forfaiture en les violant : dès lors vos pouvoirs doivent vous être retirés, et nous avons demandé à l'Assemblée nationale votre destitution.

« Mais, en attendant, nous ne pouvons laisser creuser la mine sous nos pas. Vos travaux ténébreux mettent vos commettants en danger : il est temps que l'œil du maître surveille ses agents. Nous vous déclarons donc que nous nous présenterons à vos séances pour y être témoins de vos opérations. Ce droit ne nous est point ôté par la constitution. Son esprit, même de votre aveu, nous le conserve. Aucune loi ne défend aux citoyens d'assister à vos séances : nous ne serons donc pas factieux en y assistant, et vous ne serez point, d'après votre réponse à notre cinquième ou sixième pétition, *compétents* pour leur en défendre l'entrée.

« Si cette détermination vous blesse et qu'il vous faille des victimes, jetez les yeux sur nous, prenez nos noms, et que ceux qui défendent le plus ardemment les droits de l'humanité tombent les premiers sous le couteau des tyrans. C'est la gloire que nous nous disputons tous.

« *Signé* : A.-B.-J. ROBESPIERRE, J. GUFFROY². »

---

1. Les Jacobins entretenaient à travers la France entière une correspondance extra-légale, ils étaient donc malvenus à rappeler la loi aux administrations de départements, lorsqu'ils étaient les premiers à en encourager la violation par les municipalités, et surtout par celle de Paris.

2. Les signatures de Guffroy et de Robespierre jeune sont suivies de celles de cent vingt-cinq habitants d'Arras et de deux volontaires du département de la Haute-Vienne, en garnison dans cette ville : ceux-ci déclarent approuver ladite pétition, qui ne tend qu'au bonheur du peuple. Robespierre jeune et Guffroy figurèrent à la Convention parmi les plus fougueux montagnards. Guffroy était un ignoble folliculaire qui avait changé son nom en celui de Rougiff, par anagramme, et qui rivalisait de fureur avec Marat et Hébert.

« Le directoire étant resté debout pour entendre la lecture de ladite déclaration, le président, après avoir entendu ces mots : « *vous venez de vous placer au rang des conspirateurs,* » a dit aux membres du directoire : « Messieurs, asseyons-nous, nous « entendrons aussi bien des injures assis que debout. »

« Après quoi M. Robespierre, ayant continué la lecture qu'il avait été chargé de faire de ladite déclaration, s'est interrompu pour observer qu'il pouvait citer la loi qui défend de faire des pétitions en *noms collectifs.*

« Et la lecture étant finie, lesdits pétitionnaires ont demandé ce qu'ils pouvaient aller dire aux pétitionnaires ; à quoi le président a répondu : « *Rien*. Le directoire prendra sa détermina-« tion et la fera connaître. »

« Ensuite les pétitionnaires étant sortis, ils sont rentrés un instant après, introduits par le secrétaire, et ont demandé qu'il fût tenu en leur présence procès-verbal de ce qui venait de se passer, et qu'à cet effet le directoire prît note de leurs noms ; ce qui a été fait.

« Les pétitionnaires retirés, les administrateurs, à peine revenus de la surprise que leur a causée la déclaration laissée sur le bureau par lesdits pétitionnaires, arrêtent, après avoir entendu M. Saint-Amour, remplissant momentanément les fonctions du procureur-général-syndic absent pour cause de maladie, d'envoyer ladite déclaration à l'Assemblée nationale et de la prier d'examiner si ce n'est pas abuser de la manière la plus audacieuse du droit sacré de pétition, que de s'introduire dans le lieu des séances des corps administratifs comme délégués par d'autres citoyens, et là, sans respect pour le peuple, dont les administrateurs sont les agents, exhaler contre eux toutes les injures qu'une bile amère peut suggérer, les abreuver d'outrages, les accuser de crimes qui méritent toutes les répressions des lois, sans apporter aucune preuve de ces prétendus délits, et, malgré l'art. ix de la déclaration des droits qui veut que tout homme soit présumé innocent jusqu'à ce qu'il ait été déclaré coupable, chercher ainsi à leur faire perdre la confiance publique qui leur est nécessaire dans leurs fonctions ; s'annoncer comme voulant exercer sur eux un pouvoir que le véritable souverain, le peuple, dont ils ne sont qu'une faible parcelle, ne s'est pas réservé, puisqu'il a établi le pouvoir judiciaire pour poursuivre et punir les délits, et qu'il détruirait la constitution s'il reprenait et voulait exercer lui-même les pouvoirs qu'il a délégués.

« Les susdits administrateurs, consternés de voir quelques-uns de leurs concitoyens se livrer à de si coupables excès, sans examiner s'ils ont droit d'invoquer contre les porteurs et signataires de ladite déclaration l'article 17 du chapitre v de la constitution, s'en réfèrent à l'Assemblée nationale sur les mesures à prendre pour empêcher une violation aussi ouverte des principes et sur la répression du délit commis envers un pouvoir constitué, dans le lieu même de ses séances ; et néanmoins ne pouvant rester sous le poids d'une inculpation aussi atroce, ni souffrir que leur destitution ait été sollicitée par des citoyens sans qu'il ait été fait droit sur cette pétition, lesdits administrateurs demandent à l'Assemblée nationale d'être suspendus sur-le-champ des fonctions qu'ils ne peuvent plus remplir honorablement jusqu'à ce qu'ils aient été purgés par un jugement ; qu'en conséquence leur procès leur soit fait, afin qu'ils puissent être réintégrés dans leurs susdites fonctions avec tous les honneurs qui appartiennent à l'innocence ou punis par toute la rigueur des lois s'ils sont coupables.

>F. Dubois, président, Caron, Defremicourt, Demory, L.-A. Dupire, Le François, Parent, Thuillier de Saint-Amour, et Galand, secrétaire général. »

II

RÉPONSE DE CH. LAMETH

A LA DÉNONCIATION FAITE PAR GENSONNE
LE 30 JUIN 1792.

(Voir page 4.)

« Monsieur le président,

« J'apprends que j'ai été dénoncé dans l'Assemblée nationale, d'après une lettre dont M. Gensonné n'a pas fait connaître l'auteur, mais qu'il annonce néanmoins être de l'armée du Nord. Il est inutile, monsieur le président, d'observer que la discipline militaire serait impossible à maintenir, si de telles formes d'accusation étaient permises et si un subordonné pouvait à son gré et sans danger pour lui accuser ses chefs et noircir souvent la plus belle vie.

« Je partage avec tous les bons citoyens les sentiments contenus dans la lettre citée; j'ai fait parvenir au roi l'expression des miens dans une lettre dont j'ai l'honneur, monsieur le président, de vous adresser la copie en vous priant de vouloir bien la faire connaître au Corps législatif. Je déclare au surplus à la face de la nation, et j'appelle en témoignage l'armée du Nord tout entière, que je n'ai écrit ni fait écrire, colporté ni fait colporter aucune lettre ni écrit; que depuis que je suis à l'armée, je n'ai vu les troupes qui sont à mes ordres que pour les objets de service; que je n'ai pas paru dans les camps des 10e et 13e régiments, depuis le jour où ils m'ont apporté des lettres remplies des sentiments les plus estimables et les plus constitutionnels en me priant de les faire parvenir à M. le maréchal Luckner. C'est la marche que la subordination leur prescrit. S'il fallait me justifier de la pitoyable accusation d'avoir quêté des signatures, j'aurais l'honneur de vous observer seulement qu'il n'y a pas de signatures à ces lettres, hors celle du chef qui certifie que ces sentiments sont ceux de tout le corps. J'ai l'honneur de vous assurer, monsieur le président, que c'est d'une manière libre et spontanée que les 8e, 10e et 13e régiments de cavalerie ont renouvelé dans cette circonstance leur serment civique, sans avoir besoin d'être influencés par personne. Eh! comment douter des dispositions de troupes si fidèles à leurs devoirs?

« Depuis l'époque où la confiance de mes concitoyens m'avait appelé à me mêler des affaires publiques, en butte aux fureurs des partis, je n'ai jamais répondu à mes nombreux calomniateurs que par le silence du plus profond mépris; mais leurs attaques n'avaient pas encore osé pénétrer jusqu'au sein du Corps législatif. Le prix que j'attache à son suffrage et à son estime me fait un devoir de démentir le contenu de la lettre citée par M. Gensonné comme absolument contraire à la vérité. Puis-je espérer, monsieur le président, que vous voudrez bien donner lecture de ma lettre à l'Assemblée nationale?

« Je suis, avec un profond respect, etc.

« CHARLES LAMETH. »

III

SUSPENSION DE PÉTION

(Voir page 57.)

PROJET D'ARRÊTÉ PRÉSENTÉ PAR DEJOLY.

« Le roi étant en son conseil, ayant examiné avec l'attention la plus scrupuleuse l'arrêté du conseil du département de Paris du 6 juillet présent mois, l'an iv de la liberté, portant suspension du maire et du procureur de la commune de Paris, et des dispositions contre quelques autres membres de la municipalité de cette ville, relativement aux événements de la journée du 20 juin dernier,

« A reconnu que le conseil du département de Paris s'est conformé littéralement aux lois, ainsi qu'à l'article 6 de la section ii du chapitre iv du titre iii de la constitution, lequel article porte que les administrateurs du département *peuvent, dans le cas d'une désobéissance persistante des sous-administrateurs, ou si ces derniers compromettent, par leurs actes, la sûreté ou la tranquillité publique, les suspendre de leurs fonctions;*

« Que non-seulement le conseil du département pouvait prononcer cette suspension, mais qu'il a dû le faire d'après tous les actes mentionnés dans son arrêté dudit jour, par lequel il est constaté que le maire et le procureur de la commune n'ont point obéi aux arrêtés précédents du directoire du département, ont même proposé au conseil de la commune des délibérations contraires à ces arrêtés et ont exposé par cette conduite la sûreté publique, qui n'a été préservée que par la Providence et la bonté naturelle du peuple français, en sorte qu'il est évident que le département de Paris aurait prévariqué, s'il n'eût pas employé dans cette occasion tous les droits que la constitution lui assure.

« Mais, aux termes de la constitution, le roi, que le département a dû instruire sur-le-champ et a instruit en effet de son arrêté, peut lever ou confirmer la suspension.

« Sa Majesté n'a pas à remplir en cette partie un devoir rigoureux et judiciaire : c'est une pure faculté que la constitution lui a déférée, et son cœur lui dit qu'il ne doit en faire usage qu'en qualité de chef suprême de l'administration générale, en considération de l'utilité publique et du salut de l'empire.

« Pénétré de ces principes, qui sont indiqués par les termes de la constitution même, Sa Majesté a considéré que, dans des moments difficiles, le cœur des magistrats du peuple peut être entraîné par des inquiétudes que la loi ne suppose jamais, mais que la probité et le zèle du bien général peuvent quelquefois excuser.

« Considérant que le maire et le procureur de la commune de Paris ayant craint que la force publique opposée aux mouvements d'un peuple égaré par les ennemis de la constitution, des lois et de l'ordre public, n'occasionnât une réaction criminelle sans doute au dernier chef, mais capable de propager le désordre dans toutes les parties de l'empire ; considérant d'après ces vues que si la conduite du maire et du procureur de la commune, envisagée dans l'ordre légal, justifiait et nécessitait même l'arrêté du département, l'intérêt universel des citoyens français prescrit à Sa Majesté d'autres mesures en sa qualité d'administrateur suprême ; aimant à croire que des motifs purs ont pu inspirer à ces deux officiers cette conduite légalement répréhensible ; usant de la plénitude des droits qui lui sont assurés par la constitution, et dont l'Assemblée nationale lui a renvoyé l'exercice qu'il avait voulu déposer entre les mains des représentants de la nation, prononce que la suspension du maire de Paris et du procureur de la commune est et demeure levée, et qu'ils rentreront dans leurs fonctions, sans préjudice des poursuites à faire par les tribunaux contre ceux qui seront prévenus d'avoir excité des citoyens quelconques à s'armer sans réquisition, à violer les lois et à s'opposer par la force à l'exercice de l'autorité légitime. »

IV

POURSUITES

CONTRE LES AUTEURS DES ÉVÉNEMENTS DU 20 JUIN.

(Voir page 73.)

« Monsieur le président,

« Un décret de l'Assemblée nationale, en date du 13 de ce mois, m'a ordonné de lui rendre compte des poursuites qui ont dû être faites contre les auteurs et instigateurs des événements du 20 juin.

« Quoique je n'aie pas reçu encore officiellement ce décret, j'ai cru devoir me mettre en état d'y satisfaire et j'ai écrit à M. Menjaud, juge de paix de la section des Tuileries, pour lui demander ce qu'il avait fait à cet égard, ce qu'il faisait et ce qu'il se proposait de faire encore. Sa réponse m'a paru remplir tellement l'objet du décret, que j'ai l'honneur de vous en envoyer copie, en vous priant, Monsieur le président, de vouloir bien la mettre sous les yeux de l'Assemblée nationale. J'insiste d'autant plus sur ce qu'elle veuille bien en entendre la lecture, que cette lettre offre la réponse aux imputations hasardées contre les juges de paix sur les prétendus mandats d'arrêt contre trente membres du Corps législatif.

« Je suis avec respect, Monsieur le président, etc.

« Le ministre de la justice,

« De Joly.

« Paris, le 17 juillet 1792, l'an IVe de la liberté. »

*M. Menjaud, juge de paix de la section des Tuileries,
au ministre de la justice.*

« 16 juillet 1792.

« Monsieur,

« Les événements du 20 juin ont donné lieu à la plainte rendue devant moi par M. Delaporte, intendant de la liste civile, au nom du roi, à la suite du procès-verbal, dressé les 20 et 21 juin, des effractions, violences et dégâts commis dans les appartements du roi et de sa famille au château des Tuileries. J'ai donné acte de la plainte et l'ai prise pour dénonciation aux termes de l'article 5 du titre v de la loi du 29 septembre 1791, concernant la police de sûreté, attendu qu'il s'agissait d'un délit qui intéressait l'ordre public, et par le même acte, conformément à l'article 6 du même titre, j'ai dit qu'il serait informé devant moi des auteurs, instigateurs, fauteurs et adhérents des délits et désordres du 20 juin ; j'ai en conséquence délivré la cédule nécessaire, à l'effet d'assigner devant moi les témoins qui m'avaient été indiqués et ceux qui me seraient indiqués par la suite.

« Environ cent témoins ont été assignés et entendus. Il a été dressé procès-verbal de leurs déclarations, le 25 juin et jours suivants ; il en reste encore d'indiqués nouvellement à assigner et à entendre ; un de mes collègues, juge de paix de la section du Roi-de-Sicile, a reçu, de son côté, des déclarations intéressantes sur les mêmes événements.

« Les inculpations résultant de l'information sont de deux classes : les unes, relatives à la conduite administrative des officiers municipaux ; les autres, concernant les faits à la charge de quelques individus dénommés ou désignés.

« L'arrêté du département de Paris, du 6 juillet, en renvoyant devant les tribunaux le maire de Paris, le procureur de la commune et quelques officiers municipaux, a ordonné que les procès-verbaux et autres pièces me seraient remis.

« Le procureur-général-syndic m'a remis copie de cet arrêté avec les pièces, et m'a dénoncé, conformément au même arrêté, les faits à la charge des particuliers y dénommés.

« En exécution de cet arrêté, et attendu les déclarations sur le même objet reçues par le juge de paix de la section du Roi-de-Sicile, nous nous sommes réunis au bureau central, au palais, pour y continuer cette instruction de concert.

« Nous avons d'abord pensé que nous devions la faire porter sur la totalité des objets de l'information, et nous nous croyions suffisamment autorisés à cet égard par la loi du 20 août 1790, en forme d'instruction concernant les fonctions des assemblées administratives; mais, nous étant mieux consultés et après avoir combiné et rapproché les différents articles des différentes lois sur cette matière, nous avons reconnu qu'il fallait, aux termes de l'article 38 de la loi du 3 août 1791, que l'Assemblée nationale eût prononcé sur le renvoi aux tribunaux des officiers municipaux : nous n'avons conséquemment décerné aucun mandat d'amener ni contre M. Pétion, ni contre M. Manuel, ni contre aucun des officiers municipaux. Je désavoue hautement ici, pour mon collègue et pour moi, les bruits contraires qui ont été répandus à ce sujet sans le moindre fondement ; et je vous prie, Monsieur, au nom de mon collègue et au mien, de vouloir bien présenter et faire agréer ce désaveu formel à l'Assemblée nationale, auprès de laquelle on a cherché à nous calomnier à cet égard.

« Il serait superflu de chercher à nous disculper sur une autre inculpation qui nous a été faite : d'avoir décerné trente mandats d'arrêt contre trente membres de l'Assemblée nationale. Cette imputation est démentie par son absurdité.

« L'Assemblée nationale, par son décret du 13 juillet, ayant annulé le renvoi aux tribunaux des officiers municipaux, quant à leur conduite administrative, il n'y a plus lieu à suivre l'instruction ni la procédure sur la partie de l'information qui peut les concerner. A l'égard de la partie qui concerne les particuliers dénoncés, dénommés ou désignés, je crois, Monsieur, que mon ministère m'impose silence sur cet objet, dans la crainte que les prévenus, instruits par la publicité de votre rapport, ne se soustraient aux poursuites de la justice. Je soumets cette observation à vos réflexions et à votre sagesse.

« Nous continuerons l'information quant aux témoins qui restent encore à entendre et le surplus de l'instruction; j'aurai l'honneur de vous informer dès qu'elle sera mise en état.

« Menjaud, juge de paix de la section des Tuileries. »

V

ADRESSE A L'ARMÉE

(Voir page 138.)

Procès-verbal des commissaires nommés par les sections de Paris pour procéder au recensement des vœux des sections, relativement au projet d'adresse à l'armée voté par la section du Marché des Innocents.

« Le vingt-troisième jour de juillet de l'an 1792, et le quatrième de la liberté, nous, commissaires nommés par les sections de la commune de Paris pour, en exécution des articles 6 et 7 de la loi du 22 mai 1791, comparer et constater le résultat des délibérations prises par lesdites sections, convoquées par le corps municipal le 17 du présent mois, à l'effet de délibérer sur le projet d'adresse à l'armée, voté par la section du Marché des Innocents, nous sommes assemblés dans l'une des salles de la maison commune en conséquence d'une lettre-circulaire de l'un de Messieurs les substituts du procureur de la commune, adressée aux présidents de nos sections et à nous communiquée, présidés provisoirement par M. Hurel, commissaire de la section des Enfants-Rouges, doyen d'âge. Nous avons déposé les procès-verbaux de nos sections respectives sur le bureau, et, nos pouvoirs ainsi communiqués ayant été reconnus, il a été procédé à l'organisation du bureau. Plusieurs membres ont proposé d'y procéder par voie de scrutin ; mais, sur l'observation que le plus grand nombre des membres ne se connaissaient pas personnellement, il a été arrêté que la nomination du président et des secrétaires se ferait par acclamation.

« M. Hurel, commissaire de la section des Enfants-Rouges, a été nommé président par acclamation, et MM. Tallien, commissaire de la section de la Place-Royale, Collot-d'Herbois, commissaire de la section de la Bibliothèque, et Truchon, commissaire de la section des Gravilliers, ont été nommés secrétaires aussi par acclamation.

« Un membre a mis en question si les sections avaient été légalement convoquées, sur quoi on est passé à l'ordre du jour, attendu que ce n'était pas là l'objet de la mission des commissaires.

« Deux commissaires, nommés par un second procès-verbal de la section des Gravilliers, se sont présentés pour être adjoints au commissaire nommé par un premier procès-verbal de cette même section, et ils n'ont pas été admis, attendu que leur nomination ne paraissait pas être légalement autorisée ; ensuite, il a été arrêté qu'il serait procédé sans désemparer au recensement du vœu des sections, dont trente-sept avaient envoyé leurs procès-verbaux. Le recensement a été fait.

« Il en est résulté que trente-deux sections ont adhéré au projet d'adresse à l'armée, voté par la section du Marché des Innocents, savoir, celles :

1. du Roule,
2. de Sainte-Geneviève,
3. des Invalides,
4. de Montreuil,
5. de Bonne-Nouvelle,
6. du Marché des Innocents,
7. de la Fontaine de Grenelle,
8. de l'Oratoire,
9. des Lombards,
10. de la rue Poissonnière,
11. du Palais-Royal,
12. de l'Ile,
13. de la Halle au blé,
14. du Luxembourg,
15. de la Bibliothèque,
16. de la Place-Royale,
17. de l'Hôtel de Ville,
18. des Arts,
19. des Tuileries,
20. de la Grange-Batelière,
21. des Enfants-Rouges,
22. des Champs-Élysées,
23. des Thermes de Julien,
24. du faubourg Montmartre,
25. des Gravilliers,
26. de Henri IV,
27. des Gobelins,
28. des Quatre-Nations,
29. des Postes,
30. du Louvre,
31. de l'Arsenal,
32. de Bondi.

« Cinq sections ont cru ne pouvoir délibérer sur le projet d'adresse, savoir, celles :

1. de la rue Beaubourg,
2. du Théâtre-Français,
3. de Notre-Dame,
4. de la fontaine de Montmorency,
5. du Jardin des Plantes.

« La majorité des sections ayant voté pour qu'il soit fait une adresse à l'armée, on a procédé à la nomination des commissaires-rédacteurs de cette adresse. MM. Tallien, Collot-d'Herbois et Audouin ont été, par un vœu exprimé nominalement, proclamés commissaires-rédacteurs. Il leur a été remis les procès-verbaux de nos sections respectives avec des projets d'adresse et autres pièces, et, attendu qu'il était deux heures et demie, nous nous sommes ajournés à demain, 24 juillet, dix heures du matin.

« Et ledit jour 24 juillet, nous nous sommes réunis en la même salle, à l'heure indiquée, et ayant trouvé sur le bureau les procès-verbaux de huit sections, nous avons fait le dépouillement, l'assemblée étant présidée par M. de La Tournelle, commissaire de la section Bonne-Nouvelle, doyen d'âge, par l'absence de M. Hurel, président.

« Il est résulté que six de ces sections ont voté pour qu'il soit fait une adresse à l'armée, savoir, celles :

1. du Roi-de-Sicile,
2. du faubourg Saint-Denis,
3. du Temple,
4. du Ponceau,
5. de Mauconseil,
6. de la place Louis XIV.

« Et que les deux autres n'ont pas cru pouvoir délibérer, savoir : celle de la place Vendôme et celle de l'Observatoire.

« Ensuite M. Collot-d'Herbois, l'un des commissaires-rédacteurs, a lu le projet d'adresse qu'ils avaient rédigé. Cinq autres projets d'adresse ont aussi été lus. L'admission du projet d'adresse de Messieurs les commissaires-rédacteurs ayant été mise en délibération, l'assemblée, sur la demande de plusieurs membres, a arrêté qu'il en serait fait une seconde lecture. La lecture a été faite, et Messieurs les commissaires-rédacteurs ont été invités à retoucher leur projet d'adresse d'après quelques observations qui ont été proposées et accueillies.

« Un membre a demandé, par forme de motion d'ordre, que la

lecture de l'adresse, avant d'être envoyée à l'armée, fût faite à nos sections respectives selon le vœu de la section du Marché des Innocents.

« L'assemblée a arrêté que cette lecture serait faite aux quarante-huit sections avant d'envoyer l'adresse à l'armée. En conséquence, elle s'est ajournée au jeudi 26 du présent mois, dix heures du matin, pour, après en avoir entendu une troisième lecture, admettre définitivement le projet d'adresse de Messieurs les commissaires-rédacteurs.

« Et ledit jour, jeudi 26, heure susdite, nous étant réunis en la même salle, il a été fait d'abord lecture d'un second procès-verbal de la section de Sainte-Geneviève, en date du 24 du présent mois, qui nomme M. Gorel pour commissaire au lieu et place de M. Moynat, son commissaire précédemment nommé ; puis d'un second procès-verbal de la section de la rue Beaubourg, qui révoque son premier procès-verbal et adhère au vœu de la section du Marché des Innocents.

« Et il résulte du dépouillement des procès-verbaux que quarante-six sections ont envoyé leur vœu, et que quarante-deux sections ont voté pour qu'il soit fait une adresse à l'armée et que cinq sections seulement ont cru ne pouvoir pas délibérer.

« Après une troisième lecture de l'adresse à l'armée, faite par M. Collot-d'Herbois, l'adresse a été adoptée à l'unanimité et il a été arrêté qu'elle serait imprimée avec le présent procès-verbal, au nombre de cinq cents exemplaires, et que six exemplaires imprimés seraient remis aux commissaires de chaque section et pareil nombre aux présidents des comités de section qui n'ont pas voté pour l'adresse à l'armée.

« Et nous avons clos notre présent procès-verbal le susdit jour 26 juillet, à trois heures après-midi, après nous être ajournés à lundi 30 du présent mois, dix heures du matin, pour rapporter l'adoption définitive de la rédaction de ladite adresse, et avons signé :

« Truchon, commissaire de la section des Gravilliers ;
Chenaux, commissaire de la section de l'Oratoire ;
Baudrais, commissaire de la section de la Bibliothèque. »

VI

ADRESSE

DES SECTIONS DEMANDANT LA DÉCHÉANCE DE LOUIS XVI.

(Voir page 171.)

Extrait des procès-verbaux des commissaires nommés par les sections pour procéder au recensement des vœux relatifs à un projet d'adresse à l'Assemblée nationale et aux quatre-vingt-deux départements sur les dangers de la patrie et sur les moyens d'y remédier.

« Appert par les procès-verbaux des 26, 28 et 29 juillet, 1, 2 et 3 août, des commissaires des sections, pour, en vertu des art. 6 et 7 de la loi du 22 mai 1791, constater le résultat des délibérations desdites sections, convoquées par le corps municipal, le 24 juillet, à l'effet de délibérer sur deux projets d'adresse, l'un aux quatre-vingt-deux départements, sur les dangers de la patrie, et l'autre à l'Assemblée nationale, sur les moyens d'y remédier ; que quarante-sept sections ont adhéré au vœu de Grenelle et qu'elles ont nommé des commissaires qui, réunis dans une des salles de la maison commune, ont procédé à la rédaction de l'adresse ci-dessus à l'Assemblée nationale, laquelle a été présentée le 3 août par tous les commissaires, ayant M. le maire à leur tête.

SECTIONS QUI ONT ADHÉRÉ A L'ADRESSE.

Nos d'ordre	SECTIONS	COMMISSAIRES	Nos d'ordre	SECTIONS	COMMISSAIRES
1	Tuileries	Naudet. Restout.	11	Postes	Desvieux. Legier. James.
2	Champs-Élysées	Lamaignière. Deffaux. Boutinot. Malhe.	12	Place Louis XIV	Trassard. Véron.
3	Roule	Donnay. Avril. Deveze. Chevalier.	13	Fontaine Montmorency	Boulet. Pinon. Ervy.
4	Palais-Royal	Yon. Collin.	14	Bonne-Nouvelle	Moulin Neuf. De la Tournelle. Folâtre.
5	Place Vendôme	Beaurieux. Briffault.	15	Ponceau	Roman. Renouard fils.
6	Bibliothèque	Collot-d'Herbois. Chénier. Destournelles.	16	Mauconseil	L'huilier. Garnerin aîné. Garnerin jeune. Tissot.
7	Grange-Batelière	Pagnier. Vezinet. Maréchal, père.	17	Marché des Innocents	Bouin. Martin. Jobert. Debière, l'aîné.
8	Louvre	Chassant. Chepy. Hassenfratz.	18	Lombards	P. M. Joly. J. B. Louvet. Poullenot. Lelièvre.
9	Oratoire	Chenaux. Lavau. Profinet. Renaudin. Lavallette.	19	Arcis	Maire. Danjou. Brunet. Blondelet.
10	Halle au blé	Chambon. Réal.	20	Faubourg Montmartre	Cohendet. Pépin. Vasseaux père. Jircourt.

NOTES.

Nos d'ordre.	SECTIONS.	COMMISSAIRES.	Nos d'ordre.	SECTIONS.	COMMISSAIRES.
21	Poissonnière....	Devaudichon. Faro. Pelletier.	34	Arsenal........	Crucière. Concedieu.
22	Bondy	Daujon. Haroul Romain.	35	Ile Saint-Louis..	François. Coffinhal.
23	Le Temple.....	»	36	Notre-Dame....	Muceps. Huguet.
24	Popincourt	Duguet. Carré.	37	Henri IV......	Reverand. Minier. Bodson le jeune.
25	Montreuil......	Bernard. Heurtant. Guéry.	38	Invalides.......	Reignier. Nonel.
26	Quinze-Vingts..	Huguenin. Desequelle.	39	Fontaine de Grenelle.........	Xavier Audouin. Bourdier. Laugier.
27	Gravilliers	Truchon. Bourdon. Récordon.	40	Quatre-Nations.	»
28	Faubourg Saint-Denis........	Isambert. Dupont. Pidoux. Thierard.	41	Théâtre-Français	Marin. Jourdeuil. Chaumette. Lebois. Loyer. Fabre d'Églantine.
29	Beaubourg	Dumas. Michel. Tilhard. Renauld.	42	La Croix-Rouge.	Colmard. Gobeau. Pichon.
30	Enfants-Rouges.	Jaillant. Adet.	43	Luxembourg ...	Pache. Legendre.
31	Roi-de-Sicile ...	Auzolles. Varlet.	44	Thermes de Julien.........	Mathieu. Bertrand père.
32	Hôtel de Ville..	Ducluzau. Bouchefontaine.	45	Ste-Geneviève..	Garnier. Gorrel. Lorinet. Baudry. Gournand.
33	Place Royale...	Tallien. Martin.			

Nos d'ordre.	SECTIONS.	COMMISSAIRES.	Nos d'ordre.	SECTIONS.	COMMISSAIRES.
46	Observatoire...	Laffitte. Berthelot. Patris. Fepon.	48	Gobelins......	Quienot. Lasofier. Roland-Huguet. Courtois.
47	Jard. des Plantes.	Verdier. Hanriot.			

« Le présent extrait a été certifié par nous, président et secrétaires de l'assemblée des commissaires, et avons signé :

> « COLLOT-D'HERBOIS, président; XAVIER AUDOUIN, commissaire de la section de la Fontaine-de-Grenelle; MATHIEU, secrétaire de la section des Thermes; P.-M. JOLY, secrétaire de la section des Lombards.

« Le 6 août 1792. »

VII

PROTESTATION

DE LA SECTION DE L'ARSENAL CONTRE L'ADRESSE A L'ARMÉE
ET LA PÉTITION RELATIVE A LA DÉCHÉANCE.

(Voir page 188.)

EXTRAITS DES PROCÈS-VERBAUX DE LA SECTION DE L'ARSENAL.

Séance du 2 août 1792.

« Plusieurs citoyens ont représenté que l'adresse à l'armée avait été adoptée avec quelques modifications dans l'Assemblée tenue le 28 du mois dernier, lorsque la plus grande partie des votants s'était déjà retirée; ils ont demandé, en conséquence, le rapport dudit procès-verbal et qu'il soit fait une nouvelle lecture de ladite adresse. Cette motion appuyée et discutée, il a été arrêté, à la très-grande majorité, que le procès-verbal serait rapporté et que lecture de ladite adresse serait faite de nouveau. Après cette lecture, il s'est élevé de très-grandes discussions, les uns voulant qu'elle soit rejetée et désapprouvée sur-le-champ, les autres demandant l'ajournement; mais, sur ce qu'il a été représenté que cette adresse avait eu la majorité des sections et que si l'envoi n'en avait pas encore été fait il ne tarderait pas à l'être, il a été arrêté, à la très-grande majorité, que l'adoption de cette adresse par un petit nombre de citoyens ne pouvait exprimer le vœu général; que l'assemblée désapprouvait cette adresse, et que, pour faire mieux connaître son vœu, il serait nommé deux commissaires pour présenter un projet de désaveu, tant à l'Assemblée nationale qu'à la municipalité, dont le but serait que la section de l'Arsenal n'approuve ni les principes ni la rédaction du projet d'adresse à l'armée ; qu'elle désapprouve également le projet de pétition à l'Assemblée nationale au nom de la commune de Paris. Les deux commissaires nommés sont MM. Grillot et Lavoisier, qui ont accepté. »

Séance du 3 août 1792.

« L'ordre du jour invoqué, MM. les commissaires nommés la veille et chargés de présenter un projet de désaveu à l'Assemblée nationale ont eu la parole, et l'un d'eux en a fait lecture. Plusieurs membres entendus pour et contre, motion a été faite du projet de désaveu. La question préalable invoquée, appuyée et mise aux voix, a été rejetée à la majorité.

« On a demandé que la discussion soit fermée ; ce qui, appuyé et mis aux voix, a été adopté à la majorité. Demandé, ensuite, que le projet soit adopté ; cette demande, appuyée et mise aux voix, l'Assemblée, à la majorité, en a adopté la rédaction ainsi qu'il suit :

« Législateurs,

« La section de l'Arsenal nous a députés vers vous pour vous
« offrir son hommage et ses vœux, pour déposer dans votre sein
« paternel ses inquiétudes sur les audacieuses menées des intri-
« gants, des factieux et des ennemis de l'ordre.

« Deux projets d'adresse ont été envoyés aux sections de
« Paris pour en délibérer : l'une était destinée pour l'armée,
« l'autre pour le Corps législatif. Les citoyens de cette section,
« toujours fidèles à leurs principes, toujours constants dans
« leur amour pour les lois et pour la constitution qu'ils ont
« juré de maintenir, ont lu ces projets et les ont voués au mépris
« qu'ils leur ont paru mériter. Mais leur silence passerait pour
« un acquiescement, dans un temps surtout où la majorité de
« quelques citoyens réunis, soit dans une section, soit dans une
« ville, est indiquée, proclamée par l'esprit de parti comme le
« vœu unanime de tous les citoyens de cette section, de cette
« ville, quelquefois même d'un département.

« C'est à la faveur de cet abus qu'on cherche journellement

« à vous tromper sur l'opinion publique, que le caprice d'une
« poignée de citoyens devient le vœu d'une immense population ;
« et c'est cet abus contre lequel la section de l'Arsenal veut
« vous prémunir à son égard.

« Une pétition adroitement, insidieusement tournée, est ré-
« pandue dans les sections de Paris ; elle a pour but de vous
« proposer, au nom de cette capitale, la subversion de la consti-
« tution par la création d'une dictature ministérielle que vous
« éliriez, en attendant ou la déchéance du roi ou la convention
« nationale.

« Nombre de citoyens, éblouis par l'éloquence, ne voient que
« les fleurs et non le précipice qu'elles couvrent. Fatigués de-
« puis longtemps par les clameurs des intrigants contre les
« autorités constituées, ces citoyens, trompés, saisissent avec
« empressement le vœu perfide de l'adresse, et bientôt ce vœu
« vous est présenté comme étant celui de tous les citoyens de
« la capitale, de ces citoyens dont le caractère distinctif est
« l'amour des lois, et qui, se parjurant, viennent vous proposer
« de les détruire avec la constitution.

« Déjà, messieurs, une adresse à l'armée a été rédigée et ar-
« rêtée de cette manière. Déjà cet assemblage ridicule de fla-
« gorneries, de mensonges impudents et d'absurdités, a été
« envoyé à l'armée comme l'émission du vœu combiné des
« citoyens de Paris, tandis que la majeure partie rougit peut-
« être de voir les lumières et le patriotisme distingué de cette
« ville compromis par un ouvrage aussi méprisable que con-
« traire aux lois.

« Les citoyens de l'Arsenal apprennent à l'instant, et non
« sans surprise, que la seconde de ces deux adresses vous a été
« offerte avec autant d'impudeur que d'irrégularité : avec im-
« pudeur, car elle est présentée au nom des quarante-huit sec-
« tions, tandis qu'elles délibéraient encore, sans attendre leur
« vœu ; un acte d'incivisme et d'outrage à la constitution vous a
« été lu comme l'opinion des citoyens réunis dans toutes les
« sections ; avec irrégularité, car la commune de Paris, consultée
« dans ses sections, n'a point émis un vœu général sur la rédac-
« tion de l'adresse, et, cependant, elle se trouve rédigée, lue et
« publiée en leur nom collectif.

« La section de l'Arsenal désavoue cette première adresse,
« parce qu'elle contient des principes erronés, des faits faux,
« hasardés ou calomnieux ; parce qu'elle tend à avilir les auto-
« rités constituées, à diminuer, à anéantir même le respect reli-
« gieux que tout citoyen doit à la loi ;

« Parce qu'on ose vous proposer de créer une dictature mi-
« nistérielle, au mépris de la constitution qui la repousse ;

« Parce qu'on ose vous proposer d'avilir un pouvoir constitué
« dont on entrave la marche, que l'on dégrade, que l'on para-
« lyse, pour lui reprocher ensuite son inaction et les propres
« fautes qu'on lui fait commettre ; un pouvoir que l'on veut
« vous faire anéantir avant que vous le jugiez suivant la loi ;

« Parce qu'enfin de si dangereux principes, professés haute-
« ment dans un moment de danger, n'ont d'autre but, ou au
« moins d'autre effet que de diviser les citoyens de l'empire,
« d'allumer, s'il se peut, la guerre civile, et de substituer à la
« constitution que vous avez jurée la plus horrible anarchie.

« La section que nous représentons désavoue l'adresse à l'ar-
« mée, parce qu'elle tend à semer parmi les soldats de la liberté
« la défiance et l'indiscipline qui la suit ; à les tromper sur les
« faits d'une journée qui fera le désespoir des vrais citoyens, tant
« que vous n'aurez pas dirigé le bras vengeur des lois sur ses
« fauteurs et instigateurs.

« Non, messieurs, la section de l'Arsenal ne saurait faire
« d'adresse à l'armée que pour rappeler aux soldats qu'ils sont
« citoyens français, qu'ils combattent pour la liberté, pour les
« lois, et non pour aucun parti ; qu'ils combattent pour mainte-
« nir tous les pouvoirs constitués, et non pour les avilir ou les
« méconnaître ; que des généraux, qui ont mérité la confiance de
« la nation, de ses représentants actifs et héréditaires, doivent
« être obéis jusqu'au moment où ils sont jugés ; que, sans la
« discipline, il n'y a point d'armée ; que, sans la confiance, il
« n'y a point de victoire, et que ceux-là sont coupables qui prê-
« chent la désobéissance et le désordre, pour amener des défaites
« et l'anarchie.

« Voilà ce que pensent les citoyens de l'Arsenal, et vous sen-
« tez combien il importe à leur honneur qu'ils le déclarent hau-
« tement. L'amour de l'ordre égale en eux celui de la liberté ;

« que tous deux soient publics. La haine qu'ils ont vouée au
« despotisme égale leur horreur pour les factions et l'anarchie ;
« que tous deux soient encore publics.

« Législateurs, la patrie est en danger, mais le danger n'est
« pas seulement où l'on cherche à vous le faire voir : il est dans
« les divisions intestines que l'on fomente, dans l'égarement de
« quelques-uns de nos frères, dans cet esprit de vertige et
« d'exagération que l'on propage avec hardiesse parmi les ci-
« toyens ; esprit qui, s'il n'est comprimé, nous ramènera au
« despotisme par l'anarchie.

« La constitution est notre seul point de ralliement, et l'on ose
« vous proposer de l'altérer, à vous qui avez juré de la mainte-
« nir, à vous qui avez déclaré infâme quiconque vous propose-
« rait une modification. Maintenez-la dans sa pureté, vous
« serez secondés par les vrais citoyens ; maintenez-la en suivant
« la marche qu'elle vous trace. Prononcez-vous en législateurs
« sur cette question importante de la déchéance du roi, s'il est
« dans un des cas prévus par la constitution. Prononcez, nous
« vous en conjurons, et, d'avance, nous respectons votre déci-
« sion ; mais, jusqu'à ce qu'elle soit rendue, nous proscrirons
« toute atteinte à un pouvoir constitué. Nous le respecterons
« parce que nous avons juré de le maintenir et que nous sommes
« fidèles à nos serments. Nous le respecterons et nous vous
« dénoncerons les clameurs, les voies de fait, les écrits scanda-
« leux, les propos incendiaires qui ne tendent qu'à désorganiser
« l'empire et à le précipiter vers sa ruine.

« Vous, nos frères d'armes, dont les bras victorieux combat-
« tent au dehors pour notre liberté, volez au champ de l'hon-
« neur et de la victoire. Nous, amis fidèles de la constitution et
« des lois, nous veillerons à ces dépôts précieux ; nous combat-
« trons, avec le courage des hommes libres, et les tyrans et les
« ennemis presque aussi dangereux qui, se parant du manteau
« de la constitution, ne cherchent qu'à la détruire et à nous
rendre parjures.

« Législateurs, les citoyens de la section de l'Arsenal ont cru
« devoir, ont cru se devoir à eux-mêmes, à la France entière,
« cette exposition franche de leurs principes : attachement sin-
» cère à la constitution et aux lois ; respect inviolable pour

« toutes les autorités constituées ; guerre aux despotes ; guerre
« aux factieux de toute espèce. Telle est leur profession de foi.
« Puissent tous les citoyens se rallier sous de tels drapeaux ;
« puissent-ils cesser toutes divisions d'opinions et de principes
« pour s'attacher aux lois : la France est sauvée ! Puissent-ils,
« sous de tels auspices, en repoussant les audacieux ennemis
« du dehors, en réduisant ceux de l'intérieur au silence, faire
« naître les jours paisibles du règne des lois et de la liberté,
« ramener la paix avec l'abondance, propager les vertus civi-
« ques et, dans les plus doux épanchements de la fraternité,
« renouveler le serment si beau : Vivons libres ou mourons tous
« ensemble ! »

« Plusieurs membres ont demandé que le projet soit imprimé et envoyé aux quarante-sept autres sections, ce qui a été appuyé aussitôt par plusieurs autres, mis ensuite aux voix, adopté à la majorité.

« Un membre a fait la motion de faire signer ledit désaveu par ceux qui l'ont adopté. Cette motion appuyée, un autre membre a sur-le-champ invoqué la question préalable sur cette motion, laquelle, appuyée et mise aux voix, a été adoptée à la majorité, fondée sur ce qu'on était en assemblée générale et que l'on pourrait croire que ce désaveu, signé par ceux qui l'ont adopté, fût regardé comme une coalition et non comme le vœu de l'assemblée générale.

« Il a aussitôt été proposé de nommer douze commissaires pour porter ledit désaveu à l'Assemblée nationale. Cette proposition, appuyée et mise aux voix, a été adoptée à la majorité, et aussitôt ont été nommés MM. Grillot, Lavoisier, Samson, Trécourt, Lardin, Lesueur-Florent, Bussi, Musnier-Descloseaux, Comperot, de La Lette, Vigneux et Hébert, qui ont accepté.

« MM. les commissaires ont prié l'Assemblée de vouloir bien remettre à un autre temps la lecture du second désaveu, vu qu'il était dix heures et demie, ce à quoi l'Assemblée a consenti.

« Virvaux, président ; Boula, secrétaire. »

Séance du 8 août 1792.

« Il (le président) dit ensuite que, le calme et l'ordre rétablis[1], hier, il a attendu avec impatience le moment de réclamer contre une opération qui s'est faite dans le trouble des jours précédents : il parle du désaveu fait, au nom de la section, de l'adresse des citoyens de Paris à l'armée française et de l'adresse de la commune à l'Assemblée nationale pour la déchéance de Louis XVI. Il prouve facilement que ce désaveu serait déshonorant pour la section, si on ne s'empressait de déclarer à la commune et à la France entière que ce ne sont point les sentiments qu'elle contient, mais seulement ceux de quelques intrigants. L'Assemblée applaudit. On annonce une députation de la section des Quinze-Vingts. M. le président demande un peu de suspension à la délibération, pour entendre la députation qui demande à être entendue. Les députés remettent la délibération de l'assemblée générale des Quinze-Vingts; le secrétaire donne lecture de cet arrêté, l'un du 3 et un autre du 5 du présent, portant que si, le jeudi soir, à minuit, l'Assemblée nationale n'a pas prononcé sur le sort du roi, le tocsin sonne, la générale bat et tous les citoyens se lèvent et marchent à l'Assemblée nationale. Cet arrêté est pour être communiqué aux quarante-sept autres sections. On en remet la discussion à demain jeudi, pour reprendre celle des propositions ci-dessus faites, et l'assemblée, en donnant à l'examen de ce qui la concerne particulièrement les premiers moments dont elle peut disposer, arrête à l'unanimité :

« 1° Qu'elle désavoue, comme fruit de la coalition, les délibérations des 2 et 3 de ce mois, relativement à l'adresse des citoyens de Paris à l'armée française, et celle de la commune à l'Assemblée nationale pour la déchéance de Louis XVI;

« 2° Qu'elle improuve et annule le désaveu de ces adresses qu'il paraît qu'on a fait à l'Assemblée nationale et à la municipalité, comme n'étant pas dans ses véritables principes et ne

---

1. Dans l'intervalle du 3 au 8 août, le parti démagogique avait fait des progrès, grâce aux désordres journaliers qu'il excitait aux abords des sections; c'est ce à quoi fait allusion le procès-verbal du 8, en parlant du calme et de l'ordre rétablis. Les meneurs jacobins trouvaient que le calme était rétabli lorsqu'ils s'étaient rendus les maîtres exclusifs des délibérations d'une section.

pouvant tendre qu'à troubler l'harmonie entre les sections ;

« 3° Qu'elle rejette sur les intrigants le mépris et l'opprobre dont, par leurs mesures, ils ont couvert la section pour quelques instants ;

« 4° Qu'elle est indignée que les sieurs Lavoisier, régisseur des poudres et salpêtres, commissaire à la Trésorerie nationale, ci-devant fermier général, et Grillot, avoué, aient rédigé un pareil désaveu, et que ces deux commissaires rédacteurs et les sieurs :

« Vigneux, directeur aux poudres et salpêtres ;

« Lecosquino-Bussi, caissier des poudres et salpêtres ;

« Trécourt, ancien commis aux impositions et électeur ;

« Lesueur-Florent, entrepreneur des ponts et chaussées, commissaire de la section et électeur ;

« Delalette, commandant en chef du bataillon ;

« Meunier-Descloseaux, homme de loi et notable adjoint ;

« Lardin, ancien notaire, administrateur à la municipalité ;

« Hébert, payeur de rentes ;

« Samson, marchand de soieries et électeur ;

« Et Comperot, commissaire de la section et électeur, se soient chargés de porter ce désaveu à l'Assemblée nationale et à la municipalité ;

« 5° Que, séance tenante, il sera rédigé une adresse à l'Assemblée nationale dans le sens du présent arrêté ;

« 6° Que cette adresse adoptée, elle sera, avec ledit arrêté, portée à l'Assemblée nationale par une députation ; que cet arrêté sera aussi porté à la municipalité par la députation ;

« Et 7° que, vu la très-grande publicité qui a été donnée au désaveu des adresses de la commune, le présent arrêté sera sur-le-champ envoyé à l'impression, placardé dans l'arrondissement de la section et envoyé aux quarante-sept autres sections, aux départements et aux sociétés populaires, et inséré dans les papiers publics.

« L'Assemblée a nommé pour rédiger son adresse à l'Assemblée nationale MM. Concedieu, Deray et Rivière[1], lesquels se retirent pour faire la rédaction de l'adresse.

---

1. Concedieu était contrôleur au Mont-de-Piété ; Deray, pâtissier ; Rivière, géomètre.

« MM. les commissaires-rédacteurs, qui s'étaient retirés pour rédiger l'adresse, rentrent; l'un d'eux en fait la lecture, ainsi conçue :

« Législateurs,

« Une insolente coalition de personnes intéressées à l'ancien
« ordre des choses a calomnié, dimanche, auprès de vous la
« section de l'Arsenal. Cette section, jouissant maintenant d'un
« calme qui lui rend la liberté des opinions dont elle a été pri-
« vée depuis l'ouverture des assemblées permanentes, nous a
« chargés de venir désavouer et l'arrêté du 2 de ce mois, comme
« le fruit de cette coalition, et les principes de l'adresse de dés-
« aveu qui en est résultée. Ce n'était pas assez que l'assemblée
« du 28 juillet, légalement convoquée, eût été influencée à ce
« point de n'adopter l'adresse à l'armée qu'avec des modifica-
« tions relatives aux généraux et que, le 2 de ce mois, on eût
« empêché la manifestation des opinions pour déclarer qu'on
« n'adoptait point celle que la commune vous a présentée le 3 ;
« il a fallu encore que les intrigants obtiennent, toujours aux
« dépens de la gloire de la section de l'Arsenal, le plaisir d'at-
« taquer de leur souffle empoisonné, mais heureusement impuis-
« sant, le vœu prononcé par la très-grande majorité des sec-
« tions pour l'adoption des adresses à l'armée et au Corps
« législatif. Ces adresses expriment les sentiments et les désirs
« des bons citoyens ; elles ne peuvent être contredites que par
« des hommes tels que ceux sur lesquels notre section rejette le
« mépris et l'opprobre dont elle a été couverte quelques instants
« par leurs menées. »

« Après quelques observations sur la rédaction de cette adresse, elle a été mise aux voix et adoptée à l'unanimité.

« On demande qu'il y ait six commissaires nommés pour porter cette adresse, dimanche prochain, à l'Assemblée nationale, et de suite à la municipalité. La demande est appuyée, mise aux voix et adoptée.

« L'assemblée nomme pour commissaires MM. Concedieu, Rivière, Tiblemont, Routtaut, Deray et Caillouët.

« Concedieu, président; Rivière, secrétaire. »

VIII

PRÉPARATIFS

DE L'INSURRECTION DU 10 AOUT 1792

(Voir livres VI et VII.)

EXTRAITS DES REGISTRES DES SECTIONS DE PARIS
PENDANT LES PREMIERS JOURS D'AOUT.

Comme il était impossible de publier le texte complet des procès-verbaux des quarante-huit sections de Paris pendant les dix premiers jours du mois d'août 1792, nous avons choisi parmi leurs délibérations celles qui nous ont paru les plus caractéristiques. MM. Buchez et Roux ont déjà donné des extraits tronqués du procès-verbal de la section des Quinze-Vingts. A la page 236 de ce volume, nous avons rétabli le texte véritable de ce procès-verbal, dont, on ne sait pourquoi, les auteurs de l'*Histoire parlementaire* avaient omis une partie essentielle.

SECTION DU PONT-NEUF.

Séance du 2 août 1792.

« Une députation de la section de Mauconseil a été introduite; elle a demandé à faire part à l'assemblée de l'arrêté pris par ladite section, ainsi que son adresse aux citoyens de Paris. Pendant la lecture de la première partie, qui a été couverte d'applaudissements et de murmures, le président a consulté l'assemblée pour savoir si la lecture serait continuée, oui ou non. Les débats les plus vifs ayant eu lieu et tous les citoyens abandonnant leurs places, le calme n'a pu se rétablir dans l'assemblée. Les députés ayant voulu se retirer en ont été empêchés par une partie des citoyens et vivement invités par d'autres à sortir. Nombre de citoyens ont marqué, par les murmures les plus violents, leurs sentiments contre l'imprimé laissé sur le bureau.

« Les députés de la section Mauconseil s'étant retirés, le calme s'étant rétabli, un membre a demandé la parole pour parler contre le président sur ce qu'il avait mis aux voix si la lecture dudit écrit serait continuée, et ajoutant que c'était une injure faite à la section Mauconseil que de n'avoir pas voulu entendre paisiblement son arrêté. Il a conclu par engager tous les citoyens qui étaient de son avis, à se transporter sur-le-champ à ladite section pour lui en faire réparation, et il est en effet sorti sur-le-champ suivi de plusieurs citoyens. Le calme s'étant enfin rétabli, le président a demandé à être entendu sur l'inculpation qui venait de lui être faite ; il a été écouté dans le silence. Plusieurs citoyens ont annoncé que l'assemblée restait composée de cent quarante citoyens actifs, qu'elle était toujours compétente pour continuer la délibération. Plusieurs membres ont de suite émis leur opinion sur l'écrit déposé sur le bureau par les députés de la section Mauconseil et, après plusieurs avis, l'assemblée, consultée par son président et résumant les motions des divers opinants, a arrêté que l'écrit intitulé : *Extrait du registre de la section Mauconseil*, et commençant par ces mots : *L'an quatrième de la liberté, le 31 juillet, l'assemblée réunie*, et finissant par ceux-ci : *Dumoulin, président*, serait dénoncé à l'accusateur public pour poursuivre les fauteurs, imprimeurs et adhérents, comme tendant à soulever le peuple contre les autorités constituées ; qu'au préalable il serait nommé cinq députés pour s'informer si ledit arrêté était réellement de la section Mauconseil. Et ont été nommés commissaires à cet effet : MM. César Mattets, Preault, Saint-Martin, Duru, adjudant, et Duvergier. »

SECTION DES ARCIS.

Séance du 6 août 1792.

« L'abbé Danjou a été nommé président, M. Lefèvre de Gineau, premier vice-président, et M. Maire, second vice-président. M. Danjou a été appelé à la présidence et s'est approché du bureau; requis par M. l'ex-président de prêter le serment ordonné par la loi, M. Danjou, après avoir entendu la formule prononcée par M. l'ex-président, a dit : « qu'il consentait à la prestation « en ce qui concernait le serment à la nation et à la loi, mais « non au roi, attendu que les circonstances actuelles imposaient « cette réticence à sa conscience; » il a demandé à cet égard le vœu de l'assemblée. M. l'ex-président a consulté l'assemblée, qui a consenti, à la presque unanimité, la réticence proposée par M. Danjou, demandant qu'il fût motivé dans le procès-verbal que tel était le vœu de l'assemblée, par la raison qu'elle avait, dans une séance précédente, voté la déchéance du roi, et que M. Danjou avait été l'un des commissaires rédacteurs de l'adresse à la maison commune. En conséquence, M. Danjou a prêté le serment tel qu'il l'avait demandé.

« M. Maire, second vice-président, a prêté le même serment que M. Danjou.

« M. Lefèvre de Gineau, premier vice-président, a prêté dans toute son intégralité le serment ordonné par la loi. »

SECTION MAUCONSEIL.

Séance du 31 juillet 1792.

« L'assemblée, pénétrée de douleur de la conduite de Louis XVI, a déclaré qu'elle abjurait la partie du serment civique qui regarde le roi et la loi, s'en tenant expressément à la partie de ce serment qui regarde la nation, renouvelant à cet égard ce serment si cher à son cœur.

« Et, pour donner plus de poids à sa conduite, elle déclare

que la raison qui la détermine à cette action, c'est qu'après avoir réfléchi profondément sur la conduite sinueuse et cruelle de Louis XVI, elle s'est persuadée que ce tyran, dix fois parjure, était l'ennemi le plus redoutable de la patrie.

« Quant à la loi, l'assemblée, ne pouvant plus y reconnaître l'expression de la volonté générale, a cru devoir attendre la manifestation nouvelle de cette volonté par toutes les parties intégrantes du souverain. En conséquence, elle déclare qu'elle vote une adresse à l'Assemblée nationale pour la déchéance de Louis XVI et la convocation d'une convention nationale.

Séance du 7 août 1792.

« M. Lhuilier a demandé la parole et a dit que, plein de reconnaissance de l'intérêt que nombre de personnes avaient pris à sa sûreté à la suite de son accident, il leur en renouvelait l'assurance et, en même temps, il leur faisait part d'une démarche qu'il avait faite ce matin chez M. Pétion, sur l'avis que plusieurs personnes lui avaient donné de projets contre la sûreté de sa personne; afin de prévenir les suites des mauvaises intentions de ses ennemis qui pourraient exciter une rixe générale, il avait invité M. Pétion à envoyer un officier municipal afin de prévenir l'effet d'une rixe qui pourrait s'engager, et que le vœu de tout citoyen en versant son sang pour son pays devait être d'éviter.

« L'assemblée a adopté, à l'unanimité, un projet d'arrêté, dont la teneur suit :

« *A toutes les sections du département de Paris.*

« Vos frères de la section Mauconseil sont toujours éveillés
« sur les dangers de la capitale; ils voient, avec indignation,
« un petit nombre d'hommes lâchement cruels méditer de
« sang-froid le sac de la première ville du royaume.

« Pour déjouer l'exécution de leurs sinistres projets, l'assem-
« blée générale arrête :

« Qu'invitation serait faite, par des commissaires, aux qua-
« rante-sept autres sections d'adhérer à la proposition sui-
« vante :

« Nommer dans chaque section six commissaires, moins ora-
« teurs qu'excellents citoyens, qui, par leur réunion, formeraient
« un point central à l'Hôtel de Ville ;

« Que les fonctions de ces commissaires seraient de s'entendre
« avec la municipalité sur les moyens d'entretenir le calme et
« la tranquillité, sans pouvoir, cependant, s'immiscer d'aucune
« manière dans les fonctions municipales ;

« Que l'objet principal de leur mission serait de communi-
« quer, lors de la réunion des commissaires au point central,
« les arrêtés de leurs sections respectives et d'en poursuivre
« l'exécution auprès de la municipalité ;

« Ils devront encore choisir parmi eux des commissaires
« pour assister aux séances des corps administratifs, dont la
« publicité est ordonnée par décret du Corps législatif.

« Arrête, en outre, que des instructions seront imprimées
« pour développer les avantages de ces propositions. »

Séance du 9 août 1792.

« Les Gravilliers, Montreuil, les Quinze-Vingts, Bonne-Nouvelle, les Innocents, les Gobelins, les Tuileries, envoient des commissaires pour faire part à la section qu'ils sont tous debout, qu'à minuit le souverain se lève pour reconquérir ses droits.

« L'assemblée générale, composée de *plus de deux mille citoyens* qui expriment unanimement le même vœu[1], *ordonne* au président de déclarer en son nom que telle est aussi *leur volonté* et qu'à minuit ils se réuniront tous ensemble.

« La députation des Quinze-Vingts annonce que *trente sections* leur ont fait savoir qu'à minuit le tocsin et la générale battraient, et que tous les citoyens se réunissaient déjà en armes.

« M. Lhuilier a proposé différentes mesures pour entretenir l'accord et l'union entre tous les citoyens, pour les préserver

---

1. Il n'y avait dans la section Mauconseil que dix-sept cents citoyens actifs ; si l'assemblée générale se composait le 9 août de deux mille citoyens, c'est qu'il y en avait un très-grand nombre qui étaient étrangers à la section ou n'avaient pas droit de voter.

des embûches que pourraient nous tendre nos ennemis pour nous diviser.

« Il a demandé que, sur-le-champ, trois commissaires fussent choisis pour aller à la maison commune pour aviser aux moyens de sûreté et aux mesures générales ; que trois personnes aillent avec eux à la commune pour reporter successivement les nouvelles de la commune à la section et entretenir toujours la communication la plus active entre les extrémités et le centre ; que des commissaires se répandent dans toutes les sections pour leur faire part de ces dispositions et les inviter à prendre les mêmes mesures.

« L'assemblée a adopté à l'unanimité toutes ces dispositions et a nommé pour commissaires à la ville MM. Lhuilier, Gomé et Bonhomme, avec pouvoir de tout disposer pour le salut public.

« Les citoyens vont successivement s'armer et se rassemblent couverts de toutes armes. — Minuit sonne.

« Toute l'assemblée demande de faire rassembler les citoyens au son de la caisse et que la cloche d'alarme soit ébranlée.

« M. Lhuilier approuve cette proposition et demande que le signal du combat à mort de l'esclavage et de la tyrannie soit donné, qu'il faut que le soleil, avant le milieu de sa course, éclaire la France libre ou la France asservie ; il dit : « Veuillez « la liberté, citoyens, levez-vous tous ; la tyrannie expirante est « à vos pieds ! »

La suite du procès-verbal, tenu heure par heure, constate les faits suivants :

1° A trois heures, Lhuilier et les autres commissaires invitent les sections à envoyer vingt-cinq hommes bien armés à l'Hôtel-de-Ville ;

2° A quatre heures et demie, l'on dépêche des canonniers au poste Henri IV, pour inviter les gardes nationaux qui l'occupent à faire tirer le canon d'alarme ;

3° A cinq heures et demie, ces commissaires reviennent et annoncent les dispositions peu favorables des citoyens postés au Pont-Neuf ; ils disent même que l'on a voulu les retenir en otage ;

4° A six heures et demie, l'assemblée reçoit l'avis, par la voie d'un des commissaires pour la correspondance entre la section et le point central, que « l'assemblée générale des commissaires, d'après les pouvoirs qu'ils ont tous reçus d'employer tous les moyens pour la sûreté générale, vient de suspendre la municipalité et le conseil général. »

SECTION DE L'ARSENAL.

Séance du 1er août 1792.

« …. Pendant que l'assemblée était occupée à la discussion des articles ci-dessus, est arrivée une députation se disant de la section de Mauconseil, apportant un arrêté, pris le 31 du mois dernier, dont elle a donné lecture ; cet arrêté contient des principes si contraires à la constitution et au repos du royaume, que ce n'est qu'avec peine que l'on a pu en soutenir la lecture jusqu'à la fin ; enfin, cet arrêté mis en délibération, il a été arrêté à une très-grande majorité d'improuver ledit arrêté.

« Vivraux, président ; Boula, secrétaire. »

Séance du 9 août 1792.

« Les soussignés, de service au comité de l'Arsenal à cause de la permanence de la section, réunis à M. le président de l'assemblée générale et à M. le commissaire de la section, de service, attestent que, pour satisfaire à la demande portée en l'arrêté de la section des Quinze-Vingts, rendu cejourd'hui, à onze heures du soir, M. Joliberteau, commissaire, envoyé par l'assemblée générale de la section de l'Arsenal vers la section des Quinze-Vingts, ira sur-le-champ, en cette qualité, avec M. Concedieu, président, et M. Barucaud, que nous lui adjoignons comme commissaire, à la maison commune, connue pour le point de réunion proposé par ledit arrêté de la section des Quinze-Vingts.

« Fait au comité à la section de l'Arsenal, ce neuf août mil sept cent quatre-vingt-douze, l'an quatrième de la liberté, vers minuit. Les pouvoirs délivrés sont signés : Concedieu, président, Caillouët et Violet, commissaires de la section.

« A trois heures, M. Barucaud, l'un des commissaires, qui vient d'être nommé ci-dessus, arrive avec un pouvoir de l'assemblée des commissaires de dix-neuf sections à la maison commune. »

Séance du 10 août.

« Aujourd'hui, 10 août 1792, l'an quatrième de la liberté, les citoyens de la section de l'Arsenal, assemblés en vertu de la loi, la séance a été ouverte par la lecture du procès-verbal de la séance précédente et adopté sans réclamations.

« M. Rivière fait rapport de ce qui s'est passé cette nuit au comité de permanence de la section.

« Ensuite, M. le président demande si l'assemblée adopte la nomination faite cette nuit des trois commissaires,—nommés par lui et MM. Violet, commissaire de garde du comité, Caillouët et Rivière, commissaires adjoints à celui du comité par l'assemblée générale permanente, et représentant ladite assemblée, — des personnes de MM. Joliberteau, Concedieu et Barucaud, pour se rendre au désir de l'arrêté de la section des Quinze-Vingts à la maison commune. L'assemblée à l'unanimité approuve et confirme cette nomination. Il fait ensuite lecture d'un extrait de l'arrêté de l'assemblée générale des comités réunis de la majorité des sections de la commune de Paris, du 10 du présent, signé : Martin, secrétaire, dont la teneur suit, et demande qu'en conséquence de cet extrait, pour satisfaire au vœu de la commune, l'assemblée arrête la nomination de trois commissaires adjoints aux trois premiers qui se rendront dès ce soir à la commune pour y procéder conjointement avec eux. L'assemblée arrête cette proposition et enjoint à ses six commissaires de prendre part à toutes les délibérations qui pourront y être faites.

« L'assemblée a nommé pour ses commissaires : MM. Blin, Vincent et Léger, et leur a fait délivrer à l'instant des pouvoirs conformes à son arrêté.

« Concedieu, président ; Rivière, secrétaire. »

SECTION DE LA FONTAINE DE GRENELLE.

Séance du 9 août 1792.

« Lecture faite de l'arrêté des Quinze-Vingts, du 4 de ce mois, et de la lettre de M. le maire de Paris à ce sujet, l'assemblée après une mûre délibération a nommé MM. Audouin, Rivallier, Petitgeorges, Lefuel, Tauzin, Sabatier, commissaires, à l'effet de se transporter dans l'assemblée générale de la section des Quinze-Vingts, où ils emploieront tous les moyens que leur suggérera leur prudence et leur patriotisme pour démontrer aux citoyens de cette section les dangers qui peuvent résulter de la démarche qu'ils se proposent de faire cette nuit. Mais cependant, attachés par les liens de l'estime et de la fraternité aux généreux habitants des faubourgs Saint-Antoine et Saint-Marcel, les commissaires leur déclareront, au nom de leurs frères de la section de la Fontaine-de-Grenelle, qu'ils préféreraient mille morts au supplice d'être en opposition avec des patriotes aussi éprouvés, et que dans toutes les crises d'une révolution trop prolongée sans doute par de perfides ennemis, ils marcheront toujours à côté des intrépides citoyens des deux faubourgs Saint-Antoine et Saint-Marcel.

« Que le présent arrêté sera communiqué aux sections des Gobelins et du Théâtre-Français et que l'assemblée attendra, séance tenante, la réponse de ses commissaires.

« Deux officiers municipaux sont introduits ; l'un d'eux, M. Imbert, annonce que ses collègues et lui se sont répandus dans toutes les sections pour y rétablir le calme. Ils se retirent au milieu des marques d'estime qui leur sont données par leurs concitoyens.

« A onze heures, les commissaires envoyés à la section des Quinze-Vingts reviennent ; ils annoncent que convaincus, par la réunion de l'avis de tous les commissaires de la majorité des sections, que le danger de la patrie ne pouvait être écarté que par le réveil du peuple entier de cette ville, l'arrêté de la section des Quinze-Vingts devait être exécuté.

« A l'instant, tous les citoyens présents courent aux armes ;

ils reviennent accompagnés de plusieurs autres, tous font le serment solennel de mourir pour la liberté et l'égalité, et de se réunir à leurs frères des autres sections pour déjouer la conspiration dont Paris et M. le maire, en particulier, sont menacés. L'assemblée autorise ses trois commissaires à se rendre à l'instant à la maison commune et leur donne plein pouvoir pour, de concert avec ceux des autres sections, employer tous les moyens possibles de sauver la patrie.

« Les commissaires partent; l'horloge annonce l'heure de minuit; le tocsin sonne; la générale est battue; tous les citoyens accourent en armes, les fédérés logés dans l'arrondissement de la section se joignent à eux; en un instant l'église est remplie de citoyens animés du même esprit : tous présentent l'aspect touchant de la fraternité, tous ne respirent que pour la liberté, tous veulent combattre les traîtres. Le plus grand calme règne au milieu d'une réunion aussi considérable et le jour trouve les citoyens dans ces heureuses dispositions. Tout reste en cet état jusqu'au vendredi, six heures du matin, que M. Audoin, l'un des commissaires, de retour, rend compte que le peuple s'est porté en foule sur la place de la maison commune, qu'il a demandé que les commissaires de la majorité des sections réunis fussent les administrateurs provisoires de la commune; que les considérant comme tels, des patrouilles des postes des divers quartiers de Paris avaient amené devant eux les prévenus qu'elles avaient arrêtés; que, dans cette situation impérieuse, les commissaires ont écouté la voix toute-puissante d'une grande portion du souverain, et qu'au nom de la majorité des sections, ils se sont constitués représentants de la commune, ont supprimé la municipalité, cassé le commandant général, élu à sa place le patriote Santerre, dont la nomination a été confirmée par les transports de joie du peuple assemblé. L'assemblée approuve la conduite de ses commissaires et leur continue tous pouvoirs.

« *Signé* : Blondel, vice-président; Laugier, secrétaire; Nicolas Grandmaison, secrétaire adjoint. »

IX

RÉSUMÉ GÉNÉRAL[1]

DES DÉLIBÉRATIONS DES QUARANTE-HUIT SECTIONS DE PARIS A L'OCCASION DE L'INSURRECTION DU 10 AOUT 1792.

(Voir le livre VII.)

I

SECTION DES TUILERIES.

Cette section se tenait, en 1792, dans l'église des Feuillants, et comprenait 1,700 citoyens actifs.

Elle a toujours porté le même nom depuis 1790.

Les feuillets du registre des délibérations, aux dates du 2 août et du 9 août, ont été arrachés.

Mais les mesures que cette section prit dans la nuit du 9 au 10 août prouvent qu'elle envoya des commissaires à l'Hôtel de Ville dès le commencement de l'insurrection.

II

SECTION DES CHAMPS-ÉLYSÉES.

Cette section se tenait, en 1792, dans la chapelle Saint-Nicolas-du-Roule, et comprenait 900 citoyens actifs.

Elle a toujours porté le même nom depuis 1790.

---

[1]. Les sections ayant souvent changé de noms, l'ordre alphabétique n'était pas possible ; nous avons suivi l'ordre dans lequel les rangeait la loi de 1791.

Elle passa à l'ordre du jour, le 3 août, sur l'arrêté de la section Mauconseil, et, le 9 août, sur l'arrêté de la section des Quinze-Vingts.

Elle ne nomma que le 14 août des représentants à la nouvelle commune.

III

SECTION DU ROULE.

Cette section se tenait, en 1792, dans l'église des Capucins-Saint-Honoré, et comprenait 1,300 citoyens actifs.

Elle s'est appelée *section du Roule*, de 1790 à 1793 ; *section de la République*, de 1793 à 1794 ; *section du Roule*, en 1795, et n'a plus changé de nom.

Elle adhéra à l'arrêté Mauconseil.

Au reçu de l'arrêté de la section des Quinze-Vingts, le 9 août vers minuit, elle déclara qu'elle n'était pas en nombre suffisant pour délibérer valablement, et elle remit la nomination des commissaires à un moment où elle serait plus complète; en fait elle ne les nomma que dans la journée du 10 août, c'est-à-dire après l'événement.

IV

SECTION DU PALAIS-ROYAL.

Cette section se tenait, en 1792, dans l'église Saint-Roch, et comprenait 2,400 citoyens actifs.

Elle s'est appelée *section du Palais-Royal*, de 1790 à 1791 ; *section de la Butte des Moulins*, de 1792 à 1794 ; *section de la Montagne*, en 1794 ; *section de la Butte des Moulins*, de 1794 à 1812 ; *quartier du Palais-Royal*, depuis 1813.

Les registres des délibérations de cette section qui ont été conservés ne commencent que le 1er octobre 1792.

Il est impossible de savoir si cette section adhéra à l'arrêté Mauconseil.

D'après tous les documents de l'Hôtel de Ville, elle ne nomma ses commissaires que dans l'après-midi du 10 août.

V

SECTION DE LA PLACE VENDÔME.

Cette section se tenait, en 1792, dans l'église des Capucines, et comprenait 1,200 citoyens actifs.

Elle s'est appelée *section de la place Vendôme*, de 1790 à 1792; *section des Piques*, en 1793; elle reprit le nom de *section de la place Vendôme*, en 1794.

Elle adhéra à l'arrêté Mauconseil.

Le 9 août, elle leva sa séance à dix heures du soir, après avoir adhéré à la lettre pacifique de la municipalité et n'envoya des commissaires à l'Hôtel de Ville que le 10 août au soir.

VI

SECTION DE FEYDEAU OU DE LA BIBLIOTHÈQUE.

Cette section, qui se tenait, en 1792, dans l'église des Filles-Saint-Thomas, comprenait 1,500 citoyens actifs.

Elle s'est appelée *section de la Bibliothèque*, de 1790 à 1792; *section de* 1792, en 1792; *section Lepelletier*, de 1793 à 1813; *quartier Feydeau*, en 1814, et n'a plus changé de nom.

On ne trouve dans ses registres aucune trace de son adhésion à l'arrêté Mauconseil.

Elle ne nomma des commissaires que le 10 août, après l'événement.

VII

SECTION DE LA GRANGE-BATELIÈRE.

Cette section se tenait, en 1792, à l'ancien dépôt des Gardes Françaises, au coin du boulevard et de la Chaussée-d'Antin, et comprenait 900 citoyens actifs.

Elle s'est appelée *section de la Grange-Batelière*, de 1790 au 2 août 1792; *section de Mirabeau*, du 2 août 1792 au 8 décembre 1792; *section du Mont-Blanc*, de 1793 à 1813; *quartier de la Chaussée-d'Antin*, en 1814.

Elle déclara à l'unanimité qu'il n'y avait pas lieu à délibérer sur l'arrêté Mauconseil.

Elle ne nomma ses commissaires que le 12 août.

VIII

SECTION DU LOUVRE.

Cette section se tenait, en 1792, dans l'église Saint-Germain-l'Auxerrois, et comprenait 2,000 citoyens actifs.

Elle s'est appelée *section du Louvre*, de 1790 à 1792; *section du Muséum*, de 1793 à 1812; *quartier du Louvre*, en 1813, et n'a plus changé de nom.

Cette section paraît avoir adhéré à l'arrêté Mauconseil, quoique la délibération ne soit pas inscrite sur le registre des délibérations.

D'après le procès-verbal régulier, la section se sépara à onze heures et demie du soir. Si elle fut représentée à l'Hôtel de Ville dans la nuit du 9 au 10 août, les pouvoirs dont ses commissaires se trouvaient munis ne purent être donnés que par les quatre ou cinq membres du comité permanent, se substituant de leur autorité privée à deux mille citoyens actifs. Ces pouvoirs étaient tellement irréguliers, que les noms des commissaires donnés par les listes officielles (*Histoire parlementaire*) diffèrent complétement de ceux qui sont portés sur le chiffon de papier déposé à l'Hôtel de Ville le 10 août au matin.

IX

SECTION DE L'ORATOIRE.

Cette section, qui se tenait, en 1792, dans l'église de l'Oratoire, comprenait 1,900 citoyens actifs.

Elle s'est appelée *section de l'Oratoire*, de 1790 à 1792; *section des Gardes Françaises*, de 1793 à 1812; *quartier Saint-Honoré*, en 1814.

Cette section ajourna toute discussion sur l'arrêté Mauconseil lorsqu'il lui fut apporté par les commissaires de cette section et ne prit à cet égard aucune délibération. Les registres de cette section constatent que, le 9 août, elle adhéra à la lettre pacifique de la municipalité et qu'elle se sépara à dix heures du soir sans prendre aucune délibération. Elle ne nomma ses commissaires que le 12 août.

X

SECTION DE LA HALLE-AU-BLÉ.

Cette section, qui se tenait, en 1792, dans l'église Saint-Honoré, comprenait 1,900 citoyens actifs.

Elle s'est appelée *section de la Halle-au-Blé*, de 1790 à 1812; *quartier de la Banque de France*, en 1813.

Elle répondit aux commissaires de la section Mauconseil qu'elle prendrait en considération leur arrêté, mais elle ne délibéra pas pour y adhérer.

Elle ne nomma ses commissaires que le 10 août, après l'événement. Ce qui le prouve, c'est que son premier commissaire était le médecin Chambon, déjà officier municipal, qui parcourut les sections pendant la nuit pour leur prêcher la paix et la tranquillité.

XI

SECTION DES POSTES.

Cette section, qui se tenait, en 1792, dans l'église Saint-Eustache, comprenait 1,800 citoyens actifs.

Elle s'est appelée *section des Postes*, en 1790; *section du Contrat Social*, en 1791; *section des Postes*, en 1792; *section du Contrat Social*, de 1793 à 1812; *quartier Saint-Eustache*, en 1813.

Les registres de cette section manquent.

On ne peut donc savoir si cette section adhéra à l'arrêté Mauconseil, et l'heure précise à laquelle elle nomma ses commissaires. Les pouvoirs que l'on trouve à l'Hôtel de Ville sont datés du 10 août, sans désignation d'heure. Néanmoins, comme aucune preuve formelle ne vient contredire l'assertion de la liste officielle, on peut à la rigueur ranger cette section parmi celles qui furent plus ou moins représentées au moment de l'installation de la commune insurrectionnelle.

XII

SECTION DE LA PLACE LOUIS XIV.

Cette section, qui se tenait, en 1792, dans l'église des Saints-Pères, comprenait 1,400 citoyens actifs.

Elle s'est appelée *section de la place Louis XIV*, de 1790 à 1791 ; *section du Mail ou des Petits-Pères*, en 1793 ; *section de Guillaume Tell*, de 1793 à 1813 ; *quartier du Mail*, en 1814.

La section n'adhéra pas à l'arrêté Mauconseil.

Elle ne nomma ses commissaires à l'Hôtel de Ville que le 11 août.

XIII

SECTION DE LA FONTAINE-MONTMORENCY.

Cette section, qui se tenait, en 1792, dans l'église Saint-Magloire, comprenait 1,100 citoyens actifs.

Elle s'est appelée *section de la Fontaine-Montmorency*, de 1790 à 1791 ; *section de Molière et La Fontaine*, de 1791 à 1792 ; *section de Brutus*, de 1792 à 1812 ; *quartier Montmartre*, en 1812.

Il y a une lacune sur les registres de cette section pour le mois d'août 1792 ; mais, à raison de ses opinions bien connues, on peut être sûr qu'elle n'adhéra pas à l'arrêté Mauconseil. On voit, par les documents de l'Hôtel de Ville, qu'elle ne nomma ses commissaires que le 11 août.

XIV

SECTION DE BONNE-NOUVELLE.

Cette section, qui se tenait, en 1792, dans l'église dont elle portait le nom, comprenait 1,600 citoyens actifs.

Elle n'a jamais changé de nom depuis 1790.

Il n'existe pas de registres de cette section pour l'année 1792.

Les opinions bien connues de cette section ne permettent pas de douter qu'elle adhéra à l'arrêté Mauconseil, et qu'elle envoya ses commissaires à l'Hôtel de Ville dès le commencement de l'insurrection.

XV

SECTION DU PONCEAU.

La section du Ponceau se tenait, en 1792, à la Trinité, rue Bourg-l'Abbé, et comprenait 2,300 citoyens actifs.

Elle s'est appelée *section du Ponceau*, de 1790 à 1792 ; *section des Amis de la Patrie*, de 1793 à 1812; *quartier de la Porte-Saint-Denis*, depuis 1813.

Le 3 août, elle adhéra à l'arrêté Mauconseil; le 9, elle envoya trois commissaires à l'Hôtel de Ville, elle leur donna « tout pouvoir pour agir en son nom de concert avec la municipalité. »

XVI

SECTION DE MAUCONSEIL.

Cette section, qui se tenait, en 1792, dans l'église Saint-Jacques-l'Hôpital, comprenait 1,700 citoyens actifs.

Elle s'est appelée *section Mauconseil*, de 1790 à 1793; *section Bonconseil*, de 1794 à 1813; *quartier Montorgueil*, depuis 1814.

Mauconseil avait pris l'initiative de l'arrêté qui porte son nom.

Elle envoya naturellement, dès le commencement de l'insurrection, ses trois commissaires à l'Hôtel de Ville.

Nous avons donné plus haut, page 409, plusieurs des délibérations que nous avons trouvées consignées sur le registre de cette section depuis le 31 juillet jusqu'au 10 août.

XVII

SECTION DU MARCHÉ DES INNOCENTS.

Cette section se tenait, en 1792, dans l'église Sainte-Opportune, et comprenait 1,100 citoyens actifs.

Elle s'est appelée *section du Marché des Innocents*, de 1790 à 1792; *section des Marchés*, depuis cette époque.

Cette section adhéra à l'arrêté Mauconseil.

Il est constaté par les registres de ses délibérations, qu'elle ne nomma ses commissaires que le 10 août, à 8 heures du matin, c'est-à-dire après l'installation des autres commissaires à la place du conseil général.

XVIII

SECTION DES LOMBARDS.

Cette section, qui se tenait, en 1792, dans l'église Saint-Jacques-la-Boucherie, comprenait 2,500 citoyens actifs.

Elle n'a jamais changé de nom.

Ses registres présentent une lacune complète du 5 au 11 août 1792. A la place des procès-verbaux réguliers, on trouve la note suivante d'une écriture différente de celle du secrétaire habituel; elle n'est suivie d'aucune signature :

« L'an mil sept cent quatre-vingt-douze, le neuvième d'août, six heures du soir, en l'assemblée générale de la section des Lombards, il a été pris les mesures de sûreté générale suivantes :

« L'assemblée s'est déclarée permanente. Instruite des perfidies et des complots de la cour qui avait hérissé les Tuileries de baïonnettes et de canons, elle se met en devoir de les repousser et de conquérir une seconde fois la liberté; elle envoie des députés dans toutes les sections pour agir fraternellement et porter toutes ensemble le dernier coup au despotisme. Elle arrête de marcher aussitôt qu'elle entendra le tocsin ou la générale, et jure de sauver la liberté ou de s'ensevelir sous ses ruines. »

Rien ne constate que la section adhéra à l'arrêté Mauconseil et envoya ses commissaires dès le 9 à l'Hôtel de Ville; mais eu égard aux opinions bien connues de la section, nous n'en doutons nullement.

XIX

SECTION DES ARCIS.

Cette section se tenait, en 1792, dans l'église Saint-Jean-en-Grève, et comprenait 1,800 citoyens actifs.

Elle a toujours porté le même nom depuis 1790.

Elle approuva sans restriction l'arrêté Mauconseil.

Elle envoya, dans la nuit du 9 août, des commissaires aux Quinze-Vingts, et plus tard à l'Hôtel de Ville; mais les pouvoirs dont ils étaient porteurs ne concordent, ni pour la teneur ni pour le nom des commissaires, avec ceux inscrits sur les registres de la section.

XX

SECTION DU FAUBOURG-MONTMARTRE.

Cette section se tenait, en 1792, dans l'église Saint-Joseph, et comprenait 700 citoyens actifs.

Elle a toujours porté le même nom depuis 1790.

Les registres de cette section manquent pour le mois d'août 1792. On ne peut donc savoir si elle adhéra à l'arrêté Mauconseil, mais on voit par les documents de l'Hôtel de Ville qu'elle ne nomma ses commissaires que le 10 dans l'après-midi, c'est-à-dire après l'événement.

XXI

SECTION POISSONNIÈRE.

Cette section se tenait, en 1792, dans l'église Saint-Lazare, et comprenait 800 citoyens actifs.

Elle s'est appelée *section Poissonnière*, en 1790; *section du Faubourg-Poissonnière,* en 1791, et n'a plus changé de nom.

Il n'existe dans ses registres aucune trace d'adhésion à l'arrêté Mauconseil.

La feuille de la séance du 9 au 10 août est arrachée.

Les documents de l'Hôtel de Ville font présumer qu'elle nomma ses commissaires dans la nuit du 9. Cette section à cette époque était l'une des plus engagées dans le parti démagogique.

XXII

SECTION DE BONDY.

Cette section, qui se tenait, en 1792, dans l'église des Récollets, comprenait 1,400 citoyens actifs.

Elle s'est appelée *section de Bondy*, de 1790 à 1813; *quartier de la Porte-Saint-Martin,* depuis 1814.

On ne trouve sur les registres de cette section rien qui soit relatif à l'arrêté Mauconseil.

Elle envoya, dès minuit, ses trois commissaires à l'Hôtel de Ville.

XXIII

SECTION DU TEMPLE.

Cette section, qui se tenait, en 1792, dans l'église des Pères-Nazareth, comprenait 1,700 citoyens actifs.

Elle n'a jamais changé de nom depuis 1790.

La section déclara « rejeter et improuver l'arrêté Mauconseil, comme contraire à la loi et à la constitution, comme dangereux dans ses principes à la tranquillité publique, et attentatoire à l'autorité de l'Assemblée nationale. » Le 9 août, elle leva sa séance à neuf heures et demie du soir. Un certain Curtius (probablement l'inventeur des figures de cire, il était fort avancé dans les idées révolutionnaires, comme nous le verrons dans un volume suivant) lui avait cependant annoncé que le tocsin sonnerait dans tout Paris à minuit, mais il ne put préciser de qui il tenait « cette désagréable nouvelle. »

Elle ne nomma ses commissaires que le 11 août.

Cette section comptait parmi les plus modérées. Le comité de surveillance de l'Assemblée nationale lui avait écrit, comme à toutes les autres sections, le 10 août, pour inviter tous les citoyens à dénoncer « les personnes suspectes et criminelles contre la patrie. » Le procès-verbal constate que tous les citoyens présents déclarèrent n'avoir à faire aucune dénonciation.

XXIV

SECTION DE POPINCOURT.

Cette section se tenait, en 1792, dans l'église de Popincourt, et comprenait 1,300 citoyens actifs.

Elle s'est toujours appelée ainsi depuis 1790.

La section refusa de rien statuer sur l'arrêté Mauconseil ; ce ne fut qu'après de longues hésitations qu'elle se décida à nommer les trois commissaires que sa voisine, la section des Quinze-Vingts, lui avait demandé d'envoyer à l'Hôtel de Ville. Les excitations et les faux rapports de toute nature ne lui avaient pourtant pas manqué ; on était venu lui rapporter « qu'à l'Assemblée nationale on avait enjoint au maire de déployer le drapeau rouge, mais que Pétion avait répondu qu'il ne le ferait jamais, parce que le ci-devant maire l'avait emporté dans sa poche. » On s'aperçoit du désordre qui régnait, la nuit du 9 au 10 août, dans cette section à cette singulière mention du procès-verbal : « Un membre demande que les dames rentrent dans les places qui leur sont assignées, afin qu'elles ne se trouvent pas au milieu de l'assemblée. »

La section Popincourt déclara qu'elle n'exécuterait les ordres qui pourraient lui parvenir de la maison commune, qu'autant qu'ils lui seraient transmis par l'organe de l'un de ses commissaires.

XXV

SECTION DE LA RUE DE MONTREUIL.

Cette section se tenait, en 1792, dans l'église Sainte-Marguerite, et comprenait 1,500 citoyens actifs.

Elle s'est appelée *section de Montreuil,* de 1790 à 1813; *quartier du Faubourg-Saint-Antoine,* de 1814 à 1860.

Sur les conseils des délégués du conseil de la commune elle n'adhéra pas à l'arrêté Mauconseil. Le 9 août, elle hésita longtemps à suivre, même de loin, ses frères et voisins des Quinze-Vingts. Au moment où, à 11 heures du soir, elle recevait l'arrêté l'invitant à nommer ses trois commissaires « pour se réunir à la maison commune, et s'occuper ensemble des moyens de sauver la patrie, » un officier municipal se présenta et « témoigna toute sa satisfaction de voir la section de Montreuil dans une union et dans une tranquillité parfaites. »

« A deux heures moins un quart, ajoute le procès-verbal, une quantité de personnes inconnues se sont portées vers le bureau et ont sommé M. le président de leur donner l'ordre de sonner le tocsin. M. le président n'ayant pas consenti à cette demande, en leur observant que leur *marche* était incendiaire et illégale, cette observation n'a pu faire aucun effet sur les particuliers; ils se sont portés au clocher en faisant fracture à une porte et ont sonné l'alarme. »

Naturellement, après cette irruption des émeutiers, les quelques citoyens actifs qui restaient dans la salle de la section s'empressèrent de nommer les trois commissaires que leur demandaient les Quinze-Vingts.

XXVI

SECTION DES QUINZE-VINGTS.

Cette section se tenait, en 1792, dans l'église des Enfants-Trouvés, et comprenait 2,000 citoyens actifs.

Elle n'a jamais changé de nom depuis 1790.

Elle adhéra avec le plus vif empressement à l'arrêté Mauconseil, et déclara qu'elle soutiendrait cette section dans toutes ses démarches.

Elle fut, le 9 août, le pivot de l'insurrection.

XXVII

SECTION DES GRAVILLIERS.

Cette section se tenait, en 1792, dans l'église Saint-Martin-des-Champs, et comprenait 3,300 citoyens actifs.

Elle s'est appelée *section des Gravilliers,* de 1790 à 1812 ; puis *quartier Saint-Martin-des-Champs*, en 1813, et n'a plus changé de nom.

Les registres de cette section, pour l'époque d'août 1792, n'ont pas été conservés, mais ses opinions sont assez connues pour que l'on ne puisse pas douter qu'elle adhéra à l'arrêté de la section Mauconseil, et qu'elle envoya, dans la nuit du 9 août, des commissaires à l'Hôtel de Ville.

XXVIII

SECTION DU FAUBOURG-SAINT-DENIS.

Cette section se tenait, en 1792, dans l'église Saint-Laurent, et comprenait 1,300 citoyens actifs.

Elle s'est appelée *section du Faubourg-Saint-Denis,* de 1790 à 1792 ; *section du Faubourg-du-Nord,* de 1793 à 1814 ; *quartier du Faubourg-Saint-Denis,* en 1813, et n'a plus changé de nom.

Cette section se contenta de répondre aux commissaires de la section Mauconseil qu'elle examinerait leur adresse et leur ferait passer son vœu ; elle n'y donna aucune suite. Quoique invitée par la section des Quinze-Vingts à nommer des commissaires en leur donnant pleins pouvoirs pour sauver la patrie, elle envoya à l'Hôtel de Ville des délégués seulement chargés de prendre des renseignements sur ce qui se passait et de venir faire leur rapport.

A leur retour, et sur leur insistance, elle leur donna enfin tout pouvoir de prendre, avec les commissaires des quarante-sept autres sections, « tous les moyens qui paraîtraient les plus propres à sauver la patrie, que les commissaires avaient annoncé être menacée des dangers les plus imminents. » Ces allées et venues durent nécessairement prendre beaucoup de temps, et les commissaires de la section de Saint-Denis ne durent siéger avec les prétendus représentants de la majorité des sections que lorsque la séance était ouverte et plusieurs des plus graves décisions déjà prises.

De ces trois commissaires, l'un fut reconnu n'avoir jamais appartenu à la section, tant la nomination avait été faite avec précipitation et irrégularité; un autre vint, quelques heures plus tard, résigner ses pouvoirs, les ayant jugés insuffisants pour adhérer aux mesures violentes prises par les commissaires réunis et notamment à la suspension de la municipalité.

XXIX

SECTION DE BEAUBOURG.

Cette section se tenait, en 1792, dans l'église Saint-Méry, et comprenait 2,300 citoyens actifs.

Elle s'est appelée *section de Beaubourg,* de 1790 à 1792; *section de la Réunion,* de 1793 à 1812; *quartier de Sainte-Avoye,* depuis 1813.

On ne trouve, dans les registres de cette section, aucune trace d'adhésion à l'arrêté Mauconseil.

Le procès-verbal de la séance du 9 au 10 août constate : 1° que, sur les premières instances qui lui furent adressées par sa voisine, la section Mauconseil, de se prononcer pour les mesures révolutionnaires, elle déclara que le petit nombre de membres présents la déterminait à ajourner au lendemain la réponse à faire à ces communications; 2° que plus tard, sur la demande des Quinze-Vingts, elle se détermina à envoyer trois commissaires à la maison commune; 3° que l'un de ces commissaires, nommé Legrand, vint un peu plus tard déposer ses pouvoirs sur le bureau, parce qu'il les regardait comme insuffisants pour prendre part à ce qui se préparait à l'Hôtel de Ville, et demanda à être remplacé. Ce dernier fait, constaté dans le procès-verbal, n'est pas relaté dans les documents de l'Hôtel de

Ville, ce qui prouve une fois de plus que ces derniers ont été falsifiés pendant ou après l'insurrection.

XXX

SECTION DES ENFANTS-ROUGES.

Cette section se tenait, en 1792, dans l'église des Enfants-Rouges, et comprenait 1,800 citoyens actifs.

Elle s'est appelée *section des Enfants-Rouges,* de 1790 à 1792; *section du Marais,* de 1792 à 1793; *section de l'Homme-Armé,* de 1793 à 1812; *quartier du Mont-de-Piété,* depuis 1813.

Il n'y a pas de trace, sur le registre, de l'adhésion de cette section à l'arrêté Mauconseil.

Les délibérations de cette section portées au registre sautent du 7 au 10 août, huit heures du matin.

Elle envoya, le 10 août au matin, trois commissaires à l'Hôtel de Ville; mais leur nomination était tellement vicieuse, que l'assemblée régulière eut, le lendemain du triomphe de la démagogie, 11 août, le courage de déclarer, par une délibération consignée au procès-verbal, « que toutes les commissions données hier et dans toutes les nuits précédentes, tant par le comité que par l'assemblée, pour représenter la section à la maison commune, étaient révoquées comme ayant été faites sans employer la voie légale du scrutin ; et qu'elle procéderait, le 12 août, à une délégation nouvelle. »

XXXI

SECTION DU ROI-DE-SICILE.

Cette section, se tenait, en 1792, dans l'église du Petit-Saint-Antoine, et comprenait 1,800 citoyens actifs.

Elle s'est appelée *section du Roi-de-Sicile,* de 1790 à 1792; *section des Droits-de-l'Homme,* de 1793 à 1812; *quartier du Marché-Saint-Jean,* depuis 1813.

Cette section adhéra, le 2 août, à l'arrêté Mauconseil, mais, le 4, elle revint sur cette délibération et arrêta à l'unanimité qu'elle regardait l'approbation qu'elle avait donnée à cet arrêté comme nulle et non avenue.

Le 7 août, la réaction, qui avait commencé le 4, s'accentua encore davantage. Le président Auzolles, qui avait été commissaire de l'adresse demandant la déchéance, donna sa démission; il fut remplacé par le juge de paix Fayel, qui, après le 20 juin, avait eu le courage de recevoir de nombreuses dépositions contre les fauteurs et acteurs de cette journée. Le lendemain, 8, la section adopta une délibération énergique, pour protester contre les arrêtés des Quinze-Vingts, l'envoya à l'Assemblée nationale qui lui donna une approbation pleine et entière. Le 9 au soir, le président Fayel s'opposa avec énergie aux injonctions des énergumènes qui avaient envahi la salle des délibérations, et, pour couper court aux propositions inconstitutionnelles qu'on voulait l'obliger à mettre aux voix, leva la séance et emporta chez lui le registre des délibérations. Mais les démagogues, qui avaient fait fuir la partie modérée de la section, installèrent pour président un prêtre constitutionnel, l'abbé Paulet, continuèrent (probablement en très-petit nombre) la séance, et, à trois heures du matin (cette heure est constatée par la disposition de Colombeau dans le procès de Fayel) envoyèrent trois commissaires à l'Hôtel de Ville. L'un d'entre eux, Pollet (qu'il ne faut pas confondre avec l'abbé Paulet qui présidait), revint à huit heures pour se démettre de ses fonctions, se refusant à accepter une aussi lourde responsabilité.

Les pouvoirs présentés à l'Hôtel de Ville ne concordent pas avec les énonciations du procès-verbal, quoique celui-ci ait été rédigé après la sortie des modérés par ceux-là mêmes qui s'arrogeaient le droit de donner, au nom de la section, des pouvoirs aux commissaires.

XXXII

SECTION DE L'HOTEL-DE-VILLE.

Cette section, qui se tenait, en 1792, dans l'église Saint-Gervais, comprenait 1,700 citoyens actifs.

Elle s'est appelée *section de l'Hôtel-de-Ville*, de 1790 à 1792; *section de la Fidélité,* de 1793 à 1813; *quartier de l'Hôtel-de-Ville,* en 1814.

Le registre ne fait aucune mention de l'adhésion de cette section à l'arrêté Mauconseil. Quoique le registre soit très-régulièrement tenu, de la séance du 8 on passe à celle du 11. Y eut-il séance pendant ces trois jours? il est impossible de le dire, mais le procès-verbal du 11 constate que cette section n'envoya pas de commissaires à l'Hôtel de Ville dans la nuit du 9 au 10; cependant elle siégeait à deux pas de la maison commune; c'est peut-être parce qu'elle voyait de trop près comment les choses se passaient qu'elle ne voulut pas y participer.

XXXIII

SECTION DE LA PLACE-ROYALE.

Cette section, qui se tenait, en 1792, dans l'église des Minimes, comprenait 1,900 citoyens actifs.

Elle s'est appelée *section de la Place-Royale*, de 1790 à 1792; *section des Fédérés*, de 1792 à 1793; *section de l'Indivisibilité*, de 1793 à 1812; *quartier du Marais*, depuis 1813.

Cette section, après une longue discussion, ajourna toute décision sur l'arrêté Mauconseil : c'était une manière polie de le rejeter.

Le 8 août, elle passa à l'ordre du jour sur le premier arrêté de la section des Quinze-Vingts. Aucune délibération n'est inscrite sur le registre du 8 au 13 août. Les pouvoirs apportés par les trois commissaires qui se présentèrent au nom de cette section sont datés du 10 août, à deux heures de relevée.

XXXIV

SECTION DE L'ARSENAL.

Cette section se tenait, en 1792, dans l'église Saint-Louis-la-Culture, et comprenait 1,400 citoyens actifs.

Elle n'a jamais changé de nom depuis 1790.

Elle repoussa très-énergiquement l'arrêté Mauconseil, ainsi qu'on peut le voir dans la délibération que nous avons citée précédemment, page 413.

Elle prit, le 9 août, une délibération pour engager les Quinze-Vingts à suivre les conseils pacifiques de la circulaire municipale. Mais à minuit les six personnes restées au comité nommèrent trois d'entre elles pour aller se joindre aux autres commissaires de l'Hôtel de Ville. Lorsque l'insurrection fut triomphante, ces commissaires songèrent à faire ratifier leurs pouvoirs, et personne naturellement n'osa les contester. (Voir les extraits des procès-verbaux de la section de l'Arsenal, que nous avons donnés page 413.)

XXXV

SECTION DE L'ILE SAINT-LOUIS.

Cette section se tenait, en 1792, dans l'église Saint-Louis-en-l'Isle, et comprenait 1,100 citoyens actifs.

Elle s'est appelée *section de l'Ile-Saint-Louis,* de 1790 à 1792; *section de la Fraternité,* de 1792 à 1813; *quartier de l'Ile-Saint-Louis,* en 1814.

Après avoir reçu la députation de la section Mauconseil, qui venait lui apporter son arrêté, elle déclara qu'il n'y avait pas lieu à délibérer.

Le feuillet de la séance du 9 août est arraché; mais tous les documents, même ceux fabriqués après coup, constatent que l'île Saint-Louis n'envoya que le 12 août, pour la première fois, des commissaires à l'Hôtel de Ville.

XXXVI

SECTION DE NOTRE-DAME.

Cette section se tenait, en 1792, dans la salle du ci-devant chapitre, et comprenait 1,700 citoyens actifs.

Elle s'est appelée *section Notre-Dame,* de 1790 à 1792; *section de l'Ile-de-la-Raison,* en 1793 et 1794; *section de la Cité,* depuis 1795.

Cette section ne paraît pas avoir adhéré à l'arrêté Mauconseil. On trouve à l'Hôtel de Ville des pouvoirs donnés à trois commissaires, le 10 août à deux heures du matin; et cependant, quelques heures après, la section était encore si peu instruite de ce qui se passait qu'elle autorisait ses commissaires à participer à la nomination d'un nouveau commandant général. « Attendu, dit le procès-verbal, que M. Mandat s'est au moins conduit avec imprudence. » Lorsque la section Notre-Dame prenait cette délibération, le malheureux Mandat était déjà tombé sous les coups des assassins apostés sur les marches de l'Hôtel de Ville.

XXXVII

SECTION DE HENRI IV.

Cette section se tenait, en 1792, dans l'église de la Sainte-Chapelle-Basse, et comprenait 900 citoyens actifs.

Elle s'est appelée *section de Henri IV*, de 1790 à 1791 ; *section du Pont-Neuf*, de 1791 à 1793 ; *section Révolutionnaire*, de 1793 à 1794 ; *section du Pont-Neuf*, de 1794 à 1812 ; *quartier du Palais-de-Justice*, depuis 1813.

La section prit un arrêté très-énergique pour dénoncer l'arrêté Mauconseil à l'accusateur public. (Voir cet arrêté, page 407.)

Elle ne nomma ses trois commissaires que le 10 août, après l'événement.

XXXVIII

SECTION DES INVALIDES.

Cette section se tenait, en 1792, dans l'église des Invalides, et comprenait 1,100 citoyens actifs.

Elle n'a jamais changé de nom depuis 1790.

Cette section ne paraît pas avoir adhéré à l'arrêté Mauconseil.

Elle nomma, sur l'invitation des Quinze-Vingts, trois commissaires, à l'effet, dit la délibération, « d'assurer le salut public ; » mais la section était si peu disposée à favoriser l'insurrection, qu'elle ordonna en même temps « qu'une garde serait posée à la porte des tours de l'église pour empêcher de sonner le tocsin, et que le commandant du bataillon serait requis de ne point permettre que les citoyens de la section se réunissent à ceux de l'intérieur pour former des rassemblements sans ordre. »

XXXIX

SECTION DE LA FONTAINE-DE-GRENELLE.

Cette section, qui se tenait, en 1792, dans l'église des Jacobins-Saint-Dominique, comprenait 2,000 citoyens actifs.

Elle s'est appelée *section de la Fontaine-de-Grenelle*, de 1790 à 1812 ; *quartier du Faubourg-Saint-Germain,* depuis 1813.

Le 2, la section n'adhéra pas à l'arrêté Mauconseil.

Le 9 dans la soirée, elle envoya des délégués adresser des représentations aux Quinze-Vingts sur les mesures qu'ils avaient résolu de prendre ; elle applaudit très-vivement à la démarche que les municipaux vinrent faire dans son sein pour l'inviter à la tranquillité ; puis, tout à coup, entre onze heures et minuit, probablement par suite de la retraite des citoyens paisibles et bien intentionnés, les démagogues, restés maîtres de la place, envoyèrent des commissaires à l'Hôtel de Ville et se préparèrent ouvertement à seconder l'insurrection. (Voir l'extrait des procès-verbaux de cette section, page 415.)

XL

SECTION DES QUATRE-NATIONS.

Cette section se tenait, en 1792, dans l'église Saint-Germain-des-Prés, et comprenait 3,900 citoyens actifs.

Elle s'est appelée *section des Quatre-Nations*, de 1790 à 1792 ; *section de l'Unité,* de 1793 à 1812 ; *quartier de la Monnaie,* depuis 1813.

Il n'existe pas de registre des délibérations de cette section pour l'année 1792.

Il est impossible de savoir ce qu'elle fit à l'égard de l'arrêté Mauconseil, mais les documents de l'Hôtel de Ville, émanant de la commune insurrectionnelle elle-même, constatent que cette section ne nomma ses commissaires que le 11 août seulement.

XLI

SECTION DU THÉATRE-FRANÇAIS.

Cette section tenait ses séances, en 1792, dans l'église Saint-André-des-Arts, et comprenait 2,600 citoyens actifs.

Elle s'est appelée *section du Théâtre-Français*, de 1790 à 1792 ; *section de Marseille,* de 1792 à 1793 ; *section de Marat,* de 1793 à 1795 ; *section du Théâtre-Français,* de 1795 à 1813 ; *quartier de l'École-de-Médecine,* depuis 1814.

Les registres conservés de cette section ne commencent qu'en septembre 1792; mais l'esprit bien connu qui y dominait ne doit pas faire douter qu'elle adhéra à l'arrêté Mauconseil. D'après les documents de l'Hôtel de Ville, elle envoya, dès une heure du matin, deux commissaires seulement à l'Hôtel de Ville, mais c'étaient simplement deux comparses; les meneurs (cette section était celle de tout Paris qui contenait le plus de révolutionnaires importants, Danton, Camille Desmoulins, Sergent, Momoro, Fournier, Fréron, Lebois, etc.) se tinrent prudemment à l'écart.

XLII

SECTION DE LA CROIX-ROUGE.

Cette section, qui tenait ses séances, en 1792, dans l'église des Prémontrés, comprenait 1,600 citoyens actifs.

Elle s'est appelée *section de la Croix-Rouge,* de 1790 à 1792; *section du Bonnet-Rouge ou de la Liberté,* en 1793; *section de l'Ouest,* de 1794 à 1812; *quartier de Saint-Thomas-d'Aquin,* depuis 1813.

Rien ne constate qu'elle ait adhéré à l'arrêté Mauconseil.

Cette section, qui s'était toujours montrée ultra-révolutionnaire, envoya, dans la nuit même, des commissaires à l'Hôtel de Ville. Mais, sur les noms de plusieurs de ces commissaires, les procès-verbaux sont en désaccord complet avec les pouvoirs remis à l'Hôtel de Ville, tant il y eut de désordre et de confusion dans tout ce qui touchait à la nomination des commissaires.

XLIII

SECTION DU LUXEMBOURG.

Cette section, qui tenait ses séances, en 1782, dans l'église des Carmes-Déchaussés, comprenait 2,100 citoyens actifs.

Elle s'est appelée *section du Luxembourg,* de 1790 à 1792; *section de Mucius-Scevola,* en 1793; *quartier du Luxembourg,* depuis 1794.

Cette section, qui se montra très-révolutionnaire en 1792, adhéra très-énergiquement à l'arrêté Mauconseil.

Ses registres présentent une lacune très-considérable à partir du 2 août, néanmoins il n'est pas douteux qu'elle envoya trois commissaires à l'Hôtel de Ville dans la nuit du 9 au 10.

XLIV

SECTION DES THERMES DE JULIEN.

Cette section, qui se tenait, en 1792, dans l'église des Mathurins, comprenait 2,000 citoyens actifs.

Elle s'est appelée *section des Thermes-de-Julien,* de 1790 à 1792 ; *section Beaurepaire ou Régénérée,* en 1793 ; *section Chalier,* en 1794 ; *section des Thermes-de-Julien,* de 1794 à 1812 ; *quartier de la Sorbonne,* depuis 1813.

Le registre des délibérations de cette section manque.

Cette section prit, dans les premiers jours d'août, plusieurs arrêtés complétement contradictoires. Elle désavoua plusieurs fois ce qu'elle avait décidé la veille, suivant que les modérés ou les démagogues étaient en nombre plus ou moins grand dans l'assemblée. Elle ne nomma que le 10 dans l'après-midi ses commissaires à l'Hôtel de Ville ; encore ceux-ci furent-ils jugés, le lendemain 11, n'avoir que des pouvoirs irréguliers, et l'assemblée dut procéder à une nouvelle nomination.

XLV

SECTION DE SAINTE-GENEVIÈVE.

Cette section, qui se tenait, en 1792, dans l'église du collége de Navarre, comprenait 2,800 citoyens actifs.

Elle s'est appelée *section de Sainte-Geneviève,* de 1790 à 1791 ; *section du Panthéon-Français,* de 1792 à 1812 ; *quartier Saint-Jacques,* depuis 1813.

Les registres de cette section manquent. On ne peut donc savoir ce qu'elle décida à l'égard de l'arrêté Mauconseil. On voit, par les documents déposés à l'Hôtel de Ville, qu'elle envoya, le 9 août, à l'Hôtel de Ville trois délégués pour s'informer de l'état des choses, et qu'elle ne nomma régulièrement ses commissaires qu'après l'événement.

On voit dans le procès-verbal de la section des Gobelins qu'une députation de Sainte-Geneviève étant venue, dans la nuit du 9 août, chercher des nouvelles, on lui demanda si la section marcherait, et que les députés répondirent résolûment : « *Non*, nous n'avons pas reçu les ordres de M. Accloque. » Néanmoins les trois commissaires, nommés seulement pour prendre des informations, participèrent aux délibérations de l'assemblée des commissaires, absolument comme s'ils avaient été porteurs de pouvoirs très-réguliers.

XLVI

SECTION DE L'OBSERVATOIRE.

Cette section, qui comprenait 1,700 citoyens actifs, a tenu ses séances dans l'église du Val-de-Grâce, jusqu'au 9 août 1792, et, à partir de cette époque, dans l'église des Feuillantines.

Elle s'est toujours appelée *section de l'Observatoire*, depuis 1790.

Cette section avait, le 3 août, approuvé l'arrêté Mauconseil ; mais, sur les observations de la municipalité, elle revint, dès le lendemain, sur son arrêté. Le 9, elle accueillit avec les plus vives acclamations la lettre circulaire de Pétion, qui recommandait la paix et la tranquillité. On lit ensuite ce qui suit dans le procès-verbal : « On propose à l'assemblée de ne pas désemparer, d'aller souper et de revenir. On arrête cette proposition, beaucoup de membres sortent en conséquence de cet arrêté. » On ne voit aucune trace, sur le procès-verbal, des pouvoirs qui furent déposés à l'Hôtel de Ville par les prétendus commissaires de cette section, et qui sont datés du 9 août, dix heures, c'est-à-dire une heure avant le moment où les Quinze-Vingts prirent la décision qui les demandait : preuve évidente du faux qui fut commis par les porteurs de ces pouvoirs.

XLVII

SECTION DU JARDIN-DES-PLANTES.

Cette section se tenait, en 1792, dans l'église Saint-Nicolas-du-Chardonnet, et comprenait 2,200 citoyens actifs.

Elle s'est appelée *section du Jardin-des-Plantes*, de 1790 à

1792; *section des Sans-Culottes*, en 1793; *section du Jardin-des-Plantes*, de 1794 à 1812; *quartier du Jardin-du-Roi*, en 1814; *quartier du Jardin-des-Plantes*, en 1848.

Les registres de cette section ne commencent que le 11 août 1792; on ne peut donc savoir si elle adhéra à l'arrêté Mauconseil. D'après les documents déposés à l'Hôtel de Ville, elle ne nomma ses commissaires que le 10 août, à deux heures après midi.

XLVIII

SECTION DES GOBELINS.

Cette section, qui se tenait, en 1792, dans l'église Saint-Marcel, comprenait 1,200 citoyens actifs.

Elle s'est appelée *section des Gobelins*, de 1790 à 1792; *section du Finistère*, de 1793 à 1812; *quartier Saint-Marcel*, depuis 1813.

Cette section, qui renfermait tout ce qu'il y avait de plus exalté dans le faubourg Saint-Marcel, jouait, sur la rive gauche, le même rôle que les Quinze-Vingts sur la rive droite. Elle adhéra très-énergiquement à l'arrêté Mauconseil, elle obéit au mot d'ordre envoyé par les Quinze-Vingts, fit illuminer dans sa circonscription comme on l'avait fait au faubourg Saint-Antoine; mais rien dans son procès-verbal ne constate la nomination des commissaires envoyés à l'Hôtel de Ville. Il n'est pas douteux néanmoins pour nous qu'elle les envoya, conformément aux instructions qu'elle avait reçues.

X

ARRÊTÉ MAUCONSEIL

31 juillet - 2 août 1792

(Voir pages 174-176.)

A cet arrêté demandant la déchéance de Louis XVI, 14 sections adhérèrent, 16 le rejetèrent, 10 le passèrent sous silence ; les documents font défaut pour huit sections.

Ont adhéré :

Roule,
Place Vendôme,
Louvre,
Bonne-Nouvelle,
Ponceau,
Mauconseil,
Marché des Innocents,
Lombards,
Arcis,
Quinze-Vingts,
Gravilliers,
Théâtre-Français,
Luxembourg,
Gobelins.

Ont rejeté :

Champs-Élysées,
Grange-Batelière,
Oratoire,
Halle-au-Blé,
Place Louis XIV,
Temple,
Popincourt,
Montreuil,
Faubourg Saint-Denis,
Roi-de-Sicile,
Place Royale,
Arsenal,
Ile Saint-Louis,
Henri IV,
Fontaine de Grenelle,
Observatoire.

Ont gardé le silence :

Bibliothèque,
Faubourg Poissonnière,
Bondy,
Beaubourg,
Enfants-Rouges,

Hôtel de Ville,
Notre-Dame,
Invalides,
Quatre-Nations,
Croix-Rouge.

Manquent :

Tuileries,
Palais-Royal,
Postes,
Fontaine Montmorency,

Faubourg Montmartre,
Thermes de Julien,
Sainte-Geneviève,
Jardin des Plantes.

XI

LISTE EXACTE

DES COMMISSAIRES DES SECTIONS
QUI SIÉGÈRENT A L'HÔTEL DE VILLE, LE 10 AOUT,
AVANT NEUF HEURES DU MATIN

(Voir page 240.)

La liste donnée dans l'*Histoire parlementaire* contient près de trois cents noms. Elle comprend non-seulement les commissaires qui siégèrent à la commune dans la nuit du 9 au 10 août, mais ceux qui furent nommés, les uns vingt-quatre heures, les autres quarante-huit heures après l'événement ; on y voit aussi figurer ceux qui successivement, pendant un mois ou deux, vinrent remplacer les commissaires dont les sections, pour une cause quelconque, révoquèrent les pouvoirs. La liste, que MM. Buchez et Roux ont reproduite, ne fut évidemment dressée que deux ou trois mois après le 10 août, car plusieurs commissaires y sont désignés comme députés à la Convention, et celle-ci ne s'assembla que le 22 septembre ; Pache y est qualifié de ministre de la guerre, et il ne fut nommé à cette fonction que le 3 octobre 1792.

Notre liste comprend tous les commissaires qui, *rigoureusement,* peuvent être supposés avoir siégé à l'Hôtel de Ville, dans la matinée du 10 août. Toutes les fois que nous avons pu avoir quelques doutes sur l'envoi des commissaires de telle ou telle section, nous les avons considérés comme présents. Nous avons cherché avec le plus grand soin les professions des individus dont nous donnons les noms ; la plupart de ces renseignements ne se trouvent pas sur la liste officielle : pour les rassembler, il nous a fallu recourir aux documents les plus divers.

Nos d'ordre de la liste officielle des 48 sections.	Nos de la liste donnée dans l'Hist. parlementaire tome XVI.	Sections qui n'envoyèrent pas de commissaires.
2 —	38 —	Champs-Élysées,
3 —	44 —	Roule,
4 —	31 —	Palais-Royal,
5 —	39 —	Place Vendôme,
6 —	40 —	Feydeau,
7 —	48 —	Grange-Batelière,
9 —	45 —	L'Oratoire,
10 —	30 —	Halle-au-Blé,
12 —	41 —	Place Louis XIV,
13 —	42 —	Fontaine Montmorency,
17 —	26 —	Marché des Innocents,
20 —	32 —	Faubourg Montmartre,
23 —	43 —	Temple,
32 —	46 —	Hôtel de Ville,
33 —	20 —	Place Royale,
35 —	47 —	Ile Saint-Louis,
37 —	33 —	Henri IV,
40 —	37 —	Quatre-Nations,
44 —	36 —	Thermes de Julien,
47 —	34 —	Jardin des Plantes.

NOMS DES COMMISSAIRES.

1 — 14 — Tuileries..... { Kinggen, bottier.
Michaux[1] (Antoine), comédien.
Benoist[2] (Augustin), épicier.

---

1. Michaux fut arrêté comme dantoniste le 22 germinal an II, et ne recouvra la liberté qu'après la chute de Robespierre, en vendémiaire an III.

2. Benoist fut arrêté également comme dantoniste le 11 floréal an II, enfermé au Luxembourg, puis à Bicêtre, et remis en liberté le 23 vendémiaire an III.

8 — 16 —	Louvre[1].		Gillet. Neufville. Deltroit[2] (Antoine), ancien meunier.
11 — 28 —	Postes.		Desvieux[3] (Marc-Louis), avocat. Blondel. Guiraud[4].
14 — 5 —	Bonne-Nouvelle.		Boulay. Hébert[5], journaliste.
15 — 18 —	Ponceau.		Duffort[6]. Pantaclin. Caillieux[7] (Michel-François), fabricant de gaze.

1. La liste imprimée par les auteurs de l'*Histoire parlementaire* donne les noms de trois autres individus : Legray, Ballé, Bellefond, comme ayant été nommés dans la nuit du 9 au 10 août. Ce défaut complet de concordance prouve combien fut peu régulière la nomination des commissaires du Louvre.

2. Deltroit fut guillotiné avec Robespierre en thermidor an II. (Sous le numéro 2665.)

3. Desvieux subit le même sort le même jour. (Sous le numéro 2697.) Il est qualifié d'ex-noble sur la liste imprimée des guillotinés, on ne sait trop pourquoi.

4. Guiraud est qualifié, dans l'almanach de 1793 et dans le procès de Manuel, de membre du bureau de consultation des Arts-et-Métiers. C'était une place qu'il s'était fait donner à raison de ses services démagogiques.

5. Hébert fut élu, quelque temps après le 10 août, substitut du procureur-syndic de la commune. Quoique dans le même emploi subalterne qu'occupait avant lui Danton, il joua un rôle très-important durant toute l'année 1793 et éclipsa son supérieur Chaumette, comme Danton avait éclipsé Manuel. Hébert fut guillotiné le 4 germinal an II, sous le numéro 505. Il est porté sur la liste des condamnés comme « âgé de trente-cinq ans, natif d'Alençon, demeurant rue Neuve-de-l'Égalité, cour des Forges, section de Bonne-Nouvelle, avant la révolution employé comme contrôleur de contre-marques au ci-devant théâtre des Variétés et maintenant de la République. »

6. Duffort fut l'un des membres du comité de surveillance au 2 septembre 1792.

7. Caillieux fut destitué de ses fonctions municipales par arrêté du Comité de salut public en prairial an II. Il avait été arrêté quelques jours auparavant comme dantoniste.

16 — 2 —	Mauconseil.	{	Lhuillier[1] (Louis-Marie), homme de loi. Gomée, marchand de toiles. Bonhommé[2] (Guillaume), marchand mercier.
18 — 29 —	Lombards.	{	Poullenot, épicier. Louvet (Baptiste), avoué. Lelièvre, avoué.
19 — 13 —	Arcis.	{	Jérôme[3] (Nicolas), tourneur. Blerzy, marchand doreur. Jacot.
21 — 21 —	Poissonnière.	{	Faro[4] (Jean-Léonard), peintre. Pelletier[5], marchand de vins. Lhermina.
22 — 17 —	Bondy.	{	Daujon, artiste. Cailly[6], homme de loi. Romée.

1. Lhuillier fut nommé accusateur public près le tribunal du 17 août, puis procureur-syndic du département de Paris; impliqué dans le procès de Danton, il fut le seul acquitté parmi les accusés (16 germinal an II), mais le tribunal révolutionnaire ordonna qu'il serait détenu jusqu'à la paix. Conduit à Sainte-Pélagie, il s'y suicida le 16 floréal, juste un mois après son acquittement.

2. Bonhommé fut arrêté comme dantoniste le 16 floréal an II, et ne recouvra sa liberté qu'après la chute de Robespierre, en vendémiaire an III.

3. Jérôme périt le 10 thermidor an II, comme l'un des complices de Robespierre. Nous n'avons pas pu retrouver son nom sur la liste des guillotinés. Il n'en est pas moins constant qu'il subit le même sort que ses collègues de la commune de Paris, car nous avons retrouvé son extrait mortuaire. Il y est désigné comme né à Paris, demeurant rue Saint-Jacques-la-Boucherie, âgé de 44 ans.

4. Faro fut guillotiné en thermidor an II. (Sous le numéro 2673.) Il est désigné sur son extrait mortuaire comme né à Paris, demeurant faubourg Franciade (Saint-Denis) et âgé de 31 ans.

5. Pelletier subit le même sort. (Sous le numéro 2671.)

6. Cailly fut l'un des membres du comité de surveillance au 2 septembre 1792. Il fut arrêté plusieurs fois dans le cours de la révolution, mais toujours relâché. Dans des procès-verbaux d'arrestation il signe Cally.

25 —	5 —	Montreuil.	Bernard[1], ci-devant ministre du culte catholique, prêtre de Sainte-Marguerite. Chauvin, chapelier. Turlot[2], horloger.
24 —	25 —	Popincourt.	Arnaut. Ducausel. Tourasse, fabricant de faïence.
26 —	1 —	Quinze-Vingts	Huguenin[3], ancien commis aux barrières. Boisseau, menuisier. Rossignol[4] (Jean-Antoine), ouvrier bijoutier.
27 —	8 —	Gravilliers.	Léonard Bourdon[5], instituteur. Martin[6], homme de loi. Truchon, défenseur officieux et homme de lettres.

1. Bernard est ce prêtre dont nous avons raconté le mariage et la mort dans notre Ier volume. Il figure sur la liste des guillotinés sous le numéro 2645.

2. Turlot fut guillotiné en thermidor an II. (Sous le numéro 2738.)

3. Huguenin. Voir la notice que nous avons consacrée à ce président de la commune insurrectionnelle, p. 451 de ce volume.

4. Rossignol figura comme l'un des juges improvisés du prétendu tribunal établi à la Force, les 2 et 3 septembre, et où vinrent siéger successivement plusieurs membres de la commune insurrectionnelle. Il devint général; mais destitué pour son incapacité et sa lâcheté, il rentra dans l'obscurité, d'où il ne sortit que pour se lancer dans de nouvelles intrigues démagogiques; il fut déporté comme septembriseur aux îles Séchelles et ensuite à l'île d'Anjouan, où la misère et le climat pestilentiel le firent mourir peu de temps après son arrivée.

5. Léonard Bourdon, après avoir été l'un des proconsuls les plus sanguinaires de la Convention, fut employé dans les hôpitaux militaires par l'empereur et mourut à Breslaw, dans la campagne d'hiver qui précéda la paix de Tilsitt.

6. Martin fut l'un des secrétaires de la commune insurrectionnelle le 10 août au matin. Il devint bientôt juge de paix de sa section, fut arrêté le 18 germinal an III, comme ayant participé aux émeutes que les Jacobins suscitèrent pour sauver Collot-d'Herbois, Billaud-Varennes, Barrère, Vadier, mais il fut mis en liberté quelque temps après.

28 — 23 —	Faubourg Saint-Denis.	Collonges[1]. Oger[2], maître de pension. Landragin, employé au bureau de l'Enregistrement.	
29 — 9 —	Beaubourg.	Dumas. Simon. Legrand.	
30 — 12 —	Enfants-Rouges.	Norry (Bernard), chirurgien. Dufour, épicier. Rigaud.	
31 — 16 —	Roi-de-Sicile[3].	Lenfant[4]. Colombeau[5], homme de loi. Rumel.	
34 — 3 —	Arsenal.	Jolyberteau. Concedieu[6], contrôleur au Mont-de-Piété. Barucaud.	
36 — 24 —	Notre-Dame.	Franchet, musicien. Laiguillon. Cugny.	

1. Collonges était un individu qui se fit nommer par la section du faubourg Saint-Denis sans y être connu, que cette section désavoua deux jours après et qui, malgré ce désaveu, persista à siéger plusieurs jours encore dans le sein de la commune insurrectionnelle.

2. Oger se retira dès la matinée du 10 août, déclarant qu'il ne voulait pas participer à la suspension de la municipalité légale.

3. La liste imprimée par les auteurs de l'*Histoire parlementaire* donne, pour la section du Roi-de-Sicile, les noms de trois autres individus (Pollet, Leclerc et Mareux) comme ayant été nommés dans la nuit du 9 au 10. Ainsi que nous l'avons déjà fait observer plus haut pour la section du Louvre, cette différence entre les noms des mandataires prouve combien fut entachée d'irrégularité la nomination d'un grand nombre de ces commissaires.

4. Lenfant fut un des membres du comité de surveillance au 2 septembre.

5. Colombeau fut longtemps secrétaire greffier de la commune de Paris. Il fut arrêté comme dantoniste, en floréal an II, et ne recouvra sa liberté qu'après la mort de Robespierre.

6. Concedieu; voir la notice que nous avons consacrée à ce personnage, p. 454 de ce volume.

NOTES.

38 — 27 —	Invalides.	{	Leroy, instituteur. Thevenot, ancien marchand mercier Lepage.
39 — 10 —	Fontaine de Grenelle.	{	Xavier Audoin[1], prêtre-vicaire de Saint-Thomas-d'Aquin. Gaudichau, homme de loi. Rivailler.
41 — 4 —	Théâtre-Français.	{	Robert, journaliste. Simon[2] (Antoine), cordonnier.
42 — 7 —	Croix-Rouge.	{	Sigaud (Brutus). Delabarre (R.-G.), serrurier. Gobeau[3], homme de loi.
43 — 19 —	Luxembourg.	{	Faucon. Chaudé. Robin.
45 — 11 —	Sainte-Geneviève.	{	Bigant[4], peintre. Croutelle. Gorel, ancien inspecteur des approvisionnements des Halles.
46 — 15 —	L'Observatoire.	{	Defraisne[5], graveur. Lefèvre[6], menuisier. Paris, architecte.

1. Xavier Audoin fut peu de temps après nommé commissaire du pouvoir exécutif dans la Vendée; puis, adjoint au ministère de la guerre, il devint le gendre de Pache, fut arrêté avec lui, en floréal an II, et traduit, l'an III, devant le tribunal criminel d'Eure-et-Loir (*Moniteur*, n° 250 de l'an III), mais il fut acquitté comme tous ses coaccusés.

2. Simon, le geôlier-instituteur de Louis XVII, périt avec Robespierre le 10 thermidor; il fut guillotiné sous le numéro 2650.

3. Gobeau périt avec Robespierre le 10 thermidor. Il figure dans la liste des guillotinés sous le numéro 2648 et est qualifié ex-substitut provisoire de l'accusateur public près le tribunal criminel du département.

4. Bigant périt avec Robespierre. Il figure sur la liste des guillotinés sous le numéro 2667.

5. Defraisne fut emprisonné en fructidor de l'an II comme adhérent de Robespierre, mais relâché peu de temps après.

6. Lefèvre subit le même sort que Defraisne.

48 — 12 — Gobelins. { Mercier[1], libraire.
Rossignol, employé.
Desliens, graveur.

RÉSUMÉ

Sur les quatre-vingt-deux individus qui se présentèrent à l'Hôtel de Ville dans la nuit du 9 au 10 août, comme commissaires de sections, et renversèrent la commune légale, onze périrent avec Robespierre, en thermidor an II :

    Deltroit,   Pelletier,   Gobeau,
    Desvieux,   Bernard,   Bigant,
    Jérôme,   Turlot,   Mercier.
    Faro,   Simon,

Trois autres périrent de mort violente, avant ou après le 9 thermidor :

    Hébert,   Lhuillier,   Rossignol.

La plupart des autres commissaires ne faisaient plus partie du conseil général de la commune au 9 thermidor (27 juillet 1794), ainsi qu'on peut s'en assurer dans l'*Almanach national* de l'an II.

---

1. Mercier périt avec Robespierre, en thermidor an II. Sur la liste des guillotinés, il figure sous le numéro 2676 et est qualifié d'administrateur de la fabrication des assignats. C'était apparemment une place lucrative que ce démagogue subalterne s'était fait donner.

XII

DÉTAILS BIOGRAPHIQUES

SUR HUGUENIN, PRÉSIDENT DE LA COMMUNE INSURRECTIONNELLE, ET CONCEDIEU, L'UN DES MEMBRES DE CETTE COMMUNE ET PLUS TARD ADMINISTRATEUR DU DÉPARTEMENT DE PARIS.

(Voir page 242.)

Sulpice Huguenin, l'orateur et le chef des émeutiers du 20 juin, le président de la commune insurrectionnelle du 10 août, fut, au moment même où triomphait la démagogie et lorsqu'il était lui-même tout-puissant, l'objet d'accusations graves de la part, non de ses ennemis, mais de ses propres commettants. Huguenin promit plusieurs fois, il est vrai, de se disculper, mais il ne remplit jamais sa promesse.

Laissons parler les documents officiels ; ils émanent de sources qui ne sauraient être récusées.

EXTRAITS DES REGISTRES DE LA SECTION DES QUINZE-VINGTS.

Séance du 16 août 1792.

« M. le président a été autorisé à écrire au conseil général pour rappeler à MM. Huguenin et Fontaine, qu'ils ont à prouver leur éligibilité. »

Séance du 17 août.

« M. Huguenin s'est présenté pour se justifier, et, s'étant justifié[1], il a été arrêté après maints débats que M. Huguenin était invité de se retirer à son poste jusqu'à ce que l'on ait pris de suffisants éclaircissements sur les griefs à lui imputés pour prononcer sur son compte. »

Séance du 27 août.

« Une députation des Lombards est venue prévenir des malversations des commissaires provisoires du conseil général, lequel avertissement nous ayant été communiqué et lu par un de ces commissaires, l'assemblée générale ayant trouvé cet arrêté tout à fait conforme à ses principes, l'a adopté avec adhésion à l'unanimité.

« Puis, la même section a demandé, d'après un arrêté de la section des Lombards, le rappel des commissaires à la commune ; l'Assemblée prenant en grande considération cette proposition a arrêté qu'elle rappellerait, dès demain, la moitié de ses commissaires et l'autre moitié dans une quinzaine ; que le rappel successif aura lieu par la voix du sort, à l'exception de Huguenin qui sortira sans tirer au sort dès demain, s'il ne donne la preuve légale tant d'un congé absolu[2] que des autres pièces qu'il s'était engagé à communiquer le lendemain du jour où il fut inculpé. L'Assemblée persistant dans son arrêté du 17 présent mois, et dans la promesse que lui a faite le sieur Huguenin de se justifier, elle le regarde comme n'étant plus son représentant et le rappelle, si demain, 29 du courant, il n'a pas satisfait à l'arrêté de la section et aux promesses qu'il avait faites à l'assemblée générale. »

Huguenin ne se justifia pas, mais, suivant l'exemple de ses pareils, il se fit donner une mission pour dépayser les délateurs importuns. Nous le retrouvons commissaire du pouvoir exécutif, à Chambéry, en Savoie, le 26 septembre 1792, et prési-

---

1. *S'étant justifié* veut évidemment dire ayant présenté sa justification ; on ne pourrait expliquer autrement le reste de la phrase.
2. Huguenin, d'après la *Biographie générale* (Ed. de 1858), jeune avocat, à Nancy, était tombé dans la débauche, fut obligé de s'engager dans les carabiniers, déserta et devint commis aux barrières de Paris.

dant, en compagnie d'Antoine Michaux, le comédien, aussi membre de la commune du 10 août, la séance du club des Amis de la liberté et de l'égalité (*Moniteur* du 17 octobre 1792).

L'année suivante, Huguenin fut attaqué de nouveau pour des malversations de toutes sortes. Il était alors administrateur de l'habillement des troupes de la République. C'était, on doit en convenir, une place heureusement choisie pour un homme qui n'avait pu se laver des inculpations d'improbité lancées contre lui. Faut-il s'étonner qu'à cette époque les plaintes les plus vives se soient élevées contre les vols odieux dont étaient victimes nos malheureux soldats et qui souvent nous enlevaient les fruits de la victoire?

Huguenin fut défendu contre ses accusateurs par Marat et par Pache, qui, dans les premiers jours de juillet 1793, lui délivrèrent de magnifiques certificats de civisme et de probité, et le recommandèrent à l'estime des bons citoyens; on retrouvera le panégyrique d'Huguenin, par Marat, dans le n° 235 de l'*Ami du Peuple*, l'un des derniers sortis de la plume de l'ignoble démagogue, car peu de jours après celui-ci recevait la terrible visite de Charlotte Corday.

Le témoignage de celui qu'après sa mort on érigea en dieu, ne préserva pas Huguenin de nouvelles accusations; car, un mois après, il est plus énergiquement attaqué que jamais au sein du conseil général de la commune. On lit ce qui suit dans le procès-verbal de la séance du 14 août 1793 (*Moniteur* du 17):

« Un membre se plaint de ce que le citoyen Huguenin « n'a
« pas encore rempli l'engagement qu'il a contracté de rendre
« compte des cinquante louis en or qu'il avait entre les mains,
« lors du 10 août 1792. » Cet objet donne lieu à une discussion assez longue et qui se termine par un arrêté portant que
« mercredi prochain (21 août 1793), le citoyen Huguenin pré-
« sentera par écrit son compte général et particulier sur toutes
« les missions dont il a été chargé, étant membre de la com-
« mune du 10 août. »

La séance du 21 août et la séance suivante se passèrent sans que Huguenin daignât présenter ses comptes. A partir de cette dernière dénonciation, Huguenin échappe à toutes nos recherches. *La Biographie générale* le fait mourir en 1803.

Quant à Concedieu, le dénonciateur de Lavoisier, voici ce que nous avons retrouvé sur son compte. Il était, avant le 10 août, contrôleur au Mont-de-Piété. Après l'insurrection, il fut élu membre du département de Paris et profita de ses nouvelles fonctions pour devenir tout-puissant dans l'administration où il avait été jadis simple employé.

Il fut compris dans les poursuites dirigées contre les dantonistes, incarcéré à Sainte-Pélagie le 12 floréal an II, remis en liberté le 9 thermidor. Dénoncé de nouveau en floréal an III, il crut devoir se soustraire par la fuite à des poursuites dirigées contre lui par les comités des finances et de sûreté générale de la Convention.

Pour que le comité des finances de la Convention se mêlât des poursuites, il fallait évidemment qu'il pesât sur Concedieu des accusations de malversation.

XIII

PROCÈS-VERBAL

DES ÉVÉNEMENTS DES 9 ET 10 AOUT 1792
ADRESSÉ AU MAIRE DE PARIS ET A L'ASSEMBLÉE NATIONALE
PAR J.-J. LEROUX, OFFICIER MUNICIPAL.

(Voir livre VII.)

Nous avons cru devoir donner, au moins par extrait, la lettre très-longue qui accompagne l'envoi au maire de ce procès-verbal. On ne saurait trop admirer le courage que J.-J. Leroux déploie, au moment même où l'on égorge dans les prisons, en stigmatisant les bourreaux et en demandant des juges pour lui-même.

« Monsieur le maire,

« La loi m'ordonne de dresser procès-verbal des événements qui ont eu lieu les 9 et 10 août dernier, et dans lesquels, en qualité d'officier municipal, j'ai été obligé d'agir....... Ma minute, mise au net le 1er septembre, et les pièces qui y sont relatives sont déposées chez un notaire de Paris ; j'ai l'honneur de vous envoyer une copie certifiée que je vous prie de communiquer au conseil général de la commune. J'en adresse une seconde à la commission extraordinaire de l'Assemblée nationale, la troisième est remise à ma section (celle de la Grange-Batelière), et je garde la quatrième.....

« Je me rendis au château des Tuileries dans la nuit du 5 au 6 août, y étant engagé au nom du roi, parce qu'au sujet de la translation des fédérés marseillais, le bruit s'était répandu qu'on devait attaquer le Château et enlever le roi et sa famille... J'y suis arrivé vers deux heures après minuit. Le roi était dans la salle du conseil. C'était la première fois que je conversais avec lui... L'alerte était fausse ; le plus grand calme régna dans la ville. Le roi se retira vers trois heures, et, à cinq heures, j'étais rentré chez moi.

«... Le lundi 7, j'éloignai de Paris ma femme et mes enfants... Après leur départ, j'arrangeai mes affaires domestiques. Je voyais la mort au milieu du chemin dans lequel me poussait le devoir. Elle ne m'a pas fait reculer d'un pas, je vous l'assure ; cette idée ne me paraît horrible que quand j'y joins celle d'un meurtre inutile. Mais une mort comme celle de Simonneau, pour la défense de la loi, m'a toujours paru le dernier terme de gloire où puisse prétendre un citoyen obscur.....

« Je suis entré dans ces détails, monsieur le maire, parce que j'ai l'intention de faire imprimer tout ce que j'ai l'honneur de vous adresser aujourd'hui, aussitôt que la France aura recouvré la liberté de la presse, aussitôt que l'inquisition des destructeurs des lois sera détruite elle-même. Je veux, moi aussi, instruire le peuple sur mon compte ; je veux être jugé lorsqu'il y aura d'autres tribunaux que celui de *Robert et de ses compagnons*[1], accusateurs, rapporteurs, juges et bourreaux tout ensemble. Je veux tout cela le plus promptement possible, parce que si quelque chose était capable de me déterminer à quitter ma malheureuse patrie, ce serait la honte de ne devoir ma sûreté qu'à une amnistie ; je veux justice et non pas grâce, générosité ou indulgence.

« Un ami m'annonce, le 4 septembre, qu'on est venu le jour même pour m'enlever de chez moi ; que l'on a pris mon voisin, mon collègue et mon ami, M. Cahier, qu'on l'a mis à l'Abbaye, et que, le lendemain de son arrestation, confondant criminels, condamnés, accusés, innocents, mais prévenus par ces messieurs ; on a, dis-je, égorgé tous les prisonniers que certains scélérats avaient désignés à la fureur du peuple. Pour cette fois,

---

1. *Robert, chef de brigands*, pièce que l'on jouait alors au théâtre du Marais.

se trouvera-t-il quelqu'un d'assez niaisement atroce pour nous vanter la justice de ces hordes d'assassins ?.....

« Il y a longtemps que je l'avais prédit à plusieurs de mes collègues, en leur montrant ces figures basanées... *Voilà ceux qui nous massacreront*, leur ai-je dit....

« J.-J. Leroux. »

« 5 septembre 1792.

« Monsieur le président de l'Assemblée nationale,

« En qualité d'officier municipal et m'étant trouvé au château des Tuileries dans la nuit et la matinée du 10 août, j'ai dû, pour obéir à la loi, dresser procès-verbal des faits dont j'ai été témoin. J'ai l'honneur de vous adresser une copie de ce procès-verbal que j'ai envoyé au conseil général da la commune et une copie de ma lettre à M. le maire de Paris. Vous y verrez l'extrême désir que j'ai d'obtenir justice, soit du conseil général, soit d'un tribunal, après que l'Assemblée nationale aurait prononcé qu'il y a lieu à accusation. J'ai joint à mon procès-verbal, mais pour M. le maire seulement, des notes que j'aurais l'honneur de vous faire passer si elles devenaient nécessaires à l'instruction de la commission. Ce que je redouterais le plus, monsieur le président, ce serait de ne devoir ma tranquillité qu'à une amnistie. Le coupable seul doit la désirer, l'homme qui n'a rien à se reprocher veut un jugement.

« Je suis, etc.

« J.-J. Leroux. »

Procès-verbal des événements relatifs à la journée du 10 août, et dans lesquels je soussigné, J.-J. Leroux, officier municipal et administrateur du département des domaines, finances et impositions de la ville de Paris, ai été acteur ou témoin. (1er septembre 1792, ive de la liberté.)

« Le jeudi 9 août 1792, ive de la liberté, j'étais un des huit membres du conseil général de la commune qui devaient être

en permanence depuis dix heures du soir jusqu'à six heures du matin. Je me rendis à six heures à la maison commune. Je ne parlerai point de la séance ; sans doute, que le procès de la municipalité sera public ; je rendrai seulement compte de ce qui m'est personnel. M. le maire était allé au château des Tuileries. M. Cousin présidait en son absence, les tribunes étaient pleines et fort tumultueuses. Il en partait des propos insultants pour le conseil. Je priai M. le président de ramener l'ordre et d'obtenir du silence. Je fus invectivé, menacé de la manière la plus formelle et la plus effrayante pour quiconque n'aurait pas eu fait d'avance le sacrifice de sa vie. Néanmoins, je ne pus résister à mon indignation et je dis à ceux qui occupaient les tribunes :
« Si vous êtes dans l'intention d'exécuter vos menaces, vous « êtes en force, descendez et sacrifiez vos magistrats ; ils sont à « leur poste ; mais si vous êtes incapables d'un crime, sachez « porter au conseil le respect que vous lui devez. » — Le silence régna quelque temps.

« Vers onze heures et demie, M. le président chargea MM. André, Desmousseaux et moi d'aller à l'Assemblée nationale lui rendre compte de l'état présent de Paris et de rapporter des nouvelles de M. le maire et de nos collègues qui étaient avec lui. Admis à la barre, je portai la parole et j'instruisis l'Assemblée que le conseil général était réuni, qu'un grand rassemblement se faisait au faubourg Saint-Antoine, que les sections étaient assemblées, que le conseil général avait envoyé des commissaires auprès des sections et auprès des citoyens composant l'attroupement, pour les rappeler à la loi ; que la plupart de ces commissaires avaient été retenus ; que dans le moment présent le tocsin sonnait et que dans tout Paris on battait la générale ou au moins des rappels très-précipités ; qu'un citoyen était venu annoncer au conseil général qu'une section avait arrêté de ne plus reconnaître ni la municipalité ni le département, ni même l'Assemblée nationale, mais que nous ne pouvions point donner cette nouvelle comme certaine, parce que le conseil ne l'avait point reçue officiellement ; qu'un grand nombre de citoyens armés se proposaient de venir à l'Assemblée nationale demander la déchéance du roi, et se promettaient de ne point quitter les environs du lieu de ses séances que cette déchéance n'ait été prononcée; que le maire était au château des Tuileries avec plusieurs officiers municipaux; que, d'ailleurs, il n'y avait encore presque personne sur la place de la Maison commune lorsque nous l'avions traversée, et que, dans toutes les rues par lesquelles nous avions passé, tout était fort tranquille. Les honneurs de la séance nous furent accordés, mais comme nous nous retirions pour nous rendre à notre poste, je revins à la barre ajouter à mon récit : « qu'un membre de l'Assemblée nationale avait été arrêté à Charenton, conduit à la section des Quinze-Vingts, et qu'après beaucoup d'incidents il avait été rendu à la liberté. »

« De la salle de l'Assemblée nous allâmes aux Tuileries, où je trouvai M. le maire assis près du pont Royal sur le bord de la terrasse qui règne le long du Château ; il était avec MM. Borie, Boucher — René, Therrin, etc. Après l'avoir instruit de notre mission auprès de l'Assemblée nationale, je liai conversation avec M. Borie. Nous montâmes ensemble dans les appartements; nous allâmes à la salle du conseil. Nous y trouvâmes la reine, Madame fille du roi, et madame Élisabeth, deux dames, que je sus depuis être Mme de Lamballe et Mme de Tourzel, les six ministres, dont je ne connaissais que mes trois anciens collègues, M. Mandat, commandant général de la garde nationale, M. de La Chesnaye, chef de légion, quelques autres officiers et environ une vingtaine de personnes sans uniformes. Le reste des appartements pouvait contenir cent cinquante à deux cents personnes, sans parler des gardes nationaux et des Suisses. On nous dit que M. Rœderer était à reposer dans une pièce à côté. Il pouvait être une heure ou une heure et demie après minuit.

Après avoir répondu pendant quelque temps aux questions que nous firent la reine, Mme Élisabeth et quelques autres personnes, on nous annonça que M. le maire avait été mandé à l'Assemblée nationale, qu'il s'y était rendu; vers deux heures et demie, nous apprîmes qu'il était retourné à la maison commune.

« Désirant savoir des nouvelles du conseil général et de l'état présent de la ville, j'engageai un des officiers présents à envoyer, au défaut d'*ordonnances*, quelques gardes nationaux afin d'établir une correspondance entre le conseil général et les officiers municipaux restés au Château. Nous signâmes deux espèces de passeports conçus à peu près en ces termes : « Laissez passer le garde national chargé de cet ordre pour se rendre du château des Tuileries à la maison commune et de la maison commune aux Tuileries. »

« Ensuite nous descendîmes au jardin. Des gardes nationaux se plaignirent que M. le maire les eût inculpés auprès de l'Assemblée nationale. Nous les apaisâmes. Je fis un tour dans les cours, et, sachant que M. le maire était retourné à pied, je renvoyai sa voiture et ses ordonnances en leur recommandant de ne point marcher ensemble, dans la crainte que le peuple, en voyant vide la voiture d'un magistrat qu'il chérissait, n'imaginât qu'il lui était arrivé quelque accident et ne se portât à quelque excès ; je remontai dans la salle du conseil. M. Mandat avait été demandé au conseil général; M. Rœderer, qui était alors dans la salle du conseil, M. Borie et moi fûmes d'avis qu'il devait obéir aux ordres du conseil général. Il laissa le commandement à M. de La Chesnaye et il partit en nous promettant de nous envoyer des nouvelles. Je m'assoupis ensuite, le coude appuyé sur la table du conseil, et je fus réveillé par l'arrivée du roi. Il était environ cinq heures. M. Rœderer, ainsi qu'il nous l'avait promis, avait fait avertir les membres du directoire, qui vinrent au Château. J'appris que les ministres se proposaient d'aller à l'Assemblée nationale. Après leur retour, les membres du directoire, M. Borie, les ministres et moi nous étions dans une pièce à côté de la chambre à coucher du roi, lorsqu'on entendit faire un grand mouvement dans les cours et crier : *aux armes !* De l'avis de plusieurs personnes présentes, je sortis pour m'informer du véritable sujet de ces cris. Je descendis dans la cour royale. Ayant percé la haie de garde nationale rangée le long du Château, je vis que c'était le roi passant devant les troupes qui garnissaient les cours. Entraîné par la foule qui l'environnait, je parcourus avec lui la grande cour ; il reçut en ma présence des témoignages d'intérêt[1]. Lorsqu'il quitta cette cour pour aller

---

1. « Voici à peu près en quels termes : *Vive le roi ! Vive Louis XVI ! Vive le roi de la Constitution ! c'est lui qui est notre roi ; nous n'en voulons pas d'autre et nous le voulons ! A bas les factieux ! A bas les Jacobins ! Nous*

dans celle des princes, je retournai à la pièce où se tenait le directoire, auquel je rendis compte de ce dont j'avais été témoin.

« Des cours du Château le roi avait passé dans le jardin et se trouvait alors au bas de la terrasse du côté de la rivière. Les Tuileries contenaient plusieurs bataillons, parmi lesquels étaient un grand nombre de citoyens armés de piques. Les cris qui se faisaient entendre annonçaient que le roi n'était pas vu avec plaisir de ce côté [1]. Quelques-unes des personnes présentes craignirent qu'il ne fût insulté et engagèrent soit un des membres du directoire, soit un des officiers municipaux, à l'accompagner ; j'en fus particulièrement prié comme ayant déjà été dans la cour lorsqu'on avait crié : *aux armes !* J'y consentis ; je joignis le roi au pont tournant et je rentrai avec lui au Château.

« M. Borie et moi n'aurions voulu rien faire sans avoir reçu les ordres du conseil général, mais M. Mandat était allé à la mort, et les gardes nationaux auxquels nous avions donné des passeports ne revenaient point. Au lieu de cela, une personne qui se dit commissaire de la section des Tuileries me fit appeler. Ce commissaire me présenta un de ces passeports et me pria de le reconnaître ainsi que M. Borie. Je lui demandai comment cette pièce était entre ses mains. Il me répondit que sa mission ne portait pas de satisfaire à mes questions ; mais que, si nous voulions empêcher qu'on inquiétât celui qui était porteur de notre ordre, nous devions reconnaître

---

le défendrons jusqu'à la mort ; qu'il se mette à notre tête ! Vive la nation, la loi, la constitution et le roi, tout cela ne fait qu'un ! Ces cris et d'autres semblables furent répétés dans toute la cour par chaque peloton de troupes. J'observerai même qu'ils ne partaient que des gardes nationaux. Les Suisses ne dirent pas un mot ; les canonniers, rien non plus. » (Note de J.-J. Leroux.)

1. Peu de cris de : *vive le roi !* beaucoup de : *vive la nation ! vivent les sans-culottes ! à bas le roi ! à bas le veto ! à bas le gros cochon !* etc. Mais je puis attester que toutes ces injures ne furent répétées depuis le pont tournant jusqu'au parterre que par une douzaine d'hommes, parmi lesquels étaient cinq ou six canonniers qui suivaient le roi, absolument comme les mouches poursuivent l'animal qu'elles se sont acharnées à tourmenter. (Note de J.-J. Leroux.)

nos signatures. Il me demanda à son tour si je connaissais le garde national qui avait été arrêté ; je lui assurai que non. Je mis mon attestation au bas du passeport ; je la signai seul, parce qu'on ne put rejoindre M. Borie dans ce moment ; nous avions appris par voie indirecte que M. Mandat avait été arrêté, que le poste du Pont-Neuf était forcé, que l'attroupement, qui était considérable, prenait le chemin du Château, qu'il était composé en partie de gardes nationaux, qu'il avait un grand nombre de pièces de canon ; enfin, nous voyons d'une part la place du Carrousel remplie par cet attroupement, de l'autre le jardin ouvert par la porte de l'orangerie ; dans les cours et dans les appartements, peu de gardes nationaux joints aux Suisses, et en tout cinq ou six pièces de canon. Nous pensâmes bien que rien ne pourrait empêcher le rassemblement de s'emparer du Château ; il nous semblait, sans être militaires, que vingt mille hommes et cinquante pièces de canon n'auraient pas suffi pour empêcher le sang de couler en déployant tout à coup une force capable d'en imposer. Ainsi, la raison, d'accord avec notre cœur, nous disait de ne point nous opposer à ce que le Château fût forcé ; mais la loi, plus impérieuse sur le magistrat, nous prescrivait un devoir rigoureux. Nous la consultâmes. Notre conduite y était tracée.

« Cependant nous ne voulûmes rien entreprendre sans en conférer avec le directoire du département, dont les membres se trouvaient au Château ; nous le priâmes de se rassembler. L'avis unanime fut qu'il fallait défendre d'attaquer, mais donner l'ordre aux troupes de garder leur poste et, si elles étaient attaquées, de repousser la force par la force.

« C'était aux officiers municipaux à donner cet ordre aux troupes. M. le procureur-général-syndic nous l'observa lui-même et nous descendîmes dans une espèce de corps de garde, donnant d'un côté sur la cour Royale ou celle de Marsan, et de l'autre sous la galerie du côté de la terrasse. Tandis que le directoire se transporta à l'Assemblée nationale, nous relûmes encore une fois, M. Borie et moi, *la loi relative à la force publique* contre les attroupements, donnée à Paris le 3 août 1791. Nous notâmes tous les articles qui avaient rapport à la circonstance dans laquelle nous nous trouvions. Nous étions persuadés que des magistrats ne peuvent s'égarer lorsque l'amour de la loi est gravé dans leur cœur, lorsqu'ils ont le texte de la loi à la main et qu'ils exécutent strictement et littéralement ce que la loi leur ordonne. Notre devoir, pour le moment où nous nous trouvions, et la manière de le remplir étaient tracés dans les articles XIII, XX, XXI et XXII ; pour la suite, dans les articles XXVI, XXVII et XXVIII ; car nous ne devions avoir aucun égard aux articles XXXII, XXXIII et XXXVI, puisque le directoire du département était présent, puisque nous n'agissions que sous ses yeux, que d'après son avis et qu'il eût toujours été en état de nous arrêter si nous eussions suivi une marche illégale.

« En conséquence de notre soumission à la loi, nous fîmes venir dans le corps de garde M. de La Chesnaye, chef de légion, auquel M. Mandat avait remis le commandement général de la garde nationale, et nous lui donnâmes l'ordre conçu à peu près dans ces termes, d'après l'art. XXII :

« Nous, officiers municipaux, requérons, en vertu de la loi
« contre les attroupements, donnée à Paris le 3 août 1791,
« M. de La Chesnaye, chef de légion, commandant général de
« la garde nationale, de prêter le secours de troupes de ligne ou de
« la gendarmerie nationale ou de la garde nationale, nécessaire
« pour repousser l'attroupement qui menace le Château, et de
« repousser la force par la force ; et avons signé : J.-J. Leroux,
« Philibert Borie. »

« Conformément à l'art. XXI, nous nous sommes transportés, avec M. de La Chesnaye, dans la cour de Marsan, ensuite dans la cour Royale, pour faire la lecture de cet ordre à la troupe assemblée, dont chaque peloton était composé de gardes nationaux et de Suisses. Notre intention était d'aller successivement dans la cour des Princes, sous le vestibule, enfin sur les terrasses du jardin, où se trouvaient des troupes. Pendant que je commençais la proclamation dans la cour Royale, on vint nous avertir que les citoyens rassemblés dans le Carrousel demandaient à faire une pétition. M. Borie s'y transporta et je continuai la lecture. J'étais à la fin de la portion du demi-cercle rangé du côté de la cour de Marsan, lorsque le directoire et M. le procureur-général-syndic revinrent de l'Assemblée nationale. Ils furent témoins de deux de mes lectures. Je venais d'en faire une aux canonniers qui occupaient le milieu de la cour et que nous avions eu de la peine à réunir, lorsque, pour réponse et malgré les observations de M. Rœderer, ils déchargèrent leurs canons en notre présence.

« M. Borie, qui était de retour, nous confirma le dessein où étaient les citoyens remplissant le Carrousel de faire une pétition. Nous cessâmes la proclamation, la grande porte fut entr'ouverte ; sept ou huit citoyens entrèrent sans armes et dirent qu'ils voulaient demander à l'Assemblée nationale de prononcer la déchéance du roi. M. Rœderer leur représenta qu'ils devaient aller à l'Assemblée nationale et que le Château n'était pas le chemin qu'ils devaient prendre. M. Borie sortit une seconde fois sur la place du Carrousel pour parler au peuple assemblé. Pendant ce temps, j'allai à une petite fenêtre grillée qui se trouvait dans le corps de garde à gauche en entrant dans la cour Royale ; plusieurs fédérés et citoyens armés de piques ou autres armes demandaient qu'on leur ouvrît les portes, qu'on leur remît entre les mains le roi et sa famille, protestant d'ailleurs qu'ils n'avaient point de mauvaises intentions. Je voulus leur parler au nom de la loi, je ne fis que les irriter ; ils en vinrent à des propos insultants, à des menaces, à des gestes même qui me firent apercevoir que de faibles barreaux espacés ne me garantiraient pas de leurs atteintes[1]. Je rentrai dans la cour. Je dis au directoire que je ne voyais d'autre parti pour sauver le roi et la famille royale que de les conduire à l'Assemblée nationale, que c'était en même temps le seul moyen d'éviter l'effusion du sang. Cet avis fut généralement goûté. J'ajoutai que pendant qu'il allait s'en occuper, j'en ferais la proposition aux ministres. Je remis à M. Borie, rentré pour la seconde fois, l'ordre que nous avions signé et je lui répétai ce que j'avais proposé aux administrateurs du département.

« Tout le détachement qui garnissait le côté de la cour des Princes était en désordre. Plusieurs citoyens criaient qu'ils n'étaient pas en assez grand nombre pour résister. J'en convins

---

1. « Les longues piques s'avançaient à travers les barreaux et bientôt elles eussent atteint l'écharpe et celui qui la portait. » (Note de J.-J. Leroux.)

avec eux ; je me permis de dire tout haut que ce serait une folie que de vouloir s'opposer à un rassemblement aussi considérable et aussi bien armé, et que ce serait un bien grand malheur que de le tenter. Je me plaignis de la malheureuse obligation où ma soumission à la loi m'avait forcé en proclamant un ordre dont je prévoyais tout le danger. Un citoyen me dit :

« Monsieur le municipal, vous convenez du danger, mais vous
« ne vous en embarrassez guère ; vous ne serez pas avec nous,
« vous allez vous retirer en sûreté. »

« Non, Messieurs, non, mes frères, répondis-je, si l'on en vient
« aux dernières extrémités, et que pour le soutien de la loi vous
« vous formiez en colonnes, je marcherai à la tête d'une de ces
« colonnes. Si vous restez en demi-cercle, je me placerai au
« centre. Mon poste sera partout où le péril sera plus certain ;
« mais, je vous le répète, il me paraît insensé de penser à se dé-
« fendre. Je ne vous demande que de tenir seulement quelque
« temps. J'espère que nous déterminerons le roi à se retirer à
« l'Assemblée nationale. Aussitôt qu'il y sera, la résistance de-
« viendra inutile, autant que dans tous les cas elle serait dange-
« reuse et meurtrière. »

« En effet, je retournai dans les appartements. Je cherchai les ministres. Ils étaient dans la chambre du roi. J'y entrai, après avoir dit à quelques officiers généraux, que je trouvai dans la salle du conseil, de rassembler sur la terrasse et dans le vestibule de quoi composer une escorte sûre pour le roi, qui probablement allait se rendre à l'Assemblée nationale. Le roi était assis entre l'alcôve, où était placé son lit, et une commode qui avoisinait la porte d'entrée. Autour de lui étaient la reine, le prince royal, Madame, fille du roi, madame Élisabeth, madame de Lamballe, madame de Tourzel et les ministres. Plusieurs autres personnes entrèrent en même temps que moi. Je fis au roi le récit de ce que j'avais fait, observé et entendu, et je terminai par lui conseiller de se retirer avec sa famille au sein de l'Assemblée nationale. Je lui assurai que c'était le seul parti qu'il eût à prendre et qu'il n'avait pas même le temps de délibérer ; que peut-être avant une demi-heure le Château serait attaqué à coups de canon ; que cette attaque nécessiterait la résistance, que les assistants n'en seraient que plus animés et que dans le désordre qui en serait nécessairement la suite, personne ne pourrait répondre des jours du roi et de la famille royale, qui à la vérité n'étaient point menacés particulièrement, mais qu'un accident imprévu pouvait mettre en danger; enfin, que si j'en étais cru, il fallait partir sur-le-champ. — « Vous le croyez, me « dit le roi? — Oui, sire, et Votre Majesté n'a pas d'autre parti « à prendre; lui dire le contraire serait la trahir. — A l'Assem- « blée nationale, me dit la reine, pensez-vous, Monsieur, qu'il « n'y ait point d'inconvénient? — Non, Madame, c'est la seule « chose que dans ce moment le peuple respecte. Pour moi, « ajoutai-je, je suis père : l'unique faveur que je vous demande, « c'est de me confier la conduite du prince royal. » — Elle me le promit. Ensuite elle saisit la main du roi qu'elle approcha de ses yeux et qu'elle mouilla de larmes auxquelles le roi répondit. Le prince royal, Madame, sa sœur, pleurèrent, et je crois qu'il n'y eut pas un seul des spectateurs qui ne fût obligé de s'essuyer les yeux. Je venais de proposer au roi de prendre l'avis de ses ministres, lorsque les administrateurs du département entrèrent. M. Rœderer pressa le roi dans les mêmes termes que moi. Il y mit plus d'onction. Le roi se détermina[1]. M. Rœderer voulut aussi, comme moi, se charger du prince royal; *je le porterai sur mon sein,* dit-il. Je rappelai à la reine la promesse qu'elle venait de me faire, mais, à l'instant où je prenais la main du prince, une personne que je n'avais point remarquée et qui, je le présume, était l'instituteur, s'en empara. Nous nous mîmes en marche. Il était environ huit heures et demie. En sortant,

---

1. « M. Rœderer était autorisé à penser que seul il avait déterminé le roi à se retirer à l'Assemblée nationale, puisqu'il n'avait pas été témoin de ce que j'avais fait avant qu'il fût entré. Je me plais à rendre, vis-à-vis de vous, M. le maire, hommage à M. Rœderer; il s'est, dans la matinée du 10, montré digne de sa place. Je vous confierai même que j'ai une sorte d'orgueil quand je vois combien sa conduite a été semblable à la mienne et à celle de M. Borie; j'ai de même une grande consolation quand je réfléchis qu'il n'a point été à l'abri du soupçon et de la calomnie de la part de ces gens qui ne pardonnent point à un magistrat d'avoir fait son devoir, même au moment du brisement de la loi. Peut-être, pour prix de son courage, est-il, comme moi, proscrit et obligé de se cacher!... » (Note de J.-J. Leroux.)

j'offris le bras à la reine, en lui observant que je ne connaissais pas les usages de la cour, mais que, revêtu de mon écharpe, il serait peut-être avantageux pour elle que je fusse son écuyer. La reine accepta ma main seulement pour traverser la salle du conseil ; ensuite elle la quitta pour prendre soin de ses enfants, qu'elle n'abandonna pas jusqu'à l'Assemblée. En traversant les appartements, l'escalier et le vestibule, je disais aux troupes : « Le « roi quitte le Château, il sera en sûreté à l'Assemblée nationale. « Toute résistance ici serait inutile. » C'était bien excès de précaution de ma part, puisque M. de La Chesnaye, possesseur du seul ordre que j'eusse signé, était avec nous et qu'il commandait l'escorte du roi.

« Au bout du parterre et près d'entrer dans l'allée des Tilleuls qui longe la terrasse des Feuillants, M. Rœderer observa que la garde du roi ne pouvait l'accompagner jusque sur le terrain que l'Assemblée nationale avait déclaré faire partie de son enceinte. Le roi sentit la justesse de cette observation, et, de l'avis du directoire, M. Borie et moi nous allâmes à l'Assemblée pour la prier de donner des ordres en conséquence. Nous rencontrâmes près de la terrasse une députation qui allait au-devant du roi et à laquelle nous apprîmes qu'il se rendait à l'Assemblée. Introduits à la barre, M. Borie porta la parole ; sa pétition fut changée en motion et l'Assemblée rendit sur-le-champ un décret, dont on nous délivra l'expédition sur-le-champ et que j'ai laissée entre les mains de M. Borie, mais dont voici la teneur :

« Du 10 août, séance du matin, l'an iv de la liberté.

« Sur la motion d'un membre, l'Assemblée nationale décrète
« que les inspecteurs de la salle demeurent autorisés à redou-
« bler de soin et à prendre toutes les mesures nécessaires pour
« exercer la police dans les limites intérieures et extérieures de
« la salle, et attendu que les corps administratifs et municipaux
« sont chargés de la police hors des limites de la salle, l'Assem-
« blée passe à l'ordre du jour.

« Signé : Vergniaud, président, Tronchon
et Blanchard, secrétaires. »

« Nous retournâmes au-devant du roi qui avait été joint par

la députation; nous rentrâmes avec lui et nous allâmes avec les membres du département nous placer à la barre. M. le procureur-général-syndic fit à l'Assemblée le récit de ce qui s'était passé au Château, où il convint avoir passé une partie de la nuit. Il parla de l'ordre donné aux troupes de garder leur poste. Il en parla comme ayant lui-même requis cet ordre, et il eut l'attention de ne citer les officiers municipaux, qu'il nomma et qu'il montra présents à la séance, que comme l'ayant accompagné et secondé dans les fonctions de sa magistrature.

« Je fus, pour ma part, très-sensible au courage et à la délicatesse de M. Rœderer. Car c'était du vrai courage que de risquer d'attirer sur lui seul l'animadversion du peuple exalté, en affirmant qu'il avait fait seul ce que la loi prescrivait aux magistrats; et c'était de la délicatesse de ne point rejeter sur les officiers municipaux l'odieux d'un ordre qu'ils n'avaient donné que d'après l'avis des membres du département. Les honneurs de la séance nous furent accordés. Nous nous plaçâmes, M. Borie et moi, à côté des membres du directoire dans l'angle de la salle à gauche de la tribune. Nous étions dans la salle pendant que le carnage environnait le Château.

« Des Suisses s'étaient réfugiés dans les salles qui avoisinent celle des séances. L'Assemblée décréta qu'ils seraient reconduits à leurs casernes par les deux officiers municipaux présents. M. Borie et moi nous prîmes l'expédition du décret, et, malgré le danger que comportait une telle commission, nous nous mîmes en devoir de la remplir. Pendant que les Suisses se rassemblaient, nous allâmes à la porte des Feuillants pour haranguer le peuple et lever toute opposition à la sortie des Suisses. La foule considérable qui environnait la porte était très-animée et menaçait de se porter aux plus grandes violences contre les soldats. Nous assurâmes les citoyens que l'on avait dit à l'Assemblée nationale que ceux que nous étions chargés de reconduire, au lieu de faire feu sur le peuple, avaient tiré leurs fusils en l'air et avaient rendu les armes. Nous fîmes la lecture du décret, et nous demandâmes obéissance à la loi. Les citoyens qui nous entouraient, touchés de nos raisons, nous promirent de ne point user de voies de fait envers les Suisses, mais exigèrent qu'ils fussent désarmés. Nous leur protestâmes qu'ils n'avaient plus d'armes et plusieurs personnes l'attestèrent avec nous, et en donnèrent pour preuve les propres fusils de ces Suisses qui leur avaient été livrés. Alors nous reçûmes la parole qu'il ne serait fait aucun mal aux soldats, mis sous la sauvegarde de la loi, et qu'on allait au contraire leur composer une escorte des citoyens armés qui se trouvaient dans la cour et au-devant de la porte.

Nous étions près de rentrer par le cloître des Feuillants, lorsqu'un garde national me prit par le collet, il m'appliqua sur le côté la baïonnette de son fusil qu'il tenait par le milieu du canon et me dit : — « F.....! vous êtes un des officiers municipaux
« qui ont passé la nuit au Château? — Oui, lui répondis-je froi-
« dement, mais je vais vous apprendre comment cela s'est fait.
« Le conseil général de la commune m'avait chargé avec trois
« de mes collègues de rendre compte à l'Assemblée nationale de
« l'état de la ville et de m'informer des nouvelles de M. le maire
« qui était au Château. Je me suis acquitté de la commission qui
« m'était donnée, et M. le maire, mandé à la barre, s'y étant
« rendu avec les officiers municipaux qui l'accompagnaient,
« nous restâmes seuls, monsieur et moi, pour veiller au Châ-
« teau. »

«.Le garde national me quitta, d'autres citoyens avaient entouré M. Borie, déjà l'on menaçait de nous livrer au peuple excité contre nous. Nous étions l'un et l'autre couchés en joue presque à bout portant, lorsqu'un citoyen nous dit : — « Tenez,
« f..., il en est temps, f... le camp et *bien vite*, car... » — Nous rentrâmes dans la salle de l'Assemblée. Étant à la barre, M. Borie fut reconnu, insulté et menacé par un pétitionnaire qui tenait un drapeau sur lequel était écrit : *liberté, égalité*. Nous traversâmes la salle et nous remîmes à M. le président le décret que nous n'avions pu mettre à exécution. Nous ôtâmes nos écharpes, nous nous plaçâmes à la gauche de M. le président en face de la barre, où nous restâmes jusqu'au soir. Vers neuf heures, nous sortîmes par la cour des Capucines.

« J.-J. Leroux. »

XIV

LE BATAILLON DES FILLES-SAINT-THOMAS.

(Voir page 239.)

 Le bataillon des Filles-Saint-Thomas s'est acquis une si grande célébrité au commencement de la révolution, et ses officiers ont eu, pour la plupart, une fin si malheureuse, que nous avons cru devoir consacrer une notice spéciale à la mémoire de ces fidèles amis de la cause constitutionnelle.

 Le bataillon des Filles-Saint-Thomas était le second de la deuxième légion. Il était composé de cinq cents hommes environ, divisés en neuf compagnies. Le banquier Tassin de L'Estang en était le commandant en premier, Boscary de Villeplaine, agent de change, en était le commandant en second. La compagnie des grenadiers fut commandée, jusqu'au 1er mai 1792, par Picquet qui, à cette époque, devint aide de camp de La Fayette et ensuite d'Arthur Dillon.

 D'après le contrôle du 21 mars 1792, que nous avons retrouvé, la compagnie de grenadiers avait un effectif de cinquante-sept hommes, y compris les officiers et sous-officiers.

 La plupart des officiers et soldats du bataillon demeuraient dans la circonscription de la section de la Bibliothèque. Après le 10 août 1792, cette section subit naturellement le joug de la minorité démagogique qu'elle renfermait, et nomma des commissaires-enquêteurs « à l'effet de recevoir, prendre des renseignements et faire les recherches nécessaires relativement à l'événement du 10 de ce mois au château des Tuileries. » Les principaux de ces commissaires étaient Nicolas Vergne et Pierre-Nicolas Chrétien ; ils interrogèrent les officiers du bataillon et reçurent un grand nombre de déclarations. Nous en extrayons les renseignements suivants :

« Le 9 août, à onze heures du soir, je reçus l'ordre de nous rendre au Château. Je laissai, pour la sûreté du poste et du quartier, environ cent hommes sous les ordres d'un capitaine et autres officiers ; le reste du bataillon se mit en marche. Nous entrâmes d'abord dans la grande cour, ensuite l'on nous fit reporter dans le jardin sur la terrasse du Château et nous y passâmes la nuit au bivac. A la pointe du jour, la porte du côté du Manége s'ouvrit, et, comme nous en étions très-près, je craignis qu'il ne s'élevât quelques rixes entre nos jeunes gens et l'autre partie du peuple. J'en fis l'observation à un membre de l'Assemblée nationale qui se trouva là, qui me dit qu'il en allait rendre compte à l'Assemblée nationale et ferait passer des ordres.

« ... Peu après, Louis XVI vint voir les différents piquets de troupes qui étaient dans le jardin ; les uns applaudirent, d'autres crièrent : *A bas !* Le nôtre rendit simplement les honneurs militaires.

« Plusieurs autres bataillons étant arrivés dans le jardin, l'on nous fit repasser dans la grande cour ; peu d'instants après, des membres du département, accompagnés d'autres de la commune et de M. Rœderer, procureur-syndic du département, parurent dans la cour et vinrent lire à chaque bataillon l'article de la loi sur la force publique, mais en même temps tous recommandèrent de rester sur la défensive. Je fis faire la même promesse à mon détachement.

« Entre sept et huit heures du matin, Louis XVI se décida à se rendre avec sa famille à l'Assemblée nationale. Un des chefs me donna ordre de prendre le plus de monde que je pourrais pour augmenter l'escorte qui devait l'y conduire. Je laissai quarante hommes avec un capitaine et l'adjudant du bataillon à la garde de nos canons et emmenai tout le reste avec moi. Me trouvant à la tête de la colonne, j'entrai un des premiers dans l'Assemblée nationale, dont il me fut impossible de ressortir, tous les passages étant obstrués. Je ne pus ressortir que plus de deux heures après.

« Gabriel Tassin, commandant en premier du bataillon des Filles-Saint-Thomas. »

« A minuit ou à peu près, le commandant en chef reçut l'ordre de se porter sur-le-champ avec le bataillon au château des Tuileries.

« On nous fit entrer dans le jardin des Tuileries par la porte du pont Royal et on nous plaça le long de la terrasse, la droite du bataillon appuyant du côté de la cour du Manége.

« Sur les cinq heures trois quarts du matin ou à peu près, le roi descendit dans les cours et passa en revue les troupes qui s'y trouvaient, ce dont je ne fus pas témoin, étant auprès du bataillon.

« Le roi se rendit de là au jardin, où il passa devant notre bataillon, qui se tint silencieusement avec décence, comme l'exige la vraie tenue sous les armes; le roi fit le tour des Tuileries et rentra...

« Peu de temps après, M. de Menou, l'un des commandants au Château, donna l'ordre de faire rentrer le bataillon dans la cour Royale; ce qui fut exécuté de suite.

« Étant là formés, l'ordre me fut donné de conduire vingt grenadiers dans les appartements, ce que je fis après avoir pris l'agrément du commandant en chef. Je passai par l'escalier qui donne dans la cour des Princes, et nous montâmes dans une grande salle, dont je ne sais pas le nom, contiguë aux appartements du roi. Là restèrent quatorze grenadiers, et les six autres furent demandés pour un autre poste que j'ignore.

« Je me disposais à redescendre pour joindre le bataillon lorsqu'on me donna l'ordre de marcher avec l'escorte qui allait conduire le roi et sa famille à l'Assemblée nationale. Je partis de suite faisant partie de ladite escorte.

« Boscary, commandant en deuxième. »

« M'étant absenté pendant la nuit, je revins vers huit heures et, sous le vestibule qui conduit dans les cours, je rencontrai un fort détachement du bataillon composé de grenadiers, fusiliers et chasseurs, qui accompagnait le roi et sa famille à l'Assemblée nationale ; M. Tassin, commandant, était avec ce détachement. Je me suis mis en rang au dernier peloton. Ce détachement a pris la droite du bassin et longé la terrasse jusqu'à l'escalier du passage des Feuillants ; arrivé là, il a entendu plusieurs personnes crier : *Vive le Roi!* Ces cris partaient du détachement qui accompagnait le roi, mais il ignore quelles sont les personnes qui ont fait ces cris.

« Je fais observer qu'il y avait à gauche, le long dudit détachement, un détachement de Suisses sur deux de front. Arrivés à l'escalier, la reine et sa famille ont souffert quelques difficultés pour entrer ; mais après la lecture de la loi, le peuple a consenti à laisser entrer le roi et sa famille. Alors un fédéré a pris le prince royal dans ses bras et l'a porté lui-même dans l'Assemblée nationale ; les grenadiers sont montés seuls avec la famille royale, et le restant du détachement est resté au bas de la terrasse avec le détachement des Suisses ; un instant après, le déclarant s'est aperçu que dans un groupe de monde on portait trois têtes au bout des piques, sur la terrasse, du côté du Manége.

« Noel Avril, sous-lieutenant de la 2ᵉ compagnie. »

« Je, soussigné, lieutenant de la ci-devant compagnie des grenadiers du bataillon des Filles-Saint-Thomas, déclare et certifie ce qui suit :

« Qu'arrivé audit Château sur les neuf heures et demie, je fus faire inscrire ma patrouille, et qu'on nous fit ranger tout le long du mur, à côté du poste d'honneur ; que le soir, entre huit et neuf heures, un officier supérieur que je ne connais pas me donna ordre de faire avancer mon peloton près de la porte royale pour en garder l'entrée conjointement avec un autre peloton de gardes suisses ; que depuis ce moment jusqu'à près d'une heure, plusieurs renforts de différents bataillons, que je ne connais pas, se rendirent au Château et entrèrent par la porte qui m'était confiée ; que le bataillon des Filles-Saint-Thomas entra ensuite avec ses deux pièces de canon, resta quelques minutes dans la cour, ressortit et fut se ranger, à ce que j'appris un moment après, dans le jardin, au long de la terrasse du Château. On donna peu après l'ordre de faire avancer les deux pièces d'artillerie qui étaient pour la garde du roi. Mon peloton, ainsi que les Suisses, furent rangés en bataille; deux petits pelotons d'un autre bataillon furent placés tant derrière nous que derrière les Suisses; l'ordre fut ensuite donné de défendre l'entrée de la porte, ce que je promis de faire de mon mieux. On me fit donner ma parole d'honneur. Peu après tout le bataillon, ainsi que ses deux pièces de canon, fut se ranger dans la cour Royale. Il fut ensuite décidé que le roi allait aller à l'Assemblée nationale avec sa famille; je me trouvai du nombre de ceux qui l'accompagnèrent. Peu après qu'il fut entré dans l'Assemblée, il se fit un mouvement par les gardes qui avaient accompagné le roi. Je m'approchai avec vivacité, et je défendis qu'on fît aucun feu ni menace. On vint dire après que le Château était forcé par le peuple. J'en eus bientôt la preuve par les décharges affreuses tant de mousqueterie que d'artillerie. Le mouvement de cette même garde fut alors bien plus violent. Je me portai au-devant d'eux, et je défendis le feu, et même tout mouvement. La terrasse de l'Assemblée ayant été débarrassée par le bruit des canons, la garde qui avait accompagné le roi se retira dans l'Assemblée nationale.

« Je supplie messieurs les commissaires nommés pour l'information à prendre sur les grenadiers, de vouloir bien épurer ma conduite, pour qu'ils aient ensuite la bonté de me faire délivrer un certificat, afin que je puisse en bon citoyen me présenter à ma section.

« Fait chez M. Chrétien, l'un des commissaires nommés à cet effet, l'an iv de la liberté (le 13 août 1792).

« Guichard, lieutenant des grenadiers. »

« Le jeudi, 9 de ce mois, sur les dix heures et demie du soir, M. Tassin, commandant du bataillon, avait reçu l'ordre du commandant général de faire rappeler et d'assembler le bataillon aussitôt; ce qui a eu lieu. Le bataillon s'assembla sur la place de la Comédie italienne, de là fut porté sur le boulevard de ce nom, où il a été rangé en bataille et en disposition de défense en cas d'attaque. Sur les onze heures à onze heures et demie environ, le commandant du bataillon reçut un second ordre pour se transporter au château des Tuileries où il est entré par la porte royale, a traversé la cour en passant sous le vestibule, pour se placer derrière le Château, sur la terrasse ; ayant fait ouvrir les rangs, poser les armes à terre jusqu'à cinq heures du matin, que le bataillon a pris les armes, ayant entendu crier : *aux armes!* dans la cour ; ensuite le bataillon a gardé les armes en main jusqu'à sept heures, que le roi est venu passer devant les rangs, comme s'il passait en revue (*sic*). Il fit le tour de tous les bataillons qui se trouvaient alors dans le jardin, et les cris répétés de : *vive le roi!* se firent entendre dans tous les rangs. Après qu'il a eu passé devant tous les bataillons, il est rentré au Château par le vestibule.

« Le roi rentré, le commandant du bataillon (M. Tassin) donna l'ordre de se transporter dans la cour Royale, rangé en bataille. Étant là, les officiers municipaux se sont présentés à la tête du bataillon et ont fait lecture de la loi et ont fait prêter à la troupe serment d'obéissance. Après la lecture de la loi et le serment prêté, il s'est élevé parmi les canonniers une discussion, autant comme le peut croire le déclarant, sur ce que plusieurs d'entre eux annonçaient la disposition de ne pas faire feu dans le cas où ils seraient commandés. Il est survenu un piquet de huit à dix hommes armés de piques, qui ont discuté très longtemps avec les canonniers ; d'après laquelle discussion, le piquet armé de piques se retira par la cour des Suisses, et alors la majeure partie des canonniers ont abandonné leurs pièces, se sont retirés et n'ont plus reparu.

« Il était alors huit heures environ. Le commandant du bataillon ordonna aux grenadiers de se transporter dans les appartements, et à trois pelotons composés de quarante-huit hommes au total de se transporter à l'Assemblée nationale.

« Le déclarant resta dans la cour Royale avec le restant du bataillon, composé de *vingt-huit hommes*. Voyant qu'il était tout seul dans la cour avec aussi peu de monde, il prit le parti de conduire ce détachement sous le vestibule, où il s'est trouvé un commandant à lui inconnu, vêtu d'un habit bleu à galon d'or, décoré d'une croix de saint Louis, qui lui a dit qu'il fallait se ranger au pied de l'escalier, les Suisses au derrière du détachement. Un instant après avoir été placé, le même commandant est venu lui dire d'aller au-devant des Marseillais pour leur communiquer leurs intentions (*sic*). Alors la porte n'était pas encore ouverte, mais on jugeait par les coups qu'elle allait être enfoncée; à dix pas avant cette porte, il la vit tomber par terre sans que personne se soit mis en devoir d'entrer. Alors un Marseillais entra environ six pas dans la cour, courut sur lui pour l'embrasser en disant qu'il était bien flatté d'être réunis tous ensemble. Alors sont survenus une vingtaine d'autres Marseillais qui tour à tour voulaient l'embrasser, et lui marquaient les plus grands signes de joie et d'amitié. Un entre autres dit au déclarant qu'il jugeait bien que les Suisses rendraient les armes, et qu'il allait monter dans les appartements pour les inviter à se joindre à eux; mais j'ignore le résultat de leur conférence.

« J.-B. Jardin, adjudant-major du bataillon
des Filles-Saint-Thomas. »

Cette enquête se termina par un rapport qui signalait spécialement à la vengeance des patriotes Laurent, Angibaut et Dangest, Leblanc père et Leblanc fils, anciens gardes du roi; Guay, ancien capitaine de la même garde; Janneret-Lamerlière, Parisot, Boucher, tous trois commissaires de la comptabilité nationale; Parceval de Grand'Maison, demeurant rue Saint-Thomas-du-Louvre, Weber, Wenmaring, Machelard, Picquet, aide de camp de La Fayette; Picquet son frère, capitaine de la garde du roi; les sieurs Tassin, Boscary, commandants, et les frères Soubeyrand, dont l'un avait été l'aide de camp de La Fayette; Bazancourt. Il y était dit que le sieur Deprizy, aussi commissaire de la comptabilité nationale, avait été tué aux Tuileries tirant sur le peuple. Le rapport était signé : Vergne, Chrétien, Delfieux, Thomé, commissaires.

A la suite de cette enquête, le jury d'accusation, institué près le tribunal du 17 août, fut saisi d'un commencement de procédure intentée contre les deux commandants, Tassin et Boscary. La section de la Bibliothèque fut obligée de reconnaître qu'après la levée des scellés, qu'elle avait apposés sur les papiers du commandant Boscary, elle n'avait rien trouvé de suspect chez lui.

Sur le rapport de Fouquier-Tinville, qui faisait alors ses débuts dans le régime des tribunaux exceptionnels et qui y montra autant de modération que plus tard il déploya de cruauté, le jury déclara, le 5 octobre 1792, qu'il n'existait contre Boscary, ci-devant de Villeplaine, aucune trace ni vestige de délit contre la sûreté générale. Un jugement identique, rendu sur le rapport du même Fouquier-Tinville, renvoya également, le 28 octobre, Tassin justifié de toute prévention.

Mais, dix-huit mois après, sur les ordres du comité de salut public, cette affaire fut reprise. Fouquier-Tinville, fidèle aux instructions secrètes du terrible comité, dressa un nouvel acte d'accusation, modèle de mensonge et d'impudence. On y faisait un crime aux accusés « d'avoir assisté au repas des Champs-Élysées, où des patriotes avaient été vexés[1], d'avoir assisté le tyran Capet dans ses projets de vengeance contre le peuple, le 17 juillet 1791, au Champ-de-Mars, et le 10 août 1792, aux Tuileries. »

Boscary réussit à se dérober aux poursuites de Fouquier-Tinville, mais Tassin ne fut pas aussi heureux. Il fut arrêté par les soins de la section Guillaume Tell. En vain invoqua-t-il en sa faveur le bénéfice de la chose jugée, en vain voulut-il se retrancher derrière le jugement du 28 octobre 1792; les fureurs révolutionnaires avaient progressé et avaient éteint toute justice comme toute pitié dans le cœur des juges. Tassin de l'Étang, son frère, qui avait été officier municipal de 1790 au 10 août 1792, et onze autres accusés, furent traduits devant le tribunal révolutionnaire, le 14 floréal an II (3 mai 1794).

Les onze autres étaient :

1º Wenmaring, capitaine des grenadiers, chef de bureau du comité des banquiers et agents de change ;

2º Picquet, aide de camp de Dillon et de La Fayette, et auparavant capitaine des grenadiers ;

3º Angibaut, grenadier et traiteur, rue Vivienne ;

4º Parisot, grenadier et commissaire à la comptabilité ;

---

1. Duhamel, officier du bataillon des Filles-Saint-Thomas, avait été tué, douze autres officiers et soldats avaient été blessés plus ou moins grièvement; les agresseurs, les fédérés Marseillais, n'avaient pas reçu une seule égratignure. Voilà comment les soi-disant patriotes avaient été *vexés* lors du fameux banquet des Champs-Élysées.

5° Dangest, ancien mousquetaire, ancien chevalier de saint Louis, fabricant de papiers et grenadier;

6° Rougemont, directeur de la comptabilité des Loteries;

7° Deschamps-Tréfontaine, grenadier, sous-chef de comptabilité des droits d'enregistrement;

8° Maulgue, architecte et capitaine d'une des compagnies du centre du bataillon;

9° Laurent, sous-lieutenant et vitrier;

10° Bérard, négociant et armateur, capitaine de la troisième compagnie du centre, et, après le 10 août, commandant de la force armée de la section de la Bibliothèque;

11° Perrée, ci-devant agent de change, commandant du bataillon des Petits-Pères.

Cette espèce de machine, qu'on appelait le jury du tribunal révolutionnaire, et que Fouquier-Tinville et Dumas faisaient mouvoir à leur guise, les déclara tous les treize convaincus « d'avoir participé au complot qui a existé entre Capet, sa femme et les ennemis de la république, tendant à allumer la guerre civile, en armant les citoyens les uns contre les autres, en portant atteinte à la liberté du peuple et dont les suites ont coûté la vie à un grand nombre de citoyens, au Champ-de-Mars, le 17 juillet 1791, et dans la journée du 10 août 1792. »

Ils furent condamnés à mort et exécutés le jour même de leur condamnation. Un quatorzième accusé, nommé Salleneuve, qui avait été officier dans le bataillon des Filles-Saint-Thomas, mais avait quitté, avant 1794, la section de la Bibliothèque, fut renvoyé de l'accusation. Pour faire croire à son impartialité, le tribunal révolutionnaire acquittait généralement un ou deux accusés par chaque fournée.

XV

INTERROGATOIRES

DES OFFICIERS SUISSES DIESBACH ET D'ERNEST.

(Voir pages 313 et 328.)

« L'an mil sept cent quatre-vingt-douze, an quatre de la liberté, le premier de l'égalité, le deuxième jour du mois de septembre, à neuf heures du matin, par-devant nous, Jean-René Loyseau, l'un des directeurs du jury d'accusation, établi par la loi du dix-sept août dernier, pour juger les délits commis dans la journée du dix de ce mois, circonstances et dépendances;

« Avons fait extraire de la prison de l'Abbaye, en vertu de notre mandat de ce jour,

« Le sieur Romain-François-Philippe-Louis Diesbach, sous-lieutenant aux ci-devant gardes Suisses, né dans le canton de Fribourg,

« Lequel nous a dit qu'avant de répondre aux questions que nous nous proposons de lui faire, il proteste contre la forme de procéder à laquelle nous sommes assujettis, pour le maintien des lois de son pays en exécution des traités du corps helvétique avec la France;

« A lui demandé où il était la journée du dix et les jours précédents, répondu qu'il était aux Tuileries, depuis le neuf août, vers les trois ou quatre heures du matin;

« A lui demandé quelles fonctions il y a rempli, s'il n'a eu connaissance d'aucun complot, si le régiment des ci-devant gardes Suisses n'était pas destiné à en procurer l'exécution ; si les officiers supérieurs du régiment n'étaient pas particulièrement dans le secret de ce complot? Quels sont ceux qui y ont eu la part la plus directe et la plus considérable ; si on a employé aucuns moyens de séduction auprès des soldats et sous-officiers pour les détacher des principes de notre liberté et les engager à diriger toutes leurs forces contre le peuple?

« A répondu que, toute la journée du 9, il ne s'est rien passé d'extraordinaire au Château, qu'il ne connaît aucun complot ; les officiers supérieurs du régiment n'ont donné aucuns ordres pour animer les soldats et sous-officiers contre le peuple ;

« A lui demandé à quelle heure on s'est aperçu des dispositions extraordinaires, s'il n'a pas vu un grand mouvement dans le Château ; si les appartements n'étaient pas remplis d'hommes, allant et venant, vêtus de toutes les manières, décorés ou non, armés de toutes sortes d'armes, passant pour être les amis du roi et dans l'opinion publique connus sous le nom de chevaliers du poignard ; s'il n'y avait pas des officiers supérieurs de son régiment et notamment des officiers supérieurs de la garde nationale ; s'il connaît enfin l'officier général qui a donné les principaux ordres soit au Château, soit dans les escaliers, soit dans les cours ;

« A répondu que, dans la nuit, dix heures du soir, 9 août, on leur a dit qu'il y avait des mouvements dans la ville, qui ont produit de fausses alarmes, à chacune desquelles on a pris les armes, tant le régiment des Suisses que la garde nationale ; qu'il ne s'est aperçu d'aucun mouvement du Château parce qu'il n'a pas été à portée de le remarquer, attendu qu'il a passé toute la nuit jusqu'à six heures du matin en réserve à l'hôtel de Brionne ; qu'à six heures on a fait prendre les armes à cette réserve et qu'elle est restée dans la cour des Suisses jusqu'à huit heures du matin ;

« A lui demandé si le roi n'est pas venu passer en revue les Suisses et gardes nationales dans la matinée du 10 août dernier, et de quelles personnes le roi était accompagné ; quelles sont celles qui ont été le plus près de lui et avec lesquelles il a paru avoir le plus d'intimité, enfin ce qui s'est passé pendant cette revue ;

« A répondu que le roi, après avoir passé en revue la garde nationale, est revenu dans la cour des Suisses ; que le roi était suivi de beaucoup de personnes vêtues en habit de garde nationale, d'officiers de la gendarmerie et de quelques officiers généraux ;

« A entendu les cris de : vive le roi ! et quelques cris de : vive la nation ! qu'ensuite le roi s'est retiré ; qu'à huit heures, le bruit s'étant répandu que le peuple marchait vers le Château, on a distribué les postes et que celui du répondant, commandé par un capitaine appelé M. de *Sahsalte,* a été fixé en bas de l'escalier de la reine, dans une espèce de poste de garde nationale ; que le répondant commandait vingt-cinq hommes des Suisses et cinq de la garde nationale ; qu'ils ne reçurent ordre de tirer que quand on leur en donnerait le commandement et ne pas tirer que la *garde nationale en eût donné* l'exemple ;

« A lui demandé s'il a exécuté *l'ordre de tirer et quand à lui a été donné ?*

« A répondu que la première décharge de dessus l'escalier sur le peuple ayant été faite sur l'escalier, le vestibule et les cours étant fort dégarnis, on lui a donné l'ordre de passer dans la cour Royale avec son détachement ainsi qu'à la majeure partie des troupes qui étaient dans l'escalier de la reine ; que le passage se fit avec précipitation et dans une espèce de désordre ; que quand on fut dans la cour, tout le monde tira ; que les Suisses et les gardes nationales étaient irrités ; que cette place n'étant pas tenable à cause de la vivacité du feu, ils se replièrent sous le vestibule, où ils ne restèrent qu'un instant ; que de là, ils reçurent un ordre de M. d'Hervilly, officier général, de se rendre à l'Assemblée, et comme ils étaient fatigués par le canon et la mousqueterie qui leur ont tué beaucoup de monde, ils sont parvenus par la porte des Feuillants à l'Assemblée nationale, attendu que M. d'Hervilly lui avait dit de cesser le feu ; que de l'Assemblée nationale ils sont allés, savoir : les soldats dans l'église des Feuillants et les officiers dans un comité qui se tient aux Feuillants (le déclarant n'ayant pu nous désigner son objet) ; qu'après avoir remis ses armes, on a laissé les officiers à ce comité, du nombre desquels étaient trois capitaines dont M. *Salis* faisait partie, qu'ils y sont restés jusque vers les dix heures du soir; que l'Assemblée nationale leur a donné la liberté de se retirer après avoir donné des ordres, pour leur donner des moyens de déguisement; que le déclarant et M. d'Ernest se sont retirés dans la rue Saint-Marc, chez l'oncle de mondit sieur d'Ernest; que de là ils sont allés se réfugier au Temple où, lorsqu'on les y a découverts, ils ont eu la faiblesse, pour éviter leur arrestation, de se dire Hollandais; que c'est la seule chose que le répondant ait à se reprocher.

« Lecture faite, etc.,

« Signé : Loyseau-Colin, commis-greffier; de Diesbach. »

« Est aussi comparu sieur Frédérick d'Ernest, premier sous-lieutenant aux ci-devant gardes Suisses, compagnie de Salis, né dans le canton de Berne ;

« A lui demandé où il était la journée du 10 et les jours précédents, quel poste il occupait le 10 au Château ; ce qu'il y a vu et à quel mouvement il a eu part ; s'il a connaissance d'aucun complot de contre-révolution, et s'il ne sait pas que le régiment des gardes Suisses fût destiné à l'appuyer;

« A répondu qu'étant de la caserne de Rueil, il s'est rendu à Paris dans la nuit du 8 au 9, avec la réserve fournie par cette caserne; qu'il est allé à l'hôtel de Brionne, qu'il y est resté la journée du 9 jusqu'à onze heures du soir environ, qu'il n'a connaissance d'aucun complot; que, s'il en existait un, nous devons bien présumer qu'on ne l'aurait pas confié à sa jeunesse ;

« A lui demandé quel poste il a occupé aux Tuileries depuis onze heures jusqu'au lendemain matin, ce qu'il a vu dans les allées et venues qui agitaient le Château, quels sont les hommes qui faisaient les mouvements et s'il n'a pas remarqué quelques officiers qui s'en fussent mêlés ;

« A répondu que son poste, dans la nuit, duquel on ne l'a pas retiré jusqu'à environ dix heures du matin, a été à la porte de l'appartement de madame Élisabeth, dans le vestibule; que le 10 août dernier, à l'heure que le roi a passé sa revue, il a visité le poste qui était sur son passage; que le feu ayant commencé, sans pouvoir dire qui a tiré d'abord des Suisses ou de la garde nationale, attendu sa position qui l'empêchait de voir, il s'est retiré à l'Assemblée nationale, d'où il est allé le soir chez son oncle, n° 15, rue Saint-Marc, avec M. Diesbach, que de là ils se sont réfugiés au Temple, où le répondant s'est d'abord donné pour Hollandais, ainsi que M. Diesbach, afin d'éviter leur arrestation ;

« Plus le répondant n'a été interrogé.

« Lecture à lui faite de ses réponses ci-dessus, a dit qu'elles sont véritables et a signé avec nous.

« Signé : LOYSEAU-COLIN, commis-greffier ; D'ERNEST. »

XVI

NOTICE

SUR LES TROIS GÉNÉRAUX QUI COMMANDAIENT LA 17ᵉ DIVISION
MILITAIRE AU 20 JUIN ET AU 10 AOUT 1792.

(Voir page 315.)

WIETINGHOFF (le *Moniteur* l'appelle inexactement Wittinckoff) était né en Pologne, le 30 juin 1722. Il avait donc soixante-dix ans en 1792. Appelé en France par le maréchal de Lowendal, dont il fut le protégé, il était maréchal de camp depuis 1780, et lieutenant général depuis le 20 mai 1791. Après les événements du 20 juin, à l'occasion desquels il n'avait su prendre aucune disposition défensive, il donna sa démission de commandant de la 17ᵉ division militaire. A la fin de 1792 et en 1793, on le retrouve faisant les campagnes de Belgique et de Vendée. Dans le milieu de cette dernière année, il fut suspendu de ses fonctions par le comité de salut public, et mis à la retraite. En l'an x (1802), il vivait encore à Versailles.

DE BOISSIEU, né en juillet 1741, avait cinquante-un ans en 1792. Il avait fait la campagne de 1769 en Allemagne, et celle de 1780 dans l'Inde. Maréchal de camp depuis 1788, au 10 août 1792 il commandait *par intérim* la 17ᵉ division militaire. Les divers récits de cette journée mentionnent sa présence et ses actes. Il ne paraît pas qu'il ait été inquiété par les vainqueurs; ils se contentèrent de le mettre en retrait d'emploi le 7 septembre 1792. A partir de ce jour nous perdons sa trace et nous n'avons pu découvrir ni où ni quand il mourut.

Jacques de Menou, né à Boussay, en Touraine, le 9 septembre 1750, avait été député de la noblesse aux États généraux, et s'était fait plus d'une fois remarquer, à l'Assemblée constituante, par l'excentricité de ses motions. Il était maréchal de camp depuis le 8 mai 1792, lorsqu'il fut appelé à commander en second la défense des Tuileries. Il accompagna le roi à l'Assemblée, tandis que de Boissieu restait au Château. Il ne paraît pas avoir été l'objet d'aucune poursuite après le triomphe de l'insurrection. Servan le mit, comme de Boissieu, en retrait d'emploi en septembre 1792.

Il était resté néanmoins dans la faveur de quelques-uns des puissants du jour, car il fut placé le 1ᵉʳ octobre sur une liste de candidats dressée pour le remplacement de Servan au ministère de la guerre. Mais Chabot l'en fit rayer, en disant qu'il n'était pas possible de songer à nommer ministre de la guerre l'homme qui commandait aux Tuileries dans la nuit du 9 au 10 août (*Moniteur* du 3 octobre). Menou écrivit pour se défendre (séance du 6 octobre), et il s'engagea entre le général et l'ex-capucin une correspondance qui se termina par une lettre de Chabot que nous avons retrouvée et qui donne une idée assez exacte du personnage :

« Paris, le 30 décembre 1792.

« Citoyen, vous avez eu tort de ne pas me citer plus tôt au tribunal de ma conscience, j'aurais déjà rempli toute justice. Je ne vous écris qu'après avoir fait auprès du ministre de la guerre tout ce qui dépend de moi pour vous faire restituer la place que vous avez perdue par mon inconsidération. Je voudrais que cette restitution dépendît totalement de moi et de mes amis. Je connais peu le ministre Pache que j'estime ; mais j'espère qu'il aura quelques égards aux raisons que je lui donne pour votre activité. Je vous salue fraternellement, mais avec des remords bien cuisants.

« François Chabot. »

Menou rentra enfin en grâce auprès des démagogues, protégé sans doute par Chabot ; il fut nommé général de division le 15 mai 1793, et employé en cette qualité comme chef d'état-major général de l'armée de l'Ouest. Il y fut blessé, mais malgré les preuves de dévouement qu'il avait données, il ne tarda pas à retomber une seconde fois en disgrâce auprès de la montagne en ce moment toute-puissante. Mais, lors de la réaction thermidorienne, il fut rappelé à l'activité, et nous le retrouvons en vendémiaire an IV général de l'armée de l'intérieur, commandant la division militaire de Paris.

Il était dans la destinée de cet officier d'être mêlé, à trois années d'intervalle, à deux des plus grands événements de notre histoire : à la chute de la royauté, à l'apparition sur la scène politique de celui qui devait devenir un instant le maître du monde. C'était pendant les derniers jours de la longue et laborieuse session de la Convention nationale. Plusieurs sections anti-jacobines, notamment la section Lepelletier, s'étaient mises en révolte ouverte contre l'Assemblée souveraine. Chef de la force armée, alors à Paris, Menou entassa la majeure partie des troupes dont il pouvait disposer dans la rue Vivienne, devant l'entrée principale de l'ancien couvent des Filles-Saint-Thomas, qui occupait la presque totalité de l'emplacement de la place actuelle de la Bourse; il fut, durant toute la journée du 12 vendémiaire, tenu en échec par les volontaires des sections, retranchés dans le couvent, et finalement obligé de battre en retraite. Irritée de son incapacité et de sa faiblesse, la Convention le destitua, ordonna son arrestation et nomma Barras à sa place. Celui-ci avait fait, au siége de Toulon, la connaissance d'un jeune officier qui, quoique déjà promu au grade de général de brigade, était tombé en défaveur depuis la mort de l'un de ses plus puissants protecteurs, Robespierre le jeune, et, pour le moment, se trouvait à Paris occupant un obscur emploi au bureau topographique du comité de salut public.

C'est là que Barras envoie chercher Bonaparte : tout le monde l'a reconnu avant que nous l'ayons nommé. Celui-ci prend aussitôt la direction complète des préparatifs qui doivent changer la face des choses pour le lendemain. Il se fait amener Menou déjà en arrestation, et passe la nuit à se renseigner sur le nombre et la disposition des forces que l'on a sous la main. Menou était incapable de commander en premier, mais il était assez bon chef d'état-major ; grâce à ses indications, Bonaparte se met rapidement au courant de tout ce qu'il lui importe de savoir pour combiner les mouvements qu'il médite, et avoir raison de la troupe sans discipline et sans direction, mais non sans courage, qu'il va avoir à combattre.

Général en chef, premier consul, empereur, Napoléon n'oublia jamais ceux qui, directement ou indirectement, avaient pu lui rendre quelques services dans cette nuit du 12 au 13 vendémiaire, où il fixa la fortune, jusqu'alors inconstante envers lui.

Nous avons vu (p. 387 de notre tome I) le premier consul rétablir Santerre dans son grade et dans son traitement de général, parce que le célèbre agitateur du faubourg Saint-Antoine avait su lui rappeler à propos le souvenir de vendémiaire.

Bonaparte fut encore plus reconnaissant vis-à-vis de Menou. Celui-ci avait été traduit devant un conseil de guerre pour sa conduite du 12; le nouveau général de l'armée de l'intérieur le fit acquitter et le couvrit de sa protection désormais toute-puissante.

Lors de l'expédition d'Égypte, Bonaparte emmena Menou avec lui. Après le départ du général en chef et la mort de Kléber, Menou se trouva investi du commandement en chef de l'armée, comme étant le plus ancien divisionnaire ; il fut, du reste, confirmé dans cette position éminente par un arrêté spécial du premier consul (19 fructidor an VIII). Se sentant appuyé en haut lieu, Menou n'eut garde de discontinuer ses excentricités : il alla jusqu'à embrasser l'islamisme. Les soldats ne l'appelaient plus qu'Abdallah Menou. Ce fut ce triste personnage qui signa avec les Anglais la capitulation en vertu de laquelle les débris de l'armée d'Égypte furent ramenés en France. Malgré toutes les folies que Menou avait faites, l'empereur ne se montra pas envers lui moins bienveillant que le premier consul. Il le nomma gouverneur général de la Toscane et des départements au delà des Alpes, avec deux cent mille francs de traitement annuel.

Menou mourut, aux environs de Venise, en 1810 : un accès de fièvre pernicieuse l'enleva à une disgrâce qu'il avait cent fois méritée, et dont l'avaient toujours préservé les souvenirs de vendémiaire.

XVII

MORTS ET BLESSÉS

DU 10 AOUT 1792

(Voir page 325.)

Tous les récits contemporains de la journée du 10 août s'accordent pour évaluer la perte des Suisses à six ou sept cents hommes, celle des insurgés à cinq mille. Le premier chiffre est exact, le second ne l'est pas. Le chiffre de cinq mille morts a été cependant adopté sans examen par la plupart des historiens. Un écrivain consciencieux qui, par son ouvrage sur *l'Armée et la garde nationale*, a jeté un grand jour sur toutes les questions militaires du commencement de la révolution, M. le baron Poisson, a cru rentrer sans doute dans des limites raisonnables en abaissant le nombre traditionnel à 3,500 (t. Ier, p. 471).

Après de longues et pénibles recherches, nous croyons être arrivé à une constatation presque mathématique des pertes éprouvées par les insurgés. Les documents sur lesquels notre conviction s'appuie sont tous officiels; émanés de sources et d'autorités différentes, ils se contrôlent les uns les autres.

Le premier, le plus important, est un état dressé en 1793, pour l'exécution de la loi du 25 octobre 1792, laquelle ouvrait un crédit de 400,000 livres à distribuer en secours une fois donnés aux blessés légèrement et en pensions aux veuves, orphelins et ascendants dont les maris, pères ou fils étaient morts dans la journée du 10 août, ainsi qu'aux individus qui avaient reçu des blessures graves dans le combat.

Il résulte de cet état :

1° Que, par suite du décès de vingt-huit individus appartenant à seize sections différentes, deux ascendants et vingt-six veuves avec ou sans enfants se trouvèrent avoir droit à des pensions; (les sections qui avaient subi les plus fortes pertes étaient celles des Quinze-Vingts, qui comptait quatre morts, et celle du faubourg Montmartre, qui en comptait trois;) 2° que les citoyens blessés grièvement, auxquels la loi accordait 365 fr. de pension viagère, furent au nombre de trente-quatre, appartenant à vingt et une sections différentes; (les sections des Quinze-Vingts et des Lombards comptaient quatre blessés chacune, celle des Gravilliers, trois).

Il est à observer que les sections auxquelles appartiennent les morts et les blessés, souvent ne sont pas les mêmes; ce qui prouve évidemment que l'état est général pour tout Paris. Du reste, les chiffres qu'il donne sont corroborés par un document encore plus irrécusable : *le compte des recettes et dépenses faites par le citoyen Baron, payeur du département de Paris*, sur le fonds de 400,000 livres alloué par la loi du 25 octobre[1].

Le service des pensions pour quatre trimestres, c'est-à-dire pour une année entière, s'y trouve porté pour une somme totale de 18,022 livres 1 sol 6 deniers.

Or, 34 blessés à 365 livres donnent . . . . . . 15,410 liv.
26 veuves et 2 mères à 125 l. donnent 3,500

Total . . . . 18,910 liv.

Ce qui excède d'assez peu le chiffre de 18,022 livres porté à l'état des recettes et dépenses cité plus haut. Les décès survenus parmi les pensionnaires, depuis le mois d'octobre 1792 jusqu'au 25 germinal an II (6 mai 1794), époque où finit le compte de Baron, expliquent suffisamment cette différence.

Le chiffre des insurgés blessés grièvement est donc incontestable. Le chiffre des décès le serait également si on ne pouvait objecter qu'il a pu y avoir quelques individus qui, n'ayant ni

---

[1] La dépense totale du compte Baron se monte à 55,849 l. 135 s.. Ce compte embrasse du 10 août 1792 au 6 mai 1794. Il se trouva si peu de blessés, même légèrement, qu'ainsi, en près de deux ans, on ne put dépenser que le huitième de la somme primitivement allouée.

femme, ni enfants, ni ascendants, n'ont pas donné droit à l'ouverture d'une pension. D'autres pièces officielles incomplètes. il est vrai, peuvent nous aider à déterminer le nombre des morts que représente cette dernière catégorie.

Les quarante-huit sections de Paris furent invitées deux fois, au mois d'octobre 1792 et au mois de messidor an II (juin 1794), à faire connaître les noms des individus appartenant à leurs circonscriptions, qui auraient été tués le 10 août 1792. On voulait inscrire ces noms sur une colonne commémorative. Nous avons retrouvé la réponse faite par quatorze sections à la première demande, celle faite par sept autres sections à la seconde; en tout vingt et une. Elles constatent le décès de dix individus, dont les noms ne se retrouvent pas sur les états des pensions. Sept sections sur vingt et une déclarent qu'au 10 août elles ne comptèrent pas un seul mort[1].

Parmi les dernières réponses, celle de la section de Guillaume Tell ou du Mail nous a paru mériter d'être reproduite à raison de sa naïveté :

SECTION DE GUILLAUME TELL. — COMITÉ CIVIL.

« Paris, le 5 messidor an II de la république.

« Citoyens,

« La caisse a été battue dans toute la section pour savoir s'il y avait des citoyens morts à la journée du 10 août. Personne ne s'est encore présenté jusqu'à ce jour.

« Salut et fraternité.

« JACQUET, président. »

On peut déterminer très-approximativement le nombre total des célibataires parisiens, n'ayant pas d'ascendants, qui ont succombé dans la journée du 10 août, en établissant une proportion entre le chiffre de dix morts donnés pour cette catégorie par vingt et une sections, et celui que donneraient les vingt-sept sections dont on n'a pas la réponse. Cette proportion serait de vingt-deux décès en tout, et, qu'on le remarque, ce calcul pro-

1. Ces sections sont celles de Montreuil, du Muséum (Louvre), du Mail, de la Bibliothèque, de l'île Saint-Louis, du faubourg Saint-Denis et du Pont-Neuf.

portionnel est évidemment au désavantage de notre thèse, car parmi les vingt et une sections dont la réponse est connue, il s'en trouve plusieurs de celles qui étaient, le 10 août au matin, fortement engagées dans le mouvement insurrectionnel et devaient naturellement compter le plus grand nombre de morts. Nous citerons notamment les sections des Quinze-Vingts, des Postes, de l'Observatoire, de la Croix-Rouge, de la fontaine de Grenelle, de Montreuil et des Invalides.

On peut donc affirmer que l'insurrection du 10 août ne coûta à la population parisienne tout entière que 34 individus blessés grièvement et 50 morts.

Il reste à apprécier les pertes éprouvées par les fédérés Marseillais, Brestois et autres. Nous avons retrouvé deux états, l'un et l'autre datés du 16 octobre 1792; le premier, relatif au bataillon marseillais; le second, aux volontaires et dragons composant la division du Finistère.

Le premier, certifié par un sieur Girard, lieutenant, et par un sieur Leroux, commissaire des guerres de la 17e division militaire, comprend quatorze noms de blessés appartenant aux diverses compagnies du bataillon de Marseille, qui se trouvaient dans les hôpitaux de Paris le 20 septembre 1792. On peut considérer ces quatorze individus comme blessés grièvement. Si l'on prend la même proportion qu'entre les blessés et les morts parisiens, on arrivera à un chiffre de vingt-deux décès pour le bataillon.

Le deuxième état constate le décès de deux dragons et les blessures graves de cinq fédérés bretons; il est certifié véritable et conforme au contrôle de la division par un sieur Fontaine, lieutenant-quartier-maître. Les deux dragons tués étaient ceux dont parlent tous les récits du 10 août, comme ayant été massacrés par des insurgés qui les prirent pour des Suisses à cause de leurs habits rouges.

Récapitulons les chiffres précédemment établis :

Morts :	50 Parisiens,	Blessés :	34 Parisiens,
—	22 Marseillais,	—	14 Marseillais,
—	2 Brestois.	—	5 Brestois.
Total...	74	Total....	53

Si on veut faire la part des omissions possibles pour ce qui concerne les fédérés autres que les Marseillais et les Brestois (ils étaient en petit nombre d'après tous les récits), on arrivera à une *centaine de morts* et à un peu plus de *soixante blessés* grièvement.

Parmi ces *cent soixante* individus morts ou blessés grièvement, combien y en eut-il qui furent victimes soit de la première décharge, faite sous le vestibule et dans les cours avant le combat; soit des luttes individuelles et corps à corps, pour ainsi dire, qui s'engagèrent dans les appartements entre des Suisses isolés et les premiers envahisseurs? C'est ce qu'il est impossible de déterminer d'une manière positive. Nous avons consulté les militaires les plus capables de nous renseigner à cet égard : tous se sont accordés pour nous dire que la première décharge, faite dans les circonstances que nous décrivons, dut produire au moins soixante victimes; soixante autres insurgés au moins succombèrent lors du sac du Château[1]. Si donc du chiffre de cent soixante victimes qui, dans la journée du 10 août, tombèrent dans les rangs des insurgés, on déduit celui de cent vingt pour la première et la dernière phase de la lutte, que reste-t-il pour le combat proprement dit, qui dura plus d'une demi-heure, pour le prétendu assaut que l'on a tant de fois raconté et qui n'a pas eu lieu?

Quarante victimes au plus; ce qui prouve, nous le croyons jusqu'à la dernière évidence, la vérité de ce que nous avons avancé :

Le 10 août 1792, le château des Tuileries ne fut pas pris de vive force, mais abandonné par ordre de Louis XVI.

---

[1] Le capitaine Pfyffer a porté le nombre des victimes des luttes individuelles à quatre cents; mais, il faut le remarquer, le capitaine Pfyffer ni aucun des Suisses qui l'ont aidé dans son récit ne se trouvaient au château au moment de l'envahissement; ils étaient déjà prisonniers dans les bureaux de l'Assemblée nationale. En diminuant le chiffre donné dans le récit de Lucerne des quatre cinquièmes, on ne peut nous taxer de partialité.

XVIII

PILLAGE DES TUILERIES.

(Voir page 358.)

Extrait du rapport de Maignet sur la fixation des indemnités à accorder aux citoyens, demeurant dans le château des Tuileries ou dans les maisons voisines, qui ont fait des pertes à la journée du 10 août.

. . . .

« La commission s'est préoccupée avant tout des sentiments de chaque pétitionnaire relativement à la révolution. Les notes fournies par les commissaires de la section des Tuileries lui ont appris que, dans le repaire qui semblait ne devoir contenir que des monstres, le peuple avait eu cependant des amis et des surveillants ; que même au milieu du palais du tyran, le feu sacré du patriotisme était entretenu avec soin, secrètement, et que plus d'une fois il en était sorti des avis salutaires qui avaient servi à sauver la chose publique...

« La commission a cru devoir écarter les réclamations qui portaient sur des objets de luxe, parce que de tels objets n'ont aucun prix pour le vrai républicain et que, quand il s'agit de régénérer un peuple qui a vieilli sous un régime corrupteur, tout dans sa législation doit lui rappeler l'austérité des mœurs auxquelles on veut le ramener.

« Elle a écarté également les réclamations de ceux qui prétendaient que des sommes considérables en argent ou en assignats leur avaient été enlevées ou avaient été la proie des flammes. En entendant sonner le tocsin entre minuit et une heure, tous les citoyens devaient faire leurs dispositions suivant le rôle qu'ils se disposaient à jouer dans le combat qui se préparait, tous durent mettre en sûreté les objets qui pouvaient être facilement déplacés, tels que leur portefeuille, leur bourse et leur argenterie.

« La commission n'a pas cru devoir non plus accorder une indemnité pour ces habits de livrée, que portaient tous ceux qui étaient au service de Capet. C'étaient des signes d'esclavage que, dans ce jour purificateur, les flammes ne devaient pas épargner... »

XIX

DOCUMENTS SUR LE 10 AOUT 1792

(Voir livres VI, VII et VIII.)

Les documents imprimés, relatifs à la grande crise dans laquelle succomba la royauté, étaient déjà très-nombreux avant la publication de ceux que contient ce volume. Nous croyons devoir donner ici la nomenclature exacte des pièces diverses dont se sont servis nos devanciers, et de celles que nous avons eu le bonheur de découvrir. Le lecteur sera ainsi mis à même de recourir aux sources, et de contrôler nos assertions, comme il l'a pu faire pour le 20 juin.

I

DOCUMENTS ÉCRITS ET PUBLIÉS PEU APRÈS LE 10 AOUT.

1° *Rapport du capitaine des canonniers de garde au château des Tuileries, du jeudi 9 au vendredi 10 août* 1792, signé : LANGLADE, capitaine des canonniers du 3ᵉ bataillon, 6ᵉ légion ; FLEURY, sergent-major ; SIMON et CHARLAT, sergents ; RENETTE, DUBUT, BOUDET, BAROY, SIDOT. — Imprimé à l'époque même et reproduit dans l'*Histoire parlémentaire,* t. XVII.

2° *Rapport fait à l'Assemblée nationale par le commandant de garde au poste des appartements du traître Louis XVI, depuis le* jeudi 9 jusqu'au vendredi 10, signé : F. VIARD, soldat-citoyen et capitaine de chasseurs. — Imprimé à l'époque même et reproduit à la suite des *Mémoires de Barbaroux*, et dans le tome XVII de l'*Histoire parlementaire*.

3° *Déclaration de Loys, officier municipal de Marseille*. — 12 août 1792.

4° *Déclaration du citoyen Debric, volontaire de la section des Quatre-Nations*. — 20 août 1792.

5° *Déclaration du citoyen Fleuri, soldat-citoyen de la section de l'Oratoire*. — Sans date.

6° *Déclaration de Pierre Leprieur, citoyen de la section de la Fontaine de Grenelle*. — Sans date.

7° *Déclaration de Jacques Loyal, caporal du bataillon des Jacobins, place Vendôme*. — Sans date.

La plus grande partie de ces déclarations se retrouvent dans la *Collection des lois* in-4°, dite du Louvre, p. 197 de la 1re catégorie, avec cette mention :

« *Loi donnée à Paris le 12 août 1792.*

« L'Assemblée nationale, sur la motion d'un de ses membres,
« décrète le renvoi à la cour martiale des déclarations des sen-
« tinelles qui étaient de garde au Château, la nuit du 9 au 10,
« dont copie par extrait du procès-verbal sera jointe au présent
« décret.
« ROLAND, CLAVIÈRE, DANTON, MONGE, LE BRUN. »

Les autres ont été imprimées également à l'époque même par ordre de l'Assemblée.

8° *Récit de Pétion*, maire de Paris, extrait des *Pièces intéressantes pour l'Histoire;* publié pour la première fois en l'an II (1793), et reproduit dans le tome XVI de l'*Histoire parlementaire* de MM. Buchez et Roux. — Dans la même *Histoire parlementaire*, t. XXI, p. 98, se trouve le *Discours de Jérôme Pétion sur l'accusation intentée contre Maximilien Robespierre*, document plein de révélations sur le 10 août et le 2 septembre.

9° *Précis historique et très-exact des véritables causes de la* célèbre insurrection du 10 août 1792, par Carra, dans les *Annales patriotiques* du 3 novembre 1792.

II

DOCUMENTS ÉCRITS A L'ÉPOQUE, MAIS PUBLIÉS POSTÉRIEUREMENT.

1° *Récit de Dejoly, ministre de la justice,* daté du 14 août 1792, et publié dans l'édition de 1797 de la *Vie de Marie-Antoinette,* par Montjoye, p. 367. — Ce récit, très-curieux et très-intéressant, emprunte naturellement beaucoup d'importance du nom de son auteur. Cependant, aucun des historiens qui nous ont précédé ne paraît l'avoir connu, ou du moins s'en être servi. Nous en avons retrouvé l'original. Aussi nous pouvons en garantir l'authenticité.

2° *Lettre de Guadet,* en date du 14 août, publiée pour la première fois dans l'ouvrage de M. Guadet sur les Girondins, p. 377, 1ᵉʳ volume.

La *Revue rétrospective,* 2ᵉ série, t. Iᵉʳ, p. 327-377, contient les pièces suivantes :

3° *Lettre du commandant du bataillon marseillais aux administrateurs de police,* — sans date, — réclamant des cartouches; le *bon à délivrer* de Panis et Sergent, et le *reçu des cartouches.* — 4 août.

4° *Arrêté du département,* relatif à l'acte du Corps législatif qui annule l'arrêté Mauconseil. — 4 août.

5° *Lettre du ministre de l'intérieur à Rœderer,* pour démentir les bruits relatifs aux projets de fuite du roi.

6° *Arrêté de la section du Roi-de-Sicile,* désavouant et condamnant l'arrêté Mauconseil. — 8 août.

7° *Arrêté de la section du Jardin des Plantes,* — 9 août, onze heures du matin, — adhérant à celui de la section du Roi-de-Sicile, et contraire à la section des Quinze-Vingts.

8° *Arrêté du département,* — 9 août, — confirmant ceux des sections du Jardin des Plantes et du Roi-de-Sicile.

9° *Trois rapports* du chef de bataillon de l'Arsenal, de La

Lette, relatifs à la distribution des cartouches faite aux fédérés et notamment aux Marseillais.

10° *Divers bons de cartouches,* délivrés par Perron, Panis et Sergent.

11° *État des distributions de cartouches à balle,* faites depuis le 25 juin 1792, dressé par M. Prévost, chargé des distributions, et annexé au rapport des commissaires du département de Paris.

12° *Rapports du secrétaire Blondel* sur l'état de Paris durant la nuit du 9 au 10 août.

13° *Rapport du suppléant du procureur-général-syndic* sur les scellés mis sur les papiers des ministres et sur l'incendie des Tuileries.

L'Histoire parlementaire, t. XVI, contient les pièces suivantes :

14° *Arrêté de la municipalité,* 6 août, concernant la garde du roi.

15° *Avis du maire à ses concitoyens,* 9 août, prêchant « la tranquillité la plus parfaite. »

16° *Extraits des procès-verbaux des Quinze-Vingts,* séances du 3 août, du 4, du 6 et du 9. — Nous avons, p. 236, signalé et comblé quelques lacunes importantes.

17° *Tableau général des commissaires des quarante-huit sections qui ont composé le conseil général de la commune du* 10 *août* 1792, signé : BOUCHER-RENÉ, président; COLOMBEAU, secrétaire-greffier. — Ce tableau, fabriqué deux mois après le 10 août, est rempli d'erreurs calculées. Voir le *tableau exact* de la note XI de ce volume.

18° *Procès-verbal de la commune de Paris,* séance du 10 août 1792; ce procès-verbal, quoique officiel, quoique inscrit sur les registres légaux de la commune de Paris, est rempli de faux matériels. Nous les avons signalés en plus d'un passage de notre livre VII.

III

DOCUMENTS ÉCRITS A L'ÉPOQUE ET PUBLIÉS POUR LA PREMIÈRE FOIS DANS L'HISTOIRE DE LA TERREUR.

1° *Rapport de Pétion* sur l'émeute du 26 juillet; — p. 132-134.

2° *Lettre du ministre de l'intérieur au maire,* — 31 juillet; p. 153.

3° *Lettre du commandant général au maire,*—31 juillet,— sur les mesures à prendre pour assurer la tranquillité publique; — p. 153-154.

4° *Lettre de Dejoly,* ministre de la justice, offrant sa démission au roi, — 3 août; — p. 167-168.

5° *Arrêté de la section de la Bibliothèque,* — 5 août, — désavouant l'adresse des sections sur la déchéance; — p. 184-185.

6° *Adresses des grenadiers de divers bataillons,* sur la suppression des compagnies d'élite; — p. 194-196.

7° *Lettre du procureur-général-syndic au maire,* le pressant de venir conférer avec lui, — 9 août; — p. 217.

8° *Cinq ordres donnés, le 9 août, par le commandant général et les officiers supérieurs de la garde nationale,* dans la nuit du 9 au 10; — p. 218-220.

9° *Lettre du commandant en chef du bataillon Sainte-Marguerite au maire;* — p. 222.

10° *Dernier billet écrit par Mandat à Pétion;* — p. 225.

11° *Lettre du commissaire de police de la section Bonne-Nouvelle,* — 9 août; — p. 238.

12° *Rapport du commandant Robert* sur ce qui s'est passé au poste du Pont-Neuf dans la nuit du 9 au 10 août; — p. 248.

13° *Arrêté du conseil général,* — nuit du 9 au 10 août, — relatif aux canons du Pont-Neuf; — p. 248-249.

14° *Arrêté du conseil général* relatif aux canonniers parisiens; — p. 251.

15° *Lettres du président du conseil général,* — 10 août, — réclamant le maire; — p. 256-257.

16° *Lettre des administrateurs de police,* — 10 août, — sur le même sujet; — p. 257.

17° *Lettre du commandant du bataillon des Tuileries;* — p. 261-262.

18° *Lettre du président de la section des Tuileries,* — 10 août, trois heures du matin ; — p. 262-263.

19° *Rapport de Blondel,* — 10 août, cinq heures trois quarts du matin, — omis dans la *Revue rétrospective;* — p. 264-265.

20° *Lettre du ministre Dubouchage,* — nuit du 9 au 10 août ; — p. 265.

21° *Interrogatoire de Mandat,* rétabli au complet d'après les minutes du procès-verbal de la commune insurrectionnelle ; — p. 270-276.

22° *Protestation de quelques membres du conseil général* contre la suspension de la commune, — 10 août au matin ; — p. 279.

23°. *Billet des administrateurs de police,* ordonnant de faire vite passer des munitions aux insurgés pendant le combat; — p. 322-323.

24° *Lettre de Dejoly* relative à la promulgation de la loi sur la déchéance ; — p. 324.

25° *Déclarations de cinq ministres,* portant qu'ils n'ont point envoyé de proclamations aux armées, dans la nuit du 9 au 10 août ; — p. 346.

26° *Lettre de Dejoly* sur la remise des sceaux de l'État ; — p. 347.

27° *Rapport fait par le sous-commandant de la section du Roule,* — 10 août, — sur le massacre des prisonniers suisses; p. 356-357.

28° *Lettre de l'architecte Palloy,* — 11 août, — sur l'incendie des Tuileries ; — p. 360-361.

29° *Six ordres de distribution de munitions,* — 10 août au soir, — donnés par le commandant général Santerre, les chefs de bataillon, la municipalité et les comités de section ; — p. 362-364.

A ces pièces, insérées dans le corps de l'ouvrage, il faut ajouter toutes celles que nous publions parmi les pièces justificatives et dont on trouvera la nomenclature à la table des matières, pages 510 et 511.

IV

DOCUMENTS ÉCRITS ET PUBLIÉS PAR DES TÉMOINS OCULAIRES
LONGTEMPS APRÈS LE 10 AOUT.

1° *Récit de la conduite du régiment des gardes suisses à la journée du* 10 *août* 1792, par le colonel Pfyffer d'Altishoffen, suivi de l'*État nominatif des officiers et soldats de l'ancien régiment des gardes suisses, qui se sont trouvés à l'attaque du château des Tuileries.* — Publié à Lucerne, en 1819, il a été reproduit à la suite des *Mémoires de Weber.*

2° *Chronique de cinquante jours*, publiée en 1835 par Rœderer, procureur-général-syndic du département.

3° *Notice historique sur les événements du* 20 *juin et du* 10 *août* 1792, par Sergent, administrateur de police. — Ce récit, qui ne contient aucun fait précis sur le 10 août, a été publié dans la *Revue rétrospective,* p. 346, t. III, 2ᵉ série.

4° *Détails particuliers sur la journée du* 10 *août* 1792, par un bourgeois de Paris, témoin oculaire, publiés pour la première fois en 1822.

Nous mentionnons pour mémoire les récits contenus dans les Mémoires de Mᵐᵉ Campan, de Weber, de Ferrières, de Barbaroux, et les notes laissées par Lucile Desmoulins, etc.

TABLE DES MATIÈRES

DU TOME DEUXIÈME

LIVRE IV

SUSPENSION DU MAIRE DE PARIS

I.	L'anarchie.	1
II.	Efforts malheureux du parti constitutionnel.	3
III.	Pétition des vingt mille. — Licenciement des états-majors de la garde nationale	6
IV.	Le ministre de l'intérieur sur la sellette	9
V.	L'Assemblée légalise la concentration illégale des fédérés à Paris.	14
VI.	Rapport de Pastoret sur la situation générale.	18
VII.	Rapport de Jean Debry. — Discours de Vergniaud sur les dangers de la patrie.	21
VIII.	Discours de Mathieu Dumas, — de Torné. — Message royal	27
IX.	Le *Baiser Lamourette*, 7 juillet.	33
X.	La suspension du maire dénoncée officiellement à l'Assemblée	36
XI.	Procédure suivie et arrêté pris par le département.	38
XII.	Indécision du roi. — Agitation populaire	43
XIII.	Discours de Brissot. — Démission des ministres.	48
XIV.	La législature presse le pouvoir exécutif de se prononcer sur la suspension du maire	56
XV.	La suspension, confirmée par le roi, levée par l'Assemblée, 13 juillet	64
XVI.	Pétion et Manuel rétablis dans leurs fonctions.	68

LIVRE V

LES FÉDÉRÉS

I.	Fédération de 1792.	75
II.	La Fayette, Luckner et Dumouriez	79
III.	Rapport de Muraire. — Nouvelles dénonciations contre La Fayette.	83
IV.	Émeute du 21 juillet. Violences des tribunes	93

v.	Bureaux de Puzy à la barre.	96
vi.	*La patrie en danger*	101
vii.	Le comité central des fédérés.	105
viii.	Organisation de la défense nationale.	108
ix.	Louis XVI entre les constitutionnels et les girondins.	115
x.	Les girondins et les montagnards.	118
xi.	Dernières sommations à la royauté	124
xii.	Le cabaret du *Soleil d'Or*, et le festin civique du 26 juillet.	127

LIVRE VI

LES SECTIONS

i.	Le bureau central de correspondance.	137
ii.	Le mouvement révolutionnaire se généralise	140
iii.	Arrivée des Marseillais, 29 juillet	142
iv.	Banquet des Champs-Élysées. — Meurtre de Duhamel.	148
v.	Prétendu empoisonnement des fédérés	154
vi.	Manifeste du duc de Brunswick	159
vii.	Message royal du 3 août. — Discours d'Isnard.	166
viii.	La déchéance de Louis XVI, demandée au nom des sections.	170
ix.	Arrêté de la section Mauconseil, cassé par l'Assemblée nationale.	173
x.	L'insurrection ajournée.	181
xi.	Protestations et contre-protestations des sections. — La section Mauconseil brave l'Assemblée.	183
xii.	Désorganisation de la garde nationale	191
xiii.	Permanence des sections.	196
xiv.	L'Assemblée refuse de mettre La Fayette en accusation, 8 août.	201
xv.	Violences contre les députés de la droite, la discussion sur la déchéance évitée, 9 août.	206

LIVRE VII

LA NUIT DU 9 AU 10 AOUT

i.	Les mensonges officiels.	213
ii.	Préparatifs de Mandat contre l'insurrection.	216
iii.	Pétion à l'Hôtel de Ville et aux Tuileries.	221
iv.	Aspect de Paris dans la soirée du 9 août	227
v.	Comment furent nommés les prétendus commissaires de la majorité des sections	231
vi.	Ces prétendus commissaires à l'Hôtel de Ville ; ce qu'ils étaient	235
vii.	La commune légale sous la pression des tribunes	243
viii.	Les canons du Pont-Neuf. — Désorganisation des plans de défense.	246

IX.	L'Assemblée appelle Pétion à la barre	252
X.	Derniers avertissements donnés à l'Assemblée.	258
XI.	Anxiétés de la famille royale	264
XII.	Interrogatoire et mort de Mandat	267
XIII.	La commune légale chassée. — Le maire consigné. — Les Tuileries en état de défense	280
XIV.	Le dernière revue royale	284
XV.	Louis XVI quitte les Tuileries	289
XVI.	Le roi à l'Assemblée.	296

LIVRE VIII

LA CHUTE DE LA ROYAUTÉ

I.	Marche de l'insurrection. — Elle pénètre dans les cours des Tuileries.	305
II.	Les Suisses et les insurgés en présence.	311
III.	L'Assemblée pendant le combat. — Ordre royal porté aux Suisses.	317
IV.	Les Tuileries abandonnées aux insurgés	322
V.	Retraite et massacre des Suisses.	326
VI.	Sac du Château	330
VII.	L'Assemblée nationale reconnaît la commune insurrectionnelle. .	336
VIII.	Suspension du chef du pouvoir exécutif.	339
IX.	Arrestation des anciens ministres. — Nomination des nouveaux. .	345
X.	L'Assemblée asservie transforme en décrets les volontés des insurgés	350
XI.	Massacres des prisonniers suisses. — Mort de Carle et de Clermont-Tonnerre.	354
XII.	Incendie des Tuileries. — Fin de la journée du 10 août.	358

NOTES

ÉCLAIRCISSEMENTS ET PIÈCES INÉDITES

I.	*Anarchie administrative*.	369
	Lettre du directoire du département des Basses-Pyrénées à MM. Mourgues et Terrier, — 25 juin 1792.	369
	Extraits des procès-verbaux de la commune de Chartres, — juin 1792.	370
	Extraits des registres du conseil général du département du Pas-de-Calais.	376
II.	*Réponse de Ch. Lameth à la dénonciation faite par Gensonné, le 30 juin 1792*	381
III.	*Suspension de Pétion.* — Projet d'arrêté présenté par Dejoly. .	389

IV.	Poursuites contre les auteurs des événements du 20 juin	385
	Lettre du ministre de la justice, 17 juillet 1792	385
	Rapport du juge de paix Menjaud	386
V.	Adresse à l'armée. — Procès-verbal des commissaires des sections, — 29 juillet 1792	389
VI.	Adresse des sections demandant la déchéance de Louis XVI. — Extrait des procès-verbaux des commissaires des sections, 6 août. — Tableau des adhésions	393
VII.	Protestation de la section de l'Arsenal contre l'adresse à l'armée et la pétition relative à la déchéance. — Extraits des procès-verbaux, 2, 3 et 8 août	397
VIII.	Préparatifs de l'insurrection du 10 août	407
	Extraits des registres de la section du Pont-Neuf	407
	— — — des Arcis	409
	— — — de Mauconseil	409
	— — — de l'Arsenal	413
	— — — de la Fontaine de Grenelle	414
IX.	Résumé général des délibérations des quarante-huit sections de Paris à l'occasion de l'insurrection du 10 août	417
X.	Arrêté Mauconseil, 31 juillet - 2 août. — Relevé des délibérations des sections	441
XI.	Liste exacte des commissaires qui siégèrent à l'Hôtel de Ville, le 10 août, avant neuf heures du matin, avec détails biographiques	443
XII.	Détails biographiques sur Huguenin et Concedieu	451
	Extraits des procès-verbaux des Quinze-Vingts, 16, 17, 27 août	451
XIII.	Procès-verbal des événements des 9 et 10 août 1792, par J.-J. Leroux, officier municipal, avec des extraits de ses lettres au maire de Paris et à l'Assemblée nationale, 5 septembre 1792	455
XIV.	Le bataillon des Filles-Saint-Thomas	471
	Déclaration de G. Tassin, commandant en premier	472
	Déclaration de Boscary, commandant en second	473
	Déclaration de Noël Avril, sous-lieutenant	473
	Déclaration de Guichard, lieutenant	474
	Déclaration de J.-B. Jardin, adjudant-major	475
XV.	Interrogatoire des officiers suisses Diesbach et d'Ernest	481
XVI.	Notice sur les trois généraux qui commandaient la 17ᵉ division militaire, au 20 juin et au 10 août 1792	487
	Wietinghoff	487
	De Boissieu	487
	Jacques de Menou	488
XVII.	Morts et blessés du 10 août 1792	491

xviii. *Pillage des Tuileries.* — Extrait du rapport de Maignet.	497
xix. *Documents sur le 10 août 1792.*	499
i. Documents écrits et publiés peu après le 10 août.	499
ii. Documents écrits à l'époque, mais publiés postérieurement	501
iii. Documents écrits à l'époque, publiés pour la première fois dans l'*Histoire de la Terreur*.	503
iv. Documents publiés par des témoins oculaires longtemps après le 10 août.	505

www.ingramcontent.com/pod-product-compliance
Lightning Source LLC
Chambersburg PA
CBHW071701230426
43670CB00008B/877